ARND ZEIGLER

TRAUM
FUSSBALL

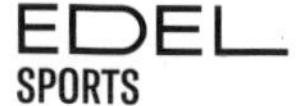

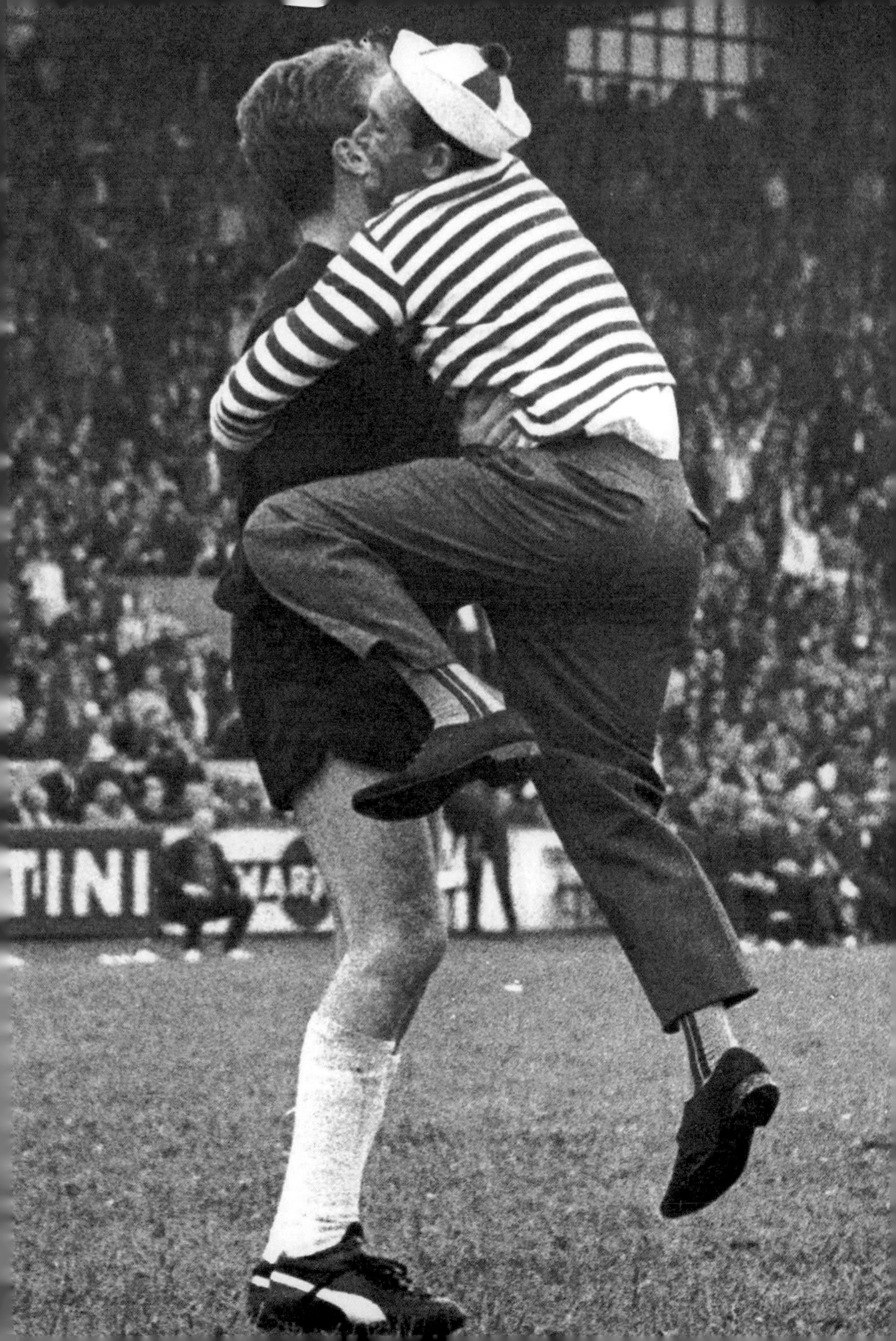

ARND ZEIGLER

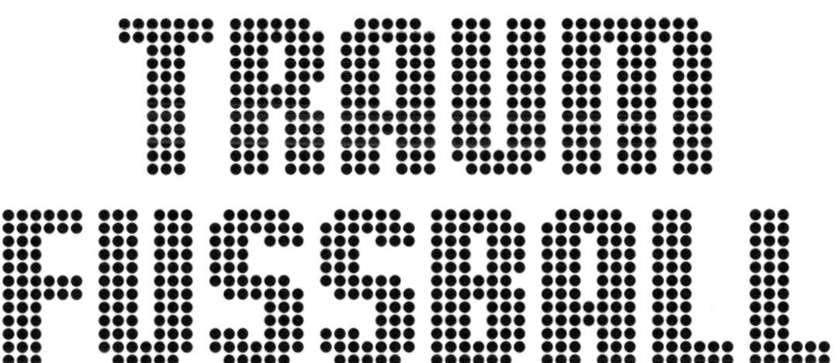

Wie unser Lieblingsspiel
uns allen noch mehr Spaß
machen kann

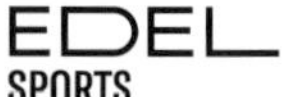

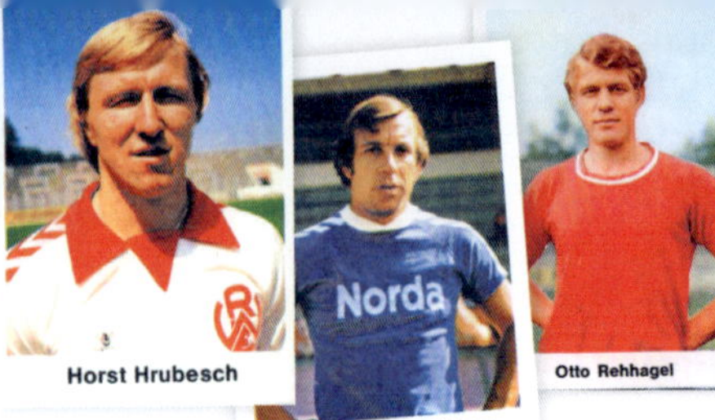
Norda
Horst Hrubesch
Horst-Dieter Höttges
Otto Rehhagel

INHALT

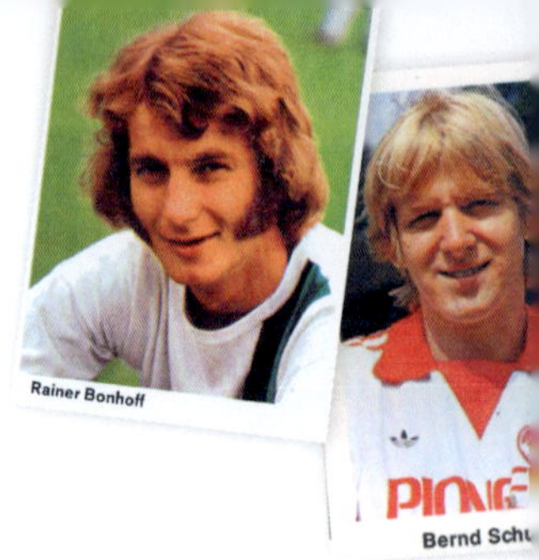
Rainer Bonhoff

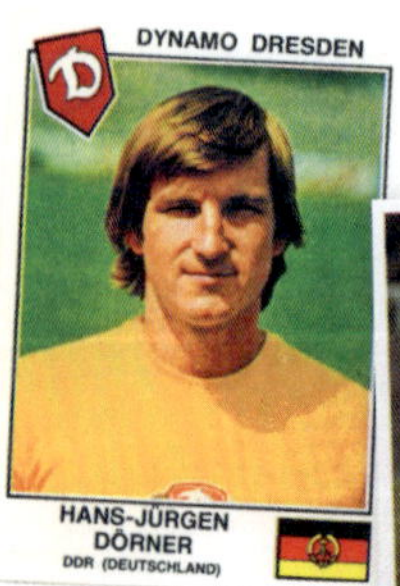
DYNAMO DRESDEN
HANS-JÜRGEN DÖRNER
DDR (DEUTSCHLAND)

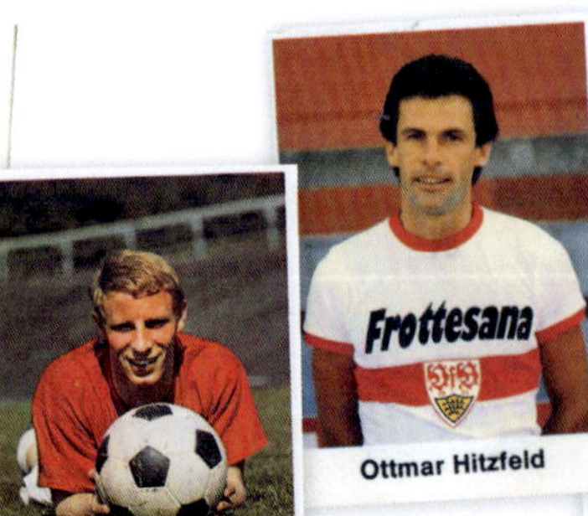

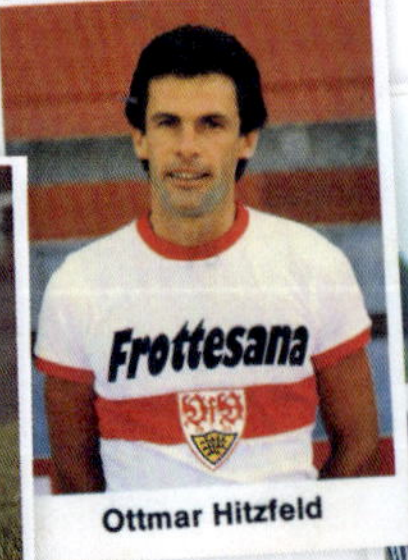
Frottesana
Ottmar Hitzfeld

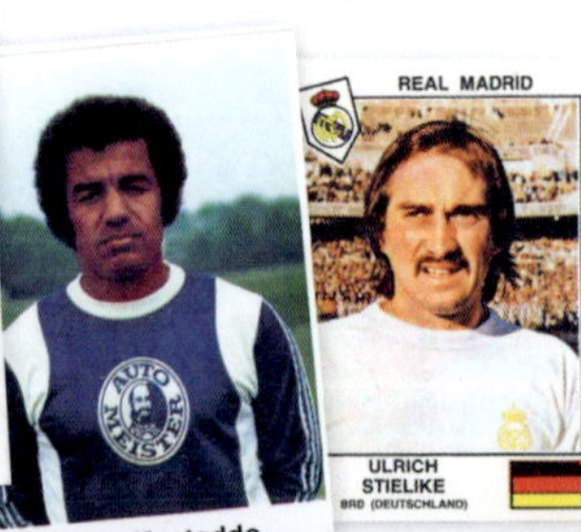
REAL MADRID
ULRICH STIELIKE
BRD (DEUTSCHLAND)

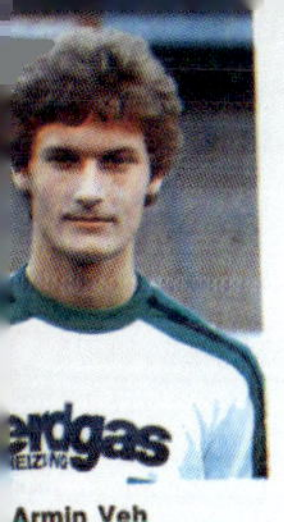
erdgas
Armin Veh
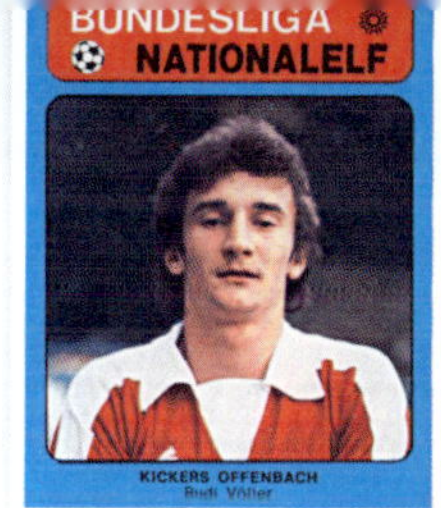
BUNDESLIGA
NATIONALELF
KICKERS OFFENBACH
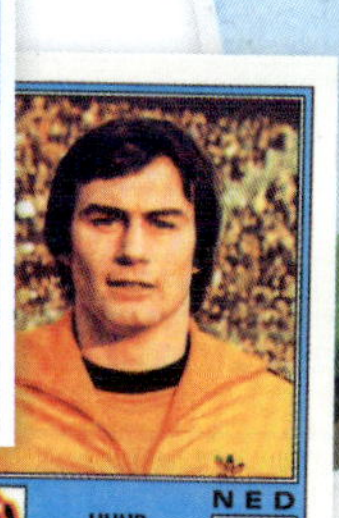
NED
HUUB STEVENS
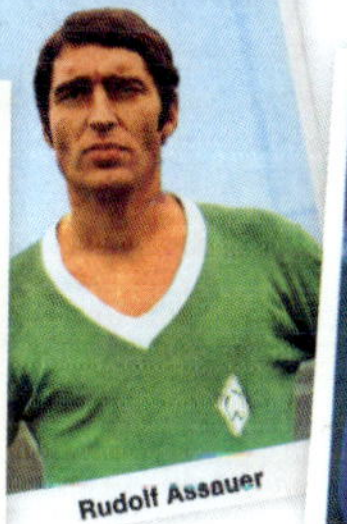
Rudolf Assauer
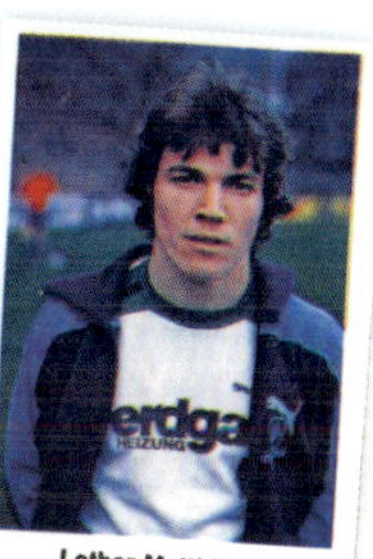
Lothar Matthäus

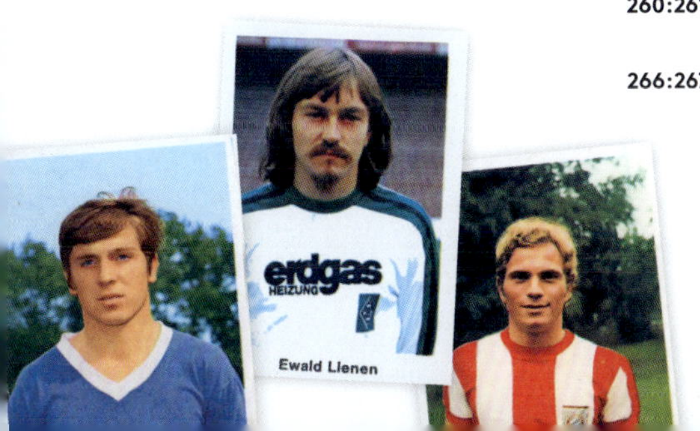
erdgas
Ewald Lienen
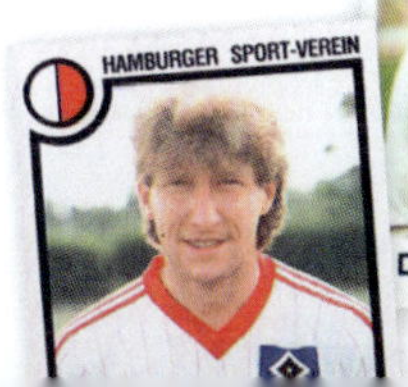
HAMBURGER SPORT-VEREIN
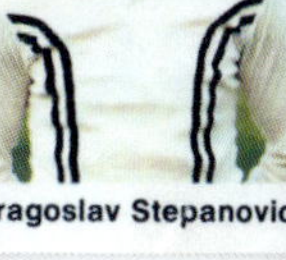
Dragoslav Stepanovic

Für alle, denen der Fußball
genauso viel bedeutet wie mir.
Und für alle, die genauso sehr wollen,
dass das alles niemals weggeht.

KLOPPWORT

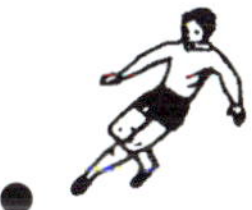

Ich liebe dieses Spiel, seit ich denken kann. Einfach, weil ich es mit meinen Freunden zusammen spielen konnte.

Das Spiel hat mich gelehrt, dass ich nicht perfekt sein muss, um Erfolg zu haben. Meine Mitspieler machen mich besser und ich helfe ihnen. Das habe ich aufs Leben übertragen.

Und bis heute gibt mir diese Erkenntnis die Ruhe und das Selbstvertrauen, mich den Herausforderungen des Lebens zu stellen. Ich helfe und ich lasse mir helfen – auf und neben dem Platz.

Arnd Zeigler bringt diese Liebe zum Fußball in diesem Buch auf den Punkt.

JÜRGEN KLOPP

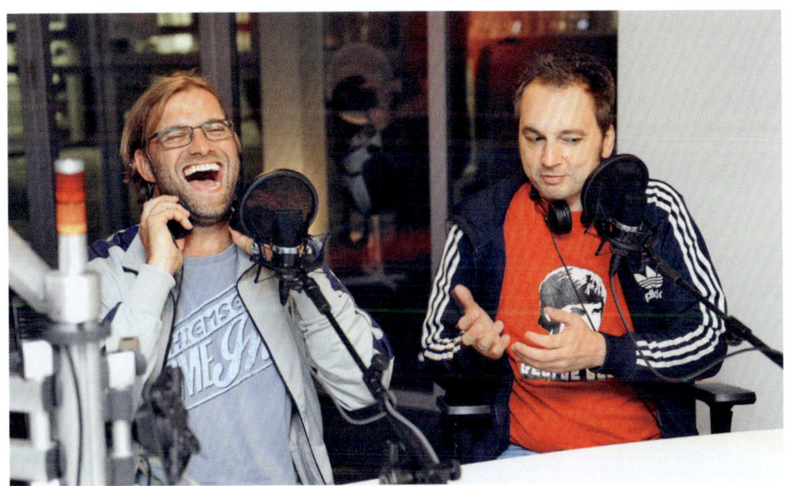

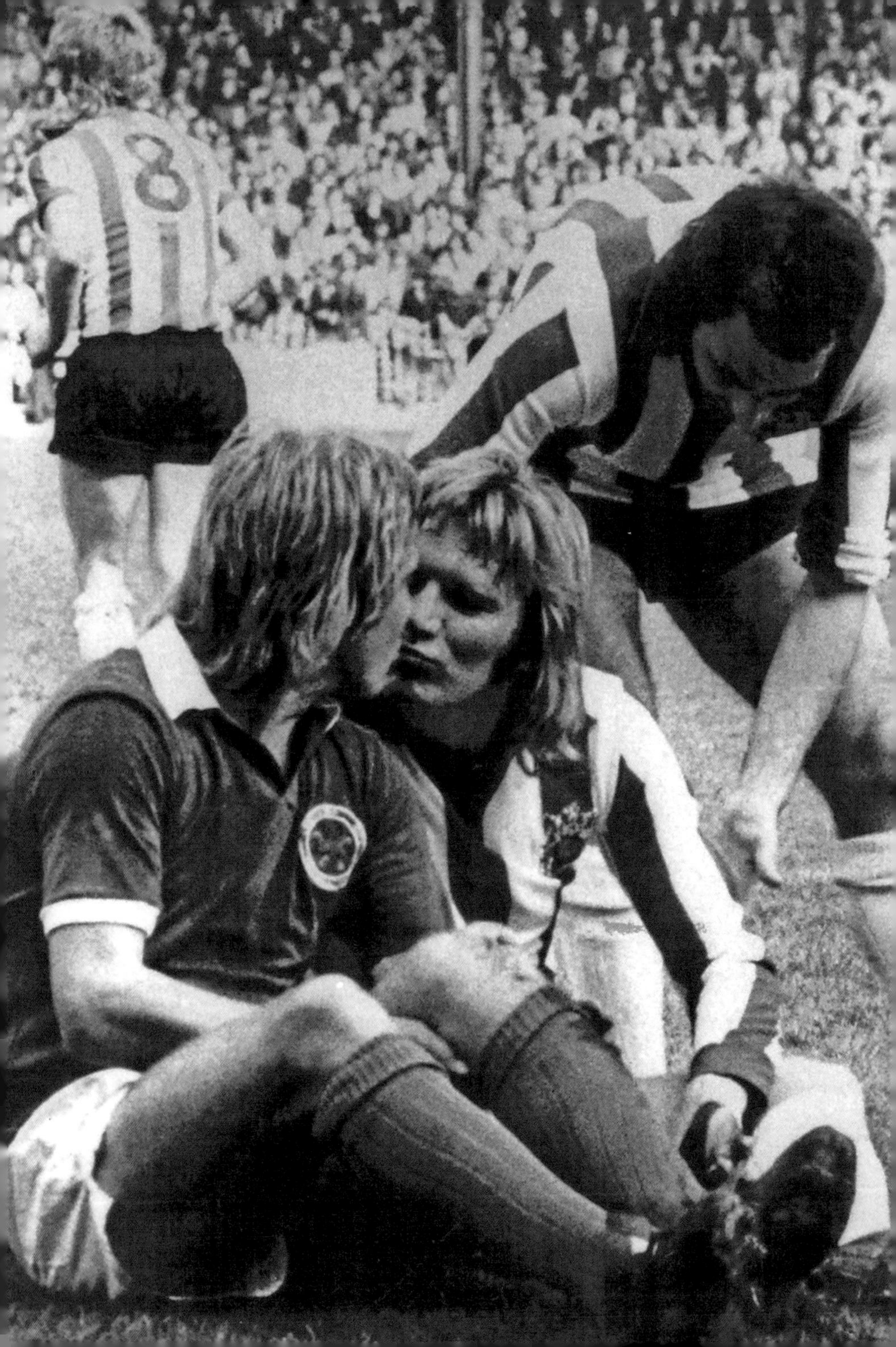

VORWORT

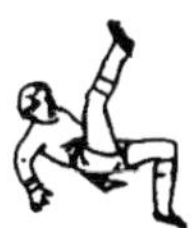

Der Mensch sucht sich in der Regel ein Hobby, um seine Freizeit sinnvoll und kurzweilig zu gestalten. Es soll entspannen, ablenken, fesseln, beruhigen. Es soll dauerhaft und immer wieder neu motivieren, denn ein Hobby will gepflegt und fortgeführt werden. Und wenn wir uns auf dieser oberflächlichen und theoretischen Ebene weiterbewegen wollen, dann kommen wir im Umkehrschluss auch schnell darauf, dass ein schönes Hobby uns möglichst nicht frustrieren soll, nicht wütend machen, die Laune verderben oder entmutigen soll. Und jetzt, wo ich das schreibe: Genau diese Dinge beherrscht der Fußball meisterhaft.

Je nach Herzensverein sind wir mindestens gelegentlich, in vielen Fällen häufig oder im unglücklichsten Fall dauerhaft deprimiert. Der unglücklichste Fall ist meistens der HSV. Der Autor dieser Zeilen ist Bremer und nimmt sich in dieser Sekunde vor, dass derartige Sätze in diesem Buch nicht allzu häufig vorkommen sollten. Selbst dann nicht, wenn sie der Wahrheit entsprechen.

Der Fußball frustriert uns nicht nur, er erzürnt uns. Und das nicht nur einmal pro Woche, sondern im schlimmsten Fall vielfach während eines einzigen Fußballspiels. Es gibt ja diese abenteuerliche Behauptung, jeder Mann denke alle sieben Sekunden an Sex. Ich halte das für groben Unfug, weil man dafür ja alle sieben Sekunden denken müsste. Analog dazu denkt ein Fußballfan aber während eines 90-minütigen Fußballspiels etwa 350-mal »Scheiße!«. Anlässe dafür liefert jedes Spiel ausreichend: Platzwahl verloren, Pass in den Rücken des Mitspielers, ins Abseits gelaufen, Bier alle, unnatürliche Handbewegung im falschesten Moment, Pfostenschuss, Gegentor zu einem psychologisch ungünstigen Zeitpunkt, Gegentor zu einem psychologisch günstigen Zeitpunkt, Trainer wechselt dusselig aus, Trainer wechselt zu spät aus, Trainer wechselt gar nicht aus, der beste Spieler verletzt sich und kann nicht mehr ausgewechselt werden, der beste Spieler des Gegners verletzt sich nicht, der Tribünennachbar hat eine schwache Blase, es regnet, der Ball verspringt, das Spiel ist zu lang, das Spiel ist zu Ende, die Nachspielzeit war viel zu kurz. Allein diese Liste ließe sich endlos fortsetzen.

Wir lernen daraus: Jedes Fußballspiel beschert uns Unmengen von Enttäuschungen, unerfüllte Erwartungen, Momente voller Fremdscham und Bitterkeit. Trotzdem freuen wir uns vor jedem Spiel wie ein kleines Kind, denn beim nächsten Mal könnte es ja viel besser laufen. Tut es natürlich nie, aber es könnte. Und deshalb ist der Fußball auch nicht besonders gut geeignet, um beim Fan für permanente gute Laune zu sorgen. Im Gegenteil.

Jeder von uns kennt diese Montage, an denen man dem Kollegen X und der Kollegin Y lieber nicht begegnen möchte. Wegen Samstag. Die Kollegen sind zwar selbst keine Fußballfans, stänkern aber gerne. Auch so ein Ding: Fußball macht zuweilen den Menschen am meisten Spaß, die sich nur ganz wenig dafür interessieren. Und zwar nicht trotzdem, sondern gerade drum. Wer selbst keinerlei Emotionen für Fußball hegt, der kann durch das eigene Unbeteiligtsein den asch-fahlen, vom Wochenendergebnis niedergedrückten und gramgebeugten Mitmenschen besonders effektiv und ohne allzu viel Aufwand kränken. Wer Fußball nur ein bisschen mag (»Ja gut, bei Weltmeisterschaften schaue ich schon mal zu, aber sonst nicht so«), aber keinem Verein nahesteht, der ist im Gegensatz zum beinharten, lebenslangen Fanatiker seelisch nahezu unverwundbar. Eine der ganz großen Ungerechtigkeiten des Fanlebens.

Es gibt weitere. Unser Selbstwertgefühl wird durch die Liebe zu einem Verein auf eine harte Probe gestellt, und das permanent. Je nach Verein gibt es Wochenende für Wochenende Anlass zu Fremdscham, Mutlosigkeit und Weinerlichkeit. In englischen Wochen auch öfter. Weil man gerade das Heimspiel gegen den Tabellenletzten verloren hat, dessen gesamte Mannschaft so viel gekostet hat wie Dein Ersatztorwart. Weil Dein Mannschaftskapitän Interviews gibt, in denen er die geistige Reife eines Vierjährigen an den Tag legt. Weil Du für eine Erinnerung an das letzte wirklich gute Spiel Deiner Mannschaft erst einmal die letzten acht *Kicker*-Sonderhefte durchblättern müsstest. Weil Dein Verein gerade das Trikot für die neue Saison vorgestellt hat und es diesmal hellblau sein wird, mit kleinen rosa Elefanten. Wahrhaftig, es gibt sehr viele mögliche Gründe für ein ständiges Unwohlsein hinsichtlich des Lieblingsvereins.

Und dennoch: Hey, es ist immer noch Fußball! Eine Leidenschaft, die uns irgendwann gefangen nimmt. Sie tut dies nicht wie ein Liebender, der jemanden umgarnen, verzaubern und für sich gewinnen will, sondern mit dem Holzhammer. Der Fußball ergreift Besitz von uns. Und wenn es geschehen ist, sind wir verloren. Wir sind – und wir haben – verloren. Zum Beispiel die Fähigkeit, Wochenenden in gelöster Stimmung zu verbringen. Für Nicht-Fußballfans ist das eine Selbstverständlichkeit.

Auch soziale Kontakte gestalten sich mühseliger, wenn jeder geliebte Mensch Deine Zuneigung von vornherein mit der bedingungslosen Liebe teilen muss, die Du für elf fremde Menschen in kurzen Hosen empfindest. Oder wenn sich im weiteren Verlauf eurer Beziehung die Atmosphäre jährlich aufs Neue vergiftet, weil Du immer erst dann mit der Familie in den Jahresurlaub fahren kannst, wenn Du das Testspiel gegen den portugiesischen Zweitligisten im Trainingslager verfolgt hast, als einer von 16 mitgereisten Fans. Den Fans des portugiesischen Zweitligisten ergeht es übrigens genauso.

Da wir jedoch all das auf uns nehmen, manchmal sogar freiwillig, muss es irgendetwas geben, das uns diese Leidenschaft zurückgibt. Etwas, das uns fesselt, fasziniert und immer weitermachen lässt. Etwas, das uns immer wieder an dieselbe unisolierte Stromleitung fassen lässt. Rational kann es das eigentlich nicht geben. Also ist es mutmaßlich etwas Irrationales, schwer Greifbares. Nur was? Was bringt uns dazu, all das auf uns zu nehmen, in vielen Fällen ohne Aussicht auf Belohnung, und in manchen Fällen mit der Perspektive, sein komplettes Leben lang in einem Maß fortgesetzt enttäuscht zu werden, wie man es einem Freund oder Bekannten niemals durchgehen lassen würde? Das Rätsel ist ebenso einfach zu beantworten, wie es schwierig zu lösen ist: Es ist die Hoffnung. Denn es könnte ja alles besser werden, oder sogar gut. Darauf beharren wir, wie der Angetrunkene an der Losbude, der sein gesamtes Geld für Nieten investiert und es im Grunde vor dem Aufreißen der Lose schon genau weiß.

Und hier wird es faszinierend: Um vielleicht irgendwann mal belohnt zu werden, würde man als Fußballfan auch dann weitermachen, wenn einem die Vernunft längst sagt, dass es niemals besser wird. Die Neuzugänge für die kommenden Saison werden wieder dieselben Krampen wie die des letzten Sommers. Das ist egal, denn danach folgen weitere Sommer. Und darauf warten wir. Unser Leben lang. Auf den unfassbar guten Spieler, den alle anderen Vereine übersehen haben. Auf das Jahr, in dem alles gelingt. Auf den Trainer, der den Plan hat. Auf die Tabelle, die einen träumen lässt statt zu ängstigen.

Wir sind süchtig, wir sind ohne Hoffnung, wir sind verloren. Aber wir sind viele. Und wir sind in dem Schmerz und der Trauer nie allein. Im Erfolg übrigens auch nicht. Wenn jemals alles super läuft, sind wir plötzlich die viel besungenen wildfremden Menschen, die sich in den Armen liegen. Dann sind wir ein Teil des großen Ganzen. Wir sind zugegebenermaßen ein kleiner Teil, wie ein Tropfen im Ozean. Aber gemeinsam sind wir der Ozean. Und plötzlich ist Fußball wunderbar. Darauf warten wir. Auf diesen Moment, der kommen könnte, irgendwann. Das Wort »irgendwann« ist eines der Wichtigsten im Leben eines Fußballfans. Und wenn dieses Irgendwann endlich da ist, möchte man es wieder und wieder erleben. Man möchte manchmal wie Bayern München sein, denn dort ist es immer »irgendwann«. Was die Frage aufwirft, was man als Fan von Bayern München möchte, denn deren Fanleben funktioniert zwangsläufig anders. Als Bayern-Fan möchte man im Grunde, dass alles immer so bleiben möge. Ein Gedanke, den wiederum ein Fan von Preußen Münster nur ganz selten haben wird, beziehungsweise, eigentlich nie. Hochinteressant, und auch wieder fußballspezifisch: Dennoch möchte der Preußen-Fan selten mit dem Bayern-Fan tauschen, und umgekehrt wäre ja es ja auch höchst töricht.

Aus all diesen Mosaiksteinen ergibt sich folgendes Gesamtbild: Als Fußballfan funktioniert man nicht rational oder besonnen, sondern emotional und impulsiv. Wir suchen uns dieses Dasein nicht aus, sondern schlittern hinein. Wir wissen, dass vieles Quatsch ist, was wir tun. Und wir wissen, dass uns vieles nicht guttut, aber wir wollen das auch nicht anders. Wir würden gerne etwas weniger leiden, wären gerne seltener wütend und enttäuscht, aber tun andersherum alles, um genau diese Gefühle immer wieder neu durchmachen zu müssen.

Ohne mich mit Gehirnen allzu gut auszukennen, gehe ich davon aus, dass das Leben als Fußballfan unsere Synapsen, Nervenbahnen und Blutgefäße vor allerhöchste Anforderungen stellt. Wenn in der 90. Minute ein entscheidendes Tor fällt, brizzelt es im Kleinhirn spürbar. Egal, ob das Tor für Deine Mannschaft fällt oder für den Gegner, und auch dann, wenn es nur beinahe fällt. Im Fußball kann der gesamte Kosmos durch eine Zehntelsekunde auf links gezogen werden, und unser Gemüt ist dafür nicht geschaffen.

Viele von uns Betroffenen waren schon einmal in der Situation, Nicht-Fans erklären zu wollen, was an Fußball so toll ist. Vergesst es. Es ist unmöglich. »Was soll denn so toll daran sein, wenn 22 Menschen einen Ball in so ein Tor schießen wollen?« »Weshalb magst Du die Spieler eigentlich so, die kommen doch alle von sonst woher und spielen nur für Geld, und nicht, weil sie Deinen Verein so sehr mögen?« »Weshalb gibst Du so viel Geld dafür aus, diesen Millionären hinterherzureisen, denen Du völlig egal bist?« »Warum suchst Du Dir nicht ein anderes Hobby, wo Du Dich weniger ärgern musst?« Das wollen wir nicht hören. Und noch weniger wollen wir es beantworten. Die Frage, weshalb wir das alles mitmachen, stellt sich nicht. Sie stellt sich nicht ab der Sekunde, in der wir einst damit begonnen haben.

Eine Wahl haben wir also nicht. Wer Fan eines Vereins ist, bleibt es. Es gibt Phasen der Entfremdung und Phasen, in denen andere Dinge wichtiger zu sein scheinen. Am Ende aber kommt man immer wieder zum Fußball zurück. Das liegt an der Historie, die jeder von uns mit dieser Leidenschaft verbindet. Wir erleben Dinge, die in unseren Erinnerungen und Emotionen nie wieder weggehen werden. Jeglicher Versuch, sich von alledem nicht mehr so sehr berühren zu lassen, ist zum Scheitern verurteilt, denn wir wollen ja ausdrücklich berührt werden.

Wir haben also nur eine Chance: Wir müssen den Fußball und diese Leidenschaft so leben, dass möglichst wenig Schmerz entsteht. Den Schmerz, der unausweichlich kommen wird, müssen wir irgendwie aushalten. Wir müssen uns manche Dinge immer wieder neu bewusst machen, und manches müssen wir uns dauerhaft schönlügen. Das ist aber egal, denn der Fußball belohnt uns mit Gefühlen, die uns nichts und niemand anderes geben kann. Dass er uns gleichzeitig auch immer wieder bestraft, nehmen wir hin, denn das bucht man mit. Wenn wir uns auf den Fußball eingelassen haben, sind wir selbst schuld, bekommen aber grundsätzlich mildernde Umstände. In diesem Buch wollen wir gemeinsam überlegen, was für uns das Tolle am Fußball ist. Jeder wird da andere Dinge nennen können. Und wenn wir das für uns begriffen haben, können wir auch dafür sorgen, dass das Tolle noch ein bisschen toller wird und der Ärger noch etwas kleiner.

Auch, wenn wir es nicht in jedem Augenblick spüren können, oder selten, oder fast nie: Fußball macht uns reicher. Fußball bringt uns Dinge bei, die wir in jeder Lebenslage gebrauchen können. Fußball ist nicht nur ein Spiel, und auch keine Religion. Aber wer den Fußball liebt, der erlebt durch ihn alle Gefühle, die das Leben uns zu bieten hat: Glück, Triumph, Wut, Trauer, Stolz, Hoffnung, Niedergeschlagenheit, Liebe, Abneigung, Trotz, Sehnsucht – die Liste ließe sich endlos fortsetzen, oder zumindest bis zum nächsten Transferfenster.

Wenn wir uns alles genau anschauen, was mit Fußball und den Gefühlen zusammenhängt, kommen wir unausweichlich zu dem Resultat, dass eine empathisch gelebte Fußballleidenschaft erheblich mehr Spaß macht. Durch Fußball verdorbene Nachmittage ergeben letztlich nur dann einen tieferen Sinn, wenn wir durch ihn auch Sternstunden erleben. Und dafür sind nicht ausschließlich Tabellen und Resultate verantwortlich, sondern wir selbst. Wenn wir alles vergessen oder geringschätzen, was im Fußball mit Menschlichkeit, Fehlbarkeit, Schwächen und Schwankungen zu tun hat, ist unser Fußball ärmer. Und wir sind dann im Grunde nicht ein Freund der Menschen auf dem Rasen, sondern ein Freund der Zahlen auf der Anzeigetafel. Wer Fußball als Spiel begreift, in dem in erster Linie Menschen miteinander zu tun haben, die durchaus Fehler machen, und zu dem Niederlagen und Täler dazugehören, wird für sein Hobby nicht öfter belohnt als die anderen. Aber reicher. Und nachhaltiger. Wenn wir in uns hineinhorchen, ist es eine erstrebenswerte und reizvolle Vision, Fußball unter allen Umständen mit Empathie zu verbinden. Das ist nicht immer einfach, aber es geht.

Nehmen wir das alles mit. Lernen wir, leiden wir, hoffen wir, lieben wir. Jeder so, wie er es für sich am besten kann. Aber vielleicht am Ende dieses Buches etwas bewusster. Wobei ich auch bewusstlos schon sehr schöne Fußballmomente erlebt habe. Aber das ist wieder ein anderes Thema.

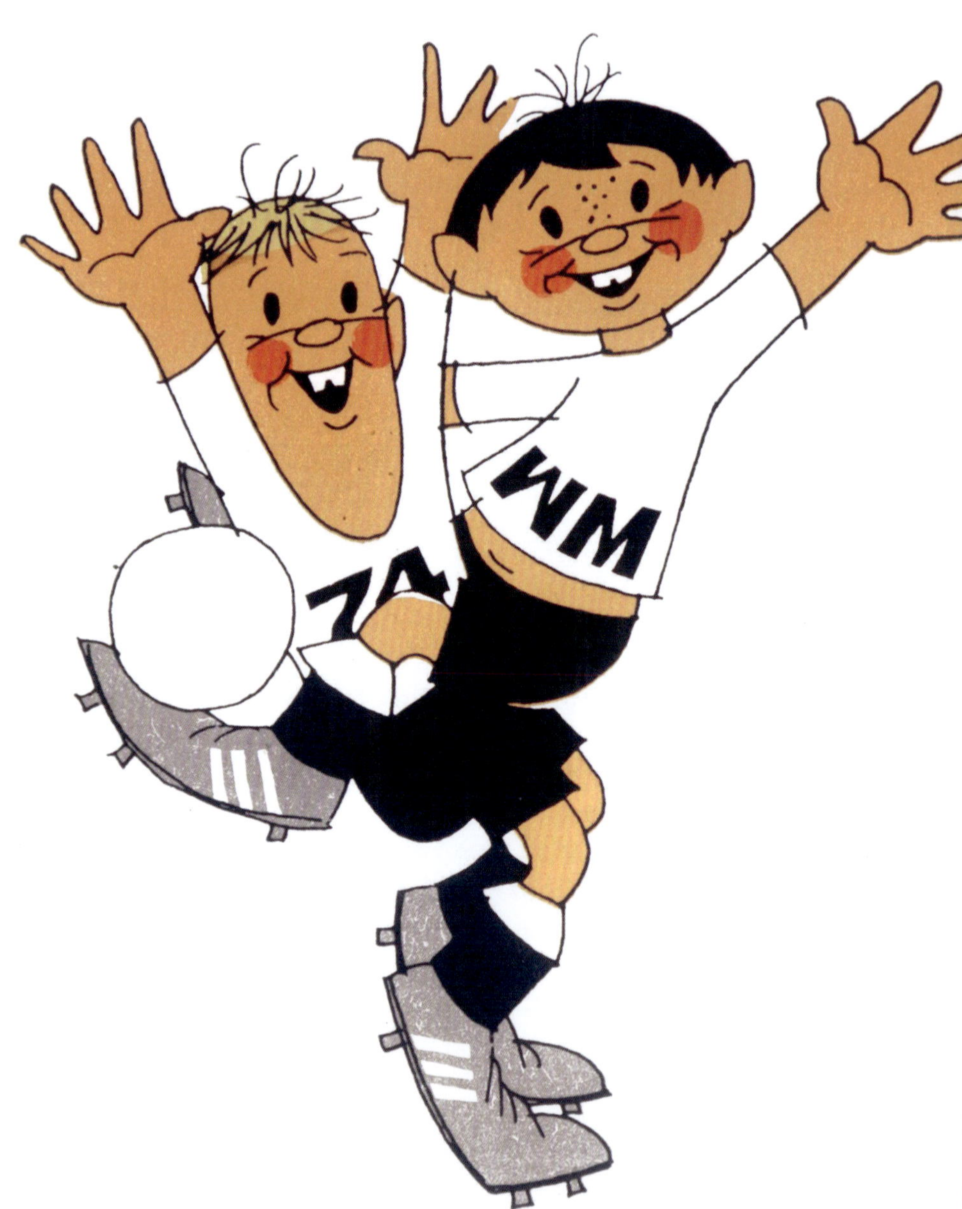
74
WM

DER ANFANG VON ALLEDEM

oder: Die goldene Mannschaft über dem Bett meines Bruders

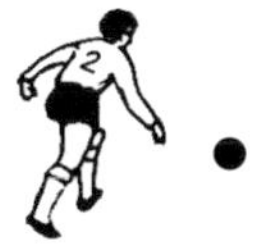

Wenn ich mir heute alte Fotoalben anschaue, kann ich ziemlich genau zurückverfolgen, wann »es« passiert sein muss. Ich sehe Bilder von mir als Vierjährigen, in einem Alter, in denen Autos mein einziges Hobby waren. Ich lungerte bei der alten Tankstelle in unserem Dorf herum und schaute dem Inhaber Herrn Jäckel beim Reparieren der Autos zu. In allen Kinderbüchern interessierten mich vor allem die Seiten, auf denen Autos zu sehen waren. Ich konnte Fabrikate am Motorengeräusch unterscheiden, habe mir Bilder meiner Lieblingsautos aufgehängt (Favoriten waren der sogenannte Ford Badewanne und der ebenfalls sogenannte Buckelvolvo) und hatte eine riesige Sammlung an Matchbox-Autos.

Mein zehn Jahre älterer Bruder Ingo spielte kurzzeitig Fußball beim TSV Lahausen, und mein fünf Jahre älterer Bruder Götz schrieb mit blauem Wachsstift die Buchstaben FCB an die Innenseite seiner

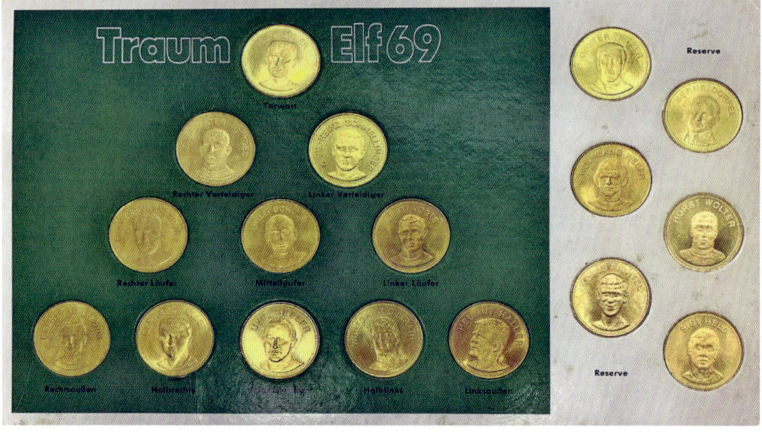

Kleiderschranktür. Bei mir unterdessen: Autos. Sonst nichts. Später vielleicht noch *Urmel aus dem Eis,* aber Fußball spielte keine Rolle. Okay, man kam damals (ca. 1969) an Gerd Müller nicht vorbei, und das nicht nur wegen seiner unglaublich stämmigen Oberschenkel. Den Namen hatte ich schon gehört, und als Ingo seine Sammeltafel »Shell Traum-Elf 1969« mit bronzefarbenen Münzen der damaligen Nationalspieler komplett hatte, habe ich immer mal verzückt über Müllers Gesicht gestrichen. Ohne Hintergedanken. Ich habe einfach kritiklos akzeptiert, dass der scheinbar sehr wichtig war. Nicht ganz so wichtig wie der Ford Badewanne, aber schon auch wichtig. Dass meine Mutter meine Brüder zum besseren Essen animierte, indem sie die beiden darauf hinwies, dass Franz Beckenbauer auch immer Suppen von Knorr äße, hatte bei mir keinerlei Effekt.

Als ich im Begriff war, fünf zu werden, war alles schon etwas anders. Die WM in Mexiko nahte, und es häuften sich abendliche Qualifikations- und später Testländerspiele. Meine Brüder durften sie sehen, ich nicht. Ich war zu klein. Und ich war immer noch kein Fußballfan. Aber doof war ich auch nicht. Ich begriff, dass eine vorgetäuschte, erwachende Leidenschaft für abendliche Länderspiele in Tateinheit mit

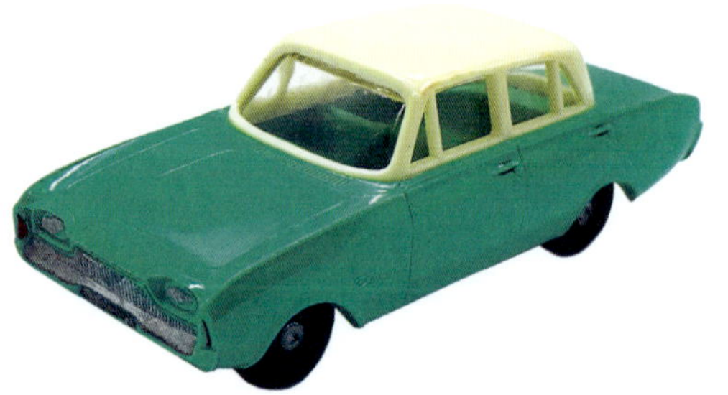

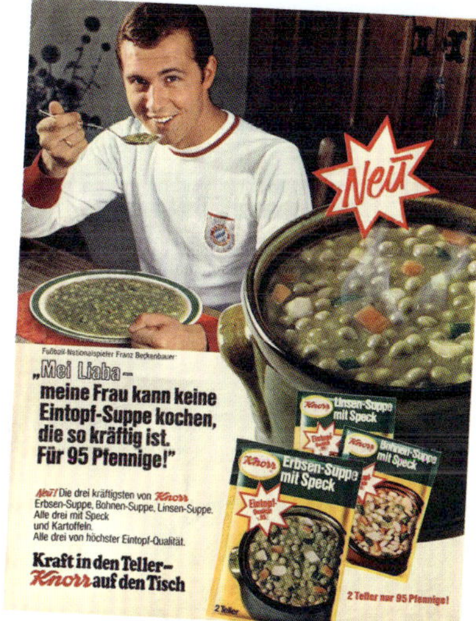

meinen braunen Dackelaugen und etwas Maulerei immer häufiger dazu führte, dass ich abends mit meinen Brüdern abhängen und chillen durfte, um Länderspiele von Gerd Müller und seinen Kumpanen zu schauen. Es hat mich nicht sehr interessiert, aber ich durfte länger aufbleiben, und meine großen Brüder fand ich toll. Und dann passierte es. Kaum merklich, erst zaghaft, aber dann mit immer mehr Wucht: Ich wurde Fußballfan.

Anstelle der Serie »Shell Traum-Elf 69« gab es 1970 zur WM in Mexiko die Münzserie »Unser weltmeisterliches Team«, auch von Shell. Die Münzen musste man in einen aufklappbaren WM-Spielplan stecken. Unterdessen hatte mein Bruder sich die *Kicker*-Sondernummer zur WM gekauft, in deren Heftmitte ein doppelseitiges Poster der Nationalelf nachdrücklich darauf pochte, aufgehängt zu werden. Mein Bruder erbarmte sich und pinnte dieses Poster über sein Klappbett. Ich werde das Bild nie vergessen, weil ich es als knapp Fünfjähriger angestarrt habe, bis ich mir jedes noch so kleine Detail eingeprägt hatte. Es war ein Flutlichtspiel gegen Rumänien in Stuttgart, und das Licht, in dem unsere Nationalspieler sich zur Hymne aufgestellt hatten, sah golden aus. DFB-Kapitän war Wolfgang Overath, was mich mit fünf Jahren aber noch nicht sonderlich verwirrte. Hinter den Spielern sah man die ebenfalls golden glänzenden Blasinstrumente der Militärkapelle. Und Berti Vogts stand

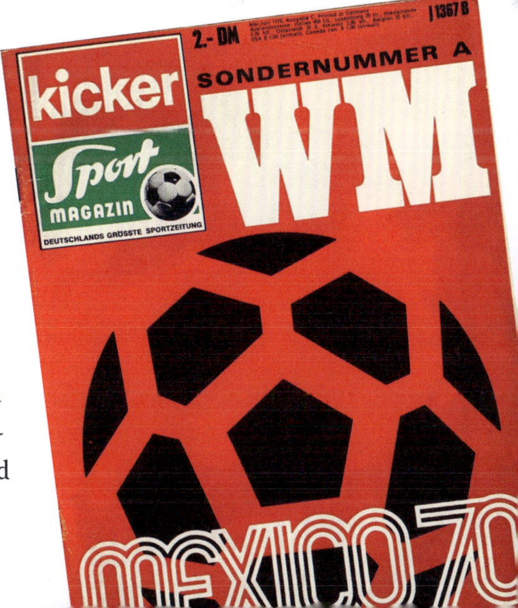

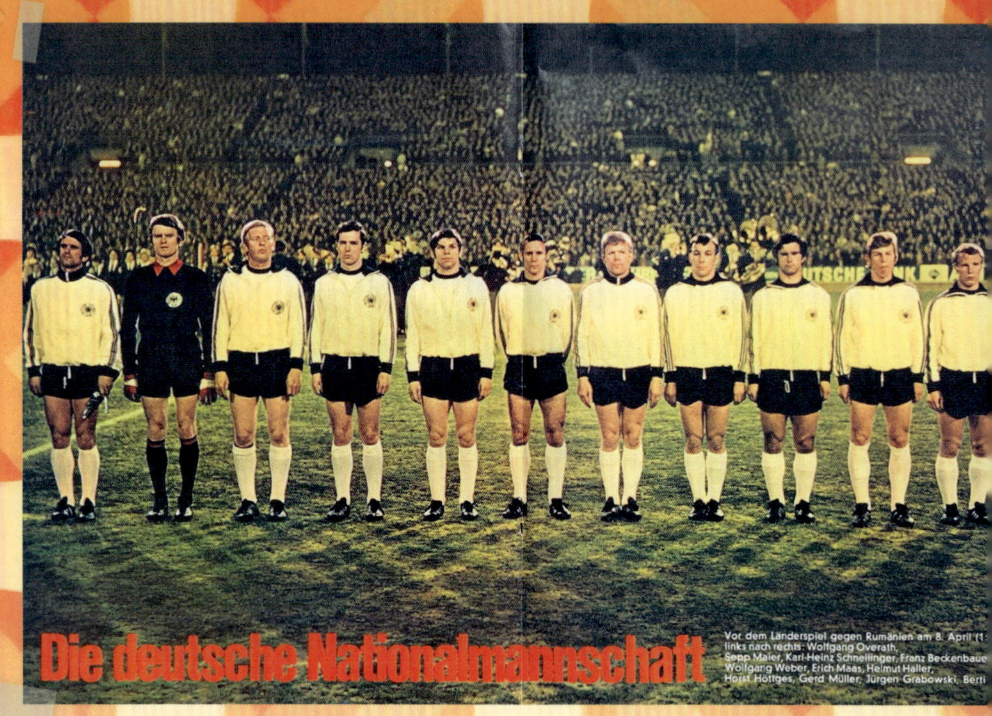

ganz außen und war nicht viel größer als ich. Ich verfiel diesem Hobby also durch das reliefartige Gesicht von Gerd Müller auf einer mittlerweile rostigen Shell-Münze, durch den feierlich-goldenen Lichtschein auf dem *Kicker*-Poster der Nationalelf aus dem April 1970, durch die Gelegenheit, an Länderspielabenden länger aufzubleiben und durch den Schlüsselanhänger meines Bruders in Gestalt von Juanito, dem WM-Maskottchen von 1970. Mehr brauchte ich für den Anfang nicht, um zu glauben, ich sei neuerdings ein Fußballfan. Aber dann kamen in rascher Folge immer mehr Argumente hinzu, die die Sinnlichkeit und Attraktion des Fußballs für mich rasend schnell erhöhten. Die cremig-gelben Trikots der brasilianischen Weltmeisterelf. Die omnipräsenten Anzeigen, mit denen Gerd Müller für Mars-Schokoriegel warb, die schon damals verbrauchte Energie sofort zurückbrachten, was mir mit fünf Jahren schon sehr beeindruckend vorkam. Ich war mir damals auch sicher, dass Gerd Müller nur durch Schokoriegel diese dicken Oberschenkel hatte, was genau genommen ja auch sehr gut sein kann.

Es begann die Phase, für die Fanforscher und Irrenärzte bestimmt einen Fachbegriff haben. Die Zeit, in der ich infiziert, aber noch nicht völlig wahnsinnig war. Mir reichten gelegentliche Fußballspiele im Fernsehen, ich kickte selbst gerne auf dem Schulhof meiner Grundschule in Kirchweyhe, aber ich war dabei nicht verbissen. Ich fand es toll, dass ich ein Bild von Karl-Heinz Krott (Alemannia Aachen) in einer Heinerle-Wundertüte fand, aber mir reichte dieses eine Bild vollkommen. Ich musste nicht alle 200 Bilder aus dieser Serie haben. Hey … ich hatte Karl-Heinz Krott (Alemannia Aachen)! Den habe ich bei mir ans Bettgestell geklebt. Neben irgendeinen Auto-Sticker.

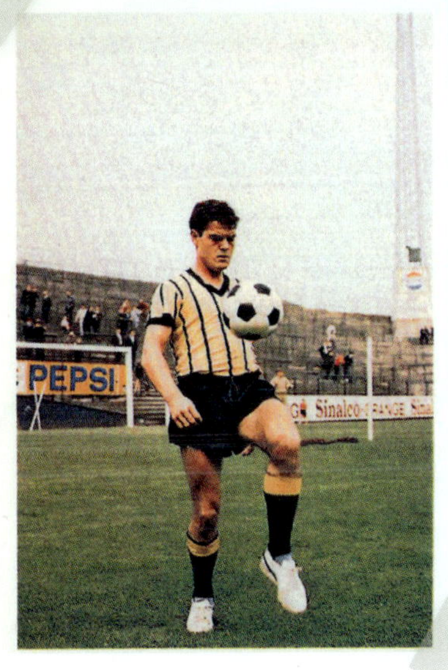

Ich habe ihn nie spielen sehen, aber Karl-Heinz Krott (Alemannia Aachen) war eine der ersten Fußball-Identifikationsfiguren meiner Kindheit. Die Wundertüte war schuld.

Zum Ausbruch kam alles im Jahr 1974. Plötzlich, gewaltig, unaufhaltsam. Fußball war jetzt überall. Es gab Poster der Fußballstars in der *BRAVO*, Karikaturen der deutschen WM-Stars von Volker Ernsting in der *HörZu*, »Fußball ist unser Leben« im Radio, WM-Sammelbilder in Sprengel-Schokolade, die Maskottchen Tip und Tap als Sticker in Nutella-Deckeln. Und ich wollte das ALLES. Ich wachte in jenen Wochen auch schon mal morgens euphorisiert auf, weil ich geträumt hatte, Franz Beckenbauer sei bei uns vor dem Haus und hielte gerade ein Schwätzchen mit meinem Vater. In der Garageneinfahrt. Im Nationaltrikot tauschte er sich mit meinem Vater aus, der gerade den Rasen sprengte. War aber wirklich nur ein Traum. Deutschland gewann den WM-Titel 1974 an meinem neunten Geburtstag. Es gab kein Zurück mehr. Und ich wollte jetzt auch alles nachholen, was ich versäumt hatte. Ingos bester Freund klingelte eines Tages und hatte den ganzen Arm voller alter Sammelalben: »Ich glaube, Du bist jetzt

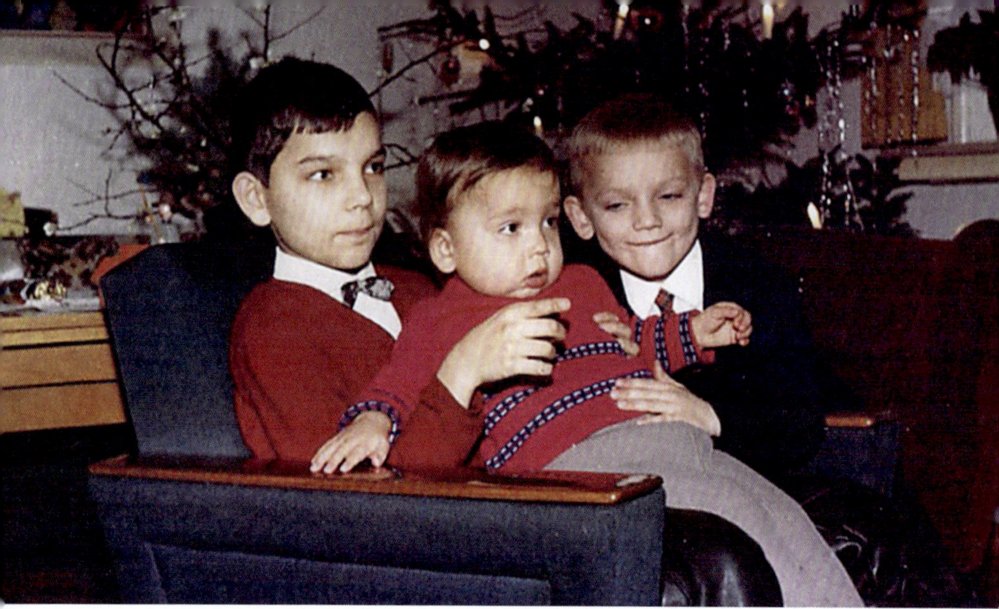

Dreierkette: Meine großen Brüder Ingo und Götz führten mich behutsam an den großen Fußball heran, ohne es zu merken. Ich bin der in der Mitte und habe heute wieder eine sehr ähnliche Figur.

der Spezialist!« In einem der Alben fand ich eine wunderschöne, alte Autogrammkarte von Hans Tilkowski, mit einer der elegantesten Unterschriften, die ich je sah. Die Sammelalben führten mich zu alten Buchschinken wie *Die großen Spiele 1969*. Das konnte ich auswendig. In der Gemeindebücherei Kirchweyhe lieh ich mir das WM-Buch von Hennes Weisweiler zur WM 1970 aus. Elfmal insgesamt. Danach konnte ich auch das auswendig.

Es folgten die Jahre, in denen die Neugier und der Hunger immer größer wurden. Dies ist gleichbedeutend mit jenem Zeitraum, den viele Fußballprofis mit dem Satz »Als Kind war ich Fan von Bayern München, aber da hatte ich auch noch keine Ahnung!« zusammenfassen. Obwohl Franz Beckenbauer nie in unserer Garageneinfahrt stand, fand ich die Bayern damals kurz spannend. Ich schrieb an Beckenbauer, Gerd Müller und Co. und bat um Autogramme. Beckenbauers Autogramm war wunderschön. Das von Gerd Müller bestand aus mehreren Kringeln. Meine Passion für Autogramme erhielt erst Jahre später, vor der WM 1978, einen bitterbösen Dämpfer, als ich das

Autogramm von Karl-Heinz Rummenigge in der Post hatte. Ich hatte ihm einen langen Brief geschrieben, höflich, persönlich, schwärmerisch. Aber anders als seine Kollegen Berti Vogts, Franz Beckenbauer, Kevin Keegan oder Wolfgang Overath verschickte er lediglich eine Werbepostkarte mit einem eindeutig gedruckten Autogramm. Ich war am Boden. Manchmal wünsche ich mir, er würde heute ahnen, wie unglücklich er damals Kinder wie mich gemacht hat. Ich fühlte mich betrogen.

Rummenigges gedruckte Unterschrift war meine erste echte Enttäuschung als Fußballfan.

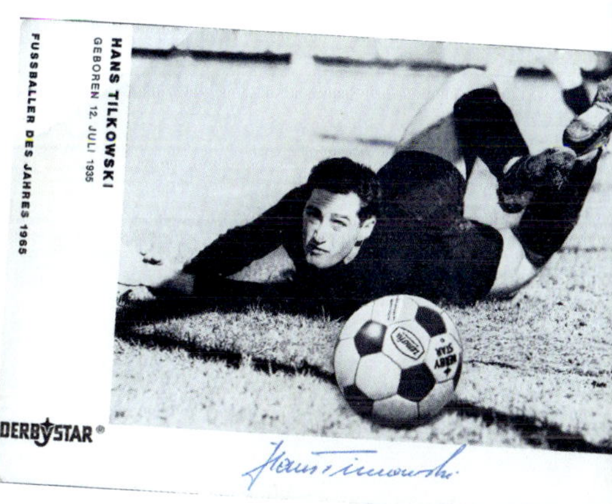

Elegante Schrift, smarter Torwart: Hans Tilkowski. Wenn ich könnte, würde ich auch so unterschreiben.

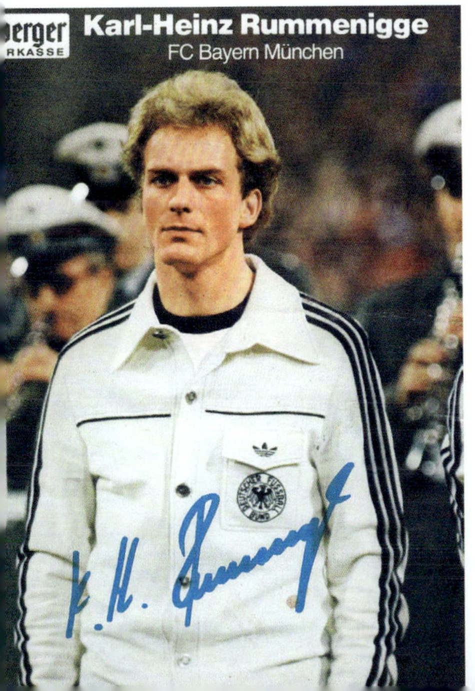

Wie man mit einer gedruckten Unterschrift einen Fan auf Jahre enttäuschen kann: Karl-Heinz Rummenigges Management hat sich nicht einmal Mühe gegeben, durch eine echter aussehende Stiftfarbe ein Originalautogramm vorzugaukeln.

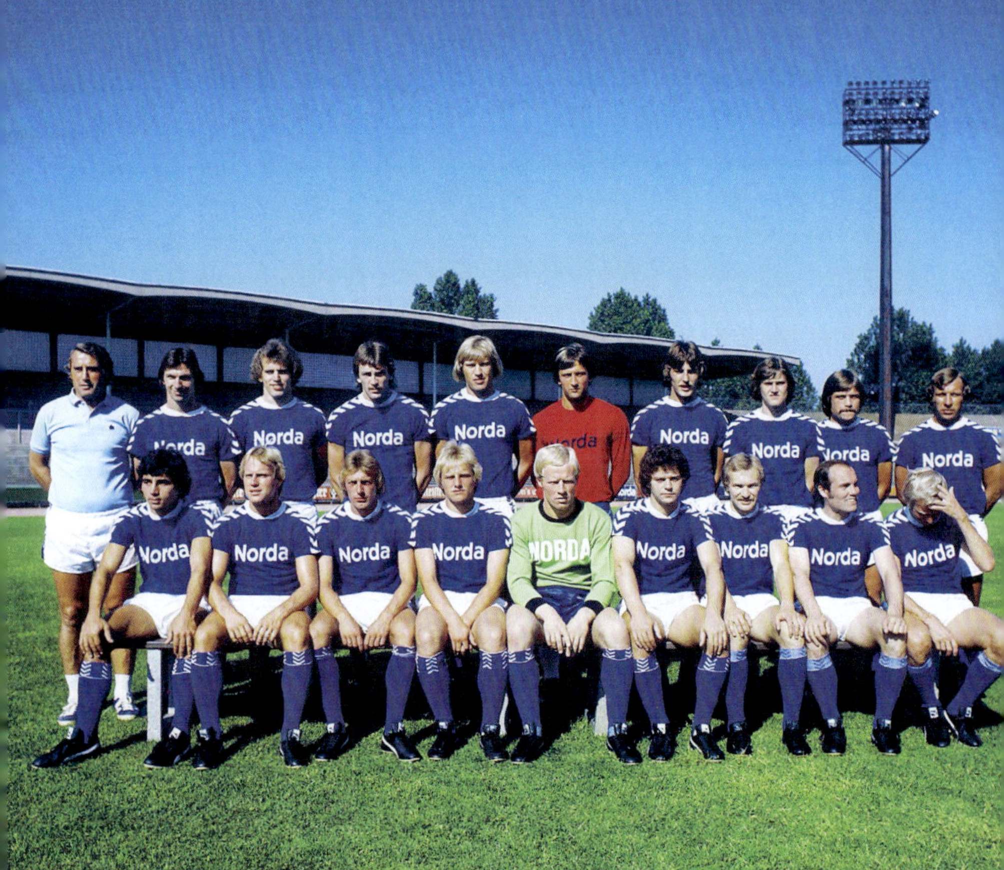
Norda
NORDA

SICH IN EINEM VEREIN FINDEN

oder: Wie alles so richtig losgeht (und nie wieder aufhört)

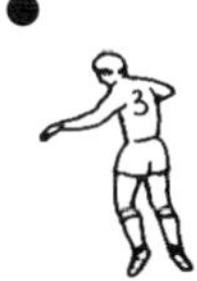

Okay, es wird ernst. Bis jetzt ging es um Autogramme, Sammelbildchen und Hans Tilkowski, um Schokoriegel und Trikotfarben. Alles schön, alles wichtig. Aber alles eher Zeugnisse von erwachendem Interesse, wie man es auch für Ausdruckstanz, Pflanzenkunde oder das Ausmalen von Mandalas entwickeln kann. Du denkst, Du hast ein neues Hobby. Du denkst, Fußball ist toll und macht Freude. Du denkst, Du hast die Wahl. Aber irgendwann packt es Dich. Und plötzlich hast Du Dein Herz verloren. An einen Verein. Ab diesem Moment ist alles anders, und mit »alles« meine ich: alles. Das Schlimme ist: Das geht wirklich nie wieder weg. Das Fantastische ist: Es geht nie wieder weg. Einem Verein verfallen zu sein ist ein Stück Schicksal. Und wenn es geschehen ist, kannst Du Dir ohne jegliches Bedenken das Wappen Deines Klubs auf den Oberarm tätowieren lassen. Das wird nie ein Problem sein, anders zum Beispiel als der Name der ersten Freundin. Der Verein bleibt. Er ist wie Dein Schatten. Du vergisst ihn manchmal für einen Moment, manchmal siehst Du ihn vor lauter Trübnis nicht, und er ist in manchen Phasen kleiner als zu anderen Zeiten. Aber er gehört zu Dir, er ist wie Du, Du wirst ihn nicht los, und jeder kann ihn sehen.

Seinen Lieblingsverein findet man auf extrem unterschiedliche Weisen. Es kann anfangs die Trikotfarbe sein, und den Rest der Leidenschaft baut man sich über die Jahre drumherum. Es kann die eigene Herkunft sein, ein Lieblingsspieler oder ein besonderes Fußballspiel, bei dem man sich stürmisch und unerklärlich in seine Mannschaft verguckt. Dieses Thema kann man eigentlich nicht vertiefen, ohne spätestens an dieser Stelle Nick Hornby zu zitieren, sinngemäß: »Du suchst Dir nicht Deinen Verein aus, sondern Dein Verein sucht sich Dich aus.«

Es kann die verlockende Aussicht sein, als Fan eines besonders nachhaltig erfolgreichen Vereins immer auch ein bisschen auf der Siegerseite zu stehen. In solch einem Fall hat man sich im Grunde für ein gutes Preis-Leistungs-Verhältnis entschieden. Aber es gibt auch ganz andere Faktoren, die zur Findung eines Lieblingsvereins beitragen. Bei einem Auftritt in Berlin sah ich mal in der ersten Reihe einen Fan des Karlsruher SC sitzen. Zumindest trug er dessen Trikot. Nach der Veranstaltung fragte ich ihn neugierig: »Hier in Berlin ein KSC-Trikot – bist Du Karlsruher?« Er erwiderte: »Nein, ich bin Berliner. Das ist alles etwas merkwürdig entstanden, diese Sache mit Karlsruhe. Ich habe einen Bruder, der schon immer Fan des 1. FC Kaiserslautern war. Wir verstehen uns nicht besonders gut. Und einmal, während eines heftigen Streits, habe ich ihn dann gefragt: ›Sag' mal, welchen Verein findest Du eigentlich so richtig doof?‹ Ja, und seitdem bin ich Fan vom Karlsruher SC.«

Bei mir ist es Werder Bremen. Das ist nicht immer einfach, aber für mich ist dieser Verein ein biografischer Glücksfall. Ein Schulfreund und ich sind etwa im Alter von elf Jahren mal zum Training geradelt. Er war Werder-Fan, ich suchte noch. Und dann fand ich. Werder Bremen war zu jener Zeit ein Verein, an dem im Grunde alles falsch war. Er spielte seit einem knappen Jahrzehnt gegen den Abstieg, war arm wie elf Kirchenmäuse, hatte seine Vereinsfarben einem Fischkonservenhersteller zuliebe vergessen und spielte in blauen Trikots. Die Mannschaft spielte meist bieder, selten vor mehr als 15 000 Zuschauern, und das Weserstadion war marode und zugig. Nichts, aber auch gar nichts an diesem Verein war glamourös oder vielversprechend. Der einzige Star der Mannschaft war Haudegen Horst-Dieter Höttges, der aber schon 34 war. Für mich war er etwas Besonderes. Nicht, weil er 1974 Weltmeister wurde, sondern weil es ihn damals auch als Shell-Münze gab und weil auch er auf dem Nationalelfposter über dem Bett meines großen Bruders zu sehen war. Es gab ihn wirklich. Und er spielte vor meiner Haustür in Bremen. Sein bekanntester Satz war: »Solange ich für Werder spiele, steigen wir nicht ab.« Er versprach es, und er hielt es. Solche Beschützer wünscht sich jedes Kind.

Dass Höttges sein Versprechen hielt, war toll. Dass niemand anders Werder Bremen derart über Wasser halten konnte, weniger. Zwei Jahre nach seinem Karriereende stieg Werder ab. In die damali-

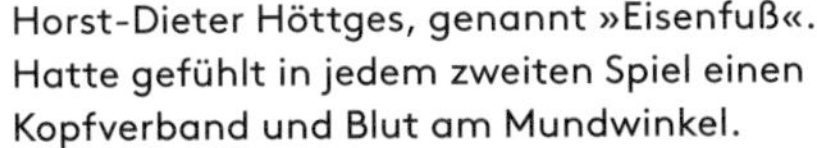

Horst-Dieter Höttges, genannt »Eisenfuß«. Hatte gefühlt in jedem zweiten Spiel einen Kopfverband und Blut am Mundwinkel.

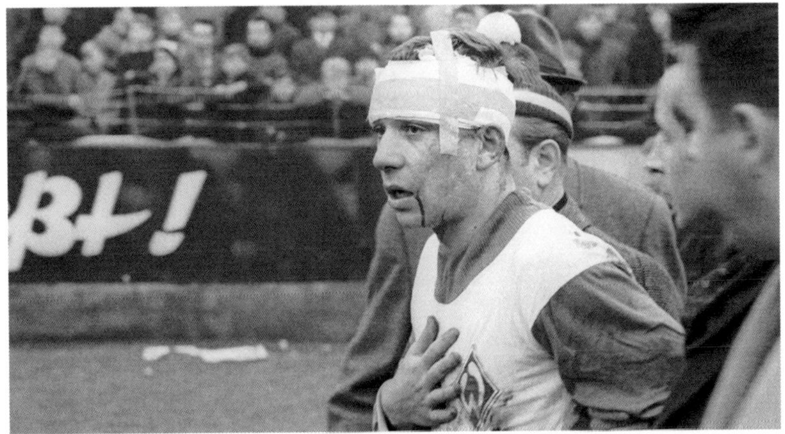

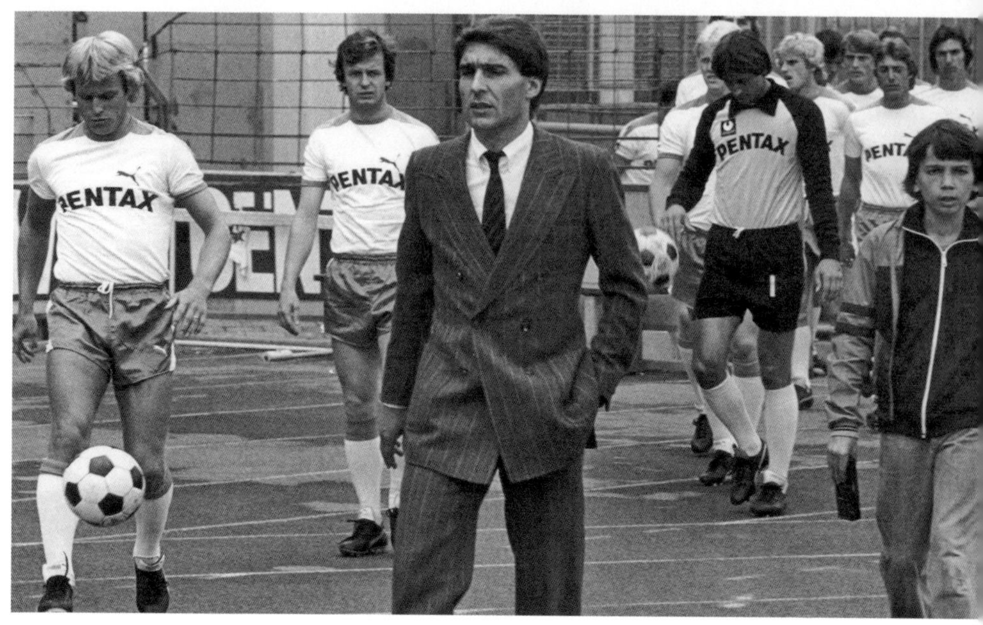

Der bis dahin aufregendste Tag meines Lebens. Rudi Assauer (Mitte) erlaubte mir (rechts), am 16. Juli 1979 beim offiziellen Fototermin von Werder Bremen dabei zu sein und mich mit meiner Tchibo-Pocketkamera unter die Profifotografen zu mischen.

ge 2. Liga Nord, in der es danach ein Jahr lang Spiele gegen Bocholt, Erkenschwick, Lüdenscheid, Solingen und Oldenburg gab. Ich habe jedes verdammte dieser Spiele gesehen, zumindest die Heimspiele. Ich war inzwischen dafür zuständig, in der Westkurve die damalige Stadionzeitung zu verteilen. Dafür gab es freien Eintritt. Diese Zweitligasaison hat massiv zu meiner Sozialisation beigetragen. Gefühlt fand jedes der 42 Spiele (!) bei Dauerregen und 7 Grad Celsius statt. Kann natürlich gar nicht stimmen, hat sich mir aber so eingebrannt. Im Weserstadion waren in den Kurven inzwischen die Oberränge wegen akuter Baufälligkeit gesperrt worden, und im dadurch noch freudloseren Rund tummelten sich bei den Spielen manchmal 6000, manchmal 8000 Zuschauer. Aber das war egal, denn auf dem Rasen stand nach den Jahren des Abstiegskampfs plötzlich eine höchst spannende Mannschaft, in der Erwin Kostedde sein letztes Hurra erlebte, der greise Klaus Fichtel hinten alles wegverteidigte und Spezialisten wie

Burdenski, Meier, Möhlmann und Reinders dafür sorgten, dass der Wiederaufstieg nie ein Problem war.

Ich erwähnte schon, dass Werder Bremen damals keine hohe Strahlkraft besaß. Und deshalb war es alles andere als schick, cool oder angesagt, Fan dieses Vereins zu sein. Werder-Fan war man, wenn man Bremer war. Sonst nicht, wenn man es vermeiden konnte. Wenn man außerhalb Bremens die Leidenschaft für den SVW durchblicken ließ, erntete man in der Regel ein komplett fassungsloses »Weshalb DAS denn?«. Der Verein galt zwar als hanseatisch und bodenständig, aber auch als langweilig und betulich. Und so absurd es klingt, für mich wurde er gerade dadurch zur Herzenssache. Es gab keine verkopften Gründe, sich diesen Verein ausgesucht zu haben. Man konnte damit nicht angeben. Wenn man Glück hatte, wurde man nicht zu sehr geärgert. Das war das höchste der Werder-Gefühle. Aber nach den grauen Anfangsjahren kam ein rauschhaftes Jahrzehnt, das Otto Rehhagel nach Bremen brachte und nur zwei Jahre nach dem Abstieg einen Weltklassemann wie Rudi Völler. Plötzlich stand der Verein oben, begeisterte Fußballfans in ganz Deutschland, spielte Fußball zum Nie-

Farben sind für Fußballfans bedeutender als für fast den gesamten Rest der Bevölkerung.

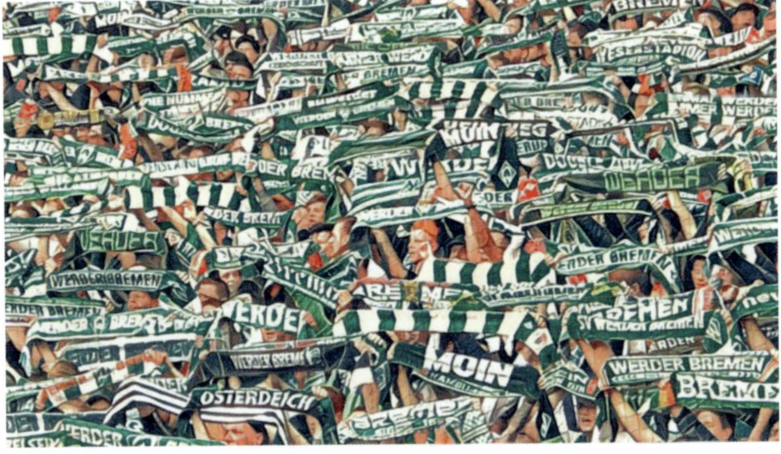

derknien und wurde besser und besser, bis aus dem Mauerblümchen innerhalb von zwölf Jahren ein Meister, Pokalsieger und Europacupsieger geworden war. Weiterhin kein lauter, neureicher Verein, sondern ein zurückhaltender Traditionsverein mit Augenmaß, auf den Du als Fan urplötzlich sehr wohl stolz sein konntest. Und warum nicht einfach endlich mal stolz sein?

Natürlich war das nicht von Dauer und nicht unkaputtbar, aber die jüngere Vereinsgeschichte erfüllte jeden, der dicht dran sein durfte bei all den Überraschungssiegen, Triumphen und Wundern, mit einer tiefen Dankbarkeit. Ja, ich musste einen Abstieg erleiden, ich habe Tränen vergossen, ich habe eine Heimniederlage gegen den 1.FC Bocholt mitansehen müssen, aber dann habe ich Rudi Völler und Wynton Rufer bekommen, Titelgewinne, ein immer schöneres Stadion und einen Lieblingsverein, der nicht immer stolz machte, aber auch keinen Grund mehr bot, gebückt und niedergeschlagen durch die Liga zu schleichen. Und dadurch, dass ich nun alle Facetten mitmachen durfte und musste, sind wir cool miteinander, dieser Verein und ich. Ich wäre manchmal gerne wieder ein Titelanwärter, ich hätte manchmal gerne einen neuen Rudi Völler, aber im Großen und Ganzen fühlt es sich richtig für mich an, an der Seite dieses Vereins zu sein, der wiederum immer an meiner Seite ist. Wie mein Schatten.

Ich stand einmal mitten in Neapel in einem kleinen Café. Ich wollte nur kurz etwas Erfrischendes trinken, war aus seltsamen Gründen gemeinsam mit Guido Buchwald unterwegs und sah mich wartend um, als mir bewusst wurde, dass ich durch Zufall an einem Ort gelandet waren, von dem ich irgendwann schon einmal gelesen hatte. Eine Wand des eher kleinen Raumes war komplett übersät mit Devotionalien, die an den großen Diego Armando Maradona erinnerten, der seine größte fußballerische Zeit genau hier erlebte. Nicht in diesem Lokal natürlich, das kam dann später, aber eben in Neapel. Ein Schrein mit einer Maradona-Büste stand da, ein kleines Glasfläschchen, in dem sich der Legende nach seine Abschiedsträne befindet, vergilbte Fotos, Zeitungsausschnitte, die ganze Palette halt. Ich kam

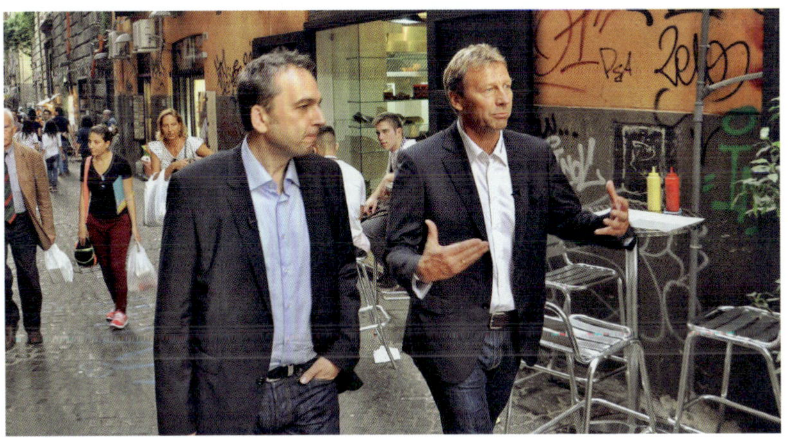

Mit Guido Buchwald in Neapel auf der Suche nach Diego Maradona. Buchwald erklärt mir in diesem Moment gerade, dass Diego inzwischen etwas zugenommen hat.

ins Gespräch mit dem Eigentümer des Cafés, der mir immer noch von Ergriffenheit und Verklärung berührt erklärte, als bei der WM 1990 Italien gegen Argentinien spielte, habe ganz Italien natürlich Italien die Daumen gedrückt – bis auf Neapel. In Neapel wollten alle, dass Maradona gewinnt. Mit Argentinien, gegen Italien. Die drittgrößte Stadt einer der größten Fußballnationen der Welt stellte sich geschlossen hinter ihren berühmtesten Sohn, obwohl er für den Gegner, ein anderes Land, einen anderen Erdteil antrat.

Der Wirt verneigte sich abschließend ergriffen vor Guido Buchwald und versicherte ihm, dass er, Buchwald, damals ganz Neapel furchtbar traurig gemacht habe, weil er im Finale der WM 1990 dafür gesorgt hatte, dass der rasch zermürbte Maradona einen seiner traurigsten Fußballabende überhaupt erleiden musste.

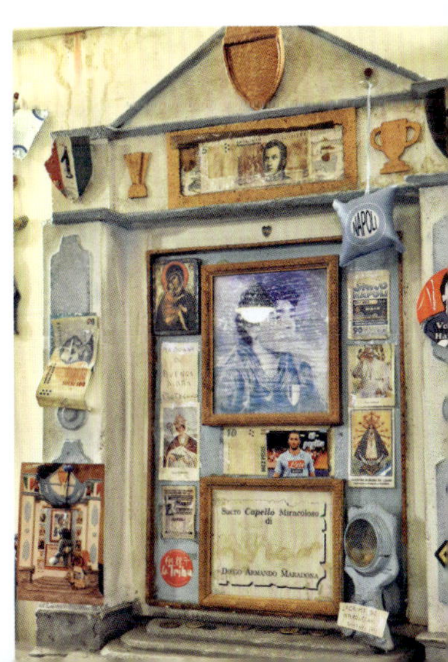

Gefunden! Diego Maradona ist in Neapel geblieben, irgendwie. Manche Dinge bleiben für immer.

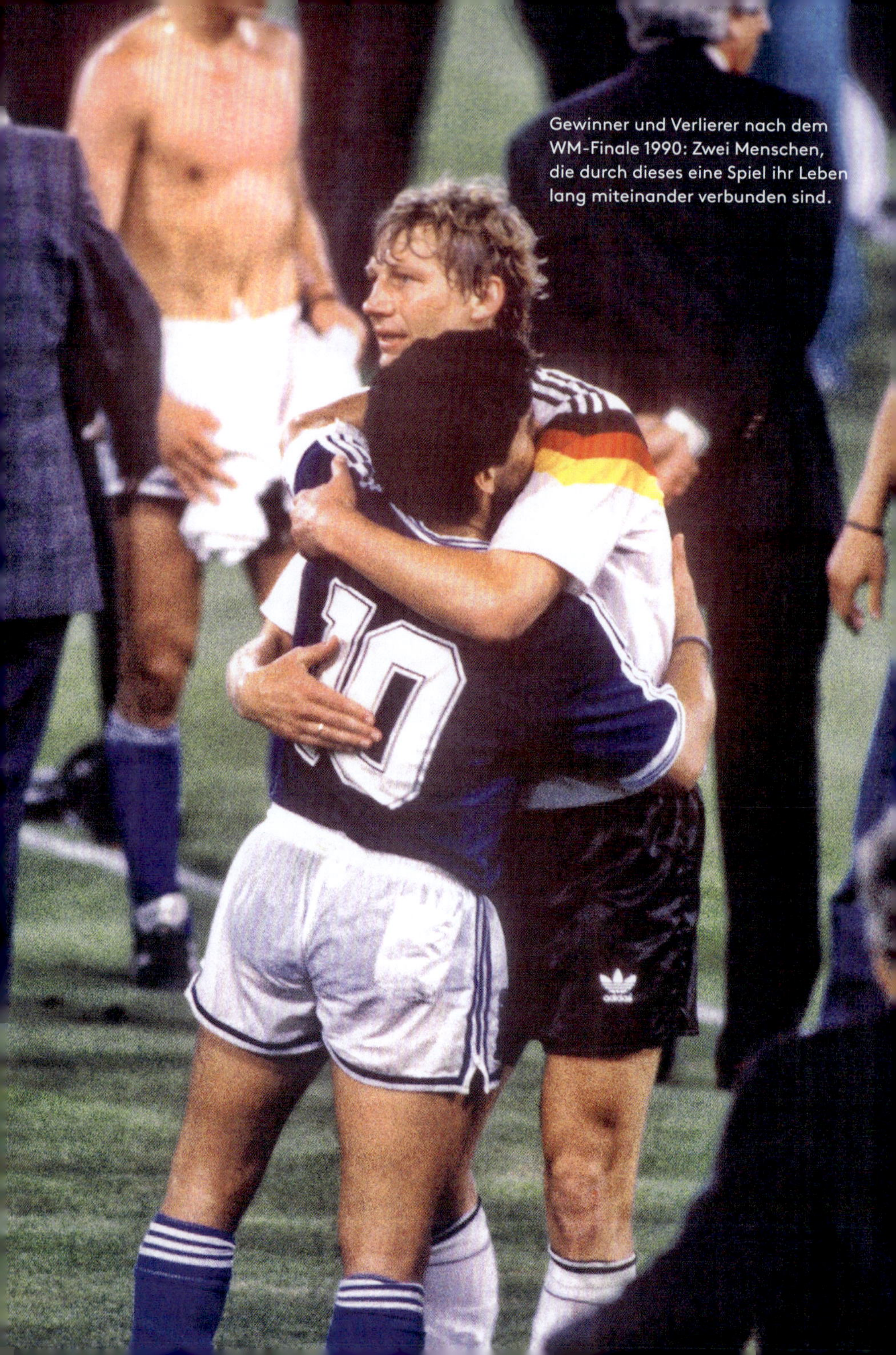

Gewinner und Verlierer nach dem WM-Finale 1990: Zwei Menschen, die durch dieses eine Spiel ihr Leben lang miteinander verbunden sind.

Die Bürgerinnen und Bürger von Neapel hatten damit für sich eine Frage beantwortet, die sich uns allen immer wieder stellt, wenn ein großes Fußballereignis ansteht. Wie steht es mit meiner Begeisterung für unsere Nationalmannschaft? Wie steht es mit meiner Sympathie für elf junge Männer in Schwarz und Weiß, von denen ich den meisten das gesamte restliche Jahr über eigentlich eher nichts Gutes wünsche? Fühlen Schalke-Fans bei der Euro eine ungekannte Nähe zu Marco Reus und Mats Hummels, jubeln etatmäßige Bayern-Hater über Tore von Serge Gnabry, und freut man sich über gute Spiele von Thilo Kehrer, obwohl man Paris St. Germain sonst ganz schlimm findet?

Es fühlt sich alles richtig und falsch zugleich an. Ich war bei der Euro 1996 in England zu Gast beim Gruppenspiel unserer Elf gegen Tschechien. Alles vom Feinsten: Old Trafford, Manchester, tolle Stimmung, Deutschland gewann 2:0. Ich verließ das Stadion aufgewühlt. Mein Bremer Held Dieter Eilts hatte gewonnen, aber Andy Möller und Matthias Sammer auch, und denen hatte ich noch nie zuvor zugejubelt. Ich kam mir unaufrichtig vor. Andy Möller habe ich viele Jahre später kennengelernt. Ein supernetter Kerl. Aber das konnte ich 1996 noch nicht wissen.

Wirft man alles über Bord, was man elf Monate im Jahr mit Eifer und Enthusiasmus lebt, wenn genau diejenigen Spieler das DFB-Trikot tragen, die man ansonsten mit jahrelang organisch aufgebauter Antipathie begleitet? Wenn ja, wie geht das? Ich finde ja auch nicht plötzlich eine miese Band gut, nur weil sie Deutschland beim ESC vertritt. Ich esse beim großen Straßenfest auch nicht aus Überzeugung Kartoffeln und Sauerkraut, weil ich mich mit dem deutschen Essen besser identifizieren kann. Wie also funktioniert die Zuneigung zu unserer Elf bei einer Europameisterschaft, wenn es offenbar nicht die von Herzen kommende Sympathie für die einzelnen Spieler sein kann, die man im Klubtrikot auch eher mal auspfeift? Ganz schlimm habe ich mich übrigens im Stade de France gefühlt, wo ich 2016 im deutschen Fanblock das Euro-Gruppenspiel gegen Polen schaute. Um mich herum saß vermutlich der »Fanclub Nationalmannschaft«, der sich kollektiv so benahm, wie man es sonst am Ballermann beobachten kann. Aber dort kann man kurz um die Ecke gehen, sich übergeben, und danach ist es erst mal wieder besser. Das ging in Paris im Stadion nicht.

Eine Mannschaft liebt man aus sehr nebulösen Motiven. Erstens ist mal wichtig: Man sucht es sich nicht aus. Es passiert einfach. Plötzlich ist es im Leben von großer Wichtigkeit, wie es dem 1.FC Köln geht, oder Werder Bremen, oder gar Union Solingen. Das kann ganz schnell gehen. Seinen Verein liebt man, weil er die eigene Heimat verkörpert, oder weil er vertraut ist und nah. Weitere vermeintliche Kriterien dafür gibt es in großer Zahl: Stehst Du auf ästhetischen Fußball und hast Dir deswegen eine Mannschaft ausgesucht? War einst das schicke Trikot ausschlaggebend für Deine Vereinswahl? Gewinnt Dein Verein meistens? Stehst Du oder sitzt Du, wenn Du mit Deinem Verein fieberst? Nur so aus Neugier.

Singst Du im Stadion laut mit? Wenn ja – singst Du die richtigen Songs mit? Bedeutet es Dir viel, ob Dein Team aus intelligenten Sympathieträgern besteht, oder wäre Dir ein von lauter Arschlöchern im Trikot Deines Vereins erkämpfter Meistertitel wichtiger als ein mit elf Kumpeltypen erspielter vierter Platz?

Viele dieser Fragen sind uns Fans schon mal irgendwo begegnet. Das Problem ist: Die meisten Antworten führen auf den ersten Blick zum honorablen »echten, beinharten Fan«, auf den zweiten Blick aber ins Nirgendwo. Was hat die Dauer einer Leidenschaft mit ihrer Intensität zu tun? Weshalb muss ich über meinen Verein viel wissen, wenn mich sein aktuelles Schicksal einfach nur tief berührt? Weshalb muss ich mich geografisch für meine Leidenschaft rechtfertigen, weil ich doch dummerweise in Heidelberg lebe, aber dennoch nachts nicht schlafen kann, wenn der HSV am nächsten Tag ein Schicksalsspiel hat? Weshalb war es so verwerflich, dass ich mit acht Jahren als Erstes auf das Trikot meines Vereins abgefahren bin, wenn ich jetzt, mit 29, immer noch denselben Verein vergöttere?

Mit der Nationalmannschaft funktioniert es irgendwie anders. Das erkennt man schon allein an der erstaunlich großen Zahl von

Menschen, die vor einer WM oder EM diesen berühmten Satz sagen, den wir alle schon mal gehört haben: »Eigentlich interessiere ich mich gar nicht für Fußball, aber bei einem großen Turnier gucke ich dann doch!« Herrschaftszeiten, wie machen diese Leute das? Eigentlich nicht interessieren, aber bei großen Turnieren zuschauen? Was ist es dann genau, was sie suchen, wollen, finden?

Da sind wir dann auch direkt bei der unschönen Debatte über Nationalismus, Patriotismus und Deutschlandfahnen. Für manche ist eine Europameisterschaft und das Mitfiebern mit »unserer« Elf der Inbegriff einer unschuldigen, sauberen Leidenschaft. Und für andere ist es das genaue Gegenteil. Ich vermute, dass andere es für sich schon besser erklärt haben, aber ich halte es für mich so: Ich stehe auf unsere Nationalmannschaft, weil ich mich mit dem Fußball und den Spielern identifizieren kann. Weil sie mir näher und vertrauter sind als Schweden oder Italien. Ich freue mich über DFB-Siege, aber nicht, weil wir besser waren als andere, sondern weil wir gut waren. Früher war das schwer. Da war die deutsche Elf »der Panzer«, eine Ansammlung von kühlen Kraft-Kickern, die sich auf dem Platz so lange an die früher immer siegbringenden »deutschen Tugenden« klammerte, ehe andere Mannschaften wie Frankreich, Holland oder Spanien diese Tugenden in der Mottenkiste des Weltfußballs versenkten. Wir schauten neidisch und etwas peinlich berührt auf den Zauberfußball der Anderen, als wir um das Jahr 2000 herum feststellen mussten, dass unser Verständnis von Fußball sich ein für alle Mal überholt hatte.

Es gab sogar noch schlimmere Zeiten. Anfang der 1980er-Jahre war Deutschland erfolgreich, aber die Erfolgsgeschichte unserer Nationalelf enthielt sehr hässliche Kapitel. Wir wurden Europameister 1980, und zwei Jahre später beinahe Weltmeister. In dem Jahr, als Toni Schumacher den Franzosen Patrick Battiston kaputt rammte und ein Kollektiv aus unnahbaren, wenig greifbaren Fußball-Schablonisten sich durch das »Schande-von-Gijon«-Ballgeschiebe gegen Österreich auf eine sehr unsympathische Weise unsterblich machte.

Das ist vorbei, und wir sollten alle glücklich und erleichtert sein. Unsere Elf gehört immer mal wieder zu den Besten, und sie tut das, weil sie modern und schön spielt. Wir hatten charismatische Charakterspieler wie Thomas Müller und Mats Hummels, Künstler wie Mesut Özil und Superhelden wie Manuel Neuer. Und wir spielen meistens lieber 3:3 als 0:0. Ich kann mich mit dieser Mannschaft oft identifizieren. Der Vollständigkeit halber sei aber der Hinweis erlaubt, dass ich mich sicherlich ebenso sehr mit der französischen Elf identifizieren könnte, wenn ich Franzose wäre. Und die englische Mannschaft mochte ich sogar immer schon, ganz ohne Engländer zu sein. Klingt komisch, ist aber so.

Wichtig ist nicht, warum man eine Mannschaft mag. Wichtiger ist vielmehr, dass man nicht so genau erklären kannst, warum man es tut. Je irrationaler eine Leidenschaft gewachsen ist, umso mehr Pfeffer sitzt oft dahinter. Der zündende Funke zu Beginn ist dabei fast egal. Vergleiche aus der Erotik drängen sich auf: Wenn ich seit zehn Jahren glücklich und verliebt bin (also nur mal angenommen), ist es irgendwann doch völlig schnurz, ob es anfangs ein Duft, ein Augenaufschlag oder eine Stimme war, was mich betört hat. In einem sehr alten *Peanuts*-Comicstrip sitzt Charlie Brown neben Linus im Schulbus. Beide reden über Mädchen und über das, was sie so anziehend macht. Und Linus sagt im letzten Bild: »Ich verliebe mich in jedes Mädchen, das nach Papierkleber riecht.«

Mit dem Fußball lief es bei mir ähnlich. Der Anfang einer Liebe mag oft oberflächlich sein – viel wichtiger ist, dass man dem Zielobjekt irgendwann so richtig verfallen ist und genau weiß, dass man nicht mehr zurückkann – später dann auch nicht mehr zurückwill. Und da sind wir dann auch schon wieder bei der Lieblingsmannschaft auf dem Rasen.

Das einzig wahre Kriterium sollte sein: Geht es mir schlechter, wenn meine Jungs verlieren? Bin ich gelöst und gut gelaunt, wenn sie gewinnen? Sabbere ich manchmal vor Freude, wenn sie eine Sensation schaffen? Möchte ich in schwachen Momenten unseren Torjäger ehelichen? Ist mein Stadion das Zentrum des Universums, wenn meine Jungs ein wichtiges Spiel austragen? Sei unklug, sei leidenschaftlich, sei irrational. Sei Fan! Deine natürlichen Feinde seien falsche Verbohrtheit, Arroganz, Überheblichkeit und Hass. Deine Freunde seien Enthusiasmus, Gänsehaut und Torschrei!

Und dabei spielt keine Rolle, ob Du im Trikot hyperventilierst oder im Smoking, ob Du im Stadion vor Wut flennst oder vor dem Fernseher, ob Du Dich kehlig singend freust oder lieber mit glänzenden Augen vor Dich hin schweigst, ob Du in der Ostkurve des Weser-Stadions mitzitterst oder leider gerade in Ibbenbüren sein musst. Niemand ist ein »besserer« Fan als Du es bist, solange es sich bei Dir richtig anfühlt.

In dem Jazz-Song »Love Me Or Leave Me« gibt es die Textzeile: »I'd rather be lonely than happy with somebody else.« So ist es mit unseren Lieblingsvereinen auch. Klar, manchmal bist Du neidisch auf andere Vereine und ihr stimmungsvolleres Stadion, ihr Budget, ihre Tradition, ihr viel schöneres Trikot, ihren Torjäger, ihren Vereinssong oder ihre seriöse Vereinsführung. Aber tauschen willst Du dennoch nicht. Denn was wäre die Liebe zu einem Fußballverein, wenn es plötzlich nicht mehr besser, schöner, erfolgreicher vorstellbar wäre? Wozu solltest Du dann noch bangen und fiebern? Worauf hoffen?

Es ist längst zu spät. Dein Verein hat Dich ausgesucht. Sieh zu, wie Du damit klarkommst. Ich versuche Dir ein bisschen zu helfen, wenn ich darf. So wie hoffentlich auch mir irgendwann einmal endlich jemand helfen wird.

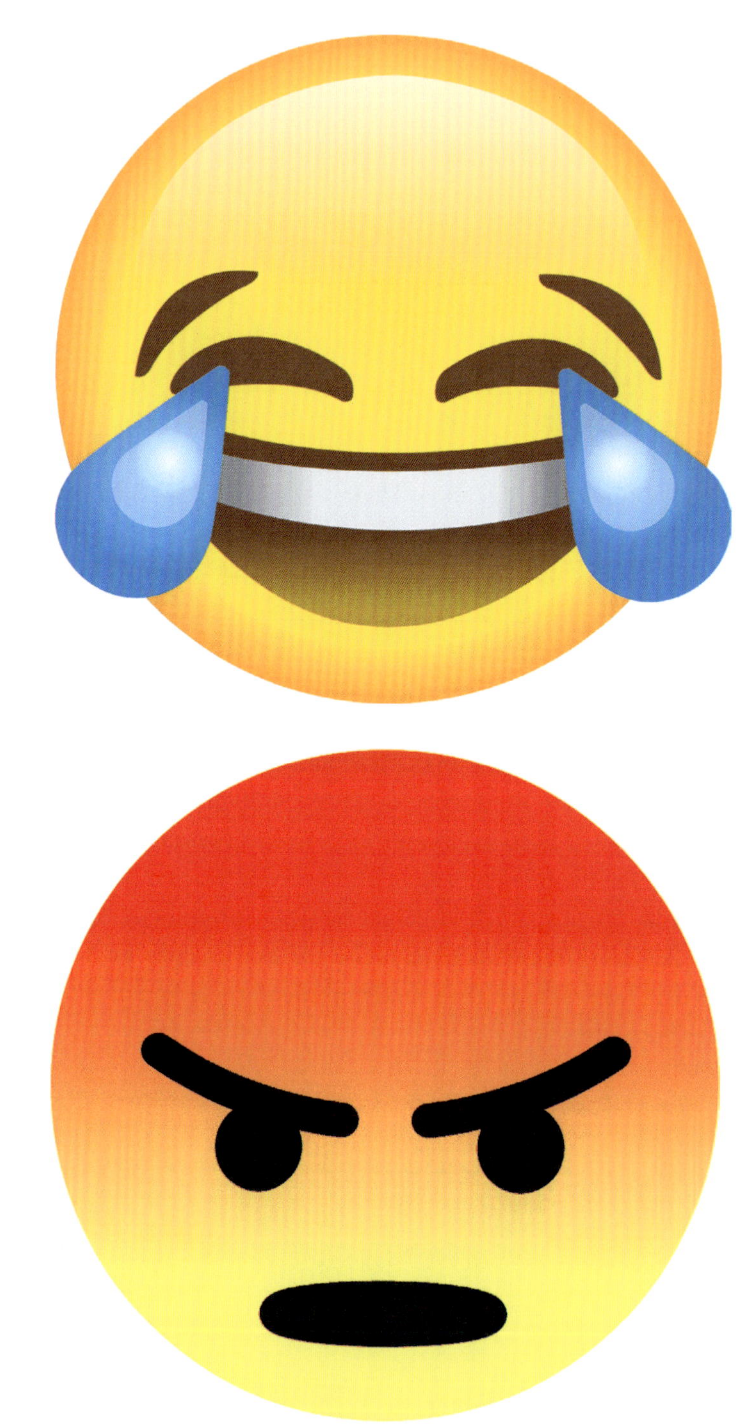

FUSSBALL IST KEIN COMPUTERSPIEL

oder: Doch, manchmal schon

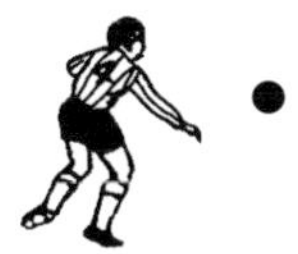

Die Art und Weise, in der wir uns über Tore unseres Vereins freuen, hat sich in den letzten Jahrzehnten wenig verändert. Das bevorzugt gerufene Wort dabei ist immer noch »Ja«. Motorisch hat sich unser Jubelverhalten etwas weiterentwickelt. Unsere Großväter warfen einfach die Arme in die Luft. Bei unseren Vätern kam irgendwann die geballte Faust dazu. Seitdem ist wenig Neues entstanden auf dem Jubelmarkt. Was sich hingegen durch die vergangenen 40 Jahre massiv gewandelt hat, ist die Art und Weise, die Menge und die Art der Informationen, die wir über unser Hobby inhalieren. Als ich klein war, und ich war sogar SEHR klein, gab es samstags die *Sportschau* und das *Aktuelle Sportstudio*, und das auch nur dann, wenn ich brav war.

Am Montag kaufte ich mir die *Fußball-Woche* oder den *Kicker*, je nach enthaltenem farbigen Mannschaftsbild, und dann wartete ich auf den nächsten Samstag und das nächste Spiel. In der Tagespresse

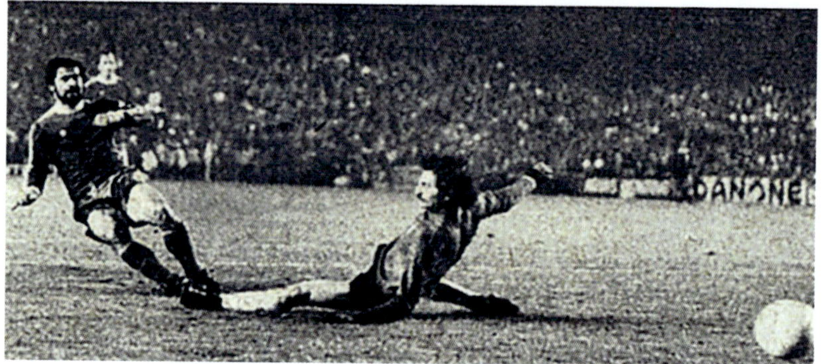

Das allererste Tor, das Bayern München jemals gegen Real Madrid erzielte: Gerd Müller im Mai 1976 in Madrid. Es gibt kein Fernsehbild dieses Tores in den Archiven, weil die spanische Bildregie damals lieber mehrfach eine vergebene Real-Chance zeigte, während Müller traf.

gab es alle zwei oder drei Tage einen staubtrockenen, unaufgeregten Lagebericht zur Situation des Lieblingsvereins, meistens kurz und knapp über den Stand bei verletzten Spielern und die zu erwartende Aufstellung. Europacup-Abende waren so selten und besonders, dass man sich auch als Kind schon wie ein Kind darauf freuen konnte. Als ich zehn war, spielten die Bayern gegen Real Madrid! Real Madrid!!! REAL!!! MADRID!!! Ich weiß, das ist nichts Besonderes mehr. Aber damals war es das. Damals hat man sich wochenlang auf dieses Spiel gefreut, weil es ein Spektakel war, das sich da anbahnte. Wisst ihr, wie oft die Bayern vor diesen Spielen 1976 gegen Real Madrid gespielt hatten? Nie. Null mal. Wisst ihr, wie viele Aufeinandertreffen von Bayern und Real Madrid es in den 70ern gab? Eines. Das Erwähnte. Ein Hinspiel, ein Rückspiel. In den 80ern waren es vier Spiele, in den 90ern kein einziges. Dann kam das neue Jahrtausend. Seit 2000 gab es das Spiel Bayern gegen Real 20 Mal, stand Juli 2020. Wenn die jetzt gegeneinander spielen, ist es immer ungefähr so wie beim letzten Mal, das Mal

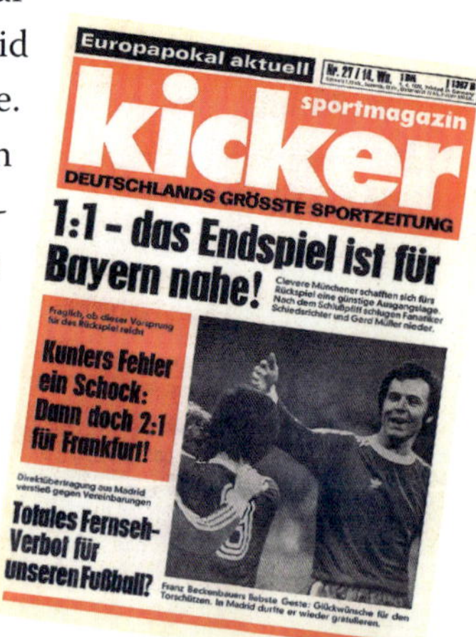

Europapokal aktuell

kicker sportmagazin

DEUTSCHLANDS GRÖSSTE SPORTZEITUNG

1:1 – das Endspiel ist für Bayern nahe!

Clevere Münchener schaffen sich fürs Rückspiel eine günstige Ausgangslage. Nach dem Schlußpfiff schlugen Fanatiker Schiedsrichter und Gerd Müller nieder.

Fraglich, ob dieser Vorsprung für das Rückspiel reicht

Kunters Fehler ein Schock: Dann doch 2:1 für Frankfurt!

Direktübertragung aus Madrid verstieß gegen Vereinbarungen

Totales Fernseh-Verbot für unseren Fußball?

Franz Beckenbauers liebste Geste: Glückwünsche für den Torschützen. In Madrid durfte er wieder gratulieren.

davor, oder das Mal davor. Bayern gegen Real gibt es jetzt viel öfter als Bayern gegen Fortuna Düsseldorf. Diejenigen, die sich diese Topspiel-Übersättigung irgendwann mal ausgedacht haben, haben an beinahe alles gedacht. Sie haben sich aber nur unzureichend dafür interessiert, wie man einem Fan ein Spiel immer und immer wieder auftischt, ohne dass es sich irgendwann so anfühlt wie eine zu oft geschaute Fernsehserie.

In den 80er-Jahren traten Computer in unser aller Leben, und gut zehn Jahre nach dem Einzug der ersten PC-Fußballspiele in unsere Jugendzimmer erwachte das Internet. Und mit diesen beiden Neuerungen lernten wir Managerspiele, Live-Ticker, Datenbanken, Transfergerüchtseiten, FIFA Soccer, jedermann zugängliche Statistikwüsten und Fanforen kennen. Vieles davon war sehr schön, das meiste aber nur sehr kurz. Die erwähnten Managerspiele, die man am PC nächtelang zockte, meist einhergehend mit einer schlimmen Niederlagenserie für die eigene Körperhygiene, haben unsere gesamte Fußballwelt auf links gezogen, ohne dass uns dies in der Regel bewusst geworden ist. Die Erkenntnis, die wir aus den Managerspielen in die reale Fußballwelt getragen haben, ist: Man braucht möglichst viel Geld. Man muss Spieler so kaufen, dass man sie möglichst schnell möglichst teuer weiterverticken kann. Junge Talente muss man einfach nur ganz oft einsetzen, damit sie von ganz alleine zu Superstars werden. Wenn man einen Superstar hat, muss man ihn möglichst lukrativ veräußern, damit man vom Erlös drei kleineren Vereinen drei ihrer Leistungsträger wegschnappen kann, die man dann wiederum zu Stars machen und teuer weiterverkaufen kann. Und immer so weiter.

PC-Fußballmanagerspiele haben uns in vielen Dingen versaut. In meiner Fußball-Pubertät habe ich den Atem angehalten, wenn mein Verein einen neuen Spieler gekauft hat. Ich wollte nicht, dass der irgendwann teuer weiterverhökert wird. Ich wollte, dass der einfach nur bei meinem Verein spielt. So lange wie möglich. Meine fünf gemeinsamen Jahre mit Rudi Völler in Bremen werde ich immer in meinem Herzen tragen. Er ahnt das nicht einmal. Und NIE in diesen fünf Jahren habe ich auch nur eine Sekunde lang gedacht: »Mensch, vielleicht kriegen wir für den ja mal richtig viel Asche!« Heute ist das anders. Ein Spieler kann sportlich noch so vielversprechend sein – wenn seine Marktwertentwicklung keine großen Sprünge verheißt, werden ihn nicht wenige Fans nur sehr zurückhaltend ins Herz schließen. Auch Leihtransfers ohne Kaufoption sind nicht wirklich beliebt, weil der geliehene Spieler dann noch so gut sein darf, er aber nicht zu Geld gemacht werden kann. Solche Befindlichkeiten sorgen dafür, dass selbst ein Spieler wie Kevin de Bruyne, der heute zu den besten Mittelfeldstrategen der Welt zählt, in seiner einzigen Saison bei Werder Bremen in den Fanforen nicht mit allzu viel Euphorie begrüßt wurde: »Ohne Kaufoption? Was soll das bringen?«

Die Managerspielkultur hat in vielen von uns das Bewusstsein verankert, als Verein müsse man im besten Fall immer genug Asche besitzen, um notfalls die ganze Mannschaft wegschicken und durch frische Spieler ersetzen zu können. Und wenn das nicht zum Erfolg führt, dann gleich nochmal. Daraus resultiert bei vielen auch der Wunsch nach einem Investor für ihren Lieblingsklub. Was Fans in einem Investor sehen wollen: Jemanden, der kommt und dem Verein Geld schenkt, damit der Verein endlich viel mehr richtig machen und viel tolleren Fußball mit viel tolleren Spielern spielen kann, nachdem die ewigen Nulpen auf dem Rasen endlich aussortiert werden konnten. Was Investoren wirklich tun: In den meisten bekannten Fällen erhöhen sie das Finanzvolumen eines Vereins kurzfristig, damit aber auch die Verbindlichkeiten, und für ihr Geld wollen sie meistens auch einen Gegenwert. Das ist oft ganz doof. Wenn ihnen der Gegenwert vorenthalten wird, geben sie fiese Interviews, in denen sie erklären, wer alles im Weg steht und wegmüsse, damit sie mit ihrem vielen Geld dem Verein endlich mehr Erfolge kaufen können. Würden sie dem Verein Geld schenken wollen, wären sie keine Investoren. Im Bewusstsein der Öffentlichkeit ist das Wort »Investor« aber besetzt als »Menschen, die in der größten Not kommen, um uns viel Geld zu geben«.

Die Spieler selbst tun ihr Übriges, indem sie einen Vereinswechsel nur allzu oft als »nächsten Schritt« sehen (und fühlen). Als Kind hatte man noch die Illusion, dass ein toller Spieler vor allem deshalb kommt, um in Deiner Stadt dauerhaft Fußball zu spielen und Teil Deines Vereins zu sein. Der Spieler selbst dachte das übrigens als Kind auch noch. Heute ist klar, dass beinahe alle Vereine für die meisten teuer eingekauften Spieler eine Umsteigeplattform sind. Ich gehe aus Österreich nach Holland, um danach in Deutschland spielen zu können. Oder aus Sambia nach Dänemark, um mich für England interessant zu machen. Das ist heute normal und auch verständlich, aber es ist schade.

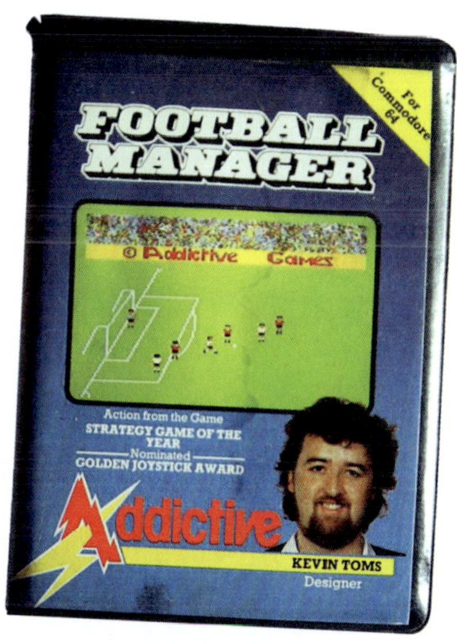

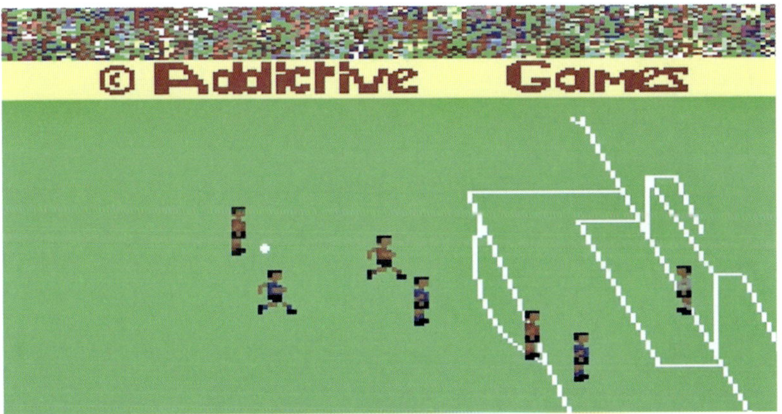

Die erste Generation von Fußballmanagerspielen sah so aus und raubte einer ganzen Generation von Fans den Schlaf. Man konnte kaum etwas machen und alles, was passierte, war mehr oder weniger Zufall. Aber die Spielszenen (oben) waren laut Eigenwerbung »pure magic«. Wenn man ehrlich ist, wanderte ein viereckiger Ball zu einer Geräuschkulisse aus leisem Rauschen kreuz und quer über den Bildschirm. Bei einem Tor machten die Zuschauer im Pixelstadion »PFFFF!«.

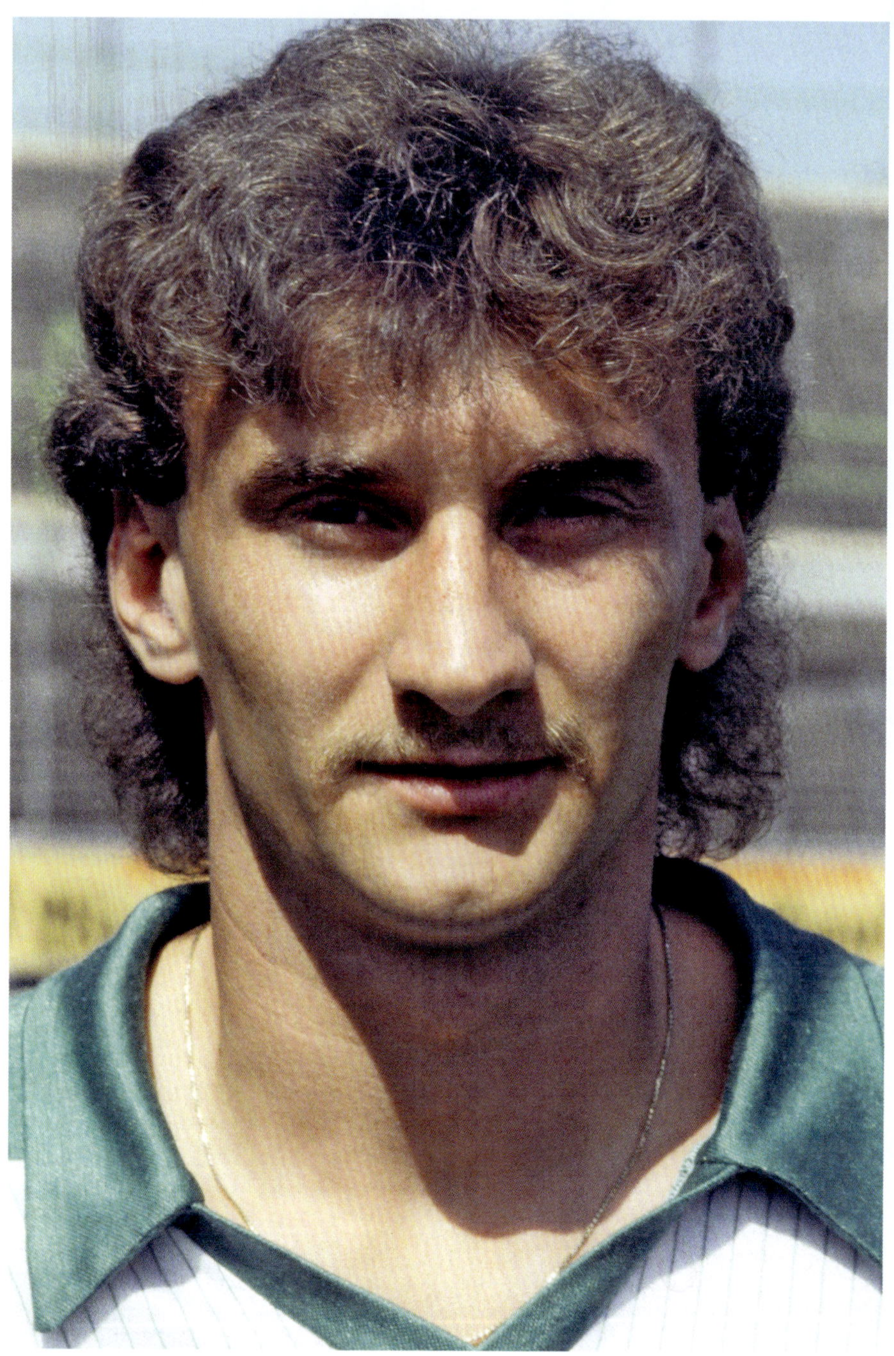

Zwei Jahre nach Rot-Weiß Lüdenscheid, der SpVgg. Erkenschwick und dem 1. FC Bocholt kam Rudi Völler nach Bremen. Jeder, der diese Zeit als Fan miterlebt hat, trägt sie für immer in seinem Herzen. Die Zeit mit Völler, nicht die mit Erkenschwick.

Managerspiele haben noch einen weiteren relativ neuartigen Nebeneffekt, der für Vereine und ihre Protagonisten gelegentlich lästige Auswirkungen mit sich bringt. Schon vor 50 Jahren schrieb und redete man immer wieder süffisant von »50 Millionen Bundestrainern, die alles besser wissen«, wenn zum Beispiel im Vorfeld einer WM die Kompetenz des tatsächlichen Amtsinhabers in Leserbriefen oder Kneipen vehement in Frage gestellt wurde. Der große Unterschied zu heute: Damals hatten die Kritiker eine vage Ahnung davon, dass sie zwar eine laute Meinung, aber letztlich keine besseren Fachkenntnisse als die Verantwortlichen besitzen. Heute ist das anders. Jahrelanges Managerspielen erreicht irgendwann den gefühlten Status eines Fernstudiums. Besser noch: eines mit Bravour bestandenen Fernstudiums. Als Folge ist das Internet voll von übellaunigen Forenschreibern, die jeden Transfer besser beurteilen, jede Mannschaftsaufstellung madig machen und jede Taktik vernichten können. Meistens erst im Nachhinein, aber oft auch schon vorher. Das kann sehr viel Erfüllung bringen. Jedoch nur, solange man nicht wirklich Verantwortung übernehmen und sich an seinen Theorien messen lassen muss.

Was zumindest in den schon erwähnten Parallelwelten im Internet erstaunlich weit in den Hintergrund getreten ist, ist das Wissen um die eigene Fehlbarkeit. Es wird nicht vermutet und hinterfragt, ob ein Trainer, ein Manager, ein Reporter oder ein Fan unrecht haben oder etwas zu wenig nachgedacht haben könnte. Es wird vorausgesetzt, brüllend. Die Position »Ich habe vielleicht selbst zu wenig Einblicke und Ahnung, also kann ich mich auch täuschen, aber könnte es nicht sein, dass…?« gilt in unserer Zeit als nahezu ausgestorben. Sie wurde unbarmherzig verdrängt von einem bei jeder noch so harmlosen Fußballrandnotiz sofort spür- und lesbaren »WIE KANN MAN NUR SO BEHÄMMERT SEIN?!«.

Jogi Löw zum Beispiel ist sehr oft behämmert. Er hat zur WM 2014 keinen echten Mittelstürmer mitgenommen, obwohl sehr viele Kritiker notfalls selbst den damals 63-jährigen Horst Hrubesch lieber in der deutschen Elf gesehen hätten als eine »falsche Neun« im Kader.

Bei der Benennung des WM-Aufgebots durch den Bundestrainer war der am häufigsten geäußerte Satz: »Nach der Vorrunde ist sowieso Schluss!« Der Verlauf der WM gab allen Unkenrufern recht: Das WM-Finale gewann Deutschland nur sehr knapp.

Kritik und gegensätzliche Meinungen sind wichtig und können erfrischend sein. Für Fußballfans ist es aber ganz grundsätzlich ein Gewinn, sich bei aller Echauffiertheit zur gegebenen Zeit auch etwas Demut, Gelassenheit und Bereitschaft zum Zuhören zu bewahren. Und die eigene Faszination und Unbefangenheit so oft es geht zu spüren. Fußballfan werden ist ja wirklich nicht schwer, wie wir auf den letzten Seiten gemeinsam erarbeitet haben. Fußballfan sein dagegen sehr. Und jetzt haben wir den Salat: Wir sind Fußballfans geworden und werden es in den meisten Fällen auch bleiben.

Die Parallelen zu Lebensgemeinschaften und Beziehungsthemen drängen sich auf. Anziehung und Leidenschaft verleihen uns anfangs sehr viel Leichtigkeit, aber dann kommt irgendwann der Alltag. Und die Erkenntnis, dass es viel schöner ist, in Lissabon den AS Monaco zu schlagen als in Pirmasens aus dem DFB-Pokal auszuscheiden. Oder analog dazu: In der Beziehung ist es viel schöner, gemeinsam ein Eis am Gardasee zu essen als den Partner zur Darmspiegelung zu fahren. Wenn man viel Glück hat, passiert das Erste öfter als das Zweite. Oft ist es aber umgekehrt. Lissabon ist nur einmal im Fanleben, fußballerische Darmspiegelungen erleben wir hingegen öfter. Und der ganz große Rest des Fußballalltags spielt sich irgendwo dazwischen ab, also auf der endlosen Wiese zwischen triumphal und blamabel. Das muss man immer wissen, und damit muss man sich arrangieren. Ein Leben lang auf das nächste Lissabon warten hilft ebenso wenig weiter wie die ständige Furcht vor dem nächsten Pirmasens. Alles dazwischen will auch gespielt werden.

Wenn die Begeisterung für Fußball nicht mit großen Emotionen einhergehen würde, wäre es eine lausige Begeisterung. Dass das Leben als Fußball-Nerd vergleichsweise wenig mit Rationalität zu tun hat, kam hier auch schon zur Sprache. Das bedeutet für uns Fans: Wir müssen das Ausleben unserer Leidenschaft für unseren Verein so gestalten, dass wir damit gut klarkommen. Das klappt nicht, wenn wir als Fan von Sonnenhof Großaspach jedes Jahr auf einen Champions-League-Sieg hoffen oder als Schalke-Fan auf die Meisterschaft. Die Ansprüche müssen realistisch sein, damit sie nicht zum permanenten Frustspender werden. Ebenso wenig erfüllt es dich, wenn du aus Gewohnheit immer nur mit dem Schlimmsten rechnest, auch wenn derartige Dauerpanik bei manchen Vereinen ja durchaus naheliegend sein kann.

Das höchste Gut eines glücklichen Fußballfans ist der Glaube an den eigenen Verein. Glaube nicht im Sinne von blinder Gefolgschaft. Glaube im Sinne von Empathie, Positivität, Loyalität, Geduld. Ich muss nicht glauben, dass meine Helden auf dem Rasen durchweg fantastische Menschen sind, dass mein Verein objektiv betrachtet allen Ligakonkurrenten zwar nicht sportlich, aber mindestens moralisch weit voraus ist und dass wir Fans für die Spieler wichtiger sind als alles andere auf der Welt. Aber ebenso muss ich nicht zwingend glauben, dass mich mein Verein grundsätzlich ärgern will, dass an den entscheidenden Positionen nur Trottel sitzen, dass die Spieler eh bald alle weg sind und dass es sowieso nie wieder etwas wird mit diesem Klub.

Der schon angeklungene Vergleich mit Familie und Partnerschaft ist letztlich an vielen Punkten des Fan-Daseins eine echte Messlatte. Zu Hause werden wir auch enttäuscht. Es laufen Dinge nicht, man redet aneinander vorbei, Erwartungen bleiben unerfüllt, gemeinsame Träume geraten in Vergessenheit. Dem entgegen steht das viele Gute, das wir im Idealfall bekommen: tiefe Zuneigung, Loyalität, Nähe, Verbindlichkeit, Glück, Vertrauen, erfüllbare Ziele.

Unseren Lieblingsverein lieben wir auch, möchten wir glauben. Und wir möchten, dass andere es glauben. Wir verlieren aber mit zunehmendem Alter gelegentlich aus den Augen, wie man mit Menschen umgeht, die wir lieben. Zu Hause lösen wir das, indem wir uns wieder zusammenraufen, reden, störende Dinge ausräumen, uns neu aneinander annähern und immer wieder neu klären, was uns aneinanderfesselt. Mit Fußballvereinen ist das sehr viel komplizierter. Als Fan mal eben mit dem Trainer ausquatschen oder die Beziehung zum Klub neu aufpeppen, indem man mit dem Vorstand einen Wochenendtrip nach Venedig plant, ist in keinem einzigen mir bekannten Fall von Erfolg gekrönt gewesen.

Warum aber fällt es uns so schwer, einem geliebten Verein dasselbe entgegenzubringen wie einem geliebten Menschen? Wenn unser Verein den Bach runtergeht, ist das Fordern von Entlassungen und die Lust auf rollende Köpfe spürbar. Wir sind wütend und fordern eine Kompensation für unser getrübtes Freizeitvergnügen. Wir wollen Schuldige für schlechte Resultate oder einen miesen Tabellenstand. Und weil das alles raus muss, hauen wir drauf. Es gibt heute ja zum Glück soziale Netzwerke, wo man seine eigene Unzufriedenheit nach dem Gießkannenprinzip viel schneller und bequemer loswerden kann als früher, wo man noch einen Leserbrief hätte schreiben müssen. Mit Schreibmaschine. Und koordinierten Fingern. Und man hätte ihn anschließend falten, in einen Umschlag stecken, frankieren und zur Post bringen müssen. Das hätte eine mehrteilige, durchdachte, koordinierte Handlung vorausgesetzt.

Nicht wie heute, wo man seine Meinung in Sekundenschnelle auf Facebook oder Twitter loswird. Notfalls ohne Satzzeichen, notfalls ohne Preisgabe der eigenen Identität, und oft so in die Tastatur gehackt, dass man denken könnte, der Kommentar sei direkt mit der Faust geschrieben worden. Oder mit der Stirn, je nach Ergebnis des Wochenendes.

Ein wichtiges Tool für den Ausdruck der eigenen Unzufriedenheit sind Satzzeichen (wobei das Ausrufezeichen hier ganz weit vorne liegt und erheblich wichtiger ist als zum Beispiel das Semikolon). Noch wichtiger sind wahlweise der Tränenlach-Emoji oder der Wut-Emoji. Ohne diese Erfindungen würden viele Fans hilflos daran scheitern, ein verlorenes Spiel zu analysieren. Früher bot Facebook nur den ausschließlich positiv verwendbaren »Gefällt mir«-Daumen an. Mit dem ist nach Niederlagen beinahe nichts anzufangen. Der Wut-Emoji hilft vor allem Fußballfans, die ihre Gemütslage nach einem Spiel nicht in Worte fassen können. Ein Emoji geht immer. Der geht sogar schon während des Spiels. Der tiefere Sinn dieser Erfindung ist nicht ganz klar. Sehr viele Diskussionen über Fußball würden besser laufen, wenn man den Leuten Wut oder Gehässigkeit nicht zu einfach machen würde. Aber das wäre auch nicht im Sinne vieler Medien und mancher Fans.

Die Folgen sind häufig skurril. Mittlerweile ist abgrundtiefe Wut in Fankreisen eine völlig okaye, verbreitete Spielart der Nachbereitung einer Fußballnachricht. Gleichgültigkeit oder Differenziertheit sind kaum noch messbar. Wer nicht glücklich ist, ist wütend. Geduld haben, genauer hinschauen, abwägen, hinterfragen – das alles ist oft zu mühselig geworden. Wut geht direkt ins Blut, wie ein besonders schnelles Schmerzmittel, nur eben umgekehrt. Das unterscheidet sich in Nuancen von Medium zu Medium. Wer als Redaktion Wut säen und wutaffine Menschen antriggern möchte, bekommt Krawall in seinen Kommentarspalten. Oft wird diese Online-Wut als Kritik verklärt, aber Kritik enthält ja im Idealfall etwas Konstruktives, Hilfreiches. Der orangene, wutentbrannte Emoji hat noch keine Krisensituation im Weltfußball lösen können.

Das Anhäufen wütender Reaktionen in sozialen Netzwerken hat inzwischen eine bemerkenswerte Antrittsschnelligkeit erreicht. Sobald eine neue Meldung online gestellt wird, dauert es in der Regel nur noch wenige Sekunden bis zu den ersten eintreffenden Wut-Rückmeldungen. Und das betrifft auch Nachrichten, für deren Studium man eigentlich vier oder fünf Minuten brauchen würde. Shitstorms dauern kaum länger. Und das alles gilt interessanterweise für nahezu jede Art von Fußballmeldungen. Klar, es sind auch Veröffentlichungen vorstellbar, auf die »Wut« eine naheliegende und menschlich verständliche Reaktion wäre. »Roberto Baggio quält niedlichen Dackel« oder »Pierre Littbarski bestiehlt Obdachlosen« wären Meldungen, die in seriösen Medien absolut zu Recht für Unmut sorgen würden. Hunderte von

Wut-Emojis erntet man mittlerweile aber auch mit Schlagzeilen wie »Griesbeck wechselt zu Union Berlin«, »Bayern interessiert an Arsenals Bellerin« oder »Buchtmann arbeitet an Comeback bei St. Pauli«.

Nicht einmal auf den ersten Blick besser sind die »Haha!«-Emojis. Die halten sich, was die Häufigkeit ihres Vorkommens betrifft, mit der inflationären Wut in etwa die Waage. Der häufige Gebrauch des »Haha!«-Emojis im Zusammenhang mit Fußballfragen spricht in den wenigsten Fällen für einen intelligenten Umgang mit Fanthemen. Ihr könnt das privat gerne einmal ausprobieren: Wer auf jede private Bemerkung eines anderen Menschen aus Prinzip erst einmal (oder ausschließlich) mit »AHAAAHAAAHAHAAAHAAA!« reagiert, bringt auf diesem Weg einen kontroversen Diskurs in ungefähr null Prozent aller Fälle ordentlich voran.

Wut-Emoji und Tränenlach-Emoji sind Geschwister. Wer reflexartig und locker aus der Hüfte bei jedem Fußballthema erst einmal prophylaktisch wütend reagiert, der möchte damit ausdrücken: »DIESE SCHWEINE MÜSSEN ALLE WEG!«. Der Lach-Emoji steht meistens für »IRRE, AUSSER MIR HAT HIER NIEMAND AHNUNG!«. Beide Gruppen halten ihr Verhalten für kritisches Querdenken.

Im wirklichen Leben funktioniert kritisches Querdenken etwas anders. Wer auf besorgte oder nett gemeinte Bemerkungen eines lieben Menschen immer nur mit »AHAAAAHAAAHAAAA!« reagiert, befindet sich fraglos in einer sozialen Sackgasse. Wer jeden noch so harmlosen Satz seiner Frau oder seiner Freundin mit blinder Wut und Emojis kontert, kommt höchstwahrscheinlich auch nicht recht weiter. Jedenfalls nicht mehr lange.

Wir alle können uns frei entscheiden, ob wir an unseren Verein, an einen bestimmten Spieler oder einen Trainer glauben wollen oder nicht. Wir haben die Wahl, ob wir die sportliche Führung grundsätzlich erst mal für komplett unfähig halten möchten, wenn sie Dinge tut, die wir nicht verstehen. Oder ob wir tief in uns respektieren, dass andere Menschen manchmal Dinge tun, die wir nicht verstehen. Auch bei Trainern wird gerne angenommen, sie hätten trotz ihrer Trainerausbildung beim DFB weniger Sachverstand als der durchschnittliche Facebook-User von nebenan. Ein Phänomen, das wir außerdem so sonst nur bei der Beurteilung von Politikern wahrnehmen, nicht aber zum Beispiel bei Neurochirurgen oder Dachdeckern. Niemand von uns würde einem Mediziner unterstellen, eine OP viel schlechter durchzuführen, als man es selbst täte. Und niemand würde einem Dachdecker vorhalten, er müsse das handwerklich alles ganz anders machen, das sei ja wohl klar. Bei Trainern aber haben wir diese Scheu nicht.

Natürlich darf man alles und jeden kritisieren. Trainer bewegen sich in der Öffentlichkeit und sollten das ertragen können. Ebenso sollten wir Fans aber verinnerlichen, dass Kritik möglichst unter Beachtung aller gültigen zwischenmenschlichen Standards in puncto Respekt geübt werden sollte. Zumindest dann, wenn man damit ernst genommen werden möchte. Wenn nicht, kann man natürlich auch gerne beim »AHAAAAHAAAHAAAA!« bleiben.

In den 70ern gab es unter Kuttenträgern in den Fanblocks das beliebte Aufnähermotiv »Mein Verein ist meine Religion!«. Es gab häufig auch ritualisierte Beschwörungen am Mittelkreis, in deren Verlauf Fans die Vereinsfahne auf dem Rasen ausbreiteten und anbeteten, wobei das Anbeten optisch oft an Klischees erinnerte, die man aus alten Abenteuerschinken im Fernsehen kannte, die im Orient spielten. In der Arena auf Schalke gibt es eine Kapelle, Papst Johannes Paul II. war Ehrenmitglied und ganz generell wurde an vielen Fußballstandorten so getan, als ähnele der Glaube an seinen Verein dem an den lieben Gott. Das tut er jedoch nur in Nuancen. Für ein Tor zu beten gilt in Fußballerkreisen als eher wenig effektiv, Nächstenliebe ist in Zweikampfsituationen ein schwieriges Thema, und auch andere christliche Werte treten gerne einen Schritt zurück, wenn ich mir auf dem Rasen ganz bibelfern einen Vorteil ergaunern kann.

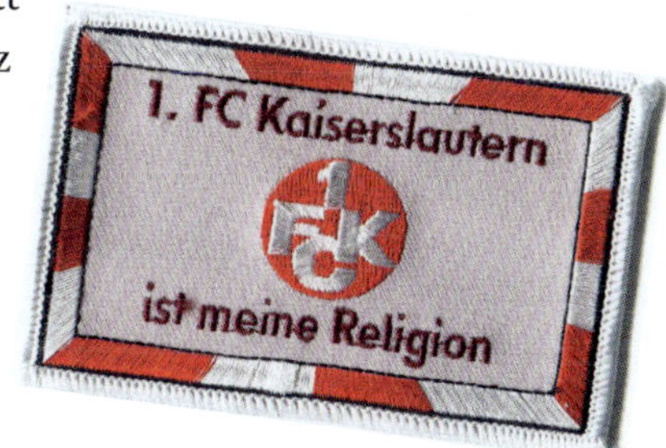

Dennoch bin ich der festen Überzeugung, dass Glauben im Fußball elementar wichtig ist – oder sein sollte.

Denn es gehört nicht viel zu der Erkenntnis, dass Fußball allen Beteiligten sehr viel mehr Erfüllung bieten kann, wenn wir solange wie möglich erst einmal an unseren Verein, unsere Spieler und unseren Trainer glauben. Nehmen wir den Torjäger, der für einen horrenden Betrag als Messias eingekauft und bei seiner Vorstellung auch genau so präsentiert wurde. Wenn dieser Spieler nun in seiner ersten Halbserie nicht die erhofften 15 Tore schießt, sondern nur eines, und das auch noch eher glücklich – was tun wir? Es gibt mehrere Möglichkeiten. Wir können ihn und alle Verantwortlichen im Internet dafür vernichten. Wie kann man so doof sein und für solch eine Blinze so viel Geld ausgeben? Das wusste man doch vorher! Ahaahaaahahaaa! Jeder weitere seiner Einsätze wird schon mit der Computertastatur auf dem Schoß erwartet, um beim ersten Stolperer die erste Armada an Wut und Gehässigkeit ins Netz hinauszuschicken. Und es sind konsequenterweise auch möglichst viele Menschen schuld, dass dieser teure Neueinkauf nicht zündet: Der Sportdirektor hat keine Ahnung, der Trainer ist zu blöd, um zu erkennen, dass man den Spieler nicht mehr aufstellen darf, und der Spieler soll sich bitte einfach wieder verpissen.

Das geht so lange, bis bei dem Spieler überraschend der Knoten platzt, er zwei blitzsaubere Tore zu einem wichtigen Auswärtssieg erzielt und auf einmal doch ganz gut ist. Das Eindreschen auf diesen Spieler hat zwischenzeitlich gutgetan, aber nun hat er seinen Nimbus der Unbrauchbarkeit verloren und ist als Feindbild untauglich geworden. Das wiederum empfindet so mancher Dauerkartenbesitzer als äußerst betrüblich, denn für viele funktioniert die Bundesliga nur über Feindbilder, auch und gerade beim eigenen Verein. Manche Zuschauer wollen sich ihre Übellaunigkeit um keinen Preis verderben lassen. Die brauchen diesen einen Spieler, den man sich schon beim Anpfiff zurechtlegt und von dem man sich baldige Fehlleistungen erhofft, damit man möglichst schon in der zweiten Spielminute mal so richtig aus dem Sattel gehen kann. Meistens ist dies über Wochen und Monate derselbe Spieler. Oft sind es Spieler, die teuer waren, schon etwas älter sind, als Schönlinge gelten, eher lässig-elegant auftreten oder, je nach Gesinnung, äußerlich zu fremd wirken.

Es tut sicher oft gut, seine eigene Unzufriedenheit als Fan zuverlässig über immer demselben Spieler auszukübeln, mit dem man einfach nicht warm wird. Es macht aber bei Licht betrachtet nichts besser. Ebenso wenig übrigens wie der Hinweis auf das zu hohe Einkommen eines Spielers. Wenn nämlich manche Spieler aus den genannten Motiven über Monate einen schweren Stand bei den Fans haben, kommt an einem passenden Zeitpunkt häufig der vernichtende Satz »Die verdienen so viel Geld, die sollen sich mal nicht so anstellen!«. Gerne gefolgt vom Satz »Wenn ich so arbeiten würde wie der spielt, hätte ich am Montag keinen Job mehr!«. Das mag sogar stimmen, aber ein Schuh wird vor allem umgekehrt draus: Würde der Spieler so spielen wie jemand, der acht Stunden lang immer dieselbe Fleißarbeit verrichtet, dann würde sich niemand auf eine Tribüne setzen, um ihm für viel Geld dabei zuzuschauen.

Weshalb eigentlich ist es nicht völlig selbstverständlich, dass wir bei allem Bewusstsein für Schwächen und Fehler nicht auch beim Umgang mit dem Verein, den Spielern oder dem Trainer erst einmal aus Prinzip loyal sind? Und geduldig, und verständnisvoll, und einfach nur nicht tendenziell missmutig und voller Zweifel, bloß weil wir es können? Klar, draufhauen ist immer einfacher und fühlt sich für einen kurzen Wimpernschlag richtig an. Aber schon für ein Minimum an Einfühlungsvermögen wird man in der Regel reich belohnt. Die zwei Tore nämlich, die der durchbeleidigte Spieler nach seiner langen Durststrecke aus dem Nichts schießt, fühlen sich plötzlich großartig an, wenn man diesen Spieler nicht vordergründig gehasst, sondern in den Monaten zuvor schon mit ihm gefühlt hat.

Wenn ich nochmal auf PC-Managerspiele zurückkommen darf: Ich habe vor langer Zeit wahnsinnig gerne *Anstoß 3* gespielt. Meistens habe ich mir einen Traditionsverein ausgesucht, mit ordentlichem Stadion und solider Anhängerschar, mit dem ich in der Regionalliga anfing. Und ich habe, ich weiß es wie heute, irgendwann einmal den finnischen Stürmer Mixu Paatelainen verpflichtet, der gar nicht mal so billig war für einen Regionalligisten. Wahrscheinlich haben die vielen Vokale extra gekostet. Jedenfalls, Mixu Paatelainen sollte mein Sturmproblem beheben und hat in seinen ersten 15 Spielen als Stareinkauf meines Halleschen FC dann erstaunliche null Tore geschossen. Im wirklichen Leben wäre er verhöhnt, kaputt geschrieben und zum maximalen Fehleinkauf gemacht worden. Aber hey, ich habe an den Jungen geglaubt! Ich habe sehr viele Einzelgespräche mit ihm geführt (an alle Uneingeweihten: Damit verbessert man die Moral eines Spielers, aber wem sage ich das), und er wurde dann zum Rückhalt meiner Elf auf viele Jahre. Schließlich war er finnischer Nationalstürmer und hatte einen Marktwert von 12 Millionen DM. Die besten Vereine der Welt wollten ihn verpflichten, aber er war MEIN Mixu Paatelainen und blieb meinem Klub bis ans Karriereende treu. Seine Karriere beendete er mit 36 Jahren nach 170 Ligatoren für den Halleschen FC. Unter mir als Trainer hat Paatelainen tragischerweise viel mehr erreicht als im realen Leben, wo er nur auf lausige 18 Tore in 70 Länderspielen kam. Vermutlich hatte er bei seiner Wanderschaft durch Finnland, Schottland, England und Frankreich niemals einen so guten Trainer wie mich. Und jetzt ist es einfach zu spät.

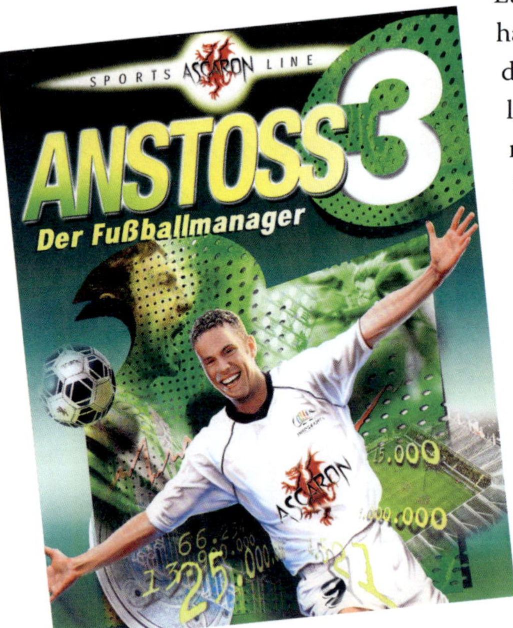

Den Halleschen FC habe ich übrigens damals nach 25 Jahren als Manager/Trainer verlassen. Am Ende hatte der Verein nach etlichen Champions League-Teilnahmen ein Stadion mit einem Fassungsvermögen von 200 000 Zuschauern. Das machte dann irgendwann auch keinen Spaß mehr.

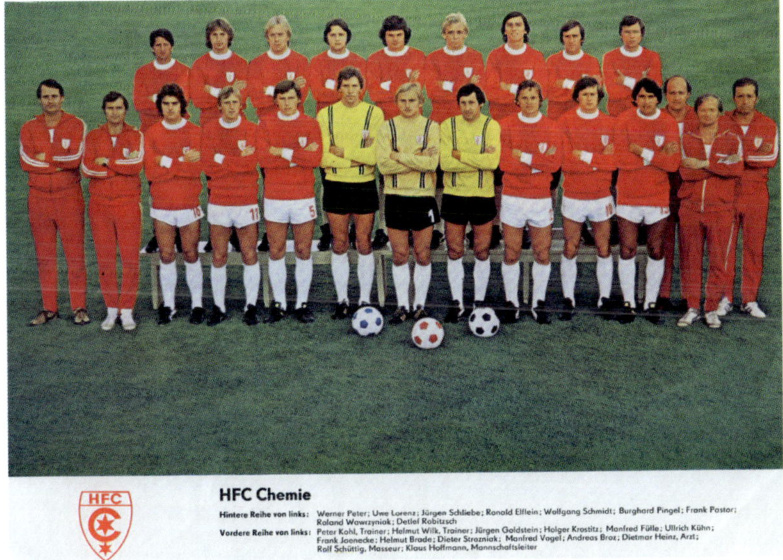

Der Hallesche FC, als er noch »Chemie Halle« hieß und nicht in der Champions League spielte. Das taten sie nur auf meinem PC.

Eine zentrale Rolle in der Ausbildung zum Fußballfan übernimmt Jahr für Jahr immer mehr auch das berühmte Spiel *FIFA*, an dem man ablesen kann, dass das Wort »Computerspiel« inzwischen vintage ist. Wir sind also bei der Konsole angekommen. Und bei *FIFA*, das durch eine zweifellos einzigartige Realitätsnähe besticht. Die Fußballspieler haben nach zahllosen Parametern aufgeschlüsselte Fähigkeiten, die in einem forensischen Akt zusammengestellt, aktualisiert und immer wieder angeglichen werden. Dadurch entspricht die Klasse des virtuellen Kickers am Ende ziemlich exakt der des menschlichen Vorbilds. Fast. Sie pflanzt uns aber auch das Grundgefühl ein, ein besserer Spieler müsse IMMER besser funktionieren als ein schlechterer Spieler, denn auf der Playstation ist das schließlich so.

Der virtuelle Spieler ist IMMER schneller als der als schlechter programmierte Gegenspieler. Anders als sein Vorbild in der wirklichen Welt hat er aber auch nie einen doofen Tag, Sorgen, Beziehungsstress, schlecht geschlafen, grundlos miese Laune oder eine Magenverstimmung. Man muss für ihn kein Verständnis aufbringen, wenn er mal ein Laufduell verliert, denn er verliert keines, wenn der Gegenspieler schlechtere Werte hat. Hilfreich für alle Spieler aus Knochen, Muskeln, Haut und Nervenzellen wäre, wenn man sie und ihre Leistungen anders behandelte als ihre Ebenbilder auf der Konsole, die ausschließlich aus Pixelhaufen bestehen.

Um dies klarzustellen: Ein Spieler braucht kein Mitleid und keine unermessliche Nachsicht. Wenn er schlecht spielt, spielt er schlecht. Es reicht aber völlig aus, sich über eine schlechte Leistung dann zu ärgern, wenn sie abgeliefert wird. Und nicht vorsorglich über die kommenden Monate von Minute eins an bei jedem weiteren Spiel. Als Fan in ein Bundesligaspiel zu gehen mit einer Gefühlslage à la »Mal sehen, ob heute der Knoten platzt…!« nützt allen viel mehr als der Stadionbesuch mit einem tagelang aufgebauten »Das wird doch sowieso wieder nichts!«. Vor allem dem Fan. Es ist nicht einmal mühsam, anstrengend oder schwer zu lernen. Man muss es allerdings wollen. Es ist manchmal mit komplizierten Lösungen verbunden, mit Differenzierung und manchmal auch mit Fragen, auf die es nicht immer sofort Antworten gibt. Die Alternative sind einfache Schuldige und simple Rezepte. Wer auf so etwas steht, reagiert konsequent unwirsch und höhnisch auf jeden, der Verständnis oder Empathie äußert. Wir reden hier über zwei verschiedene Welten der Fußballwahrnehmung, die manchmal in keinerlei Verbindung zueinander zu stehen scheinen. Wann und wodurch genau kam es dazu, dass viele von uns nach verlorenen Fußballspielen nicht mehr wie früher traurig und enttäuscht sind, sondern empört und aggressiv? Dass sich die Menschen mittlerweile, statt zu trauern, persönlich beleidigt fühlen? Man kann es nun machen wie in anderen Lebensbereichen auch. Man kann die Gründe dafür bei anderen suchen. Man findet sie aber vermutlich nur bei sich selbst.

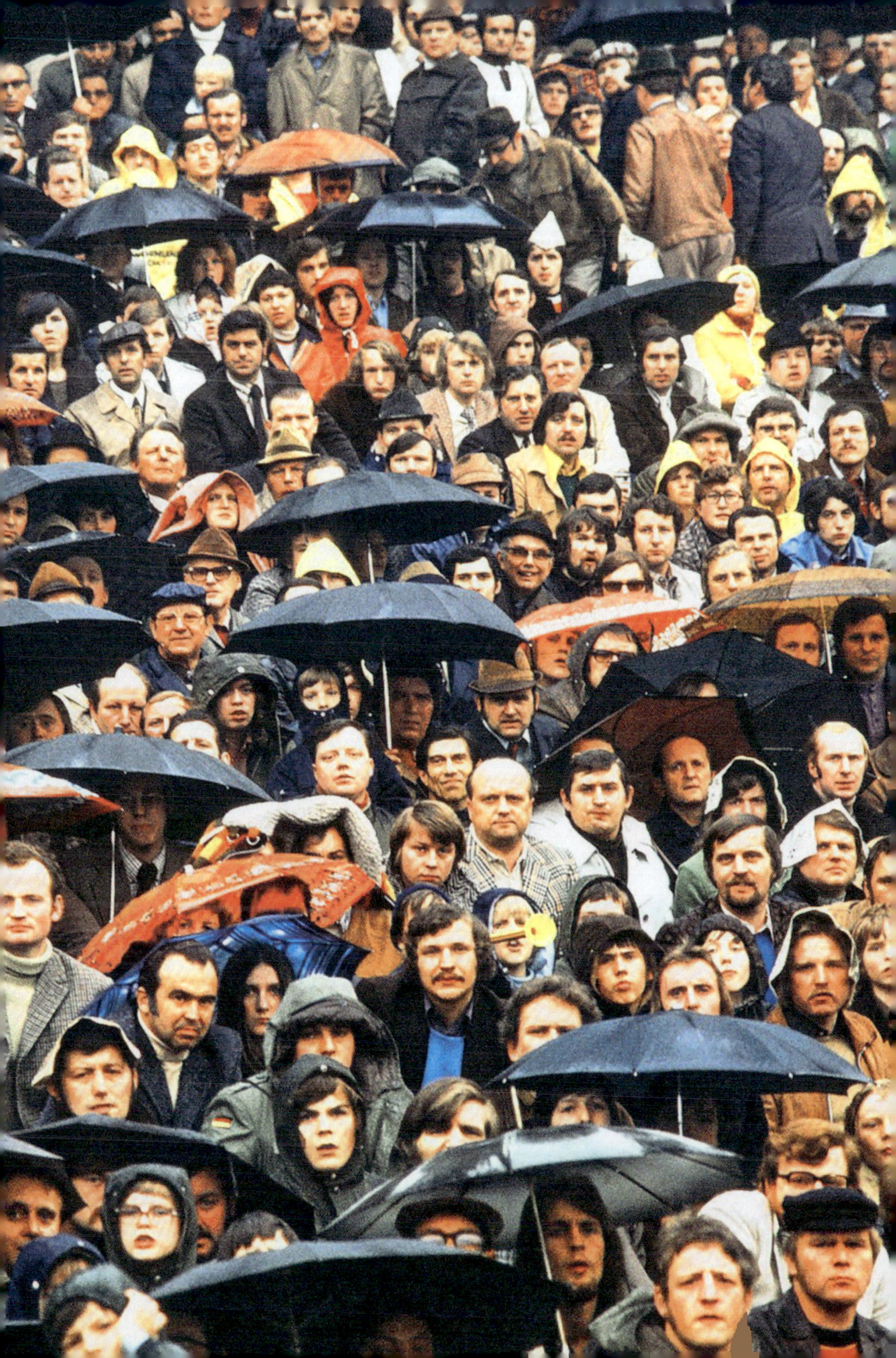

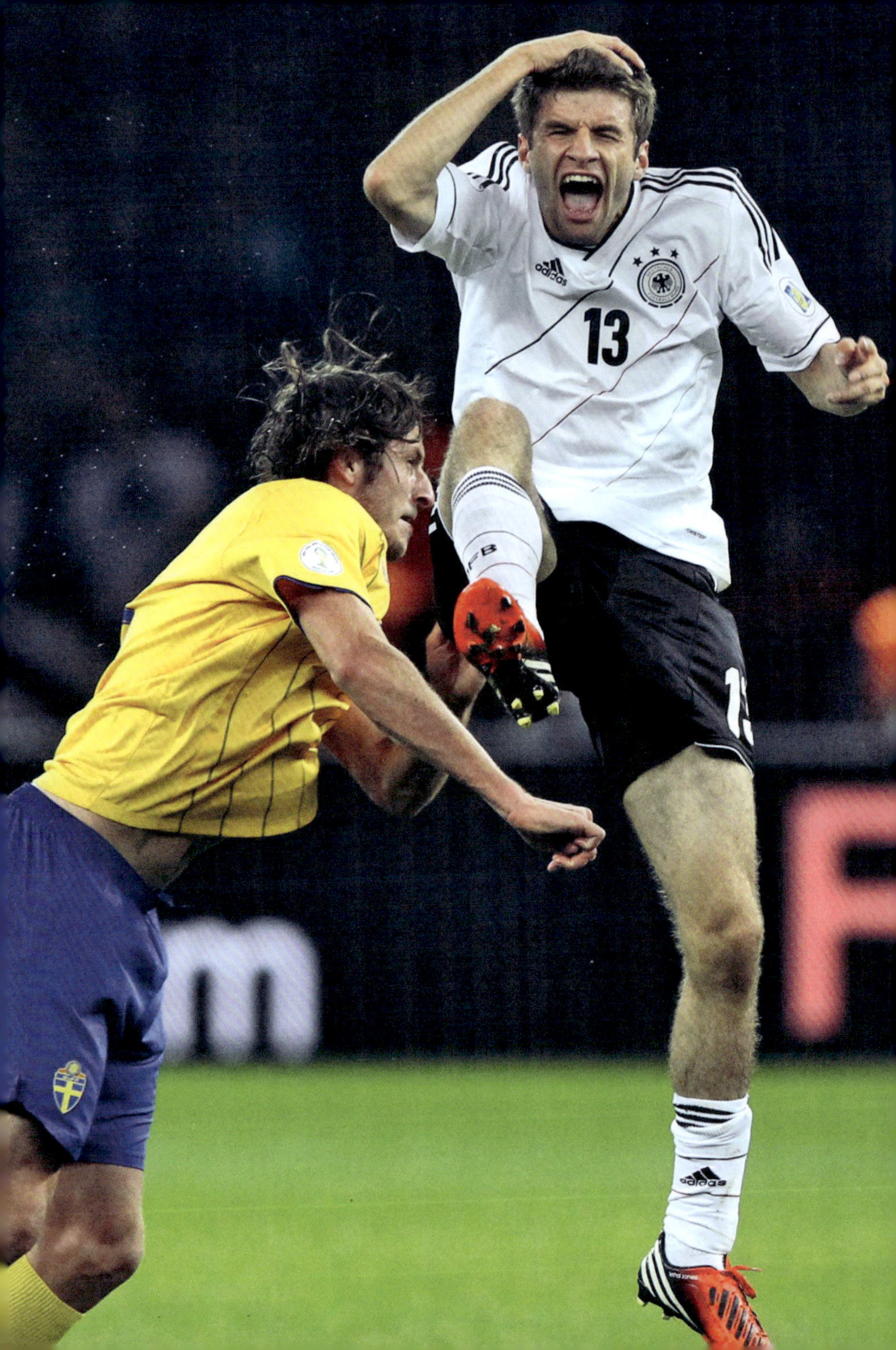
adidas
13

EINE FRAGE DER PERSPEKTIVE

oder: Lustig im kurzen Eck

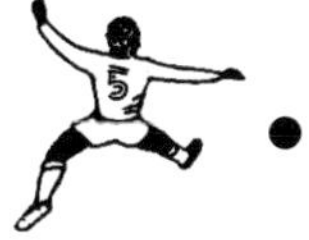

Einer Laune der Fußballnatur beziehungsweise einem gewitzten Einfall des Fußballgotts ist der Umstand zu verdanken, dass man im Grunde nahezu jedes Fußballereignis aus zwei entgegengesetzten Perspektiven bewerten kann. Wenn wir uns unsere miese Grundstimmung bewahren wollen, können wir an jedem Fußballspiel so viele Makel finden, wie wir unbedingt dafür brauchen.

Ein Paradebeispiel bot der Oktober 2012. Deutschland empfing in Berlin Schweden zu einem WM-Qualifikationsspiel vor der WM 2014. Und 70 000 Zuschauer sahen eines der hinreißendsten Spiele der deutschen Länderspielgeschichte – leider nur etwa eine Stunde lang. Aber diese eine Stunde bot Fußball von einer Vollkommenheit, wie man sie von der DFB-Elf schon sehr lange nicht mehr gesehen hatte. Mit offenem Mund sahen wir Kombinationen im Überschalltempo, chirurgisch exaktes Passspiel, Sturmwirbel, Rasanz, Dynamik, eine vor Ideenreichtum geradezu übersprudelnde deutsche Nationalmannschaft. Lahm und Reus setzten schon nach acht Minuten den unwiderstehlichen Miro Klose ein, der den Ball zum 1:0 in den Winkel wuchtete. Beim 2:0 schickt Mesut Özil sechs Minuten später erneut Reus auf die Reise, der mit Kroos einen doppelten Doppelpass spielt. Wie genau das funktionierte, sah man nicht einmal in der Superzeitlupe. Am Ende war es wieder die Variante Reus auf Klose. Beim 3:0 legten etliche Spieler in schnellem Wechsel aufeinander ab, ohne dass irgendein Schwede den Ball zu sehen bekam, ehe Per Mertesacker ihn aus acht Metern ins Tor dreschen konnte. Und nach einer knappen Stunde legten Kroos, Müller und final schließlich Özil den Ball zum vierten Mal ins Netz der Schweden. Im Allgemeinen wurde bis zu jenem Abend das EM-Spiel der deutschen Elf in Wembley 1972 als womöglich bestes Spiel einer deutschen Elf aller Zeiten verklärt. Das, was die Nationalmannschaft in Berlin gegen die Schweden bot, war gefühlt doppelt so schnell und doppelt so schön. Fußball voller Fantasie und Ideenreichtum, meisterhaft ausgedacht, meisterhaft ausgeführt. Die Schweden waren der deutschen Elf in allen Belangen unterlegen, und hätte es noch mehr Belange gegeben, dann wären sie in denen auch noch unterlegen gewesen. Als Zuschauer mochte man gerührt seufzen vor Ergriffenheit. Das war kein Spiel mehr. Das war eine spektakuläre Darbietung von elf Künstlern, die Dinge beherrschten, die auf der ganzen Welt niemand so hinbekommen hätte wie diese elf Männer an diesem Abend.

Bis zur 62. Minute.

Als Zlatan Ibrahimovic den Ball aus dem Nichts ins deutsche Tor köpfte und die Kugel anschließend demonstrativ hastig aus dem Netz holte, um sie als visuelles Symbol einer beabsichtigten Aufholjagd auf den Anstoßpunkt zu legen, schmunzelte man ungläubig. »Er nun wieder!«, hätte man in den 70ern launig gesagt. 1:4. Naja. Noch 28 Minuten waren zu spielen. Das 2:4 fiel zwei Minuten danach durch einen Neuer-Lapsus, dazu gleich noch etwas mehr. Für das 3:4 brauchte Elmander weitere 12 Minuten, und weil ein bisschen Nervenkitzel

		4:4	90'+3	**Elm**
		4:3	76'	**Elmander**
		4:2	64'	**Lustig**
		4:1	62'	**Ibrahimovic**
Özil	55'	**4:0**		
Mertesacker	39'	**3:0**		
Klose	15'	**2:0**		
Klose	8'	**1:0**		

auch mal ganz schön ist, hoben sich die Schweden das 4:4 für die Nachspielzeit auf. Ende. 4:4. Ein historisches Spiel. Erstmals in der 104-jährigen Länderspielgeschichte des DFB verspielte eine deutsche Elf eine 4:0-Führung. Es war das erste 4:4 einer deutschen Nationalmannschaft seit einem Spiel gegen Böhmen und Mähren 1939. Das ergriffene Seufzen erstarb. Die schon fertig formulierten Lobeshymnen der Medienleute wurden storniert.

Und plötzlich war es eine Blamage sondergleichen, was diese DFB-Elf sich da gerade erlaubt hatte. 62 galaktische Minuten wurden ausradiert durch die knappe halbe Stunde danach. In den Foren wurde am selben Abend damit begonnen, den Rücktritt des Bundestrainers zu fordern. Die Boulevardpresse zog am nächsten Tag nach und schrieb in fetten Lettern von einer Blamage, einem Desaster, einer Katastrophe.

Ein 4:4 nach 4:0-Führung und 60 übermenschlich starken Minuten ist also insgesamt schlecht. Bei den Schweden wurde das 4:4 nach hoffnungslos unterlegener erster Stunde und starken letzten 28 Minuten als Sternstunde gefeiert. Folglich wäre also auch unsere Mannschaft eher gelobt worden, wäre sie nicht anfangs zu gut gewesen und am Ende schlecht, sondern umgekehrt. Ein 4:4 nach 0:4-Rückstand wäre als Sternstunde und Spektakel abgefeiert worden, vermutlich mit dem väterlich-mahnenden Unterton: »Aber es gibt noch viel zu tun!«

Rein mathematisch lernen wir aus diesem Spiel, dass 60 gute Minuten unter bestimmten Umständen schlechter sind als 30 gute Minuten und dass ein 4:4 zwar ein Unentschieden ist, das aber trotzdem für eine der Mannschaften eine Blamage und für die andere ein Triumph sein kann. Je nachdem, ob man seine guten Minuten zu Beginn oder am Ende hatte, und ganz egal wie viele es waren. Ich bleibe dabei: Das Spiel gehört zu den tollsten, die ich je gesehen habe. Mit Schwächen, aber mit deutlich mehr Faszination als Verdruss. In der ersten Stunde gab es sehr viel von dem zu sehen, was bei der WM zwei Jahre später beim 7:1 gegen Brasilien die gesamte Welt verzückte. Es war das erste Unentschieden nach 13 Siegen in Folge.

In den Leserbriefen am Montag nach dem Spiel war die Rede von einer »schallenden Ohrfeige«, es wurde vorausgesagt, dass die deutsche Elf unter diesem Trainer keinen Blumentopf gewinnen könne, der überfordert und taktisch zu schwach sei, die Spieler ihrerseits keine Kerle, Schönwetterspieler und Jasager. 16 Monate später waren dieselben Spieler Weltmeister.

Manuel Neuer und seinen Lapsus erwähnte ich eben schon. Er bekam den Ball von Schwedens Rechtsverteidiger Mikael Lustig aus sehr kurzer Entfernung und spitzem Winkel aufs Tor gedonnert. Von Neuers Hand sprang der Ball über die Linie. Streng genommen war es sogar eine Art Eigentor. Im *Kicker* bekam Neuer anschließend die Note 5. Vor allem, weil er beim 2:4 »von Lustig im kurzen Eck düpiert wurde«. Das kann man so sehen. Wenn ein Torwart einen Ball an den Arm bekommt und dieser Ball dann ins Tor springt statt heraus, dann ist das generell eine unerfreuliche Sache für den betroffenen Torwart. Im Falle dieses Tores wäre allerdings interessant zu wissen, ob man als Torwart bei einem Schuss aus ungefähr fünf Metern Entfernung bei einem scharf geschossenen Ball mit einer Geschwindigkeit von etwa 120 km/h überhaupt eine theoretische Möglichkeit hat, eine koordinierte Bewegung seines Armes auszuführen. Wenn nicht, dann wäre es nämlich ausschließlich Zufall, dass der Neuer-Arm bei dieser Szene nicht 10 Zentimeter weiter links war. Und das ist dann eigentlich auch nicht »Note 5«, sondern Pech, wenn man mal recht überlegt.

Pech ist im Fußball ein sehr ungern gesehener Gast. Und ein bei Fachleuten geradezu schmählich vernachlässigter Faktor für das Nichtgelingen einer Aktion, eines Spiels, manchmal einer ganzen Saison. Wir leben in einer durchcomputerisierten Zeit, in der wir beim Fußball vorgegaukelt bekommen, dass jede noch so kleine Winzigkeit mit belastbaren Werten analysierbar, erklärbar, belegbar sei. So, als könnte eine Datenbank objektiv erklären, weshalb ein Spieler beim entscheidenden Elfmeter in den Boden gehackt hat. Kann sie aber gar nicht. Dass Deutschland 1990 Weltmeister wurde, liegt eventuell an der besten Spielanlage aller Teams, einer siegbringenden Taktik, einer guten Passquote oder einer überragenden Packingrate, die allerdings 1990 noch gar nicht erfunden war. Vielleicht lag es aber final auch bloß daran, dass Lothar Matthäus den entscheidenden Elfer in der 88. Minute nicht schießen wollte, weil sein Schuh kaputt war. Wissen wir das? Nein.

Wie gesagt: Wir bewerten letztlich alles so, wie wir es gerade brauchen. Journalisten brauchen eine Tendenz für ihre Berichterstattung und Fans brauchen nicht selten eine Verfestigung ihrer Vorurteile. Wenn wir einer Mannschaft böse wollen (und manche wollen das von Berufs wegen sehr oft), dann reden wir einen schmeichelhaften Sieg schlecht, indem wir darauf hinweisen, dass die gezeigte Leistung aber doch nun wirklich unter aller Sau und der Sieg nichts als Glück war. Der Logik halber müssten wir dann jedoch eine Mannschaft andersherum für ein starkes, aber unglückliches Spiel loben. Tun wir aber nicht. In diesem Fall heißt es meistens, dass Fußball nun einmal ein Ergebnissport sei und man sich für gute Spiele nichts kaufen könne, wenn das Ergebnis nicht stimmt. Ergo: Gute Ergebnisse sind schlecht, wenn die Leistung schlecht war. Und Schlechte Ergebnisse

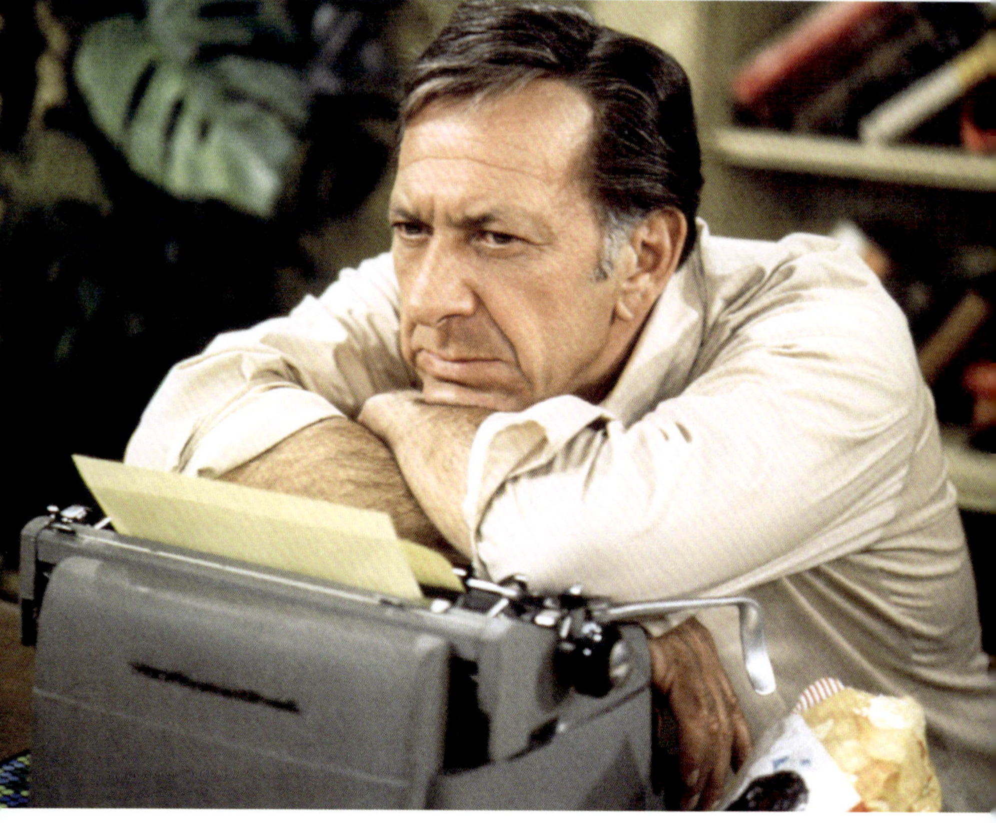

Immer der anstrengendste Teil des Arbeitstages:
Ein Sportreporter beim Ausdenken der Spielernoten.

sind auch schlecht, selbst wenn die Leistung gut war. Ganz wie man will oder es für den Artikel braucht.

Analog zum Beispiel Manuel Neuer weiter oben sind Spielernoten ein ständiger Quell erbitterter Diskussionen. Diese Noten werden immer sehr wichtig genommen, obgleich ihre Entstehung auf fachlich oft sehr wackligen Füßen steht. Die Redakteure sagen über sie: »Wir wissen, dass die Noten sehr subjektiv sind, aber unsere Leser wollen unbedingt Noten lesen!« Trainer sagen häufig: »Oft sind sie Quatsch, aber die Spieler lesen sie natürlich!« Die Noten werden nicht selten von einem einzigen Reporter zusammengestellt und begründet, der gleichzeitig den Spielbericht verfassen und den Spielverlauf im Auge behalten muss. Und dann soll er auch noch die Leistungen von mindestens 22, meistens aber 24 oder 26 Spielern zusammenfassen und bewerten. Dazu gehört: Taktisches Verhalten, Laufwege, Zweikampfstärke, Spielintelligenz, Kreativität, Zuverlässigkeit und noch einiges mehr. Ein Ding der Unmöglichkeit. Ist aber egal, die Leser wollen das ja so. Ich habe mal auf einer Pressetribüne hinter einem gar nicht mal so unrenommierten Sportjournalisten einer großen Boulevardzeitung gesessen, der während eines Bundesligaspiels nach einer halben Stunde (!) laut für alle Umsitzenden hörbar demonstrativ in einem leicht genüsslich-sadistisch anmutendem Singsang vor sich hinrief: »Naaa, wem geben wir denn heute mal ne Fünf?«

Spielernoten weisen obligatorisch traditionell mehrere Auffälligkeiten auf. Zunächst einmal ist über eine Saison gesehen der Torwart immer der notenbeste Spieler. Ein Torwart hat es demnach leichter, gut zu spielen. Ein Torwart, der keinen einzigen Ball halten muss, bekommt meistens eine 3. Und das, obwohl er eigentlich nichts besser hätte machen können. Als Feldspieler muss man für eine 3 erheblich mehr leisten. Vor allem manche Feldspieler. Denn es gibt Spieler, die jahrelang unter dem Radar agieren und die Aufmerksamkeit der Berichterstatter Woche für Woche knapp verfehlen. Diese Spieler bekommen eine 3,5, wenn sie richtig gut waren. Wenn sie schlecht waren, bekommen sie eine 5. Bei Kritikerlieblingen ist es umgekehrt. Joshua Kimmich ist ein toller Spieler. Wenn er nicht so gut spielt, bekommt er deshalb eine 3.

Eigentlich wollte ich das Thema Noten in diesem Buch gar nicht erwähnen. Aber die Leser wollen das.

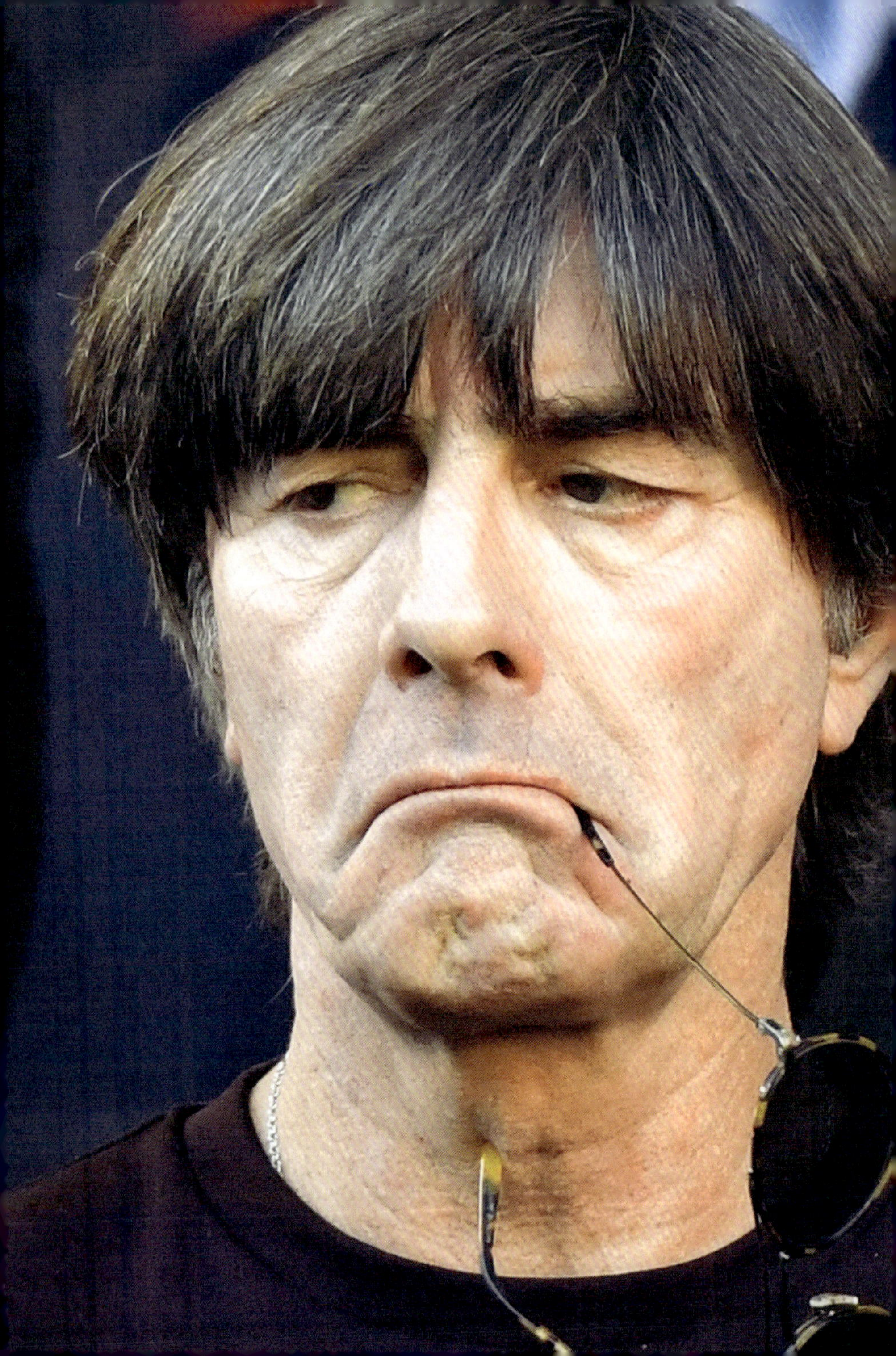

ENTTÄUSCHT SEIN FÜR FORTGESCHRITTENE

oder: Rechthaben kann manchmal länger dauern

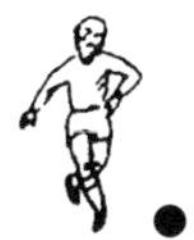

Eine der tollsten Eigenschaften überhaupt, die der Fußball uns Fans zu bieten hat, wird uns erst mit fortlaufender Fankarriere klar: Wir haben immer recht! Ihr wusstet das wahrscheinlich noch gar nicht, aber es ist so. Es gibt allerdings eine Einschränkung: Als Fußballfan hat man fast immer irgendwann recht, wenn man nur lange genug wartet. Oft hat man nicht dauerhaft recht, sondern nur einen Wimpernschlag lang, aber dann kann man einfach neu abwarten, bis man wieder recht hat. Ich verdeutliche das Anhand einiger Beispiele aus dem prallen Fanleben.

Beispiel 1: Ein Fan ist von einem Trainer nicht überzeugt und wettert in den Foren, dieser Depp gehöre in die Wüste geschickt, mit dem könne das alles nichts werden. Die Meinungen sind gespalten, es gibt viele Fürs und Widers. Manchen ist er zu jung und unerfahren, andere mögen seine Spielphilosophie nicht. Der Löwenanteil der Fansicht basiert auf Interviews mit diesem Trainer. Wenn die langweilig sind, der Trainer einen Sprachfehler hat oder eine doofe Frisur, ist er schon vor dem ersten Spiel halb erledigt. Wenn er eine coole Stimme hat, sehr lustige Sprüche raushaut und privat AC/DC hört, bekommt er hingegen sehr viel Kredit. Ob Mehmet Scholl ein guter Trainer ist, weiß ich nicht. Vor ein paar Jahren war er bei den Fans einiger Bundesligisten der Wunschkandidat für den Trainerjob, weil er als TV-Experte so lustig war.

Von der Art und Weise, wie ein Trainer vor der Kamera agiert, ist der wesentliche Teil seiner Außenwahrnehmung abhängig. Das funktioniert so ähnlich wie beim Eisberg. Das, was dauernd zu sehen ist, sind die Interviews und Pressekonferenzen. Den Rest kann man nur erahnen. Das führt dazu, dass ein in Interviews eher zurückhaltender Coach öffentlich als Zauderer und Langweiler wahrgenommen wird, obwohl niemand wissen kann, wie derselbe Mann mit seinen Spielern umgeht. Oft gehört sind deshalb Sätze wie: »Wenn ich den schon sehe, schlafe ich ein!« oder »Wie soll DER denn eine Mannschaft motivieren?« Die Körpersprache tut ein Übriges. Trainer, die viel schreien und hüpfen, gelten in der Öffentlichkeit als engagiert und dynamisch. Trainer, die ruhig und mit Bedacht reden und sich auf der Trainerbank nur sehr dosiert bewegen, gelten als Schlaftabletten. Die ehemalige sowjetische Trainerlegende Walerij Lobanowski bewegte sich in den letzten 25 Jahren vor seinem Tod auf der Bank praktisch nie. Danach auch nicht mehr. Er hätte in der heutigen Medienwelt keine Chance mehr.

Wenn nun also ein solcher Trainer hoch umstritten ist, muss er dennoch nicht unfähig sein. Vielleicht ist er sogar erfolgreich, gewinnt ein paarmal, setzt sich in oberen Tabellenregionen fest. Das sind die lästigen Phasen, in denen sich ein guter Hater besser erst einmal zurücknimmt. Er muss nur warten. Seine Zeit wird kommen. Wenn der ungeliebte Trainer nicht Christian Streich ist, wird er ganz sicher auch schlechte Zeiten erleben und infrage gestellt werden. Sobald dann mal zwei oder drei schlechte Spiele gezeigt werden, schlägt die große Stunde der Zweifler. Sie haben es schließlich schon vorher gewusst. Natürlich darf jetzt nicht plötzlich wieder ein Aufwärtstrend kommen, aber in dieser tristen Phase nach drei schlechten Spielen gehört das Internet ihnen ganz alleine. »Na, wer hat das denn schon vor drei Monaten gewusst, dass der nichts bringt?« »Ihr wolltet das ja alle nicht sehen, was das für ein Blender ist!« »Jetzt sollte auch dem Letzten klar sein, dass die paar guten Spiele zu Anfang reiner Zufall waren!« Der Logik halber können allerdings auch die schlechten Spiele nur eine kurze Phase sein. Das ist in diesem Fall egal. In diesem Fall hatte man einfach nur recht. Bis man wieder unrecht hat, sollte man die Situation auskosten. Vorzugsweise in den sozialen Netzwerken. Da geht es am besten.

Beispiel 2: Ein Internetfußballfachmann ist ganz sicher, dass Verein XY absteigt. Der Verein landet schließlich auf Platz 14. Nun braucht es ein bisschen Ruhe und Abwarten. Eventuell steigt der Verein in der kommenden Saison ab. Das sollte der Zweifler schon vor Saisonbeginn hinterlegen: »Der Klassenerhalt war reines Glück! Aber noch einmal kommen sie nicht davon!« Am Ende der kommenden Saison steht die Mannschaft auf Platz 12. Die Voraussagen für die dritte Saison sollte man nun freilich etwas modifizieren, weil das meiste auch nach einem Jahr noch nachlesbar und im Netz leicht auffindbar ist, wenn man es via Facebook oder Twitter in der Fußballwelt hinterlegt hat. Ganz gut funktionieren Vorschläge wie »Neuer Trainer muss her, sonst wird es wieder sehr eng!« oder »Wenn nicht mindestens fünf Neue kommen, kannst Du die nächste Saison auch schon wieder vergessen!«

Die neue Saison kommt. Variante 1: Der Verein spielt besser als erwartet und wird Zehnter. In diesem Fall sucht man sich einfach ein paar neue Theorien und Untergangsszenarien aus und gibt sich vorerst zurückhaltend. Variante 2: Der Verein steigt nach einer haarsträubenden Saison ab. Und: »HABE ICH ES NICHT DIE GANZE ZEIT GEWUSST?! ABER ES WOLLTE JA KEINER HÖREN!!!«.

Eines der großen Geheimnisse des Fußballs an sich ist sein sehr an die Evolution der Natur erinnernder Charakter. Es kommt alles immer wieder, von ganz alleine, und es geht alles immer wieder von vorne los. Wer im März aus dem Pokal fliegt, ist im August wieder dabei. Wer im Sommer auf dem Transfermarkt nur Nieten zieht, der hat im Winter eine neue Chance. Und dann wieder im Sommer drauf, falls es auch im Winter schiefgehen sollte. Wer den Saisonbeginn komplett vergurkt, der legt möglicherweise im Herbst eine Serie hin, und wenn nicht im Herbst derselben Saison, dann vielleicht im Herbst der Folgesaison. Und wer mit riesigen Hoffnungen in eine Saison startet und schließlich auf dem Relegationsplatz landet, der kann trotzdem auch in die kommende Saison mit Hoffnungen gehen. Mit mittelgroßen Hoffnungen.

Wenn es einer Mannschaft gerade sportlich gut geht, wird sie öffentlich mit Wohlwollen und Zuneigung bedacht. Die Fans glauben an das Team, beginnen zu träumen, sind dankbar, selbst die weniger euphorisch veranlagten Menschen sind milde gestimmt. Im Überschwang der Emotionen dominieren Herzen und Umarmungs-Emojis auf Facebook. Die schon erwähnten Fußballanhänger mit der vielen Wut im Bauch sind allerdings nicht weggezogen, nicht verstorben und haben auch nicht ihre Meinung geändert. Die sind auf Stand-by. Ungefähr so wie Wespen während der Winterstarre.

Dass Jogi Löw im Prinzip keine Ahnung hat, wurde schon erwähnt. Wer der deutschen Elf 2014 ein Vorrundendebakel bei der WM in Brasilien prophezeit hat, bekam schon vier Jahre später recht, irgendwie. Was wir nicht wissen ist, ob es eigentlich schön ist, mit der Prognose eines Scheiterns richtig zu liegen. Alternativ hätten die Zweifler auch 2014 einfach an die Nationalmannschaft glauben können. Sie hätten dann mitgefiebert, ein faszinierendes Turnier mit durchlebt und sich am Ende über den WM-Titel gefreut. Wahrscheinlich sogar sehr. Vier Jahre später wären sie dann bitter enttäuscht gewesen über das Auftreten des Titelverteidigers in Russland. Das wäre eine sinnvolle Abfolge gewesen: Vorfreude, Mitfiebern, Freuen! Als notorischer Miesmacher hingegen hat man vor der WM 2014 seine schlechte Stimmung geteilt, dann auf das Ausscheiden der deutschen

Elf gehofft und war am Ende beschämt bis enttäuscht, dass man sich so sehr geirrt hatte: unken, mitfiebern, ärgern. Nach einem WM-Titelgewinn. Vier Jahre später hatten dieselben Leute dann vielleicht auch nicht direkt Spaß am Vorrundenaus der Deutschen, aber sie konnten allen Enttäuschten triumphierend zurufen: »Hey, im Gegensatz zu Dir bin ich schon seit vier Jahren enttäuscht!«

Die Kehrseite des Fußball-Rechthabens ist, dass jeder durchaus wissen könnte, dass er mit seinen Theorien und Prognosen nur zwischenzeitlich recht haben wird und später auch sehr wahrscheinlich wieder unrecht. Das könnte den Umgang mit andersmeinenden Fußballfans theoretisch entspannen, tut es aber nicht. Jeder tut so, als sei er final im Recht. Und beim nächsten Mal wieder. Der Ausweg wäre, mit seinen Prognosen sensibel umzugehen. Das klappt ganz gut mit

Manche Fans hätten sich nach manchen Spielen im Nachhinein eine andere taktische Ausrichtung ihrer Elf gewünscht.

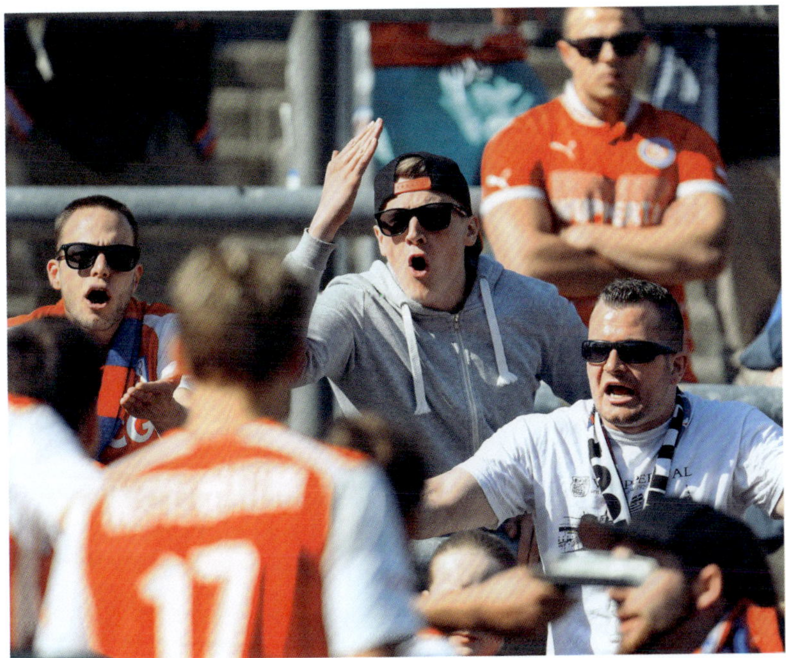

relativ unmodernen Satzteilen wie »Ich kann mich ja auch täuschen, aber ich kann mir vorstellen, dass…« oder »Meinst Du nicht auch, dass vielleicht…?«. Das macht niemand. Voraussagen und Einschätzungen, in denen man unbedingt recht behalten oder irgendwann mal bekommen möchte, gehen meistens einher mit der knarzenden Selbstgefälligkeit der Unfehlbarkeit in der Stimme.

Die hohe Schule des Rechthabens im Fußball ist das nachträgliche Rechthaben. Das klappt sehr zuverlässig und mit schönem Erfolg, indem der Fußballexperte sich im Vorfeld eines Spiels oder einer Saison wenig bis gar nicht äußert, um dann nach dem erwarteten oder in Einzelfällen auch erhofften Misserfolg mit einem zackigen »Das wusste man doch vorher!« aus der Hecke gesprungen zu kommen. Wahlweise ist es mit etwas Glück auch möglich, seine eigenen falschen Prognosen von vorher so zu vertuschen, dass man hinterher behaupten kann, man hätte damals alles schon völlig klar so kommen sehen.

Wie schön wäre es also, wenn wir alle uns etwas öfter bewusst wären, dass der Fußball einem ständigen Wandel unterworfen ist. Dass es Entwicklungen und Wellentäler gibt, die dazugehören. Und dass es deshalb nicht wichtig ist, ob man einen Spieler, einen Verein, eine Tendenz, einen Transfer oder eine Entscheidung irgendwann mal super vorhergesehen hat. Wichtiger als krachende Urteile, die aufgrund der schon geschilderten Eigenheiten des Fußballs meistens nur Vorurteile sein können, wäre es, das, was wirklich gerade passiert, zu beobachten, zu begleiten und sich zu bemühen, es zu verstehen. Das können wir am einfachsten sicherstellen, indem wir uns immer wieder klarmachen, dass im Fußball niemand wirklich zuletzt und am besten lacht. Man lacht im Fußball immer nur zwischendurch. Außer vielleicht Bayern München. Die lachen etwas öfter.

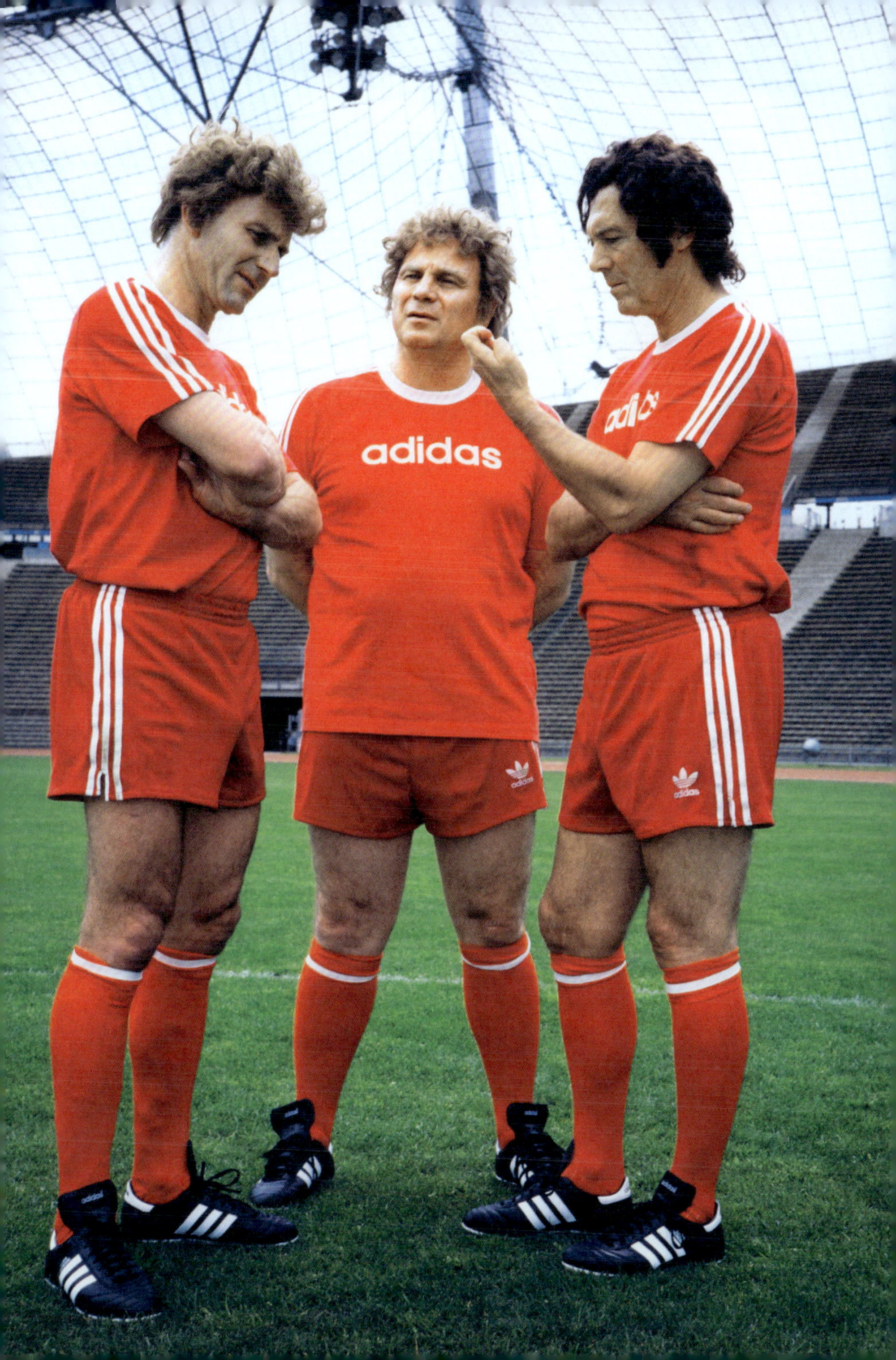
adidas

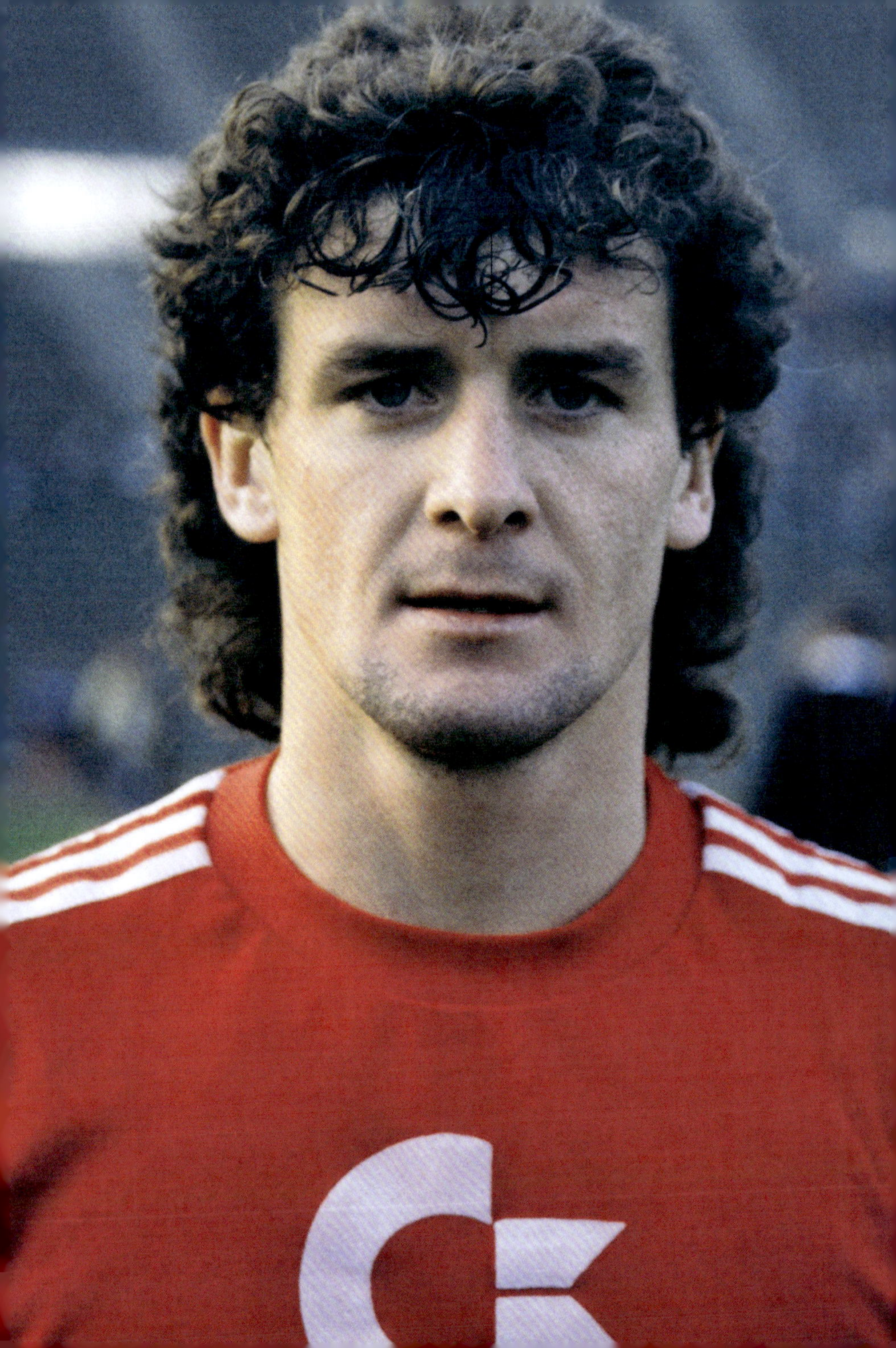

SUPERMARK

oder: was man bei Kanonenfotos unbedingt beachten sollte

1987 liehen die Bayern den Waliser Mark Hughes vom FC Barcelona aus. Sie nannten ihn schnell SUPERMARK, und Bayerns Präsident Scherer begrüßte den neuen Star mit den Worten: »Charles und Diana, der Prinz und die Prinzessin von Wales, kamen nach Deutschland und gingen wieder. Mark von Wales aber wird bleiben!« Das tat er auch, allerdings nur für 18 Spiele. Und nach anfänglichen Lobeshymnen (»Weltklasse!«) verlor Hughes rasch an Strahlkraft. Er verließ die Bayern am Saisonende wieder, nach insgesamt sechs Toren. Anfangs sollte er der Öffentlichkeit als neuer Superbomber nähergebracht werden. Es lag nahe, ihn mit einer Kanone zu fotografieren. Aber man kann da sehr viel falsch machen. (Bitte umblättern)

PR-Fotos eines Stürmers mit einer Kanone sind grundsätzlich eine gute Idee. Schwierig ist es, den Stürmer und die Kanone in einem würdigen, angemessenen Rahmen gemeinsam aufs Bild zu bekommen.

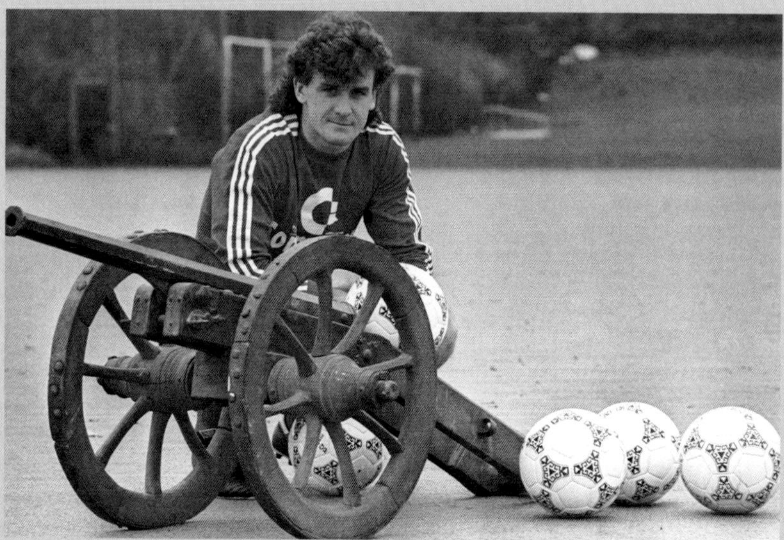

Mark Hughes kniet hier etwas verschämt hinter der Kanone. Nicht gut. Muss selbstbewusster aussehen.

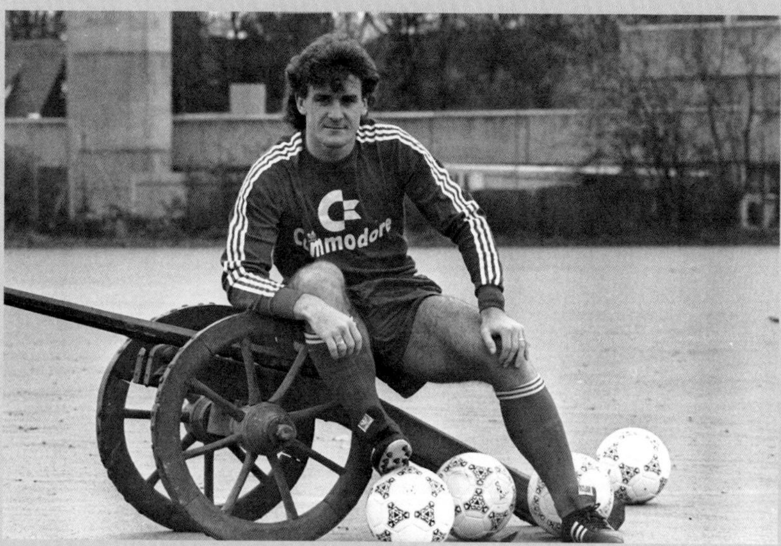

Deutlich besser: Lässige Pose auf der Kanone. Mark Hughes wirkt optimistisch und zielsicher.

AUF GAR KEINEN FALL SO MACHEN:

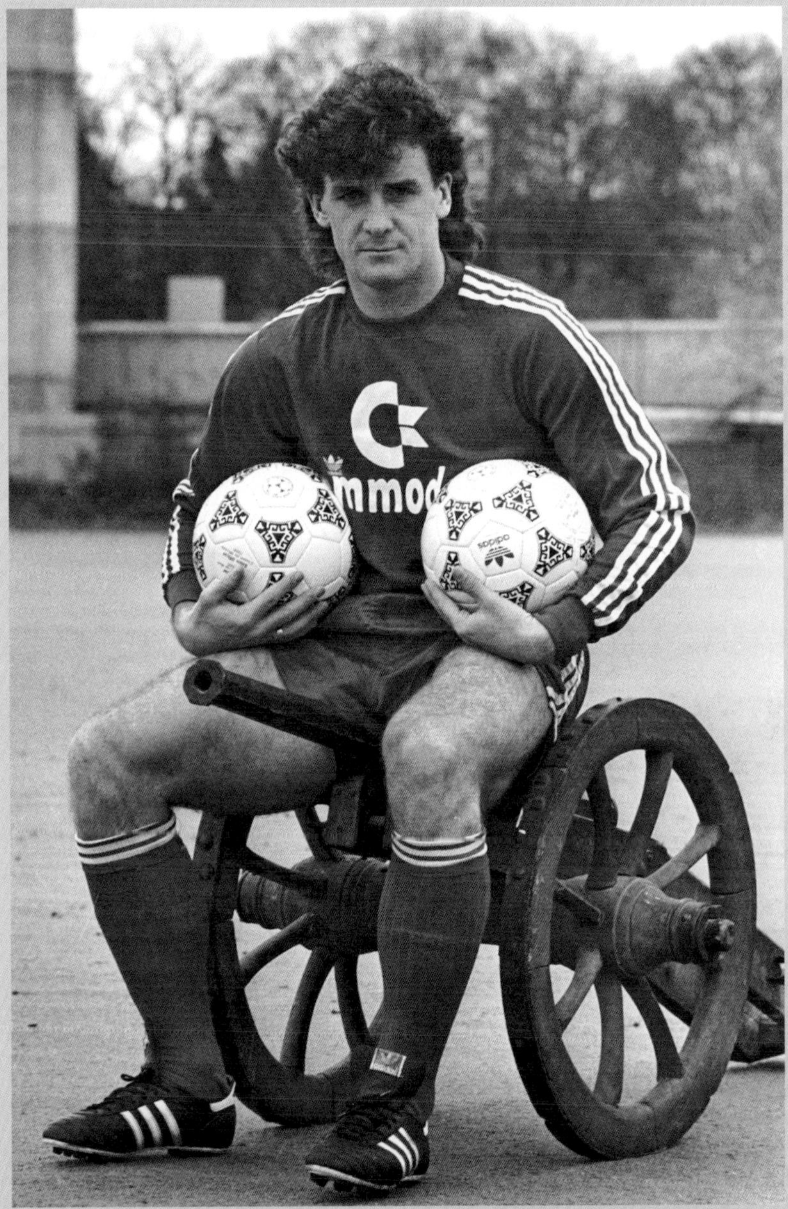

Dieses Bild ist nicht schön. Es wirkt belustigend und sollte besser nirgendwo jemals abgedruckt werden, auch nicht in Büchern. Wirklich keine gute Idee, Mark Hughes so hinzusetzen: Die Bälle verdecken einen Teil des Sponsors.

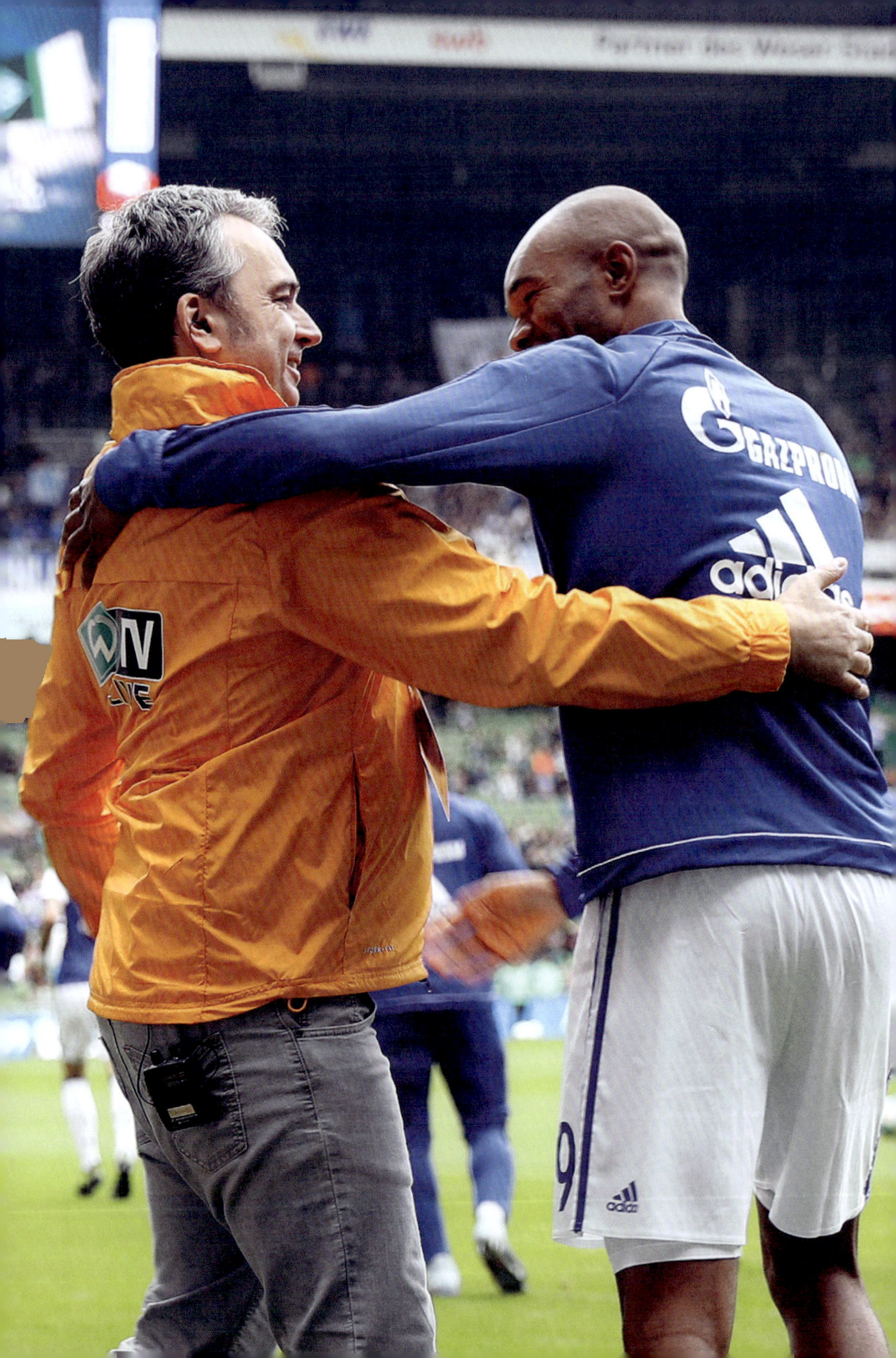
GAZPROM

TREUE

oder: Reisende soll man nicht aufhalten

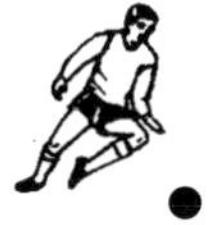

Der gesamte Fußball wäre grundsätzlich viel heimeliger für uns alle, wenn durch die Bank alle beliebten Spieler den eigenen Verein niemals verlassen würden. Der Begriff »durch die Bank« ist in diesem Fall übrigens schon recht doppeldeutig. Also: Wäre doch wunderschön, wenn alle tollen Spieler einfach für immer blieben. Wenn jeder Kader aus Idolen und Lieblingsspielern bestünde, wenn alle Helden nach Toren mit Fug und Recht ihr Vereinswappen auf dem Trikot küssen würden und niemals jemand verabschiedet werden müsste, bevor er so alt ist wie Claudio Pizarro.

Leider ist diese Utopie eine Utopie, schon alleine aus mathematischer Sicht. Mannschaften verändern sich und Spieler kommen und gehen. Wir Fans fahren gut damit, dies als ein Stück Normalität des Fußballgeschäfts zu akzeptieren, anstatt uns bei jedem Abschied eines Stammspielers wieder aufs Neue davon aus der Bahn werfen zu lassen.

Nennen wir es beim Namen: Es ist egal, welcher Dein Verein ist – jeder Spieler Deiner Mannschaft kann es theoretisch anderswo immer noch toller finden. Und das ist okay, denn Vereinstreue ist keine besondere Qualifikation und Idealismus keine Normalität, wenn es um den Beruf Fußballprofi geht. Wir alle sind traurig, wenn ein Spieler geht, und bei vielen kommt auch hier wieder die Wut ins Spiel. Die meisten Vereinswechsel sind für die Fans des gehörnten Vereins völlig unverständlich, und die verständlichen Wechsel sind auch doof.

In den großen Profiligen dieser Welt regiert das Gesetz des Stärkeren. Und wer nicht am allerobersten Ende der Nahrungskette steht, also da, wo Real Madrid, Manchester City und der FC Bayern es sich bequem gemacht haben, der wird mit Kummer und Frust auf dem Transfermarkt leben müssen. Und damit, dass das Gras auf der anderen Seite immer grüner ist, gerade im Fußball.

Wer zum Beispiel beim Rotenburger SV II in der Kreisliga spielt, der möchte ganz sicher viel lieber beim Rotenburger SV in der ersten Herrenmanschaft spielen. Wer beim Rotenburger SV in der 1. Herren spielt, der ist möglicherweise ganz aufgeregt, wenn er erfährt, dass sich Atlas Delmenhorst für ihn interessiert. Spieler von Atlas Delmenhorst werden kaum cool bleiben können, wenn beispielsweise ein Verein wie der VfB Lübeck Interesse an ihnen signalisiert, und die Leistungsträger des VfB Lübeck sind möglicherweise schnell im Visier des 1. FC Magdeburg oder beim MSV Duisburg. Wer beim MSV Duisburg angekommen ist, ist nur so lange wunschlos glücklich, bis ein ambitionierter Zweitligist ruft, also zum Beispiel Hannover 96. Und Hannover 96 wiederum verliert schon mal Leistungsträger an Vereine wie Arminia Bielefeld oder den FC Augsburg, deren Stars dann ihrerseits im Gespräch sind in Wolfsburg oder Frankfurt. Und wenn Du da durchstartest, kannst Du es vielleicht zu Bayer Leverkusen oder Mönchengladbach schaffen und bei idealem Verlauf in der Champions League spielen. Solche Spieler sind schließlich automatisch Kandidaten bei den Bayern. Und wenn Real Madrid ruft, sind vielleicht sogar die Bayern zu klein. Dann ist allerdings auch Feierabend.

Jeder dieser theoretisch möglichen Vereinswechsel ist im Grunde menschlich nachvollziehbar. Wir möchten das nicht, aber uns fragt leider niemand. Auch beim Thema Vereinswechsel wird sichtbar, dass Fußballfans sich gerne für die Wut entscheiden, wenn sie doch eigentlich die Wahl hätten zwischen Wut und Trauer. Trauer wäre ehrlicher und tiefer, aber die Wut auf einen scheidenden Spieler verleiht uns ganz kurz die Illusion, diesen Spieler bestrafen zu können, indem wir ihm unsere Zuneigung entziehen. Trauern ist komplizierter, weil man so wenig tun kann, wenn man einfach nur traurig ist. Soziale Medien interessieren sich kaum für traurige Menschen, aber wütende, sich echauffierende Choleriker sind die Helden dieser Plattformen. Glauben zumindest die wütenden, sich echauffierenden Choleriker. Es tut immer erstmal gut, einen wechselwilligen Spieler als Drecksack wahrzunehmen und seine Wechselabsicht als etwas durch und durch Verwerfliches darzustellen. Obligatorisch ist auch, diesem Spieler von Herzen alles Schlechte zu wünschen, wenn er die Frechheit besitzt, unseren Verein zu verlassen, zu dem er doch wohl eine tiefe heimatliche Bindung entwickelt haben muss, weil er fast zwei Jahre hier gespielt hat und Ecuadorianer ist. Hat er aber nicht. Quasi nie. Auch wenn wir uns das einreden wollen.

Sehr ausgebufft sind die Mechanismen, mit denen ein frustrierter Fan sein Gefühlschaos um einen abwandernden Ex-Helden begleitet. Wenn er zu einem deutlich besser gestellten Verein geht, soll er sich »mal schön den Hintern platt sitzen auf der Reservebank, der spielt doch da garantiert nicht!«. Wechselt er zu einem Verein mit einem etwa gleich guten Kader, muss es zwingend das Geld sein, was den Ausschlag gibt. Dinge wie »hat dort mehr Aussicht auf einen Stammplatz«, »findet den Trainer beim neuen Verein besser«, »fühlt sich dort potenziell einfach wohler« oder »wollte einfach mal was anderes machen« zählen nicht und werden ersatzlos gestrichen. Geldgeier! Söldner! Wechselt er zu einem eher schlechteren Verein, ist das Unverständnis komplett und die Verständnislosigkeit unermesslich. Ich fasse zusammen: Zu einem besseren Verein gehen ist mies, zu einem vergleichbaren Verein gehen ist mies, und zu einem schlechteren Verein zu gehen ist auch mies.

Der Vorwurf, wechselnde Spieler seien automatisch »Söldner«, hält bei allem Verständnis für reinigenden Zorn kaum einer inhaltlichen Prüfung stand. Wenn ich als Mittelklasseverein einen Spieler als Söldner empfinde, der sich zu einem größeren Verein davonmacht, dann war dieser Spieler bei Licht betrachtet auch schon ein Söldner, als er damals von einem Zweitligisten zu uns kam. Wir wissen das, wollen es aber nicht wahrhaben. Denn wir wollen, dass ein Wechsel zu unserem Lieblingsverein immer eine Herzensangelegenheit ist und ein späterer Abschied immer ein Zeichen mangelnden Charakters. Wir verübeln es dem Spieler, wenn er es anderswo reizvoller findet. Wir verübeln es ihm, wenn er sich finanziell deutlich verbessern kann, und wir halten ihn für einen hirnlosen Volltrottel, wenn er sich freiwillig finanziell verschlechtert. Wir wollen gleichzeitig, dass das Geld notfalls den Ausschlag geben darf, wenn ein Spieler zu uns kommt. Wir schelten denselben Mann aber einen Söldner, wenn er uns verlässt, weil er anderswo einfach viel besser verdienen kann.

Wenn es einfach nur um die Loyalität zu einem anderen Menschen ginge, wäre unser Verhalten in dieser Phase des abgrundtiefen Verlustschmerzes moralisch ebenfalls das eines Söldners. Wir respektieren den Spieler als Mensch und seine Entscheidung nur, solange sie unseren Vorstellungen entsprechen. Einer Entscheidung für unseren Verein unterstellen wir Vernunft, Charakterstärke und dass diesem Transfer ganz sicher eine Herzensbindung zugrunde liegt. Eine Entscheidung gegen unsere Farben brandmarken wir als Geldgier, Dummheit oder Niedertracht. Den Menschen dahinter nehmen wir nur für voll, solange er bei uns sein will.

Verbesserungsvorschlag: Seien wir doch wirklich lieber traurig statt gelb vor Wut. Das würde uns erlauben, eine Bindung zu einem Spieler auch dann aufrechtzuerhalten, wenn er sich mal gegen unseren Lieblingsverein entscheidet. Das macht jedes Wiedersehen zu einer für beide Seiten respektvollen und emotionalen Angelegenheit und nicht bloß zu einem pflichtbewusst heruntergexerzierten Pfeifkonzert. Ich habe es probiert. Ich fühle mich inzwischen weitaus besser, wenn ich das Gefühl haben darf, dass der Ex-Spieler sich gerne an meinen Verein zurückerinnert. Wenn ich ihn auspfeife, bin ich ihm gleichgültig oder bestenfalls lästig. Wenn ich ihn respektvoll behandle, bin ich ihm eine schöne Erinnerung. Oder bestenfalls gleichgültig. Probiert es mal aus – es geht. Und es verwandelt in Einzelfällen negative Krawallgefühle in sentimentale Duselei. Wut und Hass gehen viel einfacher, aber Wut und Hass kann auch wirklich jeder.

Natürlich gibt es auch Abschiede eher unwichtiger Spieler. Der ausgeliehene Außenbahnspieler, der nie so richtig angekommen war und bei dessen Abschied man erstaunt feststellt, dass er überhaupt noch da war. Der solide, aber langweilige Innenverteidiger-Backup, der nicht viel kaputt gemacht hat, aber von dem man auch keine einzige wirklich gute Aktion in Erinnerung hat. Solche Spieler werden höflich und ohne erhöhten Pulsschlag in die Freiheit entlassen. Doch zwischen den Extremen gibt es noch einen Sonderfall, dessen Beachtung sich lohnt: Der scheidende Stammspieler, der kein großer Star mit toller Strahlkraft, aber dennoch wichtig war. Die Reaktion auf den Abschied solcher Spieler ist mehr oder minder genormt und läuft stets gleich ab. Nach Verkündung der Transfernachricht wird das Internet geflutet mit Wortmeldungen, die alle gleich lauten: »Na ja, Reisende soll man nicht aufhalten!« Ich habe in Zusammenhang mit einem Wechselgerücht (es war nur ein GERÜCHT!) diesen einen Satz unter dem dazugehörigen Artikel innerhalb einer Stunde 115 Mal gelesen. Das muss so. Wie ein Reflex oder eine geheime Absprache. Der Fan erfährt vom Abschied, ist ein bisschen überrascht und etwas angesäuert, aber emotional unberührt. Und möchte, dass der Spieler das umgehend erfährt, dass ihm keine Träne nachgeweint wird: »Na ja, Reisende soll man nicht aufhalten!« – »Ich sag' mal: Reisende soll man nicht aufhalten!« – »Wie sagt man: Reisende soll man nicht aufhalten!« – »Ich würde mal sagen: Reisende soll man nicht aufhalten!« – »Wisst ihr was? Reisende soll man übrigens nicht aufhalten!« Ein Phä-

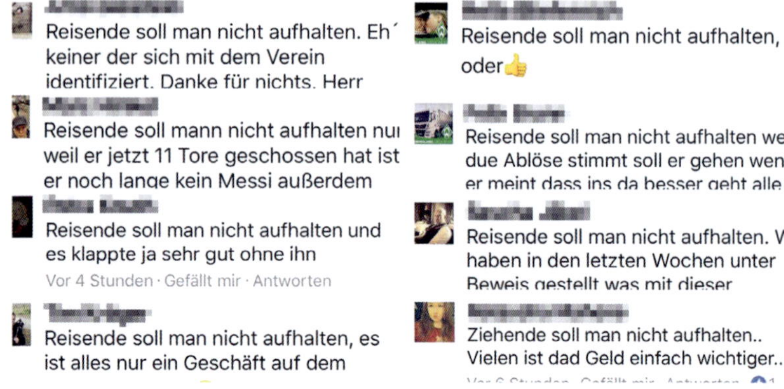

nomen. Manche User lesen diesen einen Satz unter einem Artikel 60 Mal und fühlen sich unwohl, wenn sie ihn nicht ganz schnell ein 61. Mal darunterschreiben.

Es ist sicherlich leichter gesagt als getan, bei solch einem Thema für mehr Empathie zu werben. Es ist eine Frage der Logik: Wenn man sich in Spieler immer hineinversetzt und nicht nur dann, wenn sie wie gewünscht funktionierten, haben wir alle mehr davon. Mehr Emotionen, bessere Laune, mehr Nähe zu den Spielern, und die auch zu uns. Probiert es aus. Beim nächsten Abgang verkneift ihr euch den Wut-Emoji und die geballte Faust, mit der es sich ohnehin ganz schlecht auf einer Tastatur schreiben lässt. Wünscht ihm innerlich alles Gute und freut euch auf den Spieler, der an seine Stelle treten wird. Das macht ungleich mehr Spaß als das Aburteilen eines ehemaligen Lieblings, als das Umkehren vorhandener Emotionen von Applaus in Abneigung und als die Gewissheit, dass auch der Nachfolger des Spielers maximal zwei Jahre gemocht werden wird, wenn man so weitermacht. Glaubt mir, es geht. Außer bei Reisenden. Die kann man nicht aufhalten.

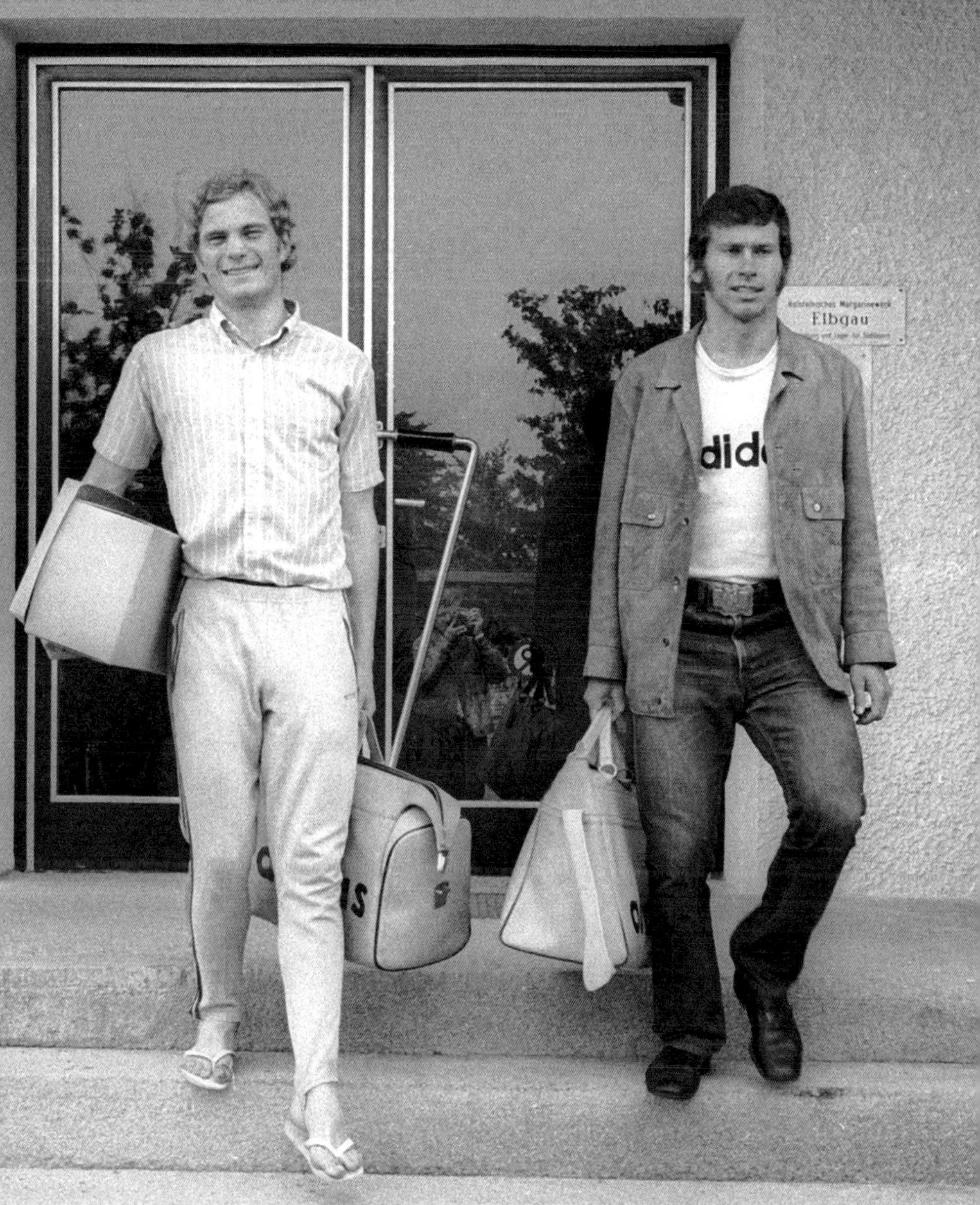

Uli Hoeneß und Paul Breitner gehen auf Reisen. Hoffentlich versucht niemand, sie aufzuhalten.

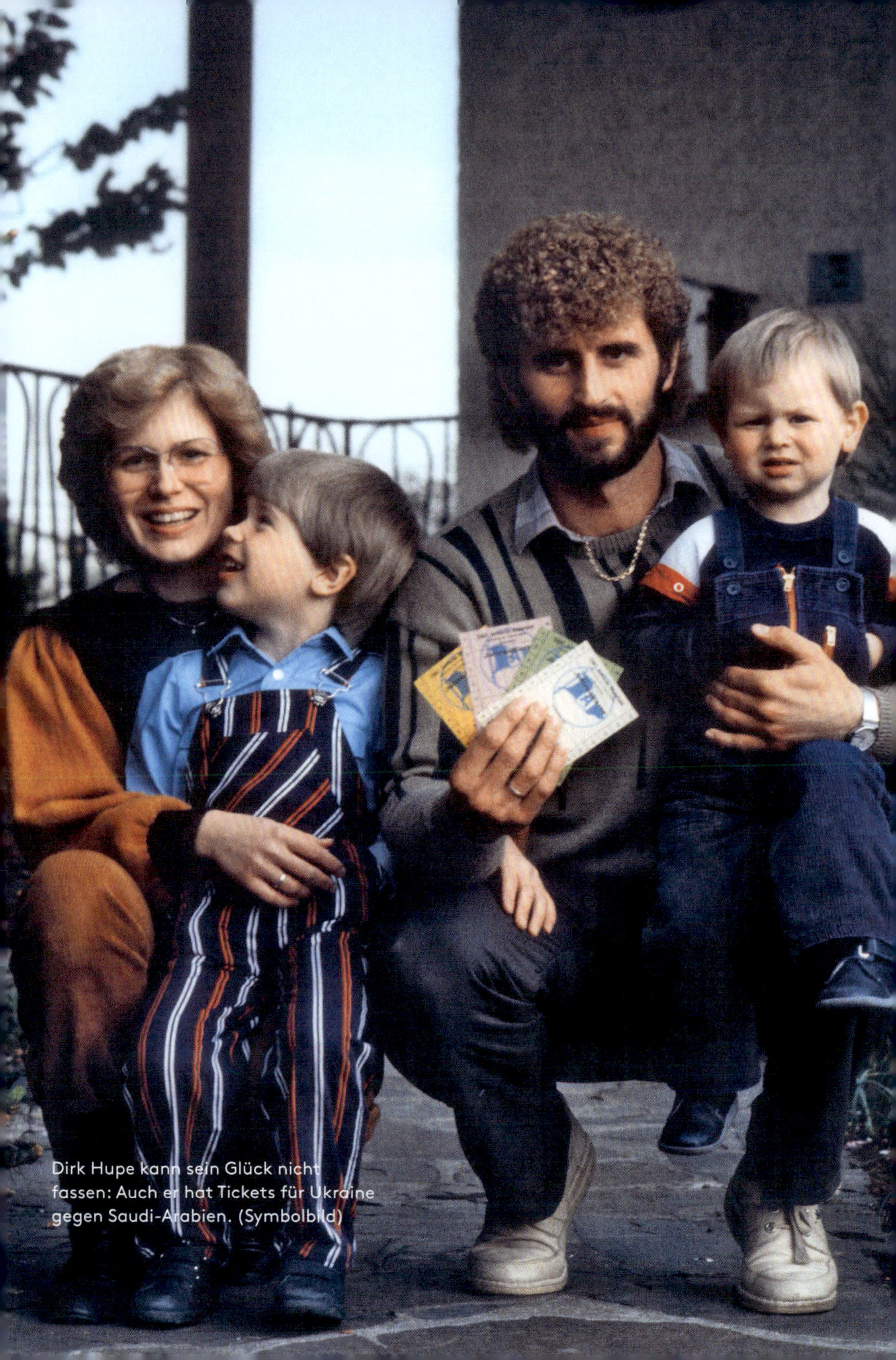

Dirk Hupe kann sein Glück nicht fassen: Auch er hat Tickets für Ukraine gegen Saudi-Arabien. (Symbolbild)

DAS DICKE DING TICKETING

oder: Wie man Turniere gründlich ruiniert

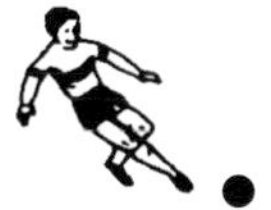

In Jahren, in denen Fußballgroßereignisse anstehen, haben wir unser Leben lang anders getickt als ohnehin schon. Wenn eine WM oder EM ins Haus stand oder ein klassischer Europapokalabend (ein Wort, das heute so altertümlich und unmodern klingt wie Schallplatte oder Lokomotive), wurden wir fiebrig und vorfreudig, wir haben im Vorfeld Panini-Bilder gesammelt und uns Trikots gekauft, wir haben uns neue Fernseher angeschafft, deren Bildschirm achtmal so groß war wie der unseres alten Fernsehers, und damit alles nicht zu viel Freude macht, haben wir an einem Tippspiel zum Ereignis teilgenommen.

Das alles war zu der Zeit, als eine Weltmeisterschaft uns die besten Nationalteams des Erdballs präsentierte und für uns eine Nähe herstellte zum Gastgeberland. Tag für Tag sahen wir dann, wie es aussah im fußballverrückten Mexiko, in Brasilien oder in Spanien. Wir bekamen als kulturelles Beiprogramm ein Maskottchen, das oft putzig anzuschauen war und optisch mit dem Land der WM zu tun hatte wie World Cup Willie 1966 oder Gauchito 1978, und wir bekamen eine überschaubare Anzahl von WM-Songs, die oft bedenklich waren, aber dennoch spätestens ab dem dritten oder vierten Tag des Turniers Ohrwürmer.

Heute präsentiert uns eine WM die besten Nationalteams des Erdballs und 10 oder 12 weitere Mannschaften, die noch nicht einmal deshalb mitspielen dürfen, weil sie sportlich aufgewertet wurden, sondern damit es mehr zu vermarktende Spiele gibt. Wir sehen keine Bilder mehr aus traditionellen Fußballhochburgen, sondern freuen uns allerhöchstens unterschwellig auf sich anbahnende Impressionen aus Katar, in denen man uns Stadien zeigen wird in Städten, die hastig um diese Stadien herumgebaut wurden von Menschen, die nicht mehr leben. Und wenn darüber diskutiert wird, ob dieses Turnier nach immer neuen bekannt werdenden Skandalen nicht besser in einem passenderen Staat ausgetragen werden sollte, heißt es ohne nähere Begründung seit etlichen Jahren achselzuckend: »Das geht jetzt nicht mehr.« (Diesen Satz bitte mit Schweizer Akzent vorstellen, dann wirkt er authentischer). Danach folgt meistens der Satz »Die WM in Katar WIRD KOMMEN!«, was nicht wie ein Trost und nicht einmal wie eine Drohung klingt, sondern wie »Leckt mich am Arsch!« mit anderen Worten.

Die Maskottchen sehen inzwischen aus, als seien sie in maximal einer Viertelstunde mit einer Smartphone-App erstellt worden, von einem Designer mit Drogenproblem, der bis zuletzt nicht genau wusste, ob er lieber eine Schildkröte, einen Tiger oder ein Erdmännchen erschaffen wollte, was aber egal ist, weil das Resultat in allen drei Fällen identisch aussieht: Wie irgendetwas Buntes mit Augen und einem Fußball. Die WM-Songs sind nicht mehr schlecht, sondern menschenverachtend, und den Zynismus, mit dem sie aufgenommen wurden, mag man sich nicht vorstellen. Dafür sind es aber nicht mehr drei Songs, sondern 80.

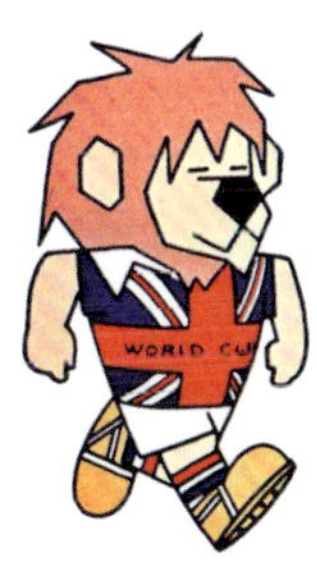

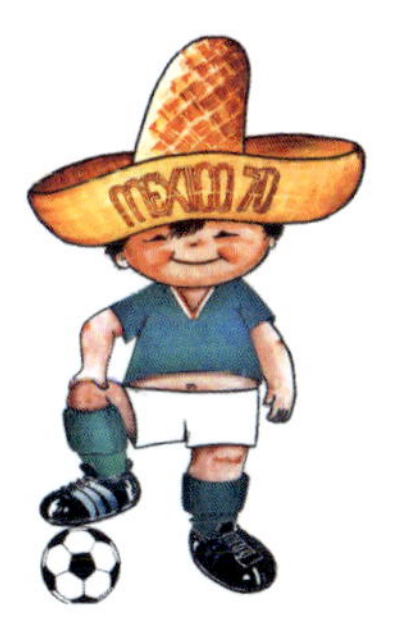

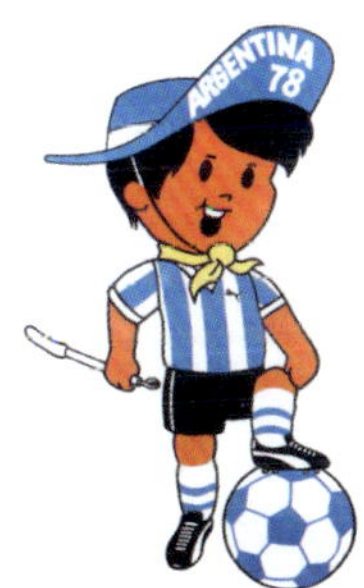

WM-Maskottchen der 60er und 70er: World Cup Willie (1966), Juanito (1970) und Gauchito (1978) wurden noch von echten Zeichnern erdacht und besaßen Charme und Ausstrahlung.

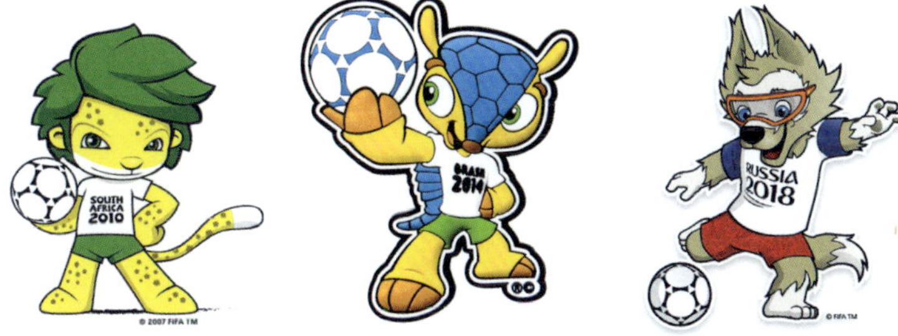

WM-Maskottchen 2010, 2014 und 2018. Die Namen muss man nachschlagen: Zakumi, Fuleco und Zabivaca. Die Namen klingen wie entzündungshemmende Medikamente, und die Maskottchen sehen auch genau so aus. Fuleco, das Maskottchen der WM in Brasilien hatte zudem das große Problem, dass sein Name zwar clever aus den Worten »futebol« und »ecologia« zusammengesetzt war, jedoch in Brasilien umgangssprachlich auch »Arsch« bedeutete.

Sofern wir von Europameisterschaften reden, haben es die Verantwortlichen sogar geschafft, uns als Nächstes ein Turnier vorzusetzen, das ganz ohne Gastgeberland auskommt, weil es mal hier, mal dort stattfindet. Der Hintergedanke war sicherlich, dass man so etwas Tolles wie eine EM doch auch irgendwie austauschbarer hinbekommen muss, damit auf jeden Fall ausgeschlossen werden kann, dass es aus Versehen denkwürdig und für uns Zuschauer greifbar wird. Okay, dann sind die Spiele diesmal nicht in Paris, Lyon und Straßburg, sondern in irgendeinem Stadion irgendwo in Europa. Wäre ein toller

Claim für so ein Turnier: Statt EURO FRANCE 2016 oder EURO PORTUGAL 2004 nennen wir es EURO IRGENDWO IN EUROPA 2021. Das Maskottchen der kommenden Euro heißt übrigens Skillzy und sieht so aus, als hätte diesmal einfach niemand Zeit gehabt, sich ein Maskottchen auszudenken.

Diverse weitere Faktoren sorgen seit vielen Jahren dafür, dass mit sehr viel Fantasie und Aufwand einstmals tolle Ereignisse wie eine Weltmeisterschaft entzaubert werden. »Ticketing« zum Beispiel. Was klingt wie ein dänischer ESC-Beitrag aus den 60ern, ist längst zu einem Monstrum geworden. Das moderne Ticketing bedeutet, dass es inzwischen keine Rolle mehr spielt, welches WM-Spiel ein Fan gerne sehen möchte und welches nicht. Jedes Ticket ist von vornherein ein Statussymbol, der Konsument muss auf gut Glück und weit im Voraus etwas für sehr viel Geld erwerben, von dem beim Kauf gar nicht bekannt ist, was es eigentlich ist. Ich werde nie vergessen, wie ein Kollege im Vorfeld der WM 2006 sich um Karten für ein WM-Spiel in Hamburg beworben hat, lange vor der Festlegung des Spielplans. Teuerste Kartenkategorie – wann erlebst Du schon einmal eine WM im eigenen Land? Er bekam dann irgendwann eine Benachrichtigung, wonach sein Antrag erfolgreich war. Vier Tickets zu je 100 Euro wurden ihm zugesagt. Was er beim Kauf noch nicht wusste war, dass es sich letztlich um Tickets für das Spiel Ukraine gegen Saudi-Arabien handelte. 400 Euro für ein Spiel, das er sich im Normalfall nicht einmal im Fernsehen angeschaut hätte, wie er sagte. Und das war noch günstig. Bei Karten fürs Halbfinale wäre er als Familienvater mit zwei Kindern bei insgesamt 1600 Euro für vier Tickets gelandet. Diese Preispolitik gaukelt uns vor, dass es gar nicht mehr um das einzelne Spiel geht, sondern dass quasi JEDE Eintrittskarte ein Luxusgegenstand sei, egal was man sich dann letzten Endes für eine Begegnung anschaut. So, als würdest Du morgens in den Supermarkt gehen, um für Deine Lieben Brötchen zu holen, und man Dir dort dann aber stattdessen sündhaft teuren Abflussreiniger aufschwatzt, mit dem Du den Rest Deiner Familie am Frühstückstisch nur sehr begrenzt erfreuen kannst. Die Tickets für Ukraine gegen Saudi-Arabien ließ der betreffende Kollege übrigens verfallen, nachdem er vergeblich versucht hatte, sie zu verschenken.

Ein weiteres Problem ist der Spielmodus eines solchen Turniers, und da ist es jetzt wirklich egal, ob es um eine WM, eine EM oder ein Champions-League-Spiel geht. In allen genannten Fällen ist die ursprüngliche Idee komplett in den Hintergrund getreten: Einen sportlichen Wettbewerb durchzuführen, um einen verdienten Sieger zu küren. Und dieser sportliche Wettbewerb sollte nach Möglichkeit mehr Sinn ergeben als der Mitropapokal, der Emirates Cup oder der Uhrenpokal, den es seit 1962 in der Schweiz gibt. Die ganz großen Turniere wurden von FIFA und UEFA verändert in Wettbewerbe unter dem Motto »Möglichst viele Teams spielen in irgendeinem immer wieder anderen Modus einen Sieger aus, den man viel einfacher hätte ermitteln können«.

Bei den ganz frühen Weltmeisterschaften durfte noch jeder mitspielen, der mitspielen wollte. Es wurde ein Turnierplan aufgestellt, und am Ende gewannen Uruguay oder Italien und waren die Besten der Welt. Das erste Turnier nach dem Krieg war 1950 eine eher eigenartige Angelegenheit, weil die FIFA sich davor überlegt hatte, es mal ganz ohne Finalspiel zu versuchen, indem der Sieger durch eine weitere Vierergruppe in Gruppenspielen ermittelt wurde. Brasilien hätte schließlich durch ein Unentschieden gegen Uruguay Weltmeister werden können. Das WM-Finale abschaffen – da muss man erst mal darauf kommen. Ich würde nicht so weit gehen, zu sagen, dass von der FIFA erdachte Änderungen oder Neuerungen grundsätzlich immer Quatsch sind. Sie sind es nur meistens. Das Golden Goal zum Beispiel, mit dem während seiner kurzen Blütezeit die meisten Mannschaften taktisch kaum zurechtkamen und das vor allem dazu dienen sollte, die lästigen Verlängerungen über 2 x 15 Minuten abzuschaffen. Das funktionierte von vornherein mathematisch nur dann gut, wenn das Golden Goal schnell fiel und nicht etwa erst in der 118. Minute. Und es

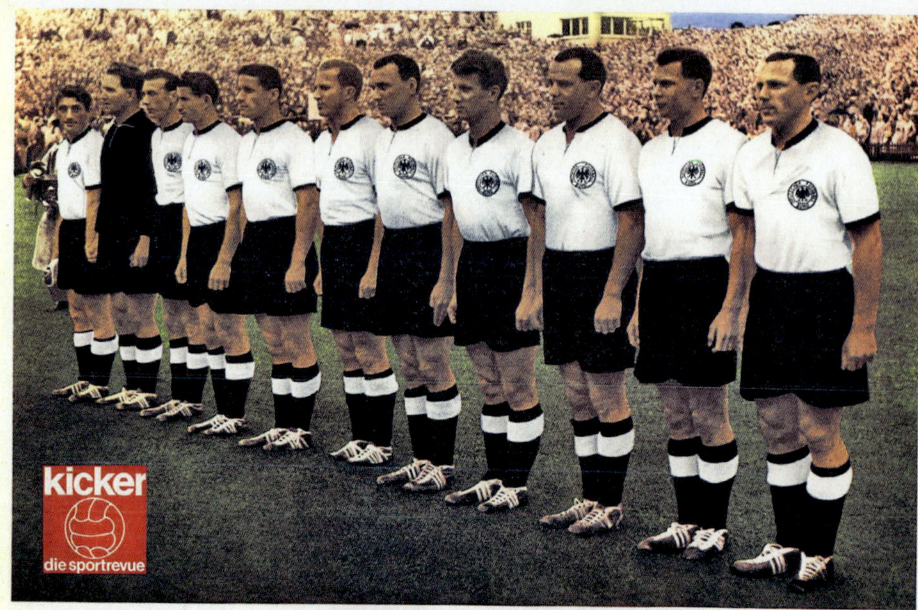

Herzenswunsch der Kicker-Leser: **DIE BERNER ELF**

Diese Mannschaft gewann 1954 das Endspiel der Weltmeisterschaft (von links): Fritz Walter, Turek, Eckel, Rahn, Ottmar Walter, Liebrich, Posipal, Schäfer, Kohlmeyer, May und Morlock.

diente vortrefflich dazu, potenziell geschichtsträchtige Fußballfeste auszuschließen, wie jene, die erst durch eine Verlängerung zu Jahrhundertspielen wurden, wie etwa Deutschland gegen Italien 1970 (4:3 n. V.), Deutschland gegen England 1966 und 1970 (3:2 und 2:4), Brasilien gegen Frankreich 1986 (4:3 n. E.). Das WM-Finale 1966 wäre direkt mit dem Wembley-Tor beendet gewesen. Das Jahrhundertspiel Italien gegen Deutschland 1970 wäre 1:2 ausgegangen statt 4:3. Was für eine hanebüchene Schnapsidee, dieses Golden Goal, dessen Unsinnigkeit fast noch bizarrer erscheint, wenn wir uns erinnern, dass allen Ernstes kurz versucht wurde, es durch die Einführung des Silver Goals nur halb so bescheuert weiterzuführen.

Der Modus eines Turniers sollte einem tieferen Sinn folgen. Die ehrlichsten Turniere waren die Weltmeisterschaften 1962 bis 1970. Gruppenphase, K.-o.-Spiele, Finale, Weltmeister ermittelt, bumm. Die

WM hat auch einen Monat gedauert, die besten Teams hatten sechs Spiele und der Weltmeister war jeweils ein würdiger Sieger. 1954 gab es schon einen leisen Anflug von Wahnsinn, als experimentierfreudige Funktionäre sich ein Setzsystem ausdachen, was dazu führte, dass in den Vorrundengruppen nicht jeder gegen jeden, sondern nur jeder gegen manche spielen musste. Deutschland als späterer Weltmeister stand in einer Vorrundengruppe mit Ungarn, der Türkei und Südkorea. Unsere Elf musste aber gar nicht gegen Südkorea spielen, dafür musste die Türkei nicht gegen den Favoriten Ungarn spielen. Das Torverhältnis zählte auch nicht, sodass Deutschland sich freiwillig von Ungarn den Hintern versohlen ließ (3:8), um in einem zweiten Spiel gegen die Türken besser beieinander zu sein. Gegen die Türken also musste man zweimal antreten, gegen die Koreaner gar nicht. Österreich und Jugoslawien wurden durch Losentscheide Gruppensieger ihrer Vorrundengruppen. Die Jugoslawen wurden mit 2:1 Toren Gruppensieger vor den punktgleichen Brasilianern mit 6:1 Toren. Neben Deutschland musste auch die Schweiz ein Entscheidungsspiel (gegen Italien) bestreiten. Die hatten auch ein viel besseres Torverhältnis, das war aber egal. Früher war nicht alles besser.

Bei der WM 1974 dachten sich die Söhne dieser Wahnsinnigen eine zweite Gruppenphase nach der ersten Gruppenphase aus, die auch vier Jahre später noch so durchgezogen wurde. Es gab dadurch keine K.-o.-Spiele mehr. Die wären wahrscheinlich einfach zu spannend und interessant gewesen.

Dafür gab es aber 1978 den Verdacht einer Schiebung beim entscheidenden Spiel um den Einzug ins Finale zwischen Argentinien und Peru (6:0), weil Argentinien im Fernduell mit Brasilien schon wusste, wie viele Tore sie würden schießen müssen. Was sich grundlegend geändert hat im Weltfußball: Erste aufkommende Korruptionsgerüchte rund um dieses Spiel hat man als Fan seinerzeit begleitet mit einem Gedanken wie: »Also, das kann ich mir nun beim besten Willen nicht vorstellen, dass da etwas nicht in Ordnung war!« Inzwischen können wir uns im Grunde alles vorstellen.

Nach einem gar nicht mal unlustigen Versuch, bei der WM 1982 in Spanien zu einem Halbfinale zurückzukehren, indem die Organisatoren sich eine Vorschlussrunde mit Dreiergruppen (!) ausgedacht hatten, die es mathematisch sehr kompliziert machten, die entscheidenden Spiele zeitgleich auszutragen, weil in einer Dreiergruppe alle Spiele zwingend nur nacheinander stattfinden können, kam die FIFA dann auf die Idee, die Weltmeisterschaften immer mehr aufzublähen. Auch hierbei allerdings erwiesen sich mathematische Feinheiten als lästige Fallstricke. Eine WM mit 16 Mannschaften ist gut durchspielbar, 32 Mannschaften gehen auch. Die Sache mit den 24 Mannschaften führte zu den erwähnten Dreiergruppen, 48 Mannschaften würden 2022 in Katar auch nicht zu viel Frohsinn im Turnierverlauf führen. Der ursprüngliche Plan der FIFA für eine Aufstockung wurde überraschend storniert, obwohl er unvernünftig war. Das war mal etwas völlig Neues.

Um nicht falsch verstanden zu werden: Ich bin nicht gegen 32 Mannschaften bei einer WM, auch wenn ich selbst nicht allzu viel Geld für eine Karte für das Spiel Ukraine gegen Saudi-Arabien ausgeben würde. Zu Hause am Fernseher gucke ich bei einer WM alles. Im Sinne von: ALLES. Aber ein Modus muss einen Sinn ergeben. Man braucht einen Spielplan nicht um seiner selbst willen, sondern um am Ende einen Sieger zu haben. In vielen der jüngeren Turniere wurde hingegen versucht, möglichst viele Spiele durchführen und vermarkten zu können. Auch solche, die für das Turnier selbst gar nicht notwendig gewesen wären.

Durch den durchschlagenden Nicht-Erfolg bei den beiden beschriebenen WM-Turnieren 1974 und 1978 mutet es heute absolut wahnwitzig an, dass es Anfang der 90er-Jahre nach einem oft spannenden Achtelfinale erst einmal eine weitere Gruppenphase gab, deren beiden Sieger schließlich das Finale bestreiten durften. Kein Halbfinale, keine entscheidende K.-o.-Phase, nein – Gruppen! Komplett ohne jeden sportlichen Sinn.

Die Champions League wird heute sehr kritisch wahrgenommen, weil sie sich in ihrer gesamten Monstrosität verselbstständigt hat.

Es fließt sehr viel Geld, und es gibt die besten Spieler der Welt zu sehen, und natürlich ist der gebotene Fußball dadurch absolut hochklassig. Der Wettbewerb als solcher aber funktioniert wie ein Pilotenspiel: Oben wird das Geld ausgeschüttet und unten kommt nichts davon an. In den Viertelfinals spielen bis auf ein, zwei Ausnahmen jedes Jahr die immer gleichen Mannschaften. Die werden dadurch immer wohlhabender und finden das verständlicherweise toll. Die Mannschaften eine Kategorie tiefer, die es nur alle Jubeljahre einmal ins Viertelfinale schaffen – und das meistens auch nur, um sich dort ordentlich von einem der reichen Klubs verdreschen zu lassen –, verlieren den Anschluss. Der letzte CL-Sieger, der nicht aus dem Kreis der ewig gleichen Glamour-Klubs kam, war der FC Porto im Jahr 2004.

Auch bei den europäischen Pokalwettbewerben haben sich die Spielmodi irgendwann verselbstständigt. Aus der Grundidee, einen sportlich sinnvollen Sieger zu ermitteln, entwickelte sich das Erfolgsschema, möglichst viele Spiele für möglichst viel Geld zu vermarkten und dieses Geld dann nicht gleichmäßig zu verteilen, sondern ein knappes Dutzend Spitzenklubs immer weiter zu pampern, damit diese Klubs jedes Jahr aufs Neue zu den sicheren Champions-League-Teilnehmer gehören. Früher war die Champions League ein Wettbewerb, in dem der beste europäische Meister ermittelt werden sollte. Seit vielen Jahren spielen die immer gleichen Zweit-, Dritt- und Viertplatzierten der großen Ligen mit, dafür können viele europäische Meister nur davon träumen, es irgendwann einmal in die Gruppenphase zu schaffen. Die ewigen deutschen Gegner von früher, die Meister aus Schweden, der Schweiz, Russland oder Dänemark spielen keine Rolle mehr. Sie wurden von der UEFA offenbar als nicht interessant und publikumswirksam genug eingestuft und dazu verurteilt, maximal in der Europa League eine Rolle zu spielen.

Die Europa League wiederum ist auch ein großes Problem. Früher, als UEFA-Pokal, war das der Wettbewerb, bei dem die besten europäischen Mannschaften mitspielen durften, die die Meisterschaft verpasst hatten. Dadurch wurde dieser Wettbewerb von Mannschaften wie dem FC Liverpool, Juventus Turin, Ajax Amsterdam oder Real Madrid aufgewertet. Inzwischen ist er ein Trostpreis für die Mannschaften, die man als UEFA nicht im Halbfinale der Champions League festgetackert sehen möchte: Sevilla oder Chelsea, oder Sevilla. Oder auch mal Chelsea. Der Wettbewerb generiert offenbar noch okaye Einnahmen für die Vereine, die es nicht nach ganz oben schaffen. Einen sportlichen Wert besitzt er nicht mehr, weil er seit vielen Jahren ebenfalls durch einen Halligalli-Modus auffällt, den kaum einer nachvollziehen kann. Ich schaue Europa League praktisch nie. Und anders als vor 20 oder 30 Jahren wirken die Sieger dieses Wettbewerbs wie die gelangweilten, unattraktiveren Stiefgeschwister der glanzvollen Teams in der Champions League.

Wenn wir oder unsere Väter in vielen Jahren einmal auf die aktuelle Generation und ihre großen Fußballwettbewerbe zurückblicken, werden wir die Jahre 2000 bis 2020 wohl als die Epoche wahrnehmen, in der alles immer noch ein bisschen langweiliger wurde, ohne dass etwas dagegen unternommen wurde. Es wird zugeschaut, wie die Reichen immer reicher werden und der nationale Fußball in praktisch jedem europäischen Land immer vorhersehbarer wird. Das klingt vielleicht zunächst wie ganz billige und klischeebeladene sozialistische Propaganda. Es ist aber die nüchterne Beschreibung der Zeit, in der wir alle das Gefühl »An einem guten Tag kann jeder jeden schlagen!« für immer verloren haben. Die ewigen Champions-League-Teilnehmer können sich Spielerkader leisten, mit denen in der heimischen Liga nahezu jede Unwägbarkeit und jeder Unsicherheitsfaktor plattgemacht werden kann. Wenn in der Bundesliga die Bayern gegen den VfB Stuttgart spielen, dann haben die Bayern eine Ersatzbank mit Spielern wie Gnabry, Hernandez, Javi Martinez und Coman. Beim VfB Stuttgart sitzen dort Klemens, Kempf und Al Ghaddioui. Wenn der VfB Stuttgart dreimal auswechselt, bringt er drei Ergänzungsspieler. Wenn die Bayern drei Spieler ersetzen müssen, bringen sie drei Superstars ins Spiel. Das ist legitim, das haben sie sich über Jahrzehnte erspielt und durch Erfolge über Erfolge redlich verdient. Aber es ist scha-

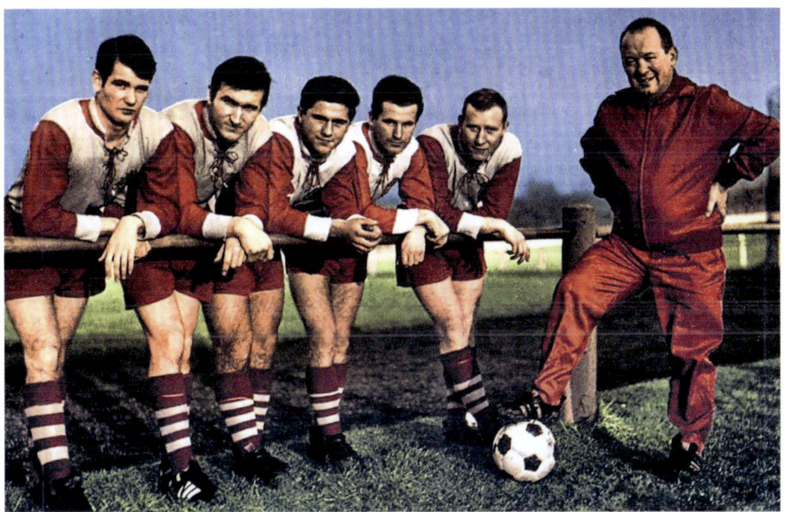

Die Bayern, als sie im Begriff waren, klein anzufangen: Trainer Cajkovski mit seiner Sturmreihe, die 1964 in der Regionalliga Süd spielte, als die Bayern in der Aufstiegsrunde an Borussia Neunkirchen scheiterten.

de, denn es tötet den Wettbewerb. Die Bayern-Fans erhalten dadurch Woche für Woche eine oft fade Leistungsschau mit vorhersehbaren Ergebnissen. Es sei ihnen gegönnt. Der Rest der Liga hätte gerne ab und zu mal etwas Spannung. Das sollten die Bayern wiederum eigentlich verstehen können. Auch und gerade, weil dieser tiefe Abgrund zwischen den Bayern und allen anderen Mannschaften nicht darin begründet ist, dass die anderen alle zu doof sind, sondern vornehmlich an der Verteilung der in allen Wettbewerben generierten Summen.

Was könnte helfen? Zum Beispiel, dass die oft gehörte Phrase »Die Bundesliga ist unser täglich Brot und der wichtigste Wettbewerb von allen!« wieder mit Leben gefüllt wird. Wenn vordergründig die Vermarktung des Weltfußballs auf allen Ebenen Priorität besitzt und sich selbst genug ist, hat der Sport sehr wenig davon. Wenn uns irgendwann der Sport egal ist, weil es mehr als alles andere, um Premiumprodukte und Marken geht, können wir hingegen gerne mit allem so weitermachen.

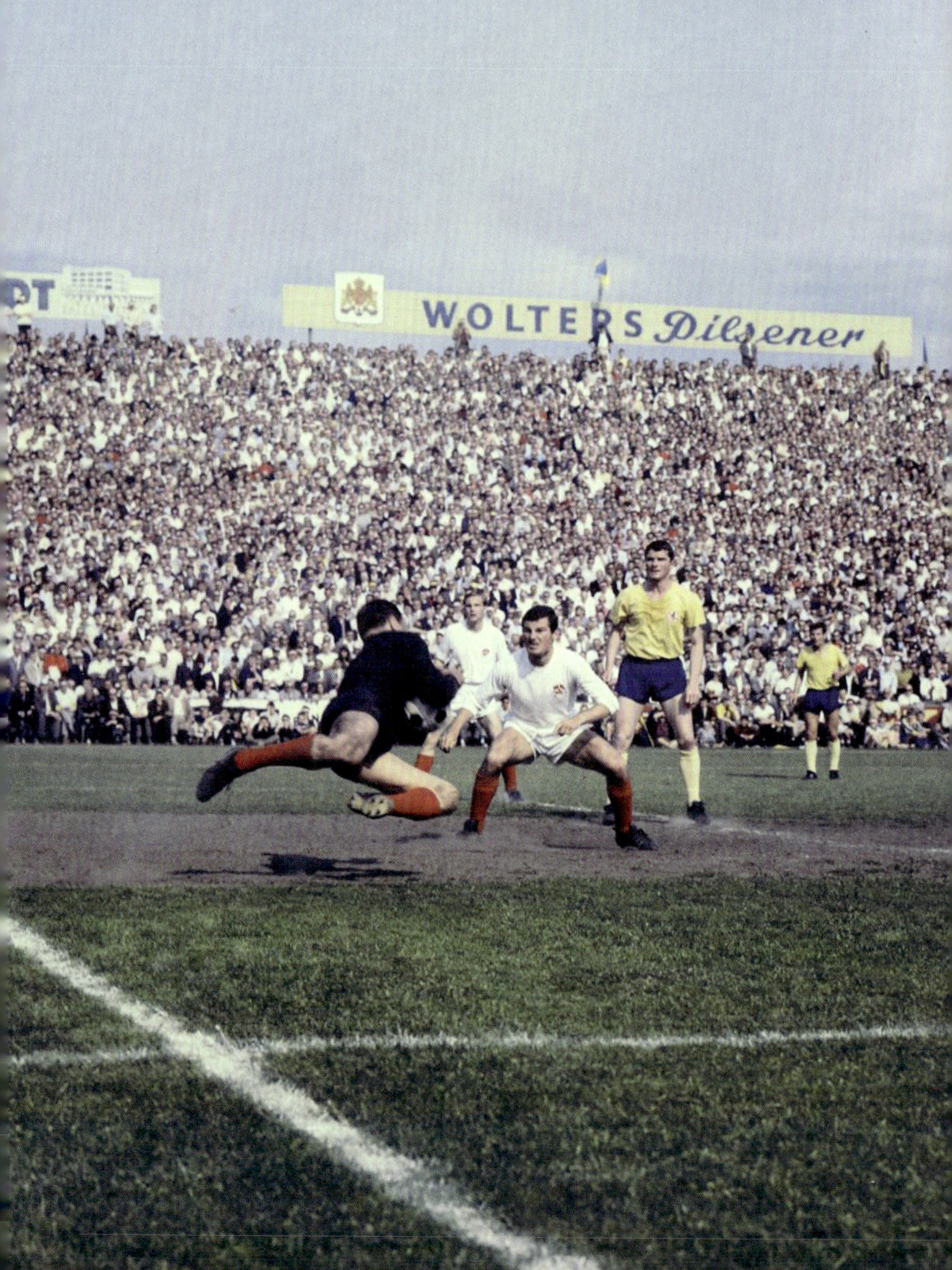
WOLTERS Pilsener

FRÜHER WAR ALLES BESSER

oder: Noch früher war alles sogar noch besser

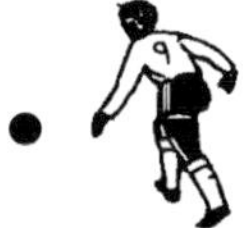

Ich weiß bis heute nicht so genau, ob es ein verblüffender biografischer Glücksfall ist, schicksalshafte Fügung oder im Grunde eine eher deprimierende Tatsache, aber es ist tatsächlich so, dass der gute, alte *Spiegel* am Tag meiner Geburt einen großen Fußball auf dem Titelblatt hatte. Die Story dazu lautete allerdings »Notstand im Fußball – Das Geschäft mit der Bundesliga«, und sie liest sich aus heutiger Sicht absolut faszinierend. Dazu aber gleich mehr.

Was die Sorge und die Kritik am Profifußball betrifft, so werden wir spätestens seit dem Start der Bundesliga 1963 Zeuge eines rechnerisch eigentlich unhaltbaren Phänomens: Es gibt immer mehr Kritik, eigentlich wird auch vieles schleichend immer unerfreulicher, aber wir frönen unserer Fußballleidenschaft dennoch relativ unverzagt weiter. Wenn wir uns heute überlegen, was uns am gerne so genannten modernen Fußball stört, dann kommen sehr schnell sehr konkrete

Ärgernisse zusammen: Kommerzialisierung, zu hohe Ablösesummen, Entfremdung zwischen Vereinen und Fans, absurde Gehälter, übertriebene Eventkultur. Über all diese Dinge ärgert sich jeder Fußballfan irgendwann mal, manche sehr oft und manche auch dauerhaft. Dann fallen Sätze wie »Interessiert mich alles nicht mehr so wie früher. Zu viel Kommerz, das ist nicht mehr meine Welt!«.

Und es ist wahr: Der Fußball verändert sich in vielen Dingen konsequent zum Nachteil. Aber es ist frappierend, dass die Ärgernisse vor 50 Jahren schon fast dieselben waren wie heute, und dass wir bei allem Bewusstsein um traurige Tendenzen trotzdem eine so große Lust auf dieses unser Hobby verspüren. Ja, es ist vieles blöder als früher. Aber es ist trotzdem immer noch großartig, zumindest manchmal. Nein, ich finde als Fan längst nicht mehr alles gut und unterstützenswert. Aber ich mache trotzdem das meiste weiterhin brav mit. Ja, vieles war früher besser. Aber auch längst nicht alles. Nein, mir behagen die immer höheren Summen im Spiel auch nicht. Aber das ging unseren Großvätern 1963 auch schon so.

Das Rumgemaule am Fußball ist nachvollziehbar, verständlich und begründet. Das ändert aber nichts daran, dass es nur selten sehr nachhaltig zu einer Änderung unseres Fanverhaltens führt, das schon längst zu einem Konsumverhalten geworden ist. Wir kaufen weiterhin so viele Dauerkarten, dass der Verein sich keine Sorgen machen muss. Wir kaufen das neue Trikot auch dann, wenn es viel zu teuer und eigentlich noch nicht einmal schön ist. Wir jubeln notfalls auch jenen Spielern zu, die uns zynisch und gleichgültig behandeln. Und wenn wir ankündigen, dass wir das alles nie wieder tun wollen – tun wir es trotzdem wieder. Und zwar immer und immer wieder. Die meisten enttäuschten Fans, die nie wieder ins Stadion gehen wollen, gehen natürlich doch wieder ins Stadion. Die meisten frustrierten Anhänger, die sich nie wieder ein Spiel angucken wollen, gucken sich wieder Spiele an. Die Liebe und Zuneigung zu einem Verein oder zum Fußball an sich kann erkalten. Sie kann aber so gut wie nie final kuriert werden. Man kann dem Fußball ebenso wenig den Rücken kehren, wie man ganz damit aufhören kann, Musik zu hören, weil man vielleicht von einem neuen Album enttäuscht ist.

Es muss also die psychologische Möglichkeit geben, auch die größten Ärgernisse für uns so umzudefinieren, dass wir damit leben können. Sicherlich gibt es einen guten Fachbegriff dafür, denn dieses Phänomen ist jedem Fußballfan wohlbekannt. Wenn ich rational über so einige Facetten dieses Spiels nachdenke, verlieren sie an Reiz. Deshalb lasse ich das einfach und lasse mich von den betörenden, irrationalen Seiten des Fußballs gerne wieder und wieder davontragen. Zwischendurch ärgert mich wieder was, aber hey, dann gewinnen wir ein enges, wichtiges Spiel durch einen abgefälschten Schuss in der 87. Minute, und das fühlt sich dann erst mal wieder besser an als das komplette restliche Alltagsleben.

Vieles war in den Gründerjahren der Bundesliga deutlich unschuldiger und gemütlicher als heute. Allerdings sieht auch der Fußball von damals aus heutiger Sicht manchmal so aus, als hätten wir mit ein paar Kumpels damals in der Bundesliga auch mithalten können. Ist natürlich Quatsch, sieht aber so aus. Aus romantischer Sicht war alles schon etwas menschelnder. Wenn unsere Vorfahren zu Beginn der Saison ihr Sammelalbum vollgeklebt hatten (damals noch Pappbilder, die mit Uhu eingeklebt werden mussten und die nicht von Panini und Topps kamen, sondern von Bergmann und Heinerle), dann waren die eingeklebten Spieler am Ende der Saison immer noch da, und manchmal auch das Jahr darauf, das Jahr darauf und das Jahr darauf.

Aber es wäre ein Trugschluss zu denken, dass damals alles in Ordnung war. Berichte darüber, dass unsere Fußballer viel zu viel Geld verdienen, gab es im *Kicker* schon 1963. Uwe Seeler durfte damals im Rahmen einer Sonderregelung für besonders gute Fußballer beim HSV 2 500 DM pro Monat verdienen. Klingt wenig, aber das Durchschnittseinkommen normal arbeitender Menschen lag zur selben Zeit bei unter 8 000 DM … pro Jahr. Und da wären wir auch beim *Spiegel*-Artikel vom Tag meiner Geburt: »Notstand im Fußball.« Man erfährt darin unter Anderem, dass die Einführung der Bundesliga zur Explo-

DER SPIEGEL

7. JULI 1965 · N
19. JAHRGANG · 1
ERSCHEINT WÖCHEN
IN HAMBURG · C

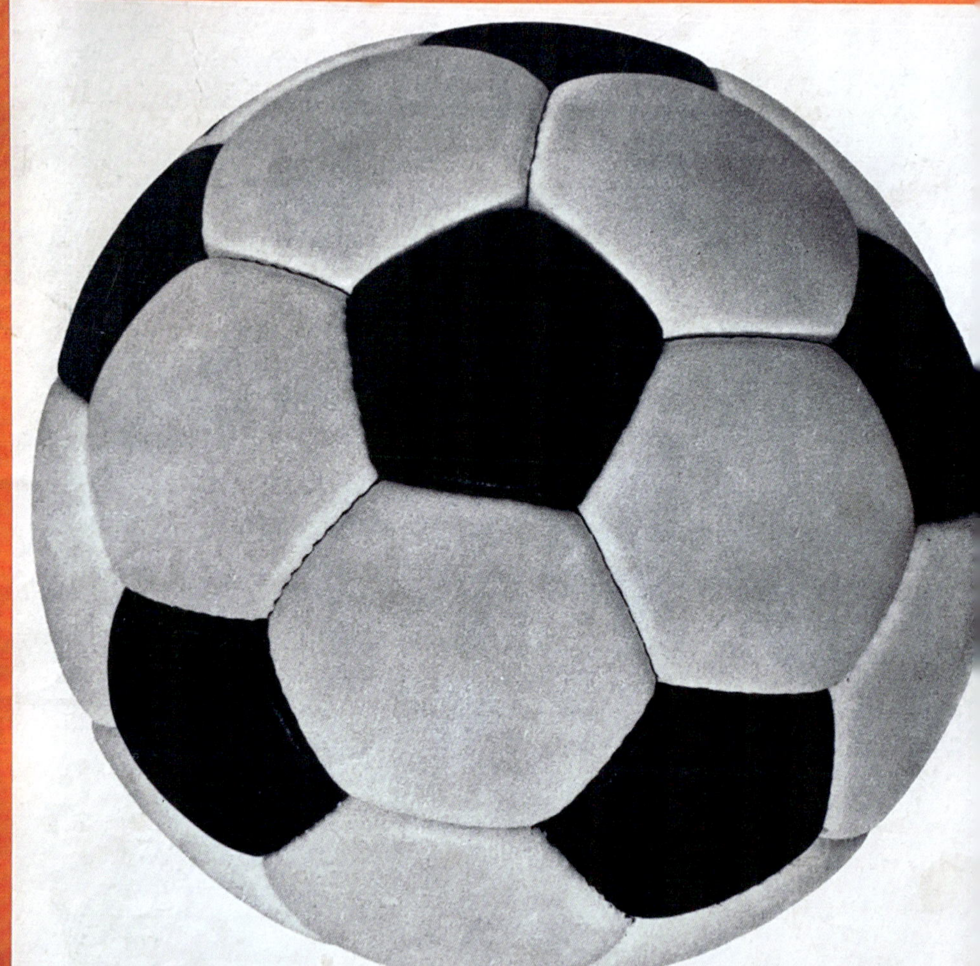

NOTSTAND IM FUSSBAL

Das Geschäft mit der Bundesliga

sion der Summen im Fußball führte. Kurz nach dem Krieg durften die besten Fußballer Deutschland zum ersten Mal überhaupt offiziell und legal Geld verdienen. Es galt aber eine strenge Obergrenze. Die lag anfangs bei 320 DM, kurz vor Einführung der Bundesliga bei 500 DM. Das waren gute Nebenverdienste vor Einführung der Professionalität in Deutschlands, aber völlig untaugliche Summen, wenn es darum ging, gute Fußballer bei Laune zu halten. Die sehr Guten durften nämlich im Ausland ohne jede Gehaltsgrenze ein Vielfaches verdienen, und das taten sehr viele dann auch. Deutschland und die Bundesliga guckten in die Röhre, und es war klar, dass unsere Stars auch mehr Geld verdienen können mussten, um gehalten zu werden. Das erlaubte Höchsteinkommen eines Fußballprofis stieg zu Beginn der Bundesliga-Ära 1963 von 500 auf 1200 DM und ein Jahr später sogar auf 3500 DM an, also fast das Dreifache. Die wirklichen Fußballstars verdienten 1964 in zwei Monaten so viel wie ein Arbeiter im ganzen Jahr. Da es damals noch keine nennenswerten Fernsehgelder für die Bundesligisten gab, mussten diese Arbeiter den Vereinen ihr Geld bringen und den ganzen Bums aus ihrer karg gefüllten Lohntüte bezahlen.

Die gesamte Bundesliga machte mit den damals 16 Profivereinen in der ersten Saison der neuen Spielklasse einen Umsatz von 25 Millionen DM. Das entspricht aktuell etwa 12,5 Millionen Euro und liegt damit knapp unter dem heutigen Umsatz des Drittligisten Hansa Rostock. Und während wir über *Financial Fairplay* debattieren und viele von uns sich herbeisehnen, dass irgendjemand dazu mal eine wirklich gute, durchführbare Idee hat, die die Entscheider dann nicht nur umsetzen können, sondern auch wollen, offenbart sich beim Blick auf das Finanzgebaren der Bundesligagründerzeit, dass es *Financial Fairplay* noch nie gab. Damals schon nicht. Und wenn wir heute denken, die gute alte Zeit sei in der Bundesliga unschuldiger und von jeglicher finanziellen Verdorbenheit frei gewesen, hören wir den Fußballgott leise kichern.

Es war auch damals nicht besser oder unschuldiger. Die Bundesliga war schon 1963 besessen vom Grundgedanken »Wer wenig Geld hat, braucht mehr Geld, und wer viel Geld hat, braucht dringend noch mehr Geld«. Und so wurde getrickst, dass sich die Torbalken bogen. Bei Hertha BSC Berlin entdeckte ein DFB-Kassenprüfer 1965 einen Fehlbetrag von 150 000 DM, weil die Hertha namhafte Spieler mit damals verbotenen Handgeldern nach Berlin lockte. Die Hertha wurde wegen illegaler Zahlungen an die Spieler aus der Liga geworfen und bockte beleidigt: »Das ist gemein, das machen doch alle!« Und das stimmte auch. Die Bundesliga wurde gegründet, wuchs und gedieh, und sie tat dies anfangs in einer Zeit, in der Spieler laut Ligastatut höchstens 10 000 DM Handgeld von ihrem neuen Verein bekommen durften, während sie allerorten aber einfach mal auf Verdacht bis zu 120 000 DM forderten. Das Problem: Das Geld musste von irgendwo herkommen, und niemand sollte es mitkriegen. Der ehemalige Nationaltorwart Wolfgang Fahrian ging zur Hertha, wo er bei der Vertragsunterzeichnung 80 000 DM erhielt, weil die Frankfurter Eintracht ihm nur 60 000 DM geboten hatte. Herthas damaliger Geschäftsführer Harry Jakubke platzte der Kragen: »Wenn wir uns an die Regeln halten müssten, könnten wir den Laden dichtmachen!« Also wurden die Regeln der damaligen Version des *Financial Fairplay*-Vorläufers fast in der ganzen Liga umgangen, weil sie als ungerecht und weltfremd empfunden wurden, was seinerzeit der Tatsache zugeschrieben wurde, dass diese Regel von sehr alten Herren beim DFB erdacht wurden, die mit der finanziellen Wirklichkeit der Bundesliga nicht sonderlich vertraut waren.

Beim Tricksen und Umgehen dieser finanziellen Vorschriften entwickelten die einzelnen Vereine einen Ideenreichtum, der aus heutiger Sicht spektakulär wirkt und etwas pessimistisch vermuten lässt, dass es nicht nur 1963 Mittel und Wege gab, um mehr Geld zu zahlen, als erlaubt war. Es wird auch in Zukunft ein Leichtes sein, jede erdenkliche Beschränkung zu umgehen. Die damalige Höchstgrenze für Ablösesummen (anfangs maximal 50 000 DM pro Spieler) wurde schnell pulverisiert, indem Vereine wie z. B. Schalke 04 das Doppelte zahlten und dafür pro Forma einen zweiten Spieler dazu nahmen, der sport-

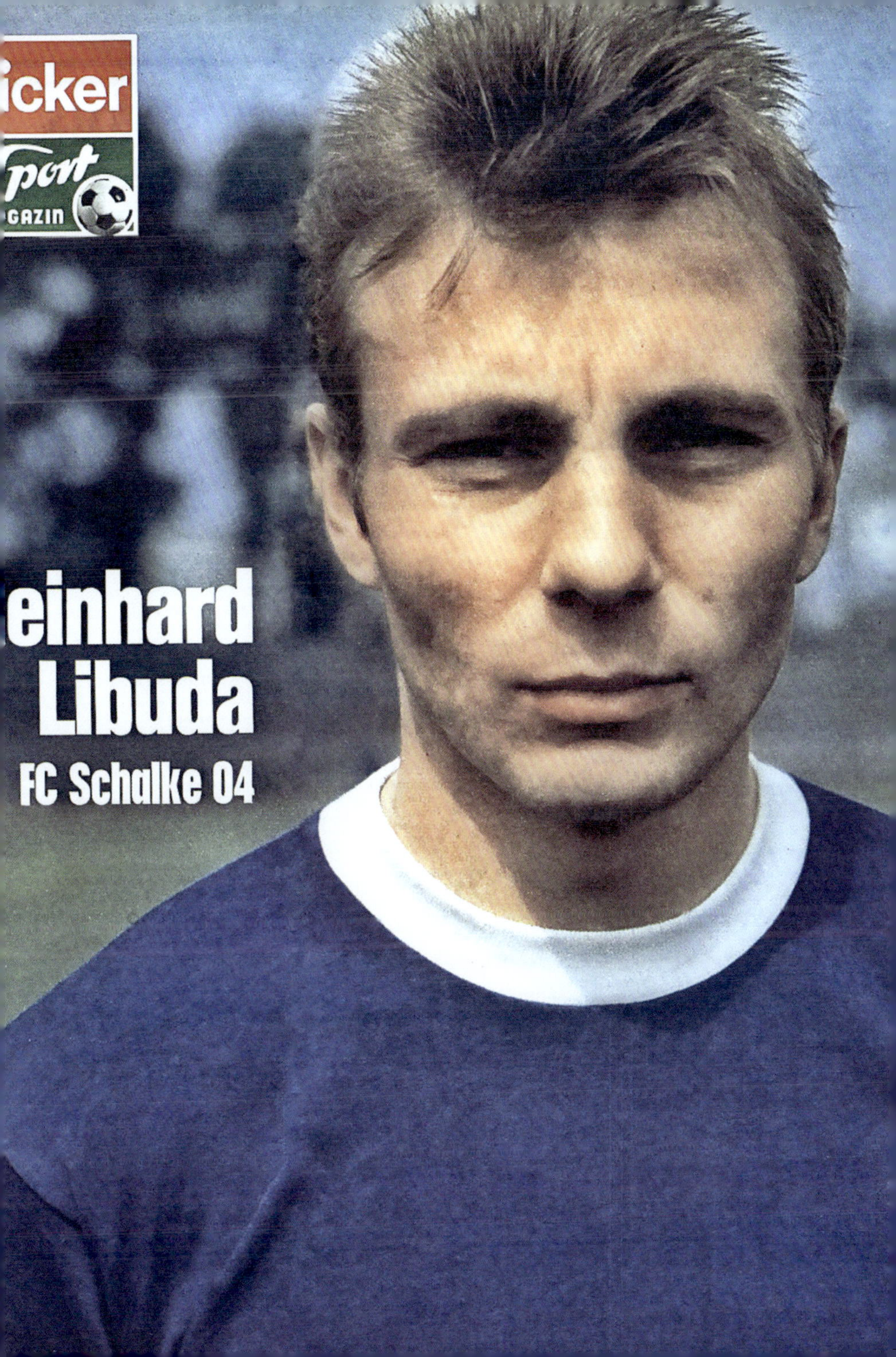

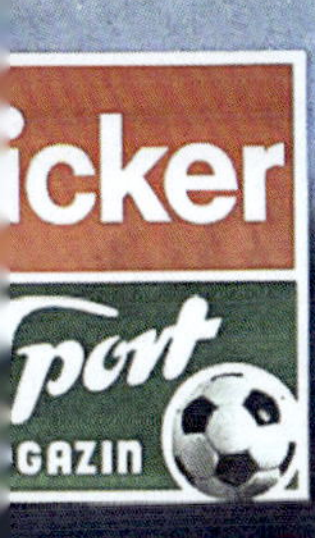

einhard
Libuda
FC Schalke 04

lich keinerlei Rolle spielte. Der bedauernswerte Hans-Georg Lambert zum Beispiel wurde 1963 von Schalke für den Höchstbetrag vom Karlsruher SC gekauft, zusammen mit dem Nationalspieler Günther Herrmann, für den noch einmal der Höchstbetrag gelöhnt wurde. 100 000 DM für zwei Spieler war ja erlaubt. Lambert spielte keine Rolle und machte in zwei Jahren genau ein Bundesligaspiel für Schalke. War gar nicht so schwer. Besonders hoch qualifizierte Spieler, also Nationalspieler und absolute Leistungsträger, durften per Sondergenehmigung mehr Geld verdienen als normale Spieler. Als Folge stufte der 1. FC Nürnberg gleich 12 seiner Spieler als besonders wichtige Stars ein und zahlte ihnen mehr Geld. Der 1. FC Köln strich den Mittwoch als Trainingstag und absolvierte an diesen Tagen immer Testspiele gegen nicht allzu starke Gegner. Für Testspiele durften Einsatzprämien gezahlt werden, woraus sich dann hübsche Bonuszahlungen für die Spieler ergaben. Herthas Geschäftsführer Holst stellte für sechs seiner Spieler insgesamt 32 Spielautomaten auf, die für die Kicker ein Zusatzeinkommen von etwa 800 DM bedeuteten. Andere Spieler bekamen von ihren Klubs Tankstellen oder Kneipen als zusätzliche Verdienstmöglichkeit.

Auch sonst war der Sport zu jener Zeit nicht unbedingt aufrichtiger und ehrlicher. Es tut mir ja auch leid, dass ich die Hertha so oft erwähnen muss, aber die war in den ersten Jahren der Bundesliga grob benachteiligt durch die geografische Situation nach dem Mauerbau. Die eingemauerte Stadt, bei der damals nicht ganz klar war, ob sie nicht vielleicht doch irgendwann von den Sowjets geschluckt werden würde. Dort lebte man 1963 nicht so gerne wie heute, und dort spielte man deshalb auch nur dann gerne Fußball, wenn es mehr Geld gab als anderswo. Der Verein seinerseits musste diesen Nachteil kompensieren, indem er mit allen Mitteln um den Ligaerhalt kämpfte. Wie schon weiter oben zu lesen war, auch mit unerlaubten Mitteln. In der ersten Saison der Bundesliga rang die Hertha mit Preußen Münster um den Verbleib in der höchsten Spielklasse. Im Hinspiel gegen 1860 München kam Herthas Schatzmeister Herzog auf die Idee, den gegnerischen Spieler Alfons »Fonse« Stemmer mit 2 000 DM dazu zu überreden, das Verhindern von Gegentoren mal nicht ganz so verbissen zu betreiben. Die Hertha gewann in Berlin 2:1, Stemmer bekam anschließend die Note 5, und der *Kicker* schrieb über ihn: »Geradezu eklatant waren die Abwehrschwächen der Löwen. Der schwergewichtige Stemmer scheint bei nunmehr hart gefrorenem Boden allzu große Schwierigkeiten zu haben. Er ist schon lange nicht mehr der souveräne Dirigent seiner Hintermannschaft.« In den Folgemonaten machte Stemmer noch eine Handvoll passabler Spiele, bis es zum Rückspiel gegen die Hertha kam. Dort sollen ihm diesmal (die Saison stand vor dem dramatischen Finale) 15 000 DM geboten worden sein. Seine Mannschaft verlor diesmal 1:3, Stemmer bekam wieder ein 5. Er machte danach noch ein Spiel in der Bundesliga. Später musste er wegen Meineids vier Monate in Haft, weil er abgestritten hatte, das Bestechungsgeld der Berliner angenommen zu haben.

Das alles klingt nicht so, als sei der Fußball in den 60ern viel sauberer gewesen als heute. Und auch die Mechanismen waren dieselben wie heute. Schalkes Reinhard Libuda war der vielleicht erste

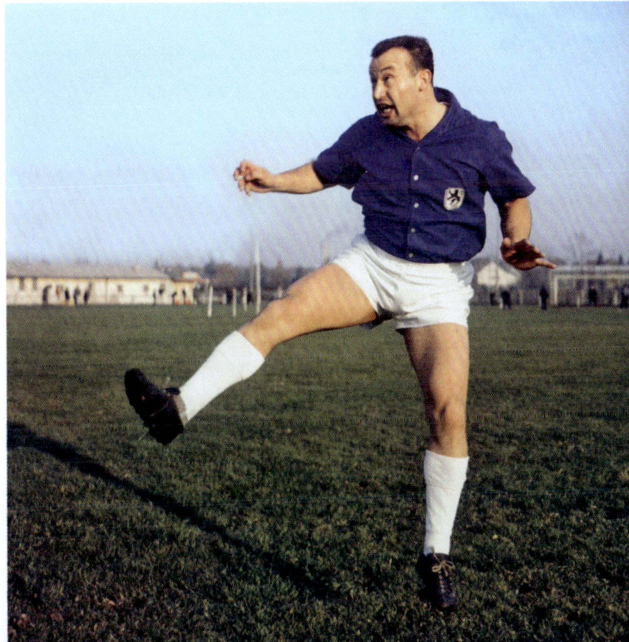

Einer der unbesungenen tragischen Helden der frühen Bundesligajahre: Alfons Stemmer (1860 München) opferte seine Karriere für einen Koffer voller Geld.

Vollprofi der Bundesligageschichte. Er verließ sich in den ersten Jahren allein auf seine Ballfertigkeit, hatte keine Lust auf einen bürgerlichen Beruf und fuhr mit 20 schon einen Porsche. Genau daran wurde Anstoß genommen, als Libudas Formkurve für ein paar Spiele in den Keller ging. Der spätere Nationalspieler galt als »verweichlicht« und »vom Luxus versaut«. Das Goldsteak war damals noch nicht erfunden. Sein FC Schalke war wiederum der erste Bundesligist, der aufgrund völlig hanebüchener Ausgaben als hoch verschuldet galt. Heute undenkbar. Damals führte die Misswirtschaft zum Verkauf der Glückauf-Kampfbahn an die Stadt Gelsenkirchen.

Der DFB war in einer Klemme. Er verfolgte ratlos das Treiben seiner Lizenzvereine. Die einzige Lösung bestand darin, über alle genannten Sünden weitgehend hinwegzusehen und die Regeln für die kommenden Jahre unter den Tisch fallen zu lassen. Finanziell wurden den Vereinen immer weniger Grenzen gesetzt. Sie wurden ja ohnehin nicht eingehalten. DFB-Generalsekretär Passlack ließ es sich aber nicht nehmen, den Bundesligisten zu drohen: »Wenn die Vereine von ihren Schulden aufgefressen werden, kaufen wir einen nach dem anderen auf. Wir können uns das leisten. Der DFB ist immer flüssig.«

Viel hat sich geändert. Man möchte eigentlich sogar denken, beinahe alles hätte sich geändert. Aber wenn wir uns vor Augen führen, wie es schon in den Anfangsjahren der Bundesliga zuging, als es in Deutschland noch kein Farbfernsehen gab, dann stellen wir doch frappierende Übereinstimmungen mit der heutigen Zeit fest. Es ging schon damals um das Generieren von Geld, möglichst viel Geld. Regeln und Statuten wurden nur als vage Empfehlungen betrachtet, etwa wenn es um so etwas Entscheidendes wie den Klassenerhalt ging, siehe oben. Ein Abstieg aus der Bundesliga bedeutete damals schon den Abschied in eine grauere, ärmere Welt, eine dauerhafte Bundesligazugehörigkeit verhieß hingegen ein Dasein auf Fußballdeutschlands Sonnenseite. Wenn wir uns verinnerlichen, dass sich schon in den 60ern viele Fans an dem viel zu vielen Geld störten, um das es im Fußball immer ging, können wir nur verblüfft feststellen, dass es heute gar nicht so viel schlimmer ist als damals. Der Fußball war früher nicht unschuldig und ist heute verdorben. Spitzenfußball war vor gut 50 Jahren nur mit sehr viel Geld machbar, heute braucht man dafür sehr, sehr viel Geld. Das stört uns völlig zu Recht, aber wir können uns damit trösten, dass dieses jahrzehntelange, desillusionierende Wissen um den Charakter eines Profisportes ihn für uns dennoch nicht zerstören und entzaubern konnte. Es könnte sicherlich vieles schöner sein, aber manches davon müssen wir auch als gegeben hinnehmen, wenn wir akzeptieren, dass wir irgendwann einmal dem Profifußball verfallen sind. Es ist gut, dass es uns negativ aufstößt, wenn der Fußball uns regelmäßig an sein nicht so schönes Gesicht erinnert. Für den Seelenfrieden von uns Fans ist es aber unerlässlich, neben aller Wachheit und Aufmerksamkeit immer wieder neu zu kapieren, dass es Profifußball nicht anders gibt und noch nie anders gab.

Dabei ist es schon eine verblüffende Erkenntnis, dass viele Dinge rund um die finanziellen Aspekte unseres Lieblingshobbys seit Jahrzehnten immer unangenehmer werden, ohne uns davon abhalten zu können, den schönen Rest so sehr zu lieben. Wir werden auch WM-Spiele in Katar verfolgen. Wir werden sicherlich permanent denken, wie viel schöner es sein könnte, wenn es nicht ganz so gaga wäre, aber wir sind dabei und wir schauen zu. In den dunkleren Momenten fühlen wir uns dem Fußball so verbunden wie einer Geliebten, die wir gerade beim Klauen erwischt haben. Wir sind betrübt, wir verlieren Vertrauen und Unbeschwertheit, aber wir halten ihr die Treue.

Kommerz ist ein Wort, das keinem Fußballfan gefällt. Es beschreibt aber auch einen Bereich, der uns immer wieder an unsere Grenzen bringt. Wir wollen tief im Inneren ein Trikot unseres Vereins auch dann tragen, wenn wir den Trikotsponsor eigentlich blöd finden. Wir wollen tief in unserem Inneren, dass unsere Kinder das neue Trikot bekommen, das sie sich so sehr wünschen, obwohl wir den Preis dafür unverschämt finden. Wir wollen, dass unser Verein finanziell so aufgestellt ist, dass er uns als Fans eine konkurrenzfähige Mannschaft auf den Rasen stellen kann, obwohl wir tief im Inneren eigentlich nicht wollen, dass sich unser Verein finanziell so aufstellt, wie er es tut: Mit überteuerten Preisen, dem Heranschmeißen an fragwürdige Sponsoren und in unerwarteten Momenten auch mal mit einer überraschenden Prise Zynismus und Kälte uns Fans gegenüber.

Wenn wir die Kommerzialisierung des Fußballs als oft unschön, aber zwingend notwendig akzeptiert haben, müssen wir auch unseren Frieden damit machen, um nicht noch öfter durchzudrehen als fußballbedingt ohnehin schon. Und es gibt auch große Unterschiede zwischen Kommerz und Kommerz. Es gibt sozusagen guten und bösen Kommerz. Der Böse ist der, der nichts mit einem Verein, seiner Tradition, seinen Eigenheiten und seiner DNA zu tun hat. Die schlimmste Phase in dieser Hinsicht waren die 90er-Jahre. Eine Art Goldgräberstimmung kam damals auf, in deren Zuge die Vereine das Gefühl bekamen, wirklich und ohne Ausnahme jeden Schrott mit einem Vereinsemblem an Fans verkaufen zu können, denen längst alles egal ist. Es gab H-Milch mit dem Logo des BVB, fast jeder Verein verkaufte Kondome mit Vereinswappen, wer mochte, konnte sich einen Schalke-Akkuschrauber zulegen oder einen Bayern-München-Vogelfutterspender, der wahrscheinlich unweit des Mia-san-mia-Tomatenketchups stand. Dann ist da noch das VfB-Stuttgart-Hausaufgabenheft, die Hertha-BSC-Leselampe, die Mainz-05-Parkscheibe und vieles mehr. Das alles ist nichts anderes als sinnloses Zeug, aber das muss natürlich jeder für sich selbst entscheiden.

Um beim Kommerz das richtige Augenmaß nicht zu verlieren, hilft gelegentlich der Maskottchentest (schon wieder dieses Thema, das mehr Bedeutung zu haben scheint, als wir wahrhaben wollen). Hat euer Verein ein Maskottchen, das irgendetwas mit der Stadt, der Vereinstradition, dem Vereinswappen oder einem verdienten Spieler zu tun hat, dann ist das nicht in jedem Fall jedermanns Sache, aber es ist okay. Unangenehm wird es, wenn Vereine durchblicken lassen, dass ihnen bei der Wahl ihres Maskottchens der Verein selbst eigentlich egal ist und dass der Plan nur darin besteht, ein meist unansehnliches Stofftier möglichst überteuert zu verkaufen. Der 1. FC Köln hat mit seinem Geißbock »Hennes« einen echten Charakterdarsteller unter den Maskottchen. Dass der VfL Wolfsburg sich einen Wolf erdacht hat und die Gladbacher ein Fohlen – prima. Hinter dem HSV-Dino »Herrmann« steckte früher einmal eine Idee, die mit zunehmender Zeit in der 2. Liga etwas verblasst, der Berliner Bär »Herthinho« ergibt ein bisschen Sinn und über den Leipziger Bullen muss man auch nicht lange diskutieren. Aber weshalb hat sich der FC Bayern einen übergewichtigen Bären ausgesucht, weshalb die TSG Hoffenheim einen Elch und was soll »Hund Eddi«, der Hannover 96 so selten Glück bringt, dass in der Erziehung damals irgendwas schiefgelaufen sein muss? Es ist immer noch ein Unterschied, ob ich die Identität eines Vereins mit einem Wappentier abbilde, das es dann in einer zum Kuscheln geeigneten Ausführung auch zu kaufen gibt, oder ob ich mich einfach nur mit einem beliebigen Stofftier in die Kinderzimmer hineinwanzen möchte. Kommerz ist beides, aber die eine Variante schreit laut: »Kauft uns – wir können auch nicht erklären, weshalb, aber wir wollen euer Geld!«

Die Anzahl der Bundesligamaskottchen, die sich einer gewissen Tradition erfreuen, wenig bis gar kein Fremdschämpotenzial in sich bergen und als Gesamtkonzept schlüssig rüberkommen, ist gering. Die Kölner Geißböcke Hennes I. bis Hennes IX. sind seit 1950 dabei und längst ein Fußballkulturgut. Lange Glücksbringererfahrung können Dortmunds Biene Emma (seit 2005), Herthas Bär Herthinho (seit 1999), Gladbachs Fohlen Jünter (ebenfalls seit 1999) und Schalkes, nun ja … »Mensch« Erwin (seit 1994) vorweisen.

Zahlreiche danach gestartete Versuche anderer Vereine endeten im Desaster. Oder tun dies hoffentlich bald. Wenn wir uns einmal vor Augen führen, welche Kriterien ein wirklich duftes Vereinsmaskottchen erfüllen sollte, dann stoßen wir vor allem auf die folgenden, wünschenswerten Eigenschaften: Es sollte, siehe oben, mit der Stadt oder dem Klub in Verbindung gebracht werden können, einen möglichst stimmigen Namen haben (gerne als Würdigung einer Vereinsikone) und in Lebensgröße nicht allzu peinlich aussehen.

Demgegenüber stehen mahnend die vielen Maskottchen, die all diese Attribute nicht erfüllen. Zahlreiche Bundesligaglücksbringer entstanden spürbar unmotiviert und lieblos, basierend auf einer bestenfalls halben Idee einer lustlosen Agentur, und diese halbe Idee war dann oft noch nicht einmal gut. Weshalb hat sich die TSG Hoffenheim einen Elch (»Hoffi«) als Glücksbringer auserkoren? Weshalb kamen der VfL Bochum und der SC Paderborn unabhängig und fast zeitgleich auf die Idee, jeweils eine blaue Maus zum Maskottchen zu machen? Und weshalb, liebe Bochumer, fällt einem dann kein anderer Name für das arme Tier ein als »Bobbie Bolzer«?

Bei der Ermittlung eines passenden Vereinsmaskottchens gilt seit jeher eine Faustregel: Je geringer der Grad des Fremdschämens bei öffentlichen Auftritten der Figur, umso gelungener der Plan. Beklemmend bleiben Woche für Woche die Momente, in denen Studenten in Tierkostümen ungelenk tapsend vor oder nach Spielen auf irritiert wirkende Profis zuwackeln, um mit ihnen zünftig abzuklatschen. Wenn man Glück hat, gerät man an Spieler mit schlichtem Gemüt, die das riesige Kuscheltier für einen echten, lebenden Teddy halten. Wenn man Pech hat, gerät man an Typen wie Maik Franz und wird zunächst beleidigt und dann umgegrätscht.

Manche Maskottchen sind dem Verein von vornherein nicht geheuer. Deswegen werden sie sehr dezent verwendet, und zwar immer gerade so, dass man in den schlimmsten Momenten immer noch hastig sagen kann: »Das ist aber übrigens gar nicht unser richtiges, offizielles Maskottchen!« Hannover 96 zum Beispiel beschäftigt seit wenigen Jahren den »Hannoverschen Schweißhund Eddi«. Genauso wie das klingt, sieht er auch aus. Aber, und jetzt kommt der raffinierte Kniff: Er ist nicht »DAS« Maskottchen des Vereins, sondern nur das »Kids-Maskottchen«. Sein Job: Er soll der Profimannschaft gar kein Glück bringen, sondern »die Aktivitäten von Hannover 96 im Kinder- und Jugendmarketing gut in der Öffentlichkeit darstellen«. Endlich macht das mal einer! Nicht auszudenken, wenn Hannover 96 bombastische Leistungen auf dem Sektor des Kinder- und Jugendmarketings vollbringen würde und kein Hannoverscher Schweißhund da wäre, der sie in der Öffentlichkeit darstellen könnte.

Die Hannoveraner haben allerdings auch schon sehr viel versucht. 1954 war ein deutscher Schäferhund das Tier der Wahl, kurz danach ein Äffchen, Anfang der 1970er-Jahre ein Pony und zehn Jahre später das Drahtmännchen »VicTOR«. Anfang der 1990er versuchten sie es dann sogar mit »Hanno«, dem Wolf. Der aber hatte vermutlich spätestens mit dem Aufstieg des VfL Wolfsburg ausgedient.

Erschütternd ist das ungeklärte Schicksal von Maskottchen, die von vornherein so unattraktiv waren, dass man sie in der Manier eines perfiden Auftragskillers rückstandslos im Maskottchen-Nirvana verschwinden ließ. Was wurde eigentlich aus »Bazi«, dem verstörend aussehenden Männchen mit Knollennase und Segelohren, das Bayern München bis 2004 Glück bringen sollte, aber so aussah, als hätte es ganz offensichtlich ein Drogenproblem? Genauso übrigens wie mutmaßlich die Designer der Maskottchen »Li« und »La« des VfL Osnabrück – benannt nach einer der Vereinsfarben. Da muss man erstmal drauf kommen!

Wo ist die Stoffbanane, die beim BVB von Biene Emma abgelöst wurde? Weshalb hatte Hoffenheims Elch »Hoffi« anfangs eine Gefährtin namens »Hoffine«, die seit Jahren spurlos verschwunden ist? Gibt es am Ende gar einen Maskottchenhimmel? Also einen Ort, wo die ohne eigenes Zutun in Vergessenheit geratenen Ex-Glücksbringer sich aneinander kuscheln und gegenseitig trösten? »Zimbo«, der Löwe von Fortuna Düsseldorf (bis in die 1980er-Jahre), oder der Pinguin, der vor Dino Hermann in Diensten des HSV stand? Wo ist »Ritter Fränkie« geblieben, der um die Jahrtausendwende auf den 1. FC Nürnberg aufpasste?

Apropos: Der »Glubb« gehört in der neuen Saison neben Mitaufsteiger Fortuna Düsseldorf, Mainz 05, dem FC Augsburg und Werder Bremen zu dem Quintett, das kein Maskottchen hat, will oder braucht. Aber was steckt dahinter? Ist es das Eingeständnis »Wir würden ja gerne, aber wir haben leider seit Jahren keine gute Idee!«? Oder die trotzige Erkenntnis »Wir schaffen es auch ohne Glück!«? Vereine ohne Maskottchen versuchen es aus blanker Hilflosigkeit übrigens erfahrungsgemäß immer mal wieder mit einem Bären. Der geht immer, tut niemandem weh und richtet keinen Schaden an.

Respekt gilt den Maskottchen, die schwere Momente abschüttelten und ihren Nimbus als Glücksspender dennoch nicht eingebüßt haben. Der Uerdinger Grotifant war in Handgemenge und Auseinandersetzungen mit dem Schiedsrichter verwickelt. Er war es auch, der seinen Münchener Berufskollegen »Berni« in einem Interview als vermeintlichen Anhänger der Münchener Löwen outete. Die es übrigens viele Jahre vorher glückssuchend einmal kurzzeitig mit einem Esel namens »Max« versuchten. Ihr Trainer hieß damals Max Merkel. Schalkes Erwin wurde beim Torjubel von Ailton enthauptet, konnte aber nach kurzer Unterbrechung weitermachen.

Das beste Maskottchen, das niemals offiziell im Amt war, ist ohne den Schatten eines Zweifels Mönchengladbachs im Sommer 1977 erdachter, ballförmiger Kobold, der sich am Bökelberg noch weniger durchsetzen konnte als später Igor Belanov. Geschäftsführer Helmut Grashoff wollte ihn »Bumsi« nennen. Er konnte sich damit vereinsintern nicht durchsetzen.

Jammerschade.

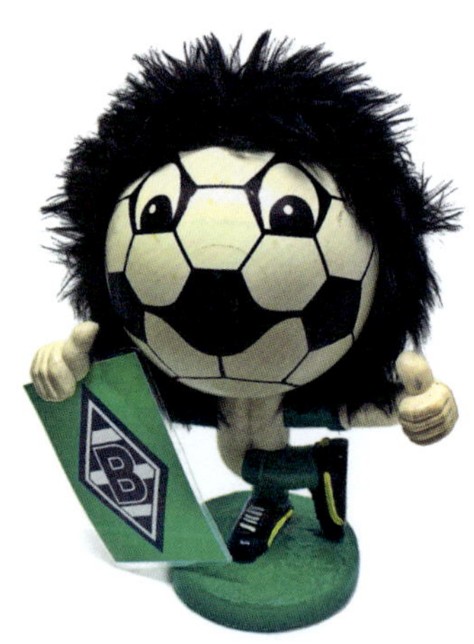

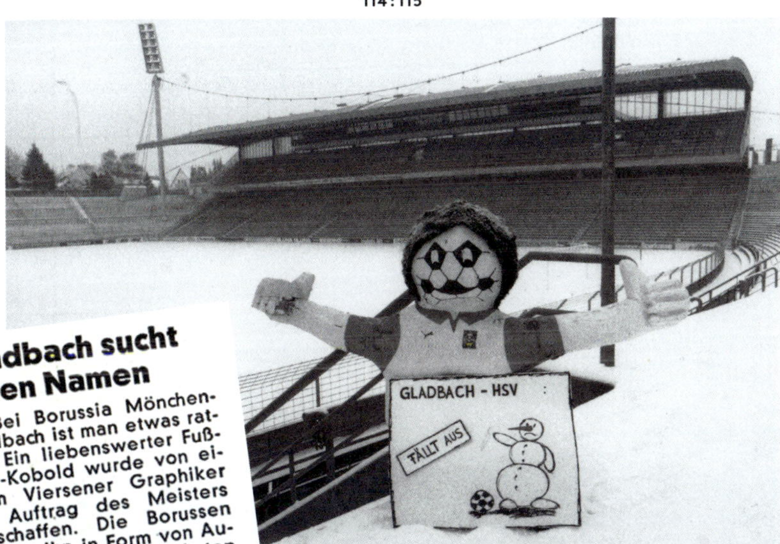

»Bumsi« scheiterte lediglich an seinem Namen. Optisch war das kurzzeitige Mönchengladbacher Maskottchen wirklich sehr ansprechend.

Gladbach sucht einen Namen

● Bei Borussia Mönchengladbach ist man etwas ratlos. Ein liebenswerter Fußball-Kobold wurde von einem Viersener Graphiker im Auftrag des Meisters geschaffen. Die Borussen wollen ihn in Form von Autoaufklebern, auf Plakaten und später auch als ein Souvenir aus Plastik und Metall gewissermaßen als ihr neues Maskottchen kreieren. Den Freunden Borussias soll damit Gelegenheit gegeben werden, sich auf humorvolle Weise mit ihrem Klub zu identifizieren.

Allerdings wurde noch kein Name für den kleinen Kerl mit rundem Fußballkopf und Wuschelhaar gefunden, der mit der Rechten die „Salmiakpastille" des Rhombus „B" (Klubabzeichen) hält und voller Stolz mit den fünf Fingern der linken Hand die fünf Meistertitel, zwei Pokalsiege und den UEFA-Pokalgewinn Borussias präsentiert. Wie soll das Maskottchen heißen? Damit nicht die Fans jetzt zu Hunderten mit Vorschlägen wie „Juppi", „Berti" oder „Bonni" allein ankommen, warf Borussias Manager Grashoff das Reizwort „Bumsi" in die Debatte. Doch die Meinung darüber ist in Borussenkreisen zunächst geteilt. Wegen der Assoziationen, die dieser Name mit einem Verbum der Neuzeit für eine nicht gerade sportliche Tätigkeit auslöst ...

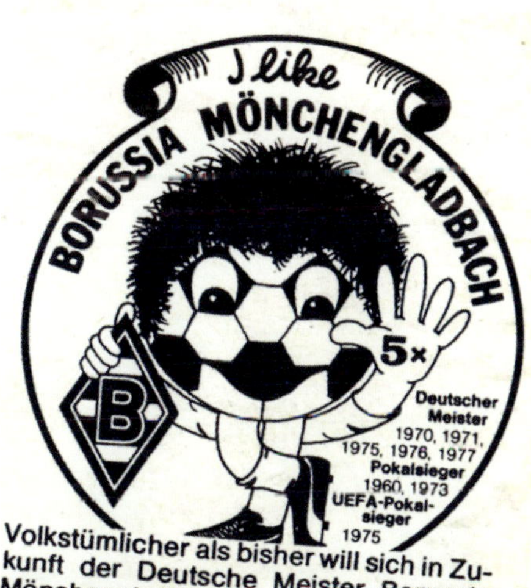

Volkstümlicher als bisher will sich in Zukunft der Deutsche Meister Borussia Mönchengladbach in Form von diesen Auto-Aufklebern geben. Allerdings fand Geschäftsführer Grashoffs Namens-Vorschlag „Bumsi" keinen großen Beifall. Wer weiß einen besseren?

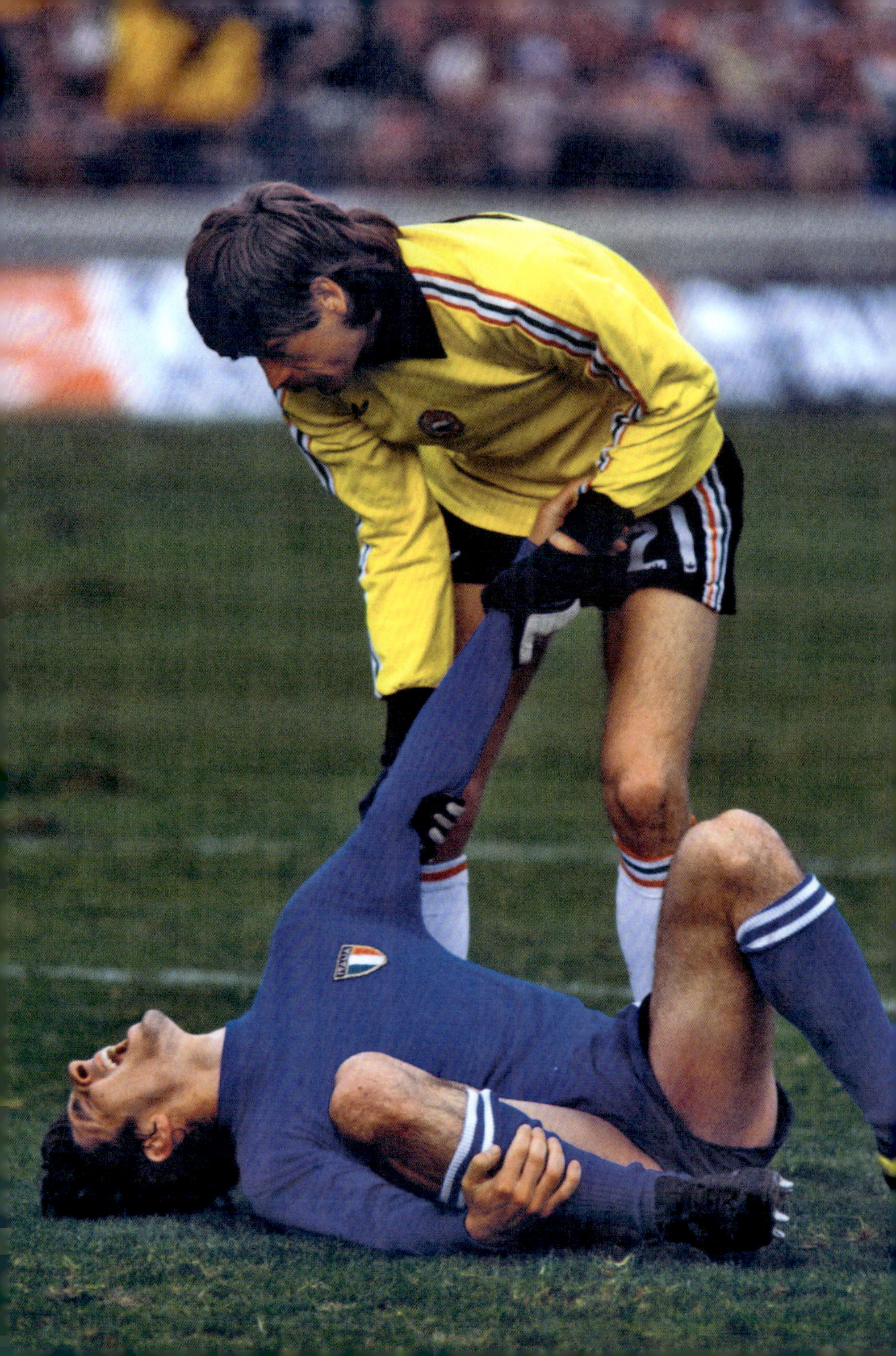

DIE ERFINDUNG DER ADDUKTOREN

oder: Wenn in der *Sportschau* weniger Tore fielen als auf *Gilligans Insel*

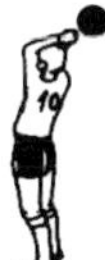

Was genau im Fußball früher alles besser gewesen sein soll, würde ein eigenes Buch komplett füllen. Und wenn man einmal damit anfängt, all die Mosaiksteinchen miteinander zu vergleichen, die den unmodernen vom modernen Fußball unterscheiden, dann wird man ohne große Anstrengung sentimental. Um einen aussagekräftigen Vergleich der Fußballhistorie und der Gegenwart anzustellen, müssen wir uns erst einmal darüber klar werden, welche Aspekte, Tugenden, Begleiterscheinungen, Attraktionen und Werte wir an unserem Hobby lieben.

Ich assoziiere einfach mal ins Blaue: Spannung, die Atmosphäre in unserem Stadion, ehemalige Helden, schöne Tore, Vereinstreue, schöne Trikots, Dynamik, faszinierende Persönlichkeiten, Nähe zu Deiner Mannschaft, elegante Ballkünstler, Emotionen, ehrlicher Sport, gelegentliche Sternstunden, Fußballfeste mit Freunden, Stolz, Sensationen, Hoffnungen und Träume, Johan Micoud, Völkerverständigung, das gemeinsame Singen der Vereinshymne, aufregende Transfergerüchte, tolle Neuzugänge, ein ganz besonderes Gefühl der Zusammengehörigkeit, Erinnerungen an besondere Spiele, das unschlagbare Gefühl nach einem wichtigen Sieg, Verbundenheit mit Deiner Stadt, und und und.

Die meisten dieser Dinge gab es früher auch schon. Geändert hat sich insgesamt die Art des Erlebens, durch die Rituale, das Drumherum, die Medien, manche Regeln.

Wenn wir alle mit einer Zeitmaschine in die 60er-Jahre zurückreisen und uns dort als Fußballfan neu zurechtfinden müssten, wären wir vermutlich zunächst alle irritiert über die Naivität, die Unaufgeregtheit, die Langsamkeit und Beiläufigkeit dieser Fußballgeneration. Die Mannschaften der Bundesliga bestanden aus maximal 18 oder 20 Spielern. Im Sammelalbum zur Saison war der Trainer noch mit abgebildet, weil der am Saisonende meistens immer noch da war. Personalentscheidungen wurden nicht öffentlich diskutiert und medial mit Eifer seziert, sondern einfach so getroffen, wie man das als Verantwortlicher für den Verein für richtig hielt. Jeder Verein hatte seine eigenen Stars, aber nicht zwölf oder fünfzehn, sondern drei oder vier.

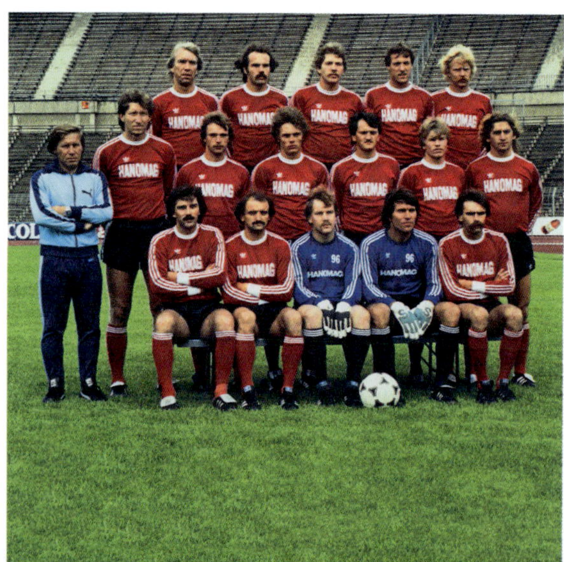

Die früher sehr kleinen Spielerkader hatten auch Vorteile. Das Mannschaftsbild von Hannover 96 war quadratisch.

Während der Saison gab es keine Transfers, und die Idole hielten ihrem Verein oft ein Fußballleben lang die Treue, wie Uwe Seeler oder zuvor Fritz Walter. Normale Spieler kosteten bei ihren Wechseln so viel wie ein guter Sportwagen und nicht so viel wie ein ganzer Stadtteil.

Auch vermeintliche Randaspekte sind hochinteressant. Die Stadien hießen damals »Stadion« oder »Kampfbahn«, und nicht »Arena« oder »Park«. In der Tat heißen heutzutage verblüffenderweise mehr Stadien »Arena« als »Stadion«. Zehn »Arenen« stehen 2020 nur noch sechs Stadien gegenüber, die auch noch »Stadion« heißen. Dazu kommen zwei »Parks«. Vor 50 Jahren gab es 15 »Stadien«, dazu den Bökelberg, den Betzenberg und die Glückauf-Kampfbahn. Das Wort »Arena« stammt übrigens vom lateinischen Wort für »Sand« ab, das Wort »Stadion« geht auf ein antikes griechisches Längenmaß zurück. Das sind interessante und lehrreiche Informationen, die hier aber auch nicht weiterhelfen. Weshalb ein Stadion heute lieber »Arena« genannt wird, obwohl es ohne Wenn und Aber weiterhin als Stadion dienen soll, ist unklar. Weshalb man ein Stadion »Park« nennen sollte, ist noch unklarer. Wir können wohl lediglich konstatieren, dass aus unklaren Motiven viele Entscheider ein Stadion nicht mehr Stadion nennen mochten.

Aber damit kommen wir schon auch noch klar. Wenn wir die oben zu lesende, sehr unvollständige Liste von Anziehungspunkten abarbeiten, die uns der Fußball damals bot und heute bietet, stoßen wir auf ein Hobby, das sich mehrfach komplett runderneuert hat, ohne seine Faszination für uns einzubüßen. Im Stadion wurde man vor 50 Jahren noch nicht mit Werbung zugeballert. Es gab schon Reklamedurchsagen, die vom Stadionsprecher mit schnarrender Stimme selbst verlesen wurden. Meistens mit einem einleitenden »Achtung, Achtung!«. Musik gab es auch schon. Wer in alten Spielberichten aus Radio oder Fernsehen in der Pause im Hintergrund Musik erklingen hört, der erkennt meistens Tanzmusik oder gemütliche Hammondorgel-Instrumentals. Die Fans bestanden zu 90 Prozent aus Männern mit Hüten. Der Rest waren Kinder oder Halbstarke, wie man früher wahrscheinlich gesagt hätte. Die Geräuschkulisse während der Spiele kam komplett ohne Dauergesänge aus. Geschrien wurde ausnahmslos situationsbedingt, und Gesänge dienten nicht der Selbstinszenierung, sondern wirklich noch der Anfeuerung der Mannschaft. Zur Unterstützung hatten viele Zuschauer Blechtröten dabei, in die man hineinblasen musste. Das taten die Fußballfreunde damals immer ungefähr dann, wenn die eigene Mannschaft die Mittellinie überquerte.

Der 1.FC Köln war im Vorfeld der ersten Bundesligasaison 1963 der erste Verein, der seine Eintrittspreise bekanntgab. Der billigste Stehplatz in der Kurve kostete 3 DM, der teuerste Sitzplatz 14 DM. Wer bei Regen ins Stadion ging, wurde fast immer nass. Dafür gab es Spannung satt: In den ersten sieben Bundesligajahren gab es sieben verschiedene Meister. Das Spiel selbst war langsamer, aber deshalb nicht unbedingt unattraktiver. Spieler wie WM-Held Helmut Rahn konnten selbst mit gut sichtbarem Übergewicht noch einigermaßen in der Bundesliga mithalten. Auch sonst hatten weniger schnelle Spieler seinerzeit die Chance, ihre Defizite durch gute Technik auszugleichen. Die Gründerjahre der Bundesliga waren reich gesegnet mit Haudegen, denen man auf der Tribüne anerkennend raunend attestiert: »Ja gut, schnell isser nicht mehr, aber er spielt halt wirklich mit Auge!« Die Stars von damals schworen auf Geselligkeit und zwitscherten auch ganz gerne mal einen, wenn es passte. Nach den Bundesligaspielen konnte man ihnen mit etwas Glück in der Stadiongaststätte begegnen. Und mit Auge.

Die Trikots der ersten Bundesligisten waren aus Baumwolle, wurden bei Regen schwer, aber sahen toll aus. Alle Vereine trugen ihre Vereinsfarben, und auf der Brust prangte ausschließlich das Wappen des Klubs. Zu kaufen gab es die Trikots damals allerdings nicht. Sie blieben unerreichbar. Wenn der Verein auswärts spielte, hörte man sich die Spiele im Radio an. Entweder offiziell im Vereinsheim, in furchtbar nach altem Qualm riechenden Kneipen, deren Wände vor lauter Wimpeln nicht mehr zu sehen waren, oder als Kind bei Opa in der Gartenlaube, wo es immer Zitronenlimonade gab und wo mons-

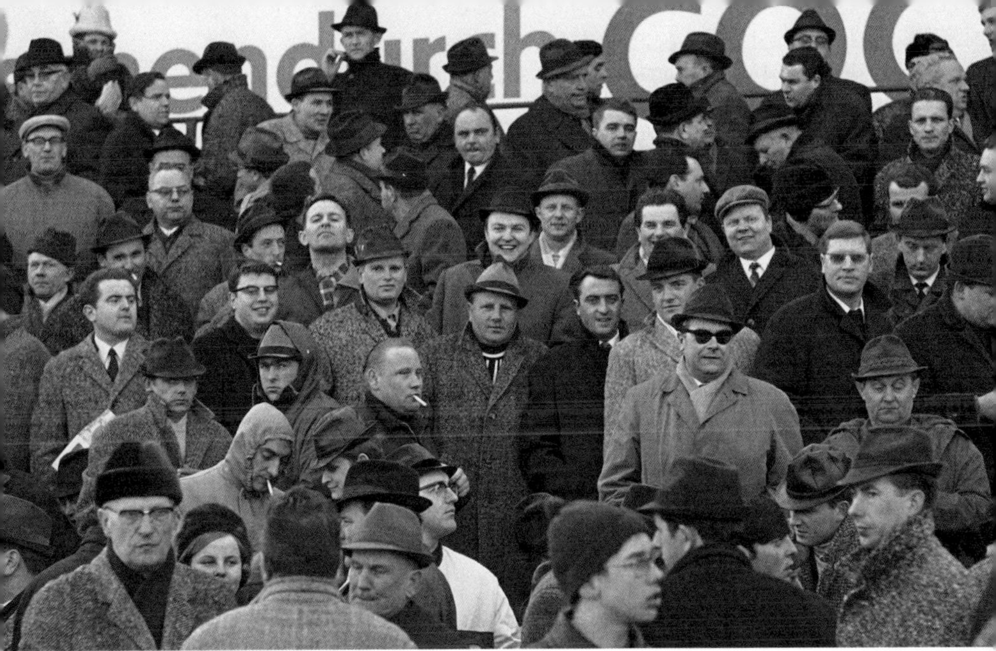

Im ersten Jahrzehnt der Bundesliga bestand die größte Gruppe der Stadionbesucher aus Männern mit Hüten.

tröse, große, braune Radios standen, die beim Einschalten so klangen wie Traktoren, bei denen man einen anderen Gang einlegt. Wenn das laute Knistern nach dem Einschalten weniger wurde, konnte man Reportern alter Schule lauschen: Oskar Klose, Kurt Brumme, Helmuth Poppen, Rudi Michel oder Günther Wolfbauer. Die meiste Zeit beschrieben sie staubtrocken und mit sonorer Stimme das Geschehen auf dem Rasen. Fiel ein Tor, dann riefen sie: »Tor! Tor! Tor!«.

Nach der Konferenz fieberte man der *Sportschau* entgegen, in der höchstens drei, manchmal auch nur zwei Spiele des Tages zusammengefasst wurden. Wenn man großes Pech hatte, waren die vollkommen doof und endeten 0:0. Wenigstens lief dann als schwacher Trost direkt nach der *Sportschau* noch *Gilligans Insel*. Danach ging's dann ab in die Badewanne. Zumindest, wenn man ein Kind war.

Medial lief alles wirklich absolut stiefmütterlich ab, verglichen mit heute. Lange hielt sich die Theorie, wonach besser überhaupt kein Fußball in Radio und Fernsehen übertragen werden solle, damit die

Vereine ihre Stadien wieder voll bekämen. Jetzt haben wir das Gegenteil: Jedes Spiel einer deutschen Profimannschaft kann live geschaut werden. In HD. Den Kommentator kann man notfalls abschalten, die Kameraperspektive verändern, das Spiel anschließend sofort nochmal gucken, und das klappt nahezu von jedem Punkt der Welt aus. Ich werde irgendwann mal meinen sicherlich fußballverrückten Enkelkindern erzählen, dass ich noch in den 90ern ein wichtiges Spiel im Urlaub via Deutsche Welle auf Kurzwelle gehört habe. Es pfiff und zischte, und ein Unbeteiligter hätte es wohl eher für ein Werk von Karlheinz Stockhausen als für eine Sportübertragung gehalten, aber es ging.

Transfers wurden früher nicht diskutiert. Es wurde nicht einmal öffentlich spekuliert. Im *Kicker* gab es fast nur Vollzugsmeldungen: »Woldemar Gerhardt, Halbstürmer des FC Schalke 04, schließt sich Fortuna Düsseldorf an, zu der sich auch Biskup (Bayer Leverkusen) und Jestremski (STV Horst) verändern.« Da wurde nicht abgewogen, ob man den als Fan haben will oder nicht und was der eigentlich kann – der war dann eben da, der Woldemar. Und niemanden hat es gestört.

Ob Woldemar ein »echter Typ« war, weiß ich nicht. Wahrscheinlich schon. Denn heute herrscht der feste Glaube vor, dass die Fußballhelden früher durch die Bank viel urigere Typen waren als

Viele Kritiker monieren, dass es heute keine Spielerpersönlichkeiten mehr gibt. 1963 gab es allerdings auch schon keine mehr.

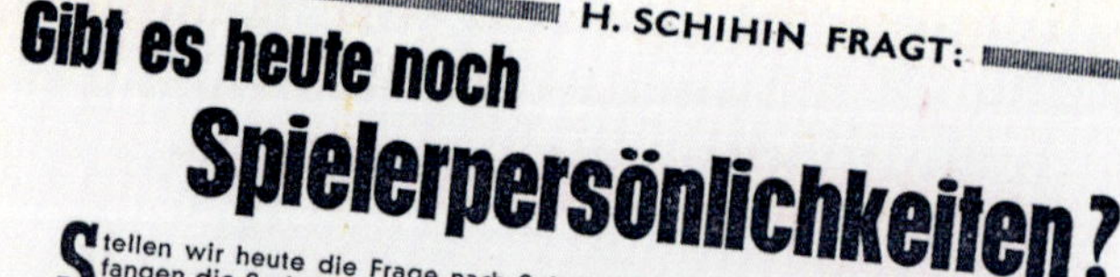

H. SCHIHIN FRAGT:

Gibt es heute noch Spielerpersönlichkeiten?

Stellen wir heute die Frage nach Spielerpersönlichkeiten im Weltfußball, so fangen die Sachverständigen an zu studieren. Oder sie sprudeln Namen der „Spieler von gestern" heraus. Ich machte einen Versuch in Santiago de Chile, anläßlich der Weltmeisterschaft. Das Ergebnis war so enttäuschend — trotz vieler prominenter Meinungsäußerungen — daß ich die Antworten nur am Rande auswertete. Ursprünglich hatten wohl alle den Eindruck, es hätten sich fast keine Spielerpersönlichkeiten gezeigt, worauf ich nachhelfend meine Frage nach Persönlichkeiten unter Torhütern, Verteidigern, Läufern, Stürmern stellte.

Das Ergebnis waren Dutzende von Namen! Und das erschien mir nur eine Bestätigung, daß das, was Persönlichkeit genannt zu werden verdient, eigentlich kaum vorhanden war.

Die Geschichte mit den Persönlichkeiten ließ mir keine Ruhe. Ich versuchte die Umfrage neuerdings, sozusagen zum Jahresabschluß. Bitte, nennen Sie mir Spielerpersönlichkeiten im Weltfußball?

Wieder Zögern, Stirnekrausen — oder dann frisch von der Leber weg: Di Ste[...] Didi, Pelé, Kopa [...]

Persönlichkeit. Wer nichts mehr von ihm weiß, der mag aus seinem mehr Kose- als Spitznamen ablesen, daß es sich um einen reinen Techniker handelte, den einer „umblasen" konnte ... sofern er ihn erwischte! Und Persönlichkeiten waren der beinharte Minelli, der Schweizer Verteidiger und Rekordinternationale mit 80 Länderspielen, Posipal und Morlock, Kampf[...] gensatz zu dem [...]

scheinbar kopflose Garrin[...] ihr [...]

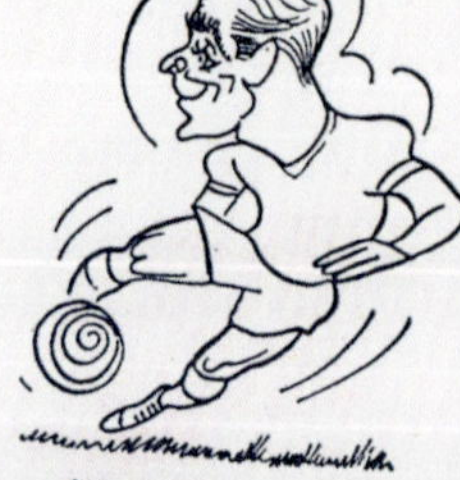

Alfredo Di Stefano (36)

diese Jüngelchen von heute. »Ja gut, echte Typen gibt es heute gar nicht mehr. Ist doch wahr. Früher, da waren das alles noch echte Kerle. Nicht wie heute, diese verwöhnten Bürschchen!« So ungefähr denken heute die Helden der 90er über die aktuellen Fußballstars. Und die Stars der 80er denken so über die Stars der 90er UND die von heute. Und die Stars der 70er denken so über die Stars der 80er, 90er und über die von heute. Dass es heute keine echten Typen mehr im Fußball gibt, dachte man in den letzten 50 Jahren eigentlich immer, wenn man es denken wollte, und man meinte alle zehn Jahre eine andere Spielergeneration damit.

Das Bedauern über fehlende, echte Typen kommt oft von missmutigen Ex-Spielern, die seit 30 Jahren vergeblich ihren Platz im Leben nach dem Fußball suchen. Schlecht gelaunte Ex-Spieler, die zu Missständen im Fußball von heute befragt werden und aus einer haltlosen Verklärung heraus selbst damals alles viel besser gemacht zu haben glauben. Ihre Verbitterung rührt oft daher, dass sie eine gewisse Diskrepanz wahrnehmen zwischen ihrem eigenen Talent zu aktiven Zeiten und dem tatsächlichen Ertrag ihrer Karriere. Manche Ex-Spieler glauben bis heute, dass sie eigentlich das Zeug zu 100 Länderspielen besaßen, aber von allen Trainern verkannt wurden und deshalb leider nur diesen einen DFB-Einsatz als Einwechselspieler in Bulgarien vorweisen können (0:0, Testspiel).

Mario Basler glaubt bis heute, er sei eine schillernde Bereicherung der Fußballszene, weil er im Laufe seiner aktiven Karriere ausreichend viele Genussgifte zu sich genommen hat, um schon in relativ jungen Jahren eine Stimme wie Darth Vader sein Eigen zu nennen. Basler lässt immer mal durchblicken, dass in seinen Augen ein »echter Typ« auf dem Fußballplatz daran erkannt werden kann, dass der Betreffende viel säuft, raucht und bei jeder Gelegenheit eine große Fresse hat. Aber sagen wir es doch mal behutsam so: Würde ich als Fußballer viel saufen und rauchen, dann würde ich auch gerne denken wollen, dass mich das irgendwie cool macht. Dabei macht es mich in Wirklichkeit viel eher: langsam.

Schlimme Treter von einst urteilen argwöhnisch und vernichtend über den Filigrantechniker von heute, etwa mit den Worten: »Dem hätte ich damals gleich nach Anpfiff ordentlich was auf die Stäbe gegeben, und dann wäre Feierabend gewesen!« Dass der Altstar mit dem Auf-die-Stäbe-Fußball von 1989 heute in keiner Bundesligamannschaft mehr einen Platz hätte, bleibt unausgesprochen. Solche Spieler genießen dennoch unter Nostalgikern eine hohe Wertschätzung, weil sie grundsätzlich in schlechten Zeiten ihres Ex-Vereins aus der Versenkung auftauchen und mies gelaunt Interviews geben. Die werden dann von den Followern gerne kommentiert mit Chorälen wie »Genau, endlich sagt's mal einer, mit Dir hätte es sowas nie gegeben! Du hättest denen damals ordentlich auf die Stäbe gehauen! Gleich nach Anpfiff!«.

Es gibt in der deutschen Fußballgeschichte eine ganze Reihe von Personen, die ihrer bizarren Lebensgeschichte wegen zu schillernden Persönlichkeiten hochgeschrieben wurden: Der ehemalige Bundesligastar Willi Kraus zum Beispiel, der ursprünglich Elektriker war, dann für Schalke 04 Tore schoss, um wenig später wegen seines ersten Banküberfalls für siebeneinhalb Jahre ins Zuchthaus zu wandern. Nach seiner Entlassung brachte er es noch auf weitere Einbrüche, Erpressung, Menschenhandel und Drogendelikte. Das ist fraglos interessant. Vor allem, dass er mal Elektriker war. Aber war Willi Kraus, der im Jahr 2008 nach einem bewegten Leben starb, deshalb ein »echter Typ«, der uns heute auf dem Rasen so sehr fehlt? Nein. Und deshalb würde es Timo Werner auch nichts nützen, jetzt schnell ein paar Banken zu überfallen.

Jede Spielergeneration hatte und hat ihre Typen. Aber so wie in der Politik, der Kultur und der gesamten übrigen Gesellschaft wandeln auch sie sich mit der Zeit. Ludwig Erhard würde heute nicht mehr zum Bundeskanzler gewählt werden, Rex Gildo würde heute nicht mehr die Charts stürmen, und ebenso wenig sind Spieler der Generation Thomas Müller und Co. heute vergleichbar mit Helmut Haller oder Klaus Fischer. Der Fußball ist nicht langweiliger als früher. Er ist nur anders.

Letzter Anlaß für die Entlassung war
e Schlägerei, die Kraus in Begleitung
n vorbestraften Muskelprotzen in ange-
ınkenem Zustand in der Gaststätte des
ıemaligen Schalker Spielers Günter Herr-
ann (jetzt Karlsruhe SC) gegen den Ge-
chäftsführer und Zapfer „Freddy" insze-
ierte. Sechs Erna-Wagen und 20 Polizei-
eamte mußten eingesetzt werden, um Ru-
ıe und Ordnung wiederherzustellen. „Freddy" wurde durch Schalkes Sportarzt Dr.
Werner Rasielier ärztlich betreut.

So sehe ich auch den „Fall Kraus". Der
24jährige ehemalige Schalker, der sich dem-
nächst vor Gericht wegen schweren Ein-
bruchs zu verantworten haben wird (bei
mildernden Umständen nicht unter drei Monaten Gefängnis), stammt aus einer anstän-
digen Familie. Ich kenne sie; mit seinem
Vater spielte ich im gleichen Verein. Willi
Kraus ist mit einer tüchtigen Frau verheira-
tet und hat zwei reizende Kinder. Den
Hang zum Bummeln und zum Trinken, der
oft auf die schiefe Bahn führt, hat er nicht
aus der Erbmasse. Ich behaupte, daß ihn
nur das Geld verdorben hat.

Nur das Geld hat Kraus verdorben

Gelsenkirchen (sid). Willi Kraus (25), einst gefeierter Torjäger der Bundesliga, ist für den deutschen Fußball erledigt. Nachdem Eintracht Gelsenkirchen den Mittelstürmer trotz der ständigen Konflikte mit dem Gesetz zu Beginn der Saison von Schalke 04 für ein Jahr ausgeliehen hatte, verspielte er sich diese letzte Bewährungschance. Kraus wurde erneut straffällig.

Endgültig Schluß mit Kraus

Torjäger kam ständig mit Gesetz in Konflikt

Erst Anfang April verurteilte ein Bochumer Gericht den früheren Schalker Mittelstürmer Willi Kraus zu zehn Jahren Freiheitsstrafe. Die Vergehen: Raub, Anstiftung zum Raub, Kokain-Handel, Fahren ohne Führerschein, Urkundenfälschung.

Ende einer Karriere

Die fatalen Eigentore des Fußballspielers Willi Kraus

schützenkönig nun endgültig ein „toter Mann" in der Welt des Rasenspor

Nach stundenlangen Verhören gestand Willi Kraus reumütig: „Durch meinen schlechten Umgang bin ich verführt worden. Nach meiner Entlassung in Schalke war ich verzweifelt und bin überredet worden, ein krummes Ding zu drehen. Wir hatten geplant, den Tresor in dem Duisburger Laden aufzuschweißen. Doch dann bekamen wir es mit der Angst zu tun."

»Fall Kraus« – Schalke

„Dann bekamen wir es mit der Angst"

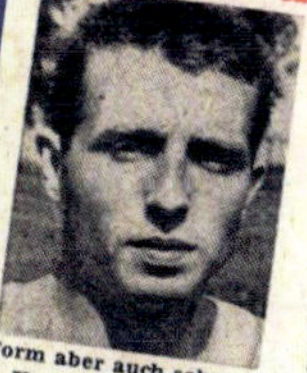

GELSENKIRCHEN – So traurig endet eine Fußball-Karriere: in diesem Fall des Torjägers Willi Kraus (24), links, vom FC Schalke 04. Er war das enfant terrible. Über die Stationen FC Deventer (Holland) und Tennis Borussia Berlin war er vor zwei Jahren zum Schalker Markt zurückgekehrt. Er schoß entscheidende Tore, war in seiner Form aber auch sehr schwankend.

Vor 14 Tagen war Willi Kraus wegen vereinsschädigenden Verhaltens fristlos entlassen worden. Letzter Anlaß zu dieser Maßnahme war eine Schlägerei in der Gaststätte des ehemaligen Schalker Spielers Günter Herrmann (jetzt Karlsruher SC). Zu dem Zeitpunkt, als die Schalker Spieler über ein Gnadengesuch des Torjägers diskutierten, brach er in seiner grenzenlosen Dummheit selbst alle Brücken ab.

Schalke entließ Torjäger Kraus

Vieles ist heute einfacher und zugänglicher geworden. Das Schauen der Spiele ebenso wie Taktikanalysen oder das Verfolgen von Transfergerüchten. Es ist dadurch aber auch ein künstlicher Markt für Aufgeregtheiten geschaffen worden, ohne den wir früher ganz prima ausgekommen sind. Uns wird eine Kurzlebigkeit vorgegaukelt, die mit dem ursprünglichen Sport Fußball und seiner Natur nicht mehr allzu viel zu tun hat. Ursprünglich bot der Profifußball seinen Beteiligten den Raum, Entwicklungen zuzulassen, abzuwarten, sich neu aufzustellen, wenn notwendig, mit Bedacht zu entscheiden, aus Fehlern zu lernen. Eine sportliche Entwicklung wurde zuweilen erst am Ende eines Halbjahres final bewertet und analysiert, und dann wurden Konsequenzen besprochen. In Ruhe. Spieler hatten Formtiefs, waren mal eine Halbserie nicht so gut, starteten aber in der Saison danach durch. Diese Muße hat man heute als Verantwortlicher nicht mehr. Heute wird alle zwei Spiele mit dem Rastermikroskop nach neuen Trends gesucht. Ein Trainer kann inzwischen durchaus nach einem enttäuschenden Spiel wackeln, dann laut Boulevardpresse ein Schicksalsspiel haben, danach sitzt er vielleicht erst einmal wieder fester im Sattel, dann verliert er jedoch wieder und erfährt umgehend und wieder aus der Presse, dass er im nächste Spiel »liefern muss«, und dann kann er entweder seinen Kopf noch einmal aus der Schlinge ziehen – oder nicht. Lucien Favre fährt mit Borussia Dortmund seit einigen Jahren Vizemeisterschaften in großer Zahl ein, ist aber (Stand Sommer 2020) gefühlt etwa alle vier Minuten von der sofortigen Entlassung bedroht. Nicht von Seiten des Vereins, aber von Seiten der Revolverpresse.

Ähnlich ergeht es heute Spielern, die in ein Formtief schliddern. Um mal eins klarzustellen: Ein Spieler, der nie ein Formtief erlebt, ist etwas Unnormales. Formtiefs gehören zum Sport dazu. Und da Fußball in höchster Vollendung neben dem Körper eines Spielers sehr viel mit dessen Psyche, dessen Fantasie, dessen Kreativität und Unbefangenheit zu tun hat, ist es im Falle eines Spielers, der sich so richtig im Formtief häuslich eingerichtet hat, auch nicht mit etwas zusätzlichem

Training oder Regeneration getan. Das ist ein Umstand, der öffentlich nur schwer vermittelbar zu sein scheint, wie sich immer wieder zeigt. Die schon angesprochene Sehnsucht nach einfachen Erfolgsrezepten sieht für schlecht spielende Fußballer als populärste Maßnahme verschärftes Training vor. Wenn eine Mannschaft nach einem schlechten Spiel einen trainingsfreien Tag erhält, spielen sich im Internet anschließend tumultartige Szenen ab (»Trainingsfrei? Die müssten bei mir laufen bis sie kotzen!«). Spieler, die dauerhaft unter ihren Möglichkeiten bleiben, erfahren meistens einen rasch fortschreitenden Liebesentzug vieler Fans. Der schreitet umso rascher voran, je teurer der Spieler war. Es erscheint dann vielen auch nicht mehr angemessen, den Spieler zu unterstützen oder Verständnis aufzubringen. Profis, die so richtig in einem Leistungsloch festsitzen, verlieren in weiten Teilen der Öffentlichkeit schleichend sämtliche Ehrenrechte. Der Versuch, selbst einem gerade schlecht spielenden Kicker Verständnis und Empathie entgegenzubringen, fordert in den meisten Fällen einen Hinweis auf dessen Einkommen heraus: »Der verdient so viel Geld, der soll sich mal nicht so anstellen!«

Überdies verliert ein über Wochen unter seinen Möglichkeiten bleibender Spieler auch an Marktwert. Das ist allerdings nur möglich, weil seine Kritiker Formschwächen als kaum zu stoppende Abwärtstrends einstufen und die eigentlichen Fähigkeiten des Spielers in Normalform an Aussagekraft verlieren. Andersherum wäre es theoretisch auch möglich: Bei einem schwächelnden Spieler davon auszugehen, dass dies ein Zwischentief ist, aus dem er herauskommen wird.

Früher gab es sowas nicht. Spieler wurden mal ausgepfiffen, das schon. Aber unsere Fan-Vorfahren hofften dann eher auf baldige Besserung anstatt, wie heute üblich, einen sofortigen Verkauf des Spielers zu fordern. Die Zeiten sind in vielerlei Hinsicht unsteter und aufgeheizter geworden, was die Beurteilung der Fähigkeiten von Spielern und Trainern angeht. Und damit einhergehend auch respektloser und feindseliger. Ältere Spieler werden in Fanforen diffamiert und aussortiert, technisch limitierten Spielern ein Berufswechsel nahegelegt und verletzungsanfälligen Spielern das Karriereende (»Der soll doch endlich einsehen, dass es vorbei ist!«).

Gerade Verletzungen und die Wahrnehmung verletzter Spieler ist typisch für die Art und Weise, in der bei vielen Fans und Beobachtern ein Mitfühlen mit den Protagonisten auf dem Rasen über die Jahrzehnte einer kühlen und distanzierten, wenn nicht sogar zynischen Einstellung gewichen ist. Fußballer werden oft nicht mehr be-, sondern abgeurteilt. Fußballer mit extremem Verletzungspech bekommen aus der sicheren Anonymität der sozialen Netzwerke nach ihrer zwischenzeitlichen Genesung dutzendfach hinterhergeworfen »Der ist doch sowieso bald wieder kaputt!«.

Wohlgemerkt von eigenen Fans, die sich merkwürdigerweise oft wohler damit fühlen, sich nicht über einen aus dem Krankenstand zurückkehrenden Spieler zu freuen. Uwe Seeler, dem 1965 im Alter von 29 Jahren die Achillessehne riss, wurde seinerzeit von einer Woge der Sympathie und des Mitgefühls begleitet, bis er genesen war. Seeler schoss Deutschland nur sieben Monate später zur WM-Qualifikation und ein Jahr später bei der WM in England zur Vizeweltmeisterschaft. Heute würde man ihm ziemlich sicher öffentlich klarmachen, dass das mit seiner Karriere sowieso nie wieder wird und dass der Bundestrainer lieber auf junge Spieler setzen solle als auf einen alternden Star mit kaputter Haxe.

Und überhaupt, apropos »Haxe«: Selbst bei Verletzungen gibt es Modebewegungen. In den 60er-Jahren haben Woche für Woche ungefähr 60 Profis nicht spielen können, weil sie gerade einen Knöchelbruch hatten. Knack! Knack! Knack! Ähnlich wie man heute vorrechnen kann, um wie viele Millionen Euro sich Schalke 04 pro Minute neu verschuldet, konnte man damals wahrscheinlich plakativ vorrechnen, dass sich in Deutschland alle 4 Sekunden ein Lizenzspieler den Knöchel bricht. Mittlerweile ist der Knöchelbruch in der Bundesliga weitestgehend ausgerottet. Aber warum nur? Waren die Verteidiger brutaler? Waren die Stürmer zu stolz, um auch mal hochzuspringen, wenn ein Defensivbrutalo zur Sense ansetzte? Waren die

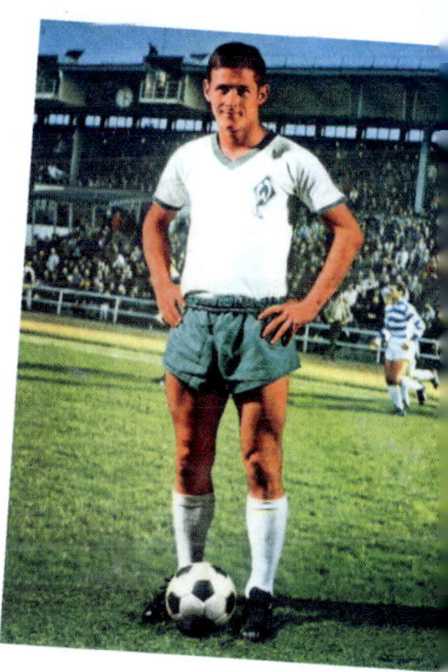

Knöchel damals einfach technisch noch nicht so ausgereift wie heute? Oder nennt man es heute einfach nur »Sprunggelenkverletzung«?

Was das Rätsel um die Knöchelbrüche noch viel mirakulöser macht ist die Tatsache, dass in den gesamten 60er-Jahren bis weit hinein in die zweite Hälfte der 70er in der Bundesliga kein (!) Fall einer Adduktorenzerrung bekannt ist! Werder Bremens Fußballidol Max Lorenz (rechts) sagte mir auf Nachfrage mal zu diesem Thema: »Ach, Adduktoren …! So was gab es bei uns damals noch gar nicht. Die wurden erst später erfunden.« Früher, so Max Lorenz weiter, hat man Verletzungen eher mal verschwiegen, um am Samstag spielen zu dürfen. Und weil man noch nicht ausgewechselt werden durfte, war das dann immer eine Entscheidung für 90 Minuten, und mit so einem Schnickschnack wie einem Adduktorendingsbums hat man dann eben einfach durchgespielt, weil man sowieso nicht wusste, dass man Adduktoren HAT.

Im Grunde verhält es sich damit wohl genauso wie bei Dostojewski (Spartak Moskau), der mal gesagt hat: »Der Mensch ist unglücklich, weil er nicht weiß, dass er glücklich ist. Nur deshalb. Das ist alles! Wer das erkennt, der wird glücklich sein, sofort im selben Augenblick.« Wir transferieren das einfach mal auf die Bundesliga und stellen also fest: »Der Profi hat eine Adduktorenzerrung, weil er weiß, dass er Adduktoren hat. Nur deshalb. Das ist alles. Wer glaubt, dass er keine hat, der wird auch keine Adduktorenzerrung mehr verspüren, sofort im selben Augenblick.« Was am Mysterium »Knöchelbruch« leider auch nichts ändert. Therapiert wurden übrigens fast alle Verletzungen in der Bundesliga früher grundsätzlich mit einer Bandage.

Sehr naheliegend ist die These, dass früher deshalb mehr Knöchel gebrochen wurden, weil einfach auch weitaus mehr geruppt wurde. Heute wird kaum noch geruppt, dabei wäre es oft angebracht. Das RUPPEN. Ein Begriff, der sich einst vor allem im Norden und im Ruhrgebiet großer Popularität erfreute, besonders unter manchen

Fußballern. Für den Rest der Republik: »Ruppen« ist ein anderes Wort für eine rustikale, unfaire Spielweise.

Sätze wie »Achtung, bei den anderen sind ein paar dabei, die dauernd ruppen!« oder »Die haben da hinten drin ein paar ziemliche Ruppsäcke!« waren üblich. Ja, oft verständigte man sich sogar auf dem Bolzplatz vor dem ersten Kick (werktäglich nach Schulschluss, ca. 14 Uhr) per Absprache: »Mit Ruppen oder ohne?«

Und da sind wir bei einer äußerst vielversprechenden Facette des Themas »Ruppen« angekommen: Möglicherweise bietet es auf geniale Weise den bestmöglichen Lösungsansatz für die Misere der letzten Bundesligajahre. Die aufkommende Langeweile durch viel zu große Dominanz der Bayern hätte ein Ende. Denn: Wäre es nicht hochgradig fair und sogar dem Ursprung des Sportgedankens entsprechend, wenn weniger begüterte Vereine sich gegen die Lewandowskis und Gnabrys dieser Welt dadurch zur Wehr setzen dürften, dass ihnen konsequentes RUPPEN ausdrücklich gestattet ist, den Bayern aber nicht? Oder, um es konkreter zu machen: Wäre der Fußball nicht viel interessanter, wenn je nach Wert des Kaders und Wirtschaftskraft der Vereine reiche Klubs nicht oder kaum ruppen dürften, arme Vereine hingegen schon?

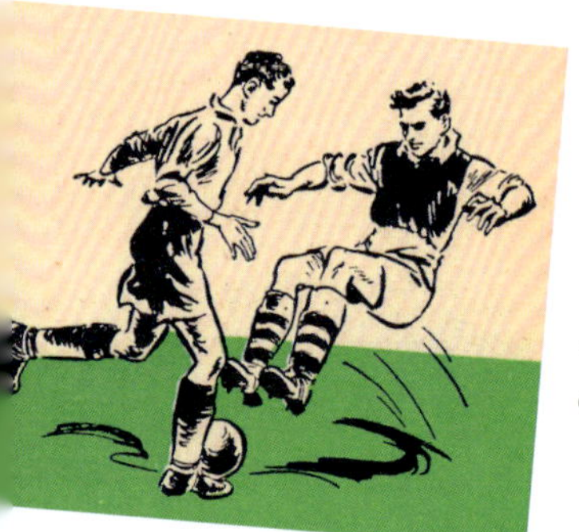

Nehmen wir z. B. die Partie Bielefeld gegen Bayern: Das Millionenensemble müsste sich auf körperloses Schöngeistgespiele beschränken, die Arminia hingegen dürfte straffrei ruppen. Ausgang des Spiels: Völlig offen! Mannschaften aus dem Mit-

Ruppen in der Theorie. Der Spieler versucht, trotz aller beabsichtigten Brutalität noch den Ball zu treffen. Eine Karte liegt in der Luft.

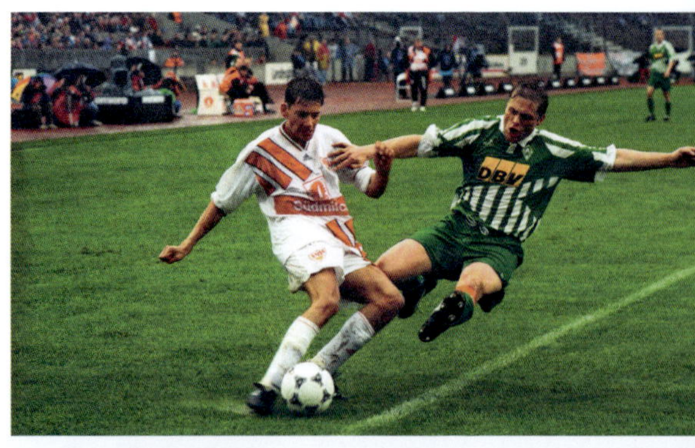

Ruppen in der Praxis: Uli Borowka ruppte gerne mal, wenn's passte. Andy Buck verabschiedete sich in dieser Szene bereits im Geiste von seiner Familie. Eine Haftstrafe liegt in der Luft.

telfeld der Liga dürften entweder eine Halbzeit lang ruppen, wobei zusammen mit der Seitenwahl genau festgelegt wird, welches die ruppige Halbzeit sein wird – beispielsweise durch Wurf eines Knochens. Oder aber jene Teams dürfen drei Spieler benennen, die ausdrücklich ruppen dürfen. Der Rest der Mannschaft muss Fußball spielen. Neue Spezialisten wären gefragt: Torjäger, Spielmacher, Innenverteidiger gibt es schon. Aber wir bräuchten dann auch versierte Rupper. Und die müssten am Ball gar nichts können. In Italien nennt man so etwas »Materazzi«.

Ich bin sicher, das wäre eine gute Sache. Das Gegenteil des »Bayern-Bonus« quasi. Es muss nur irgendwer Geld heimlich beim FIFA-Boss unter der Tür durchschieben. Der grübelt ja ständig, ob man nicht künftig mit größeren Toren auf dreieckigen Spielfeldern, mit Bällen aus Plexiglas oder Nadelwäldern im Strafraum spielen sollte, um den Fußball schöner zu machen. Das jedoch ist alles Unsinn. Die Zukunft des Fußballs könnte »Ruppen« heißen. Ich weiß es doch auch nicht.

Außerordentlich interessant ist übrigens, dass das Ruppen bei der WM 1978 kurzzeitig vornehm »brüskes Spiel« genannt wurde. Ein völlig zu Unrecht vergessener Fachbegriff.

Nicht alles war früher besser. Aber während wir uns heute allumfassend informiert und kompetent wähnen, hatten wir früher aus vollem Herzen nicht immer von allem eine Ahnung. Manche Dinge nahmen wir staunend, andere achselzuckend hin. Heute haben wir uns dafür entschieden, uns für schlauer als die meisten anderen zu halten und uns im Zweifel gerne auch mal anmaßend zu verhalten, wenn es darum geht, fremde Menschen zu bewerten. Um noch einmal zum Thema »Verletzungen« zurückzukehren: Dem Fußball würde es gelegentlich sehr guttun, wenn wir uns diese unbefangene Neugier zurückerarbeiten würden. »Ein Spieler hat sich schwer verletzt? Das tut mir leid – hoffentlich ist er bald wieder da!«, fühlt sich für jeden Beteiligten, inklusive Fan und Presse, viel besser an als: »Wird er je wiederkommen? Wahrscheinlich war's das mit dem Spitzenfußball!«

Meistens war's das noch nicht.

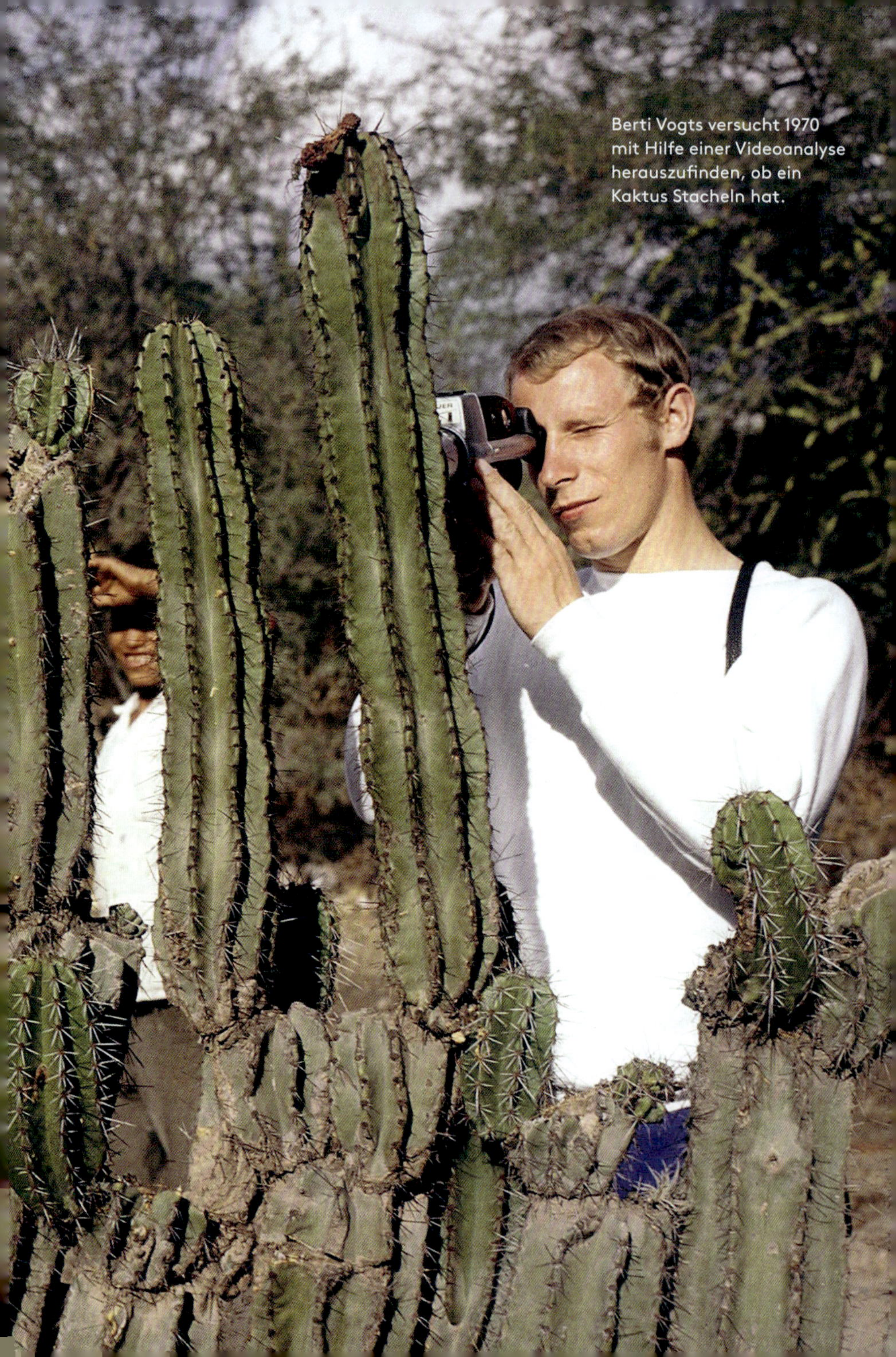

Berti Vogts versucht 1970 mit Hilfe einer Videoanalyse herauszufinden, ob ein Kaktus Stacheln hat.

REGEL-BESCHWERDEN

oder: Elfmeter ist manchmal, wenn der Schiedsrichter pfeift

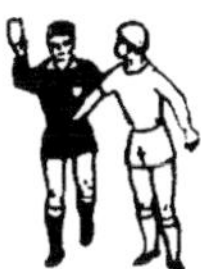

Fußballregeln werden regelmäßig missverstanden. In der Regel regeln die Regeln den ordnungsgemäßen Ablauf eines Fußballwettspiels. Diese feine Theorie wird jedoch in immer kürzer werdenden Abständen unterbrochen von aufgeregten Fernsehdiskussionen darüber, dass die wichtigsten Regeln kompletter Unsinn sind und man schnell neue aufstellen müsse. In einem Regelwerk vermutlich. Meistens werden solche Feststellungen getroffen von Ex-Profis in einer bierseligen Diskussionsrunde, und das in der Regel mit der Formulierung: »Also, wer sich DAS wieder ausgedacht hat!« und anschließendem, tosenden Beifall des Studiopublikums, dem zuvor mit viel Aufwand und etwas Sponsorenbier suggeriert wurde, dass man diese Regeln ja als Normalsterblicher gar nicht mehr kapieren kann.

Durch kaum eine Neuerung wurde der Fußball in den letzten Jahren so sehr verändert wie durch den Videobeweis, über den die

Befürworter damals bei jeder sich bietenden Gelegenheit sagten, das Wichtigste sei, dass der Videobeweis den Fußball nicht verändert. Seitdem ist nichts mehr, wie es vorher war. Einige Experten haben ihn förmlich herbeireden wollen: »Der Videobeweis wird definitiv kommen!« (Stefan Reuter). Oder: »Der Videobeweis wird kommen!« (Pep Guardiola). Oder: »Er wird kommen!« (Deutschlandfunk). Oder, um nicht immer denselben Satz zu zitieren: »Die Videoanalyse wird kommen!« (Heribert Bruchhagen). Mit dem Killerargument, der Videobeweis werde den Fußball endlich gerechter machen.

Ich gehöre nicht zu den Leuten, die gegen den Videobeweis sind, weil wir »ja sonst nichts zu diskutieren hätten, und das ist doch wohl das Schöne am Fußball!« Wer so argumentiert, müsste es auch toll finden, im Straßenverkehr geblitzt zu werden und dann ein Schreiben der Polizei zu bekommen: »Sie waren zu schnell. Wir können Ihnen auch nichts Genaues sagen, aber geschätzt sind Sie ungefähr 190 km/h gefahren. Wir könnten das auch exakt messen, aber das ist doch das Schöne an Ordnungswidrigkeiten: Dass man anschließend drüber diskutieren kann!«

Aber all die Fragen zum Videobeweis kamen auch erst bei seiner Einführung so richtig auf, also zu einem Zeitpunkt, wo sie eigentlich hätten beantwortet sein sollen: Wird das Spiel für einen Videobeweis unterbrochen werden? Wenn ja – wann genau wird das gestattet sein? Darf man als Trainer »STOPP!« rufen, wenn man vermutet, dass der Ball hinten im Toraus war und der Gegner gerade einen Konter einleiten will? Wäre doof, also besser nein. Gut, dann also Videobeweise nur bei Spielunterbrechungen. Da verhindert also ein Spieler ein Tor mit einem für den Schiedsrichter schwer zu sehenden Handspiel, der Ball geht aber erst vier Minuten später ins Aus. Sowas kommt ja vor. Der Videoassistent schaut sich die Szene genau an: »Mist, stimmt!« Und der Schiedsrichter muss verkünden: »Also, ähm, da wurde von meinen Kollegen und mir dooferweise was übersehen. Wir streichen die letzten vier Minuten. Kann sich bitte jemand drum kümmern und die Uhr wieder zurückstellen? Sorry, wir müssen drüben weitermachen mit Elfmeter. Vergesst alles, was danach auf dem Rasen passiert ist!« Ist es das, was wir wollten?

Zugegebenermaßen passieren solche Extremfälle selten. Stattdessen bekamen wir Elfmeterentscheidungen, für die die Spieler aus der Halbzeitpause zurückgeholt werden mussten, oder annullierte Tore, weil gefühlte Ewigkeiten vor dem Torschuss mit sehr viel Kreativität aus der achten Kameraperspektive ein Foul zu erahnen war. Torjubel, der sich erst nach drei Minuten einstellte, weil man sich in dieser Wartezeit in einem totenstillen Stadion einen Schiedsrichter angucken musste, der mit dem Zeigefinger auf dem Ohr bewegungslos dasteht.

Vor der Einführung dieser technischen Neuerung fragten wir uns bang: Wer wird in die Geschichte eingehen als der erste Videoassistent, der eine Szene auf dem Bildschirm komplett falsch bewertet und damit einen braven Schiedsrichter überstimmt, der ohne ihn eigentlich alles richtig gemacht hätte? Und was schlagen wir dann am Sonntagvormittag im *Doppelpass* vor? Eine Videoanalyse der Videoanalyse? Einen Super-Mega-Videoassistenten, der in einem schlanken, fluoreszierenden weißen Turm auf dem Dach des Gebäudes in Köln residiert, in dem sich unten der berühmte Keller befindet, der in sich ruht und vor sich auf einem Monitor den herkömmlichen Videoassistenten und dessen Monitor sieht, der sich wiederum den komplett zum Würstchen degradierten Schiedsrichter und dessen Entscheidungen anschaut? Und was genau verkündet er, wenn nach vier Zeitlupen alles immer noch unklar ist? »Sorry, keine Ahnung. Spielt einfach weiter!« So? Oder kommt dann direkt Gott ins Spiel – als einzige Instanz, die noch über dem Video-Oberschiedsrichter des Videoschiedsrichters steht? Gott hätte sicher einen besonders großen, besonders hochauflösenden Bildschirm vor sich. Und würde zwischendurch zur Sicherheit mit Peter Gagelmann telefonieren.

Ich vermutete vor einigen Jahren sehr stark, dass ein im Stile eines Stoßseufzerchorals gestalteter Satz recht bald nach Beginn des Videobeweisexperiments zum Smash-Hit werden würde. Der Satz

»DAS HABEN WIR NICHT GEWOLLT!« Und ist es nicht toll? Ich hatte recht! Nein, toll ist das nicht.

Vor einigen Jahren gab es diese seltsame Szene, als der Assistent ein scheinbares Schalker Siegtor gegen den HSV kaputt pfiff, weil ein Eckball von Johannes Geis in der Luft im Aus gewesen sein soll. Anschließend aufgetauchte Aufnahmen eines Fans lassen vermuten, dass das ein Fehler jenes Assistenten war. Nun können Fehler passieren und sind menschlich. Dieser hier hat damals dummerweise Ingolstadt direkt absteigen lassen und die andernfalls so gut wie geretteten Teams vom VfL Wolfsburg und dem FC Augsburg zurück in den Abstiegskampf gezerrt. Nun könnte man heiser brüllen: »Siehste, wieder ein Argument für den Videobeweis! Damit sowas nicht mehr vorkommt!«

Man brüllt jedoch nur sehr kurz. Denn direkt am Tag danach erfuhr der geneigte Fan, dass der Videobeweis in einem solchen Fall gar nicht angewendet worden wäre, weil er nur klare Fehlentscheidun-

Müsste man sich vielleicht in Köln nochmal genauer anschauen.
Eventuell liegt eine natürliche Handbewegung vor.

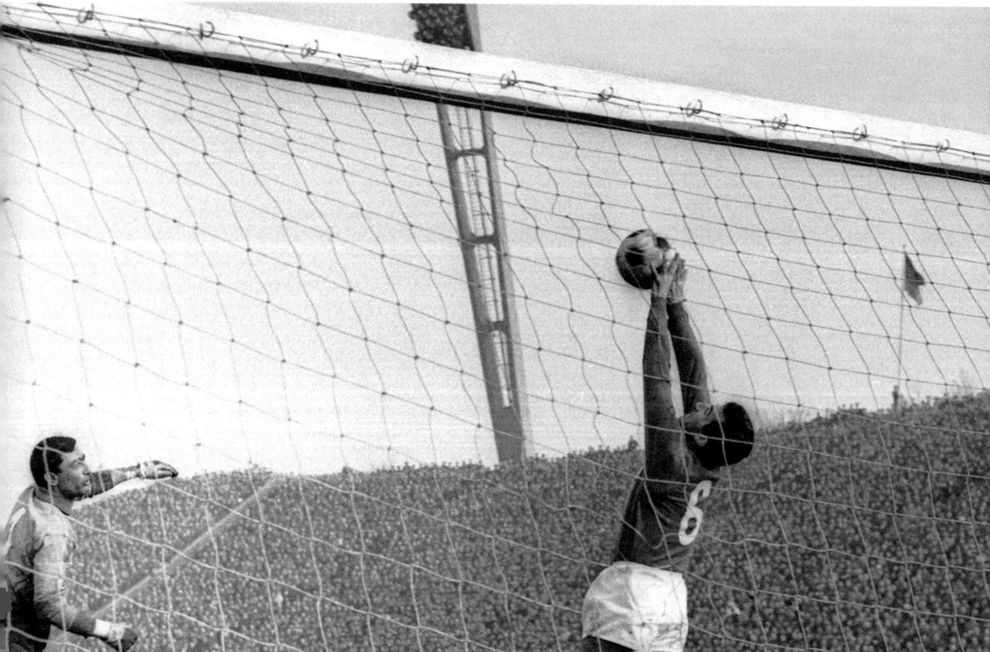

gen zu vermeiden helfen soll. Also wenn z. B. ein Ball von einem Stürmer mit beiden Händen ins Tor gebaggert wird, nachdem er zuvor einen Verteidiger erwürgt hat. Da greift dann der VAR ein, wenn der Schiedsrichter ungünstig stand und das Erwürgen für eine natürliche Handbewegung hielt.

Immer wieder kommt es vor, dass man Fehlentscheidungen erst nach der siebten oder achten Wiederholung als solche erkennt. Was aber tut man, wenn der Videoschiedsrichter dummerweise schon nach der sechsten Wiederholung entschieden hat? Und was macht man, wenn andere Experten es dann trotzdem genau andersherum gesehen haben wollen? Da sitzt man dann auf seinem Sofa und grübelt. Mehrere Personen, alle haben exakt dieselben Kamerabilder gesehen, und paritätisch wird ein und dieselbe Szene komplett unterschiedlich bewertet. Das ist für die große, weite Fußballwelt nicht tragisch, solange sich die Verunsicherung lediglich auf meinem Sofa abspielt.

Aber was wäre nun also passiert, wenn es um einen Videobeweis gegangen wäre? In einem wichtigen Spiel, bei einem engen Spielstand? Wenn sich der Videoschiedsrichter die Szene anschaut und zu dem Ergebnis kommt: »Na, der ist ja sowas von klar, dieser Elfer!« Dummerweise schaut ihm ein Kollege über die Schulter und wirft ein: »Nee, schau doch mal – der tritt doch dem Torwart auf den Fuß und fällt dann!« Der Videoschiedsrichter kann nun drei Dinge tun: Erstens kann er bei seiner Meinung bleiben. Zweitens kann er seinem Kumpel beipflichten und umschwenken: »Hast recht, ist wohl doch kein Elfer!« Als dritte Option bleibt noch Verzweiflung. All das kann passieren, wenn wir uns auf Videobeweise verlassen müssen, und jedes Mal werden 50 000 Menschen im Stadion und Millionen an den Fernsehern gebannt warten, was da unten im Kabäuschen des Videoassistenten passiert. Anschließend wird so etwas wie Gerechtigkeit und Unfehlbarkeit erwartet, obwohl sehr oft das Gegenteil passiert. Was nur menschlich ist. Die zusätzlichen Optionen für menschliches Versagen haben wir mit dem VAR zusammen eingekauft.

Die Handspielregel ist uns nach etlichen Änderungen in der Regelauslegung ungefähr so nachvollziehbar wie Schriftzeichen in einer ägyptischen Pyramide. Früher war sie einfach: Absicht oder nicht war die Frage, und als zusätzliches Kriterium hat der Schiri draufgeschaut, ob der Ball zur Hand geht oder die Hand zum Ball. Das hat uns über Jahrzehnte komplett ausgereicht. Wir waren nicht immer einer Meinung, wenn ein Unparteiischer im Stadion auf den Punkt gezeigt hat, und manchmal war es beim Betrachten der Fernsehbilder auch eine stumpfe Fehlentscheidung, aber das war nun einmal so, das gehörte zum Fußball dazu. Jetzt sind im blödesten Fall nicht der Schiedsrichter und wir uneins, sondern Schiedsrichter, der VAR und wir. Und stumpfe Fehlentscheidungen sind etwas seltener geworden, aber nicht im Sinne des Spiels, sondern nur, weil selbst die aktuell regeltechnisch korrekten Entscheidungen inzwischen sehr oft kompletter Unfug sind. Erschwerend kommt hinzu, dass wir als Zuschauer zuletzt das Gefühl hatten, dass ein und dieselbe Szene aus einer Laune heraus wöchentlich unterschiedliche geahndet und das dann jeweils auch unterschiedlich begründet wird. Zwischendurch war nicht einmal mehr nachvollziehbar, ob die Absicht beim Handspiel noch eine Rolle spielt oder nicht.

Dabei wäre die Lösung des ganzen Problems entwaffnend einfach. Wenn man nämlich irgendwann wieder zurückkehren könnte zu dem ursprünglichen, sehr simplen Grundgedanken, dass nur dann ein strafbares Handspiel vorliegt, wenn sich jemand absichtlich einen Vorteil verschaffen möchte, hat der ganze Spuk ein Ende. Das muss alles sein, worauf es bei der Regelauslegung ankommt: Verschafft sich ein Spieler absichtlich einen Vorteil durch die Bewegung oder Haltung seiner Hand oder seines Armes? Dann schaut man sich eine Szene an, macht sich keine Gedanken mehr über Körperfläche, Unnatürlichkeit oder 16 Uhr, sondern fragt sich nur: absichtlicher Vorteil oder nicht? Schon wird alles auf verblüffende Weise übersichtlicher. Zur Veranschaulichung ein kleines Beispiel aus dem Alltag: Wenn ich mich am Kopf kratze, weil es juckt und mich dann ein Ball an der kratzenden

Hand trifft, ist es keine Absicht. Kratze ich mich hingegen mit der rechten Hand, strecke dabei aber auch die linke Hand in die Höhe und mache damit ausladenden Bewegungen, obwohl es nicht juckt, darf ich mich über einen Elferpfiff wirklich nicht beschweren, wenn dieser Arm vom Ball getroffen wird.

Das wäre eindeutig, und jeder Schiedsrichter könnte mit dieser Definition etwas anfangen. Folglich wäre eine Entscheidung auf dem Rasen auch in der Hitze des Gefechtes relativ unkompliziert zu treffen, notfalls auch mal kontrovers. Momentan, Stand Sommer 2020, haben wir ein gegenteiliges Gefühl. Die Schiedsrichter fühlen sich ganz offensichtlich alleinegelassen mit einem wahren Regelauslegungsmonster. Die Handspielregel ändert sich ständig, weil sie nicht etwa vereinfacht, sondern immer komplizierter wird, mit inzwischen grotesken Ausmaßen. Die Entfernung, aus der ein Spieler den Ball an die Hand oder den Arm bekommt, hat mal eine Rolle gespielt, dann wieder nicht, und wenn dieses Buch erscheint, ist es vielleicht schon wieder ganz anders. Wenn die Entfernung keine Rolle mehr spielt, spielt auch die Absicht keine Rolle mehr, denn um sich auszumalen, ob man einen Arm bei einem Schuss mit einer Geschwindigkeit von 150 km/h aus einer Entfernung von zwölf Zentimetern noch wegziehen kann oder nicht, muss man kein Atomphysiker sein und auch kein Innenverteidiger. Wer aber solche Parameter ständig ändert und neu einordnet, dem ist es dann ganz offensichtlich auch egal, ob diejenigen es noch verstehen, die am meisten davon betroffen sind: die Spieler. Wenn das aber keine Rolle mehr spielt – für wen sind dann diese Regeln da? Für die Schiedsrichter nicht, denn denen macht man es ja auch immer schwerer. Und für die Zuschauer schon mal gar nicht, denn ob die das Spiel noch verstehen, spielt in unserer Zeit eine immer geringere Rolle. Früher war das mal wichtig.

Zwischendurch spielte es eine größere Rolle als zuvor, ob der Arm weit vom Körper abgespreizt ist oder nicht, und zeitgleich sollte der arme Referee bewerten, ob der Spieler seine Körperfläche vergrößert und die Bewegung natürlich wirkt. Nicht mehr anerkannt wird inzwischen ein Tor, wenn ein Stürmer vor der Erzielung den Ball von einem Abwehrspieler an die Kuppe seines kleines Fingers geballert bekam. Aus welcher Entfernung ist hier auch egal, ebenso ob die Hand sich absichtlich an ihrem Aufenthaltsort befand. Das betrifft aber nur Situationen, in denen ein Stürmer ein Tor erzielt. Die exakt gleiche Situation ist für einen Abwehrspieler kein Problem. Manchmal. Manchmal aber doch, aufgrund des wenig bekannten Regelzusatzes »Gerade so, wie's kommt«.

Verfeinert wurden die Regeln zwischenzeitlich durch die »16-Uhr-Regel«, die sich nicht an der Uhrzeit, sondern an der Haltung beider Arme orientierte. Es hätte kaum etwas geändert und auch nicht weiter verwundert, wenn das International Football Association Board (IFAB) beschlossen hätte, dass diese Regel nur nach 16 Uhr gilt.

Als direkte Folge dieses Regelauslegungsdickichts vollführen Defensivspieler seit einigen Jahren im eigenen Strafraum bizarre Bewegungen, die an irgendetwas aus *Der Nussknacker* von Peter Tschaikowsky erinnern. (Hinweis an den älteren Leser: Nein, das ist nicht der, den man früher »Tschik« nannte. Lass' Dir das am besten von den noch älteren Lesern erklären.) Sie wollen sichergehen, dass sie keiner unnatürlichen Handbewegung bezichtigt werden und sich auch nicht nachsagen lassen können, sie hätten ihre Körperfläche vergrößert. Deshalb versuchen Abwehrspieler inzwischen, sich beim Abblocken einer Flanke gleichzeitig möglichst groß und möglichst klein zu machen. Wenn ich so etwas im Spiel sehe, tippe ich mir doch an die Stirn. Mit einer sehr natürlichen Handbewegung.

Meine persönliche Theorie ist, dass manche Entscheidungen inzwischen ausschließlich getroffen werden, um die Spieler und die Zuschauer zu verwirren. Die werden vor einer Saison mit viel Aufwand informiert und geschult, was sich wieder alles an den Regeln ändern wird, nur um es vier Wochen später dann doch wieder ganz anders zu machen. Dann wird zuerst verkündet, dass nun die Natürlichkeit der Handbewegung eine zentrale Rolle spielen soll. Dann kommt hinzu, dass Arme über Schulterhöhe grundsätzlich als strafbar gewertet werden, wenn der Ball sie berührt. Bei der ersten entsprechenden Szene wischt ein Abwehrspieler einen Ball schwungvoll in 2,30 Metern Höhe durch den Abendhimmel. Es passiert – nichts! Begründung: War dem Schiedsrichter für einen Elfmeter dann doch zu wenig. Eine Woche später führt eine identische Szene in einer anderen Stadt zu einem Handelfmeter, der ein Spiel entscheidet. Diesmal ist es nicht »zu wenig«, sondern völlig regelkonform, wie ausdrücklich lobend erwähnt wird. Wenn der Verteidiger für das Handspiel nicht das Geringste konnte, der Arm auch gar nicht unnatürlich weit oben war, sondern aufgrund einer dynamischen Bewegung, und ihm dadurch auch kein Vorteil entstand, wird von Regelkennern entschuldigend hinzugefügt: »Die Regeln sind aktuell nun einmal so!« Das gilt dann, bis es nicht mehr gilt. Alle schauen sich die Szene an, jeder findet was anderes. Und der Mann am Videobildschirm trifft auch hier keine gerechte Entscheidung oder klärt auf, was wirklich passiert ist, sondern auch in diesem Fall findet er subjektiv, dass es so oder so war, aber dass es auch nicht verkehrt gewesen wäre, es genau andersherum zu entscheiden.

Und es wird immer so weiter gehen. Nicht lösbar ist der papageienartig vorgetragene Begriff der »klaren Fehlentscheidung«, die ja vorliegen muss, um einen Videoschiedsrichtereinsatz zu rechtfertigen. Nicht lösbar! Nicht lösbar! Nicht lösbar! – wenn ich mich mal kurz echauffieren darf. Wer als Schiedsrichter eine Fehlentscheidung trifft, die zwar spielentscheidend ist und möglicherweise einen Abstieg oder eine Meisterschaft entscheidet, der steht in manchen Fällen dennoch alleine im Regen, weil die Fehlentscheidung nicht klar genug war. Im Fachjargon nennt man das beschriebene Problem »Eingriffsschwelle«. Bei manchen sehr klar anmutenden Fehlentscheidungen wird nicht eingegriffen, und man bekommt als Zuschauer heftige Magendurchbrüche vor empfundener Ungerechtigkeit, während ebenso oft ein klares Tor aberkannt wird wegen einer klaren Fehlentscheidung, die mit jeder zusätzlichen Kameraperspektive immer unklarer wird. Und das alles wird immer so bleiben, weil wir hier nicht von messbaren

Situationen reden, sondern von Ereignissen, bei denen aus früher einer Person, die sich mal irren kann, nun sechs oder sieben Personen geworden sind, die sich komplett uneins sein können.

Mit zwei Mythen möchte ich gerne noch aufräumen, die an etwa genau dieser Stelle einer solchen Diskussion immer lässig ins Spiel geworfen werden. Erstens: Es wäre doch einfach möglich, »Hand ist Hand« zu pfeifen, also jedes Handspiel automatisch als strafbar zu werten. Nein. Und nochmals nein. Wer das einmal in Gedanken durchspielt, wird sehr schnell darauf kommen, dass eine solche Regel niemand wollen kann. Es müsste dann grundsätzlich Elfmeter geben, wenn ein Verteidiger im Strafraum am Boden liegt und ihm ganz schnell jemand den Ball an den Arm schiebt (was zweifelsohne in kürzester Zeit immer öfter gelingen würde). Es dürfte sich bei einem Freistoß in Strafraumnähe niemand mehr innerhalb einer Abwehrmauer die Hand schützend irgendwo hinhalten, weil es ansonsten sicherlich üblich werden würde, den Ball absichtlich mit 200 km/h etwa hüfthoch in Freistoßmauern zu jagen, weil sich ein be- und sofort danach getroffener Spieler sicherlich im Zweifel immer für den Erhalt funktionstüchtiger Genitalien entscheiden würde. Auch das müsste dann aber jeweils Strafstoß geben. Und wer hier jetzt zaghaft den Finger hebt und sagt, ja gut, Schutzhand müsse man natürlich schon gestatten, der fängt dann auch hier wieder an, das Fass für Ausnahmen aufzumachen, und dann wären wir sehr schnell wieder beim heutigen Regelchaos. Was sich durch »Hand ist Hand« ganz grundsätzlich sprunghaft vermehren würde, wären außerdem die Versuche, statt einer platzierten Flanke einen Ball als Querschläger in den Strafraum zu dreschen, in der Hoffnung, irgendeinen Arm zu erwischen. Genau diese taktische Volte haben wir in den ratlosesten Momenten der WM 2018 in Russland schon ein ums andere Mal beobachten dürfen. Schön war das nicht.

Und zur möglichen Verbesserung des Videobeweises auch gerne noch etwas. In Fernsehrunden zum Thema wird immer wieder als spannender Ansatz an passender Stelle in die Runde geworfen, die

Sache mit dem Videoschiedsrichter ließe sich doch viel besser in Form von Challenges lösen, die wir aus anderen Sportarten kennen könnten. Ungefähr in der Form, dass jeder Trainer ein Spiel dreimal unterbrechen und eine Szene nachprüfen lassen darf. Das klingt nach einer guten Idee – ungefähr fünf Sekunden lang. Danach setzen dann Fantasie und Vernunft ein und malen sich aus, wie eine solche Challenge im wirklichen Spielgeschehen aussehen mag. Variante 1: Eine Challenge darf nur bei einer Spielunterbrechung angemeldet werden. Problem: Das kann dann aber auch mal drei Minuten nach einer strittigen Szene sein. In diesem Fall macht der Trainer dem Schiri klar, dass er da vor ungefähr drei Minuten eine Szene zu beanstanden hätte. Vor den Augen eines gebannt ausharrenden Publikums im Stadion und zu Hause am Fernseher wird das Spiel unterbrochen, und die Szene wird gesucht, bis sie gefunden wird. Im besten Falle geht das schnell. In allen anderen Fällen dauert das quälend lange. Nun gibt es zwei Möglichkeiten: Nach einer weiteren, mehrminütigen Pause für die Videoanalyse der betreffenden Szene geben die Männer im Kölner Keller dem Trainer recht. Das Spiel muss dann drei Minuten zurückgespult werden. Diese drei Minuten haben praktisch gar nicht stattgefunden. Das geht allerdings nur dann, wenn wir das mit der »klaren Fehlentscheidung« als Voraussetzung für einen Videobeweis außer Kraft setzen, denn vielleicht stoßen wir nach dem Zurückspulen der drei Minuten ja auch nur auf eine mittelklare Fehlentscheidung. Was dann? Dem Trainer erklären »Du hattest recht, aber die Fehlentscheidung war nicht glasklar genug, sondern nur semi-klar, deshalb können wir sie leider nicht mehr revidieren!«? Oder revidieren wir alles, was nicht bei drei auf dem Baum ist und radieren auch mal drei Minuten eines Spiels aus, weil ein Trainer vor einer gefühlt unfassbar langen Zeit das Gefühl hatte, ein Eckball sei in der Luft doch gar nicht im Aus gewesen und müsse also wiederholt werden? Hier hakt dann laut die Abteilung Widerspruch ein und betont: Nein, nein, bei SO etwas dürfe man eine Challenge natürlich nicht anwenden. Aha. Aber wann und wo genau, und wie lange das dauern soll, bis jeder Trainer etwas monieren darf und die Schiedsrichtergespanne genau darauf eingestellt sein müssen, ohne dass dieses Modell für dauernde Kapriolen sorgt, das bleibt im Dunkeln. Immerhin gäbe es ja noch die zweite Variante: Das Spiel wird umgehend, unverzüglich und sofort unterbrochen, wenn ein Trainer etwas Challenge-Würdiges gesehen haben will. Dann allerdings kann der gegnerische Trainer damit auch wunderbar einen Konter unterbinden, indem er »HALT!« brüllt, sobald die andere Mannschaft einen schnellen Gegenangriff startet. Geht auch nicht so gut, und fühlt sich nicht richtig an, wenn Challenges als taktisches Mittel eingesetzt werden können. Wenn es keine strittigen Situationen gab, könnte der Trainer einer mächtig unter Druck stehenden Mannschaft diese drei Challenges auch komplett in der Nachspielzeit verballern, für falsche Einwürfe oder so. Jedes Mal »HALT!«, jedes Mal Prüfung im Souterrain in Köln. Andersherum ist es sogar noch spektakulärer: Wenn ein Trainer seine drei Challenges leichtfertig vergeudet hat, könnte in der Nachspielzeit ein für die Kameras deutlich zu erkennender, grober, spielentscheidender Fehler passieren. Nützt aber nichts, weil man anschließend sagen müsste: »Tja – war natürlich grob falsch, dass der Schiedsrichter das nicht geahndet hat, aber wir durften nicht eingreifen, weil Du ja keine Challenge mehr *übrig* hattest!«

Lange Rede, kurzer Sinn: Wir alle leiden auch nach mehreren Jahren darunter, dass uns von Anfang an ein »Beweis« versprochen wurde, den es gar nicht geben kann. Es geht nicht um Beweise, sondern um zweite Meinungen, die eingeholt werden. Die Verantwortung für Fehlentscheidungen wird auf mehrere Schultern verteilt. Wenn der Schiedsrichter einen Fehler macht, kann ihm von Köln aus geholfen werden. Wenn der Schiedsrichter aber etwas eigentlich richtig gemacht hatte, können von Köln aus Fehler in die Spielleitung eingebaut werden, die sonst gar nicht passiert wären. Der VAR bietet keinen Beweis, sondern eine Zusatzmeinung, mit allen Stärken und Schwächen. Einzelne Situationen können dadurch gerechter gestaltet werden. Darauf wird immer wieder gerne hingewiesen. Ignoriert wird, dass viel zu oft das genaue Gegenteil passiert: Spielsituationen, in denen NIEMAND mehr kapiert, warum »Köln« sich das nicht nochmal genauer anschaut. Spielsituationen, in denen alle zu sehen glauben, was wirklich passiert ist, ohne dass es entweder die Männer im Kölner Keller zu interessieren scheint oder aber den Schiri im Stadion. Und wer mal in dieser Situation war, der dürfte bestätigen, dass eine Ungerechtigkeit, die trotz oder sogar wegen eines Eingriffs des VAR geschehen ist, sich um ein Vielfaches ungerechter anfühlt als eine einfache *Old-fashioned*-Fehlentscheidung eines einzelnen Schiedsrichters, so wie früher.

Und apropos früher: Wenn wir uns die Weltmeisterschaften noch mal mit zusätzlichen Kameras anschauen und neu bewerten würden, sagen wir beispielsweise 1954, dann kämen wir zu erstaunlichen, den Weltfußball komplett auf den Kopf stellenden Entscheidungen. Das »Wunder von Bern« hätte es möglicherweise nie gegeben, weil Ungarns Ferenc Puskas gegen die Deutschen im Finale der WM 1954 vier Minuten vor Schluss ein Abseitstor schoss, das mutmaßlich ein eigentlich korrekter Treffer war. Das wäre das 3:3 gewesen. Dann wahrscheinlich Verlängerung, und wäre es beim Unentschieden geblieben, hätte es ein Wiederholungsspiel gegeben. Ob Deutschland die Ungarn dann geschlagen hätte, ist äußerst fraglich. 1966 in England wäre das Wembley-Tor nie gefallen, weil man es mit etwas Glück als simplen Lattenschuss entlarvt hätte. Mit viel Glück, weil die damaligen Kameras das in keiner einzigen Perspektive wirklich auflösen konnten. Das alles passierte damals in der 100. Minute. Vielleicht wäre auch dieses Finale wiederholt worden und dann durch ein fades 1:0

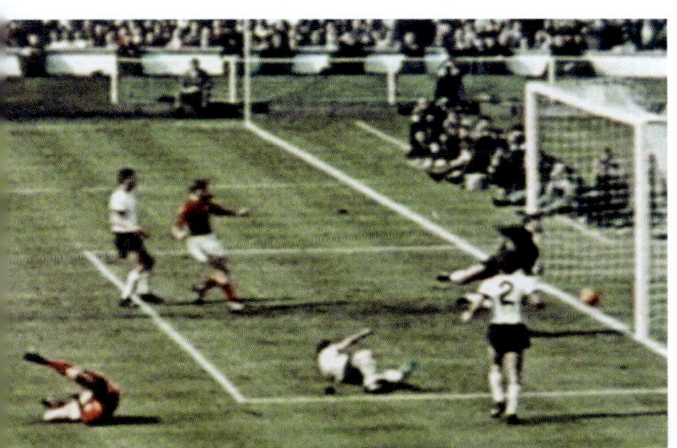

Das berühmte Wembley-Tor im WM-Finale von England. Der VAR hätte hier schon 1966 zweifelsfrei herausfinden können, dass man nichts erkennen kann.

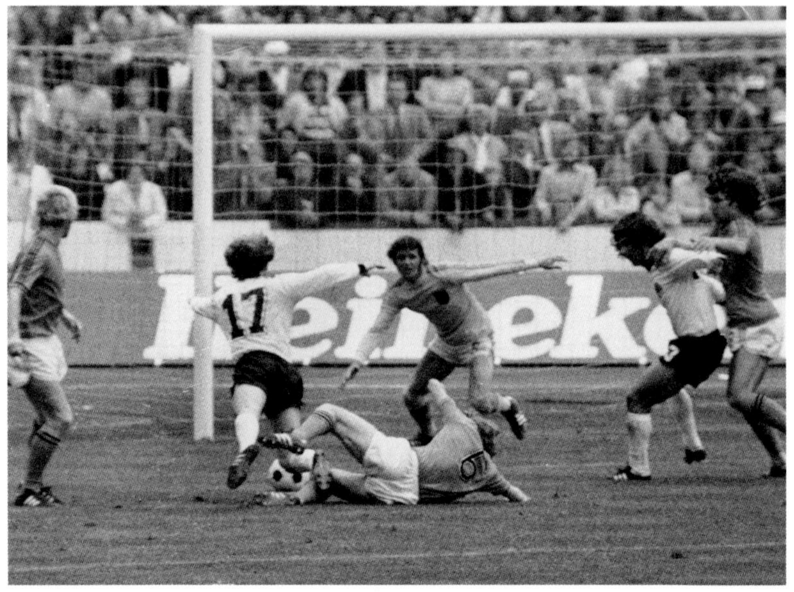

Bis heute hält sich hartnäckig die Legende, Deutschland sei 1974 vor allem aufgrund einer Hölzenbein-Schwalbe Weltmeister geworden. Wenn man sich das dazugehörige Bild anschaut, muss man freilich hochachtungsvoll anmerken, dass Bernd Hölzenbein unbestritten großartig fliegt, aber dennoch gut sichtbar von seinem Kontrahenten Wim Jansen (Niederlande) zur Sicherheit umgenietet wird.

(Foulelfmeter im Nachschuss, 88. Minute) entschieden worden. Die Zahl der Fehlentscheidungen des peruanischen Schiedsrichters Yamasaki im »Spiel des Jahrhunderts« bei der WM 1970 zwischen Italien und Deutschland hätten durch etliche VAR-Pausen das Spiel selbst auf ungefähr vier Stunden Länge gestreckt. 1974 hätten die VARs erkannt, dass das Foul von Hoeneß an Cruyff in der ersten Spielminute außerhalb des Strafraums geschah. Die Niederlande wären nicht in Führung gegangen und das Spiel hätte einen ganz anderen Verlauf genommen. Dafür hat Deutschland noch ein völlig reguläres Tor geschossen, das zu Unrecht wegen Abseits nicht zählte (Gerd Müller, 56. Minute). Hölzenbein hätte erstaunlicherweise nicht einen, sondern sogar zwei Elfmeter bekommen. Dass Deutschland nur durch eine Schwalbe des Frankfurters zum Elfer und zum Ausgleich kam, ist nach zwei oder drei Wiederholungen hanebüchener Quatsch. Hätten all diese Korrekturansätze die Spiele gerechter ausgehen lassen? Unklar. Hätte es diese Spiele toller gemacht? Höchstwahrscheinlich nicht.

Ein Traum wäre, wenn wir einfach mal was ganz Verrücktes machen würden: Einfach mal ganz crazy das Naheliegende entscheiden! Die geltenden Regeln wieder vereinfachen, statt immer mehr immer neue Ausnahmen in Schiedsrichtergehirne zu pflanzen. Die Regeln wieder an der Natur des Fußballspiels zu orientieren, statt ein Regeldickicht hochzuzüchten, dessen Nachvollziehbarkeit immer weniger eingeweihten Druiden vorbehalten ist. Und in vielen Fällen nicht einmal denen. Regelauslegungen zu verkünden, die dann nicht nur ein halbes Jahr, sondern wieder ein Jahrzehnt Bestand haben. Nie vergessen: Fußball ist einfach herrlich, weil er so herrlich einfach ist.

Abgesehen von solchen Kapriolen bin ich ein Freund der Schiedsrichter. Ich weiß, dass die einen oft heiklen Job haben, größten Belastungen ausgesetzt sind, unter massivem Druck gute Entscheidungen treffen müssen und dabei von etlichen Kameras und 50000 Zuschauern live begutachtet werden. Das machen die meisten fast immer gut, und selbst die, die es nicht gut machen, machen es nicht absichtlich schlecht. Wenn ein Schiedsrichter ein Spiel durch einen Fehler entscheidet, versuchen alle übertragenden Sender, ihn anschließend vor die Kamera zu bekommen. Und wenn es gelingt und das Gespräch zu Ende ist, kommen vom Reporter fast immer die Worte: »Danke, dass Sie sich trotzdem gestellt haben!« »Gestellt!« Ein Wort, das man sonst in der Regel für Personen verwendet, die ein Verbrechen zugegeben haben.

Der Schiedsrichter des allerersten Spiels, das ich im Stadion sah, war Herr Waltert aus Paderborn. Den Vornamen musste ich nachschlagen: Rainer. Ich wusste auch nicht mehr, wie er aussah. Gleiches gilt für seine Alters- und Berufsgenossen aus den späten 70ern: Gerd Hennig aus Duisburg, Udo Zuchantke aus Berlin, der mit 84 Jahren noch Amateurspiele pfiff, oder Dr. Dieter Stäglich aus Bonn, der mir nur deshalb noch einfällt, weil der *Kicker* ihn einmal nach einem wohl etwas schwächeren Spiel mit der Überschrift »Kläglich, Dr. Stäglich!« würdigte. All diese Pfeifenmänner von damals hatten ein ganz anderes Leben als ihre Nachfolger es heute kennen. Sie wurden nahezu nie interviewt, sie waren keine Medienpersönlichkeiten, sie bewegten sich nicht in sozialen Medien. Sie mussten einfach nur den Schied richten.

In Gesängen wurde ihnen damals noch nicht klargemacht, dass man wisse, wo ihr Auto steht. Dieser Gesang beeindruckt übrigens nahezu keinen Schiedsrichter. Die kommen fast immer mit dem Taxi. Noch früher mussten sie sich anhören, dass sie doch bitte zum Telefon kommen sollten, weil »ihre Oma schon wartet«. Das war sicher sehr viel furchteinflößender für Männer wie Waltert, Hennig oder Dr. Stäglich.

Ein guter Freund von mir ist Peter Gagelmann, der früher Bundesligaschiedsrichter war. Von ihm habe ich viel darüber gelernt, warum Schiedsrichter wie agieren, welche Schwierigkeiten der Job mit sich bringen kann und warum es zwar befreiend sein kann, alle Schuld immer beim Schiedsrichter zu suchen, dass das aber meist unfair ist. Er wiederum bekam von mir über Jahre vermittelt, wie und wann man am besten brüllt und weshalb nicht nur Schiedsrichter, sondern auch Zuschauer manchmal einen schweren Job haben, wenn der Schiedsrichter aber so richtig beschissen pfeift.

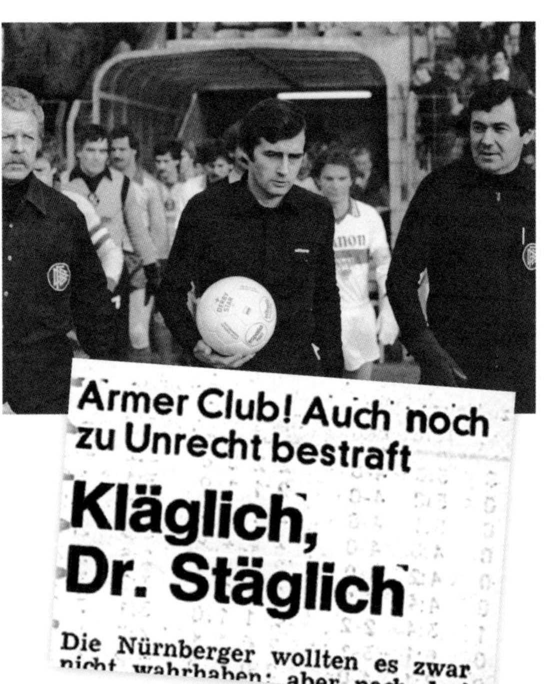

Armer Club! Auch noch zu Unrecht bestraft

Kläglich, Dr. Stäglich

Die Nürnberger wollten es zwar nicht wahrhaben: aber nach drei

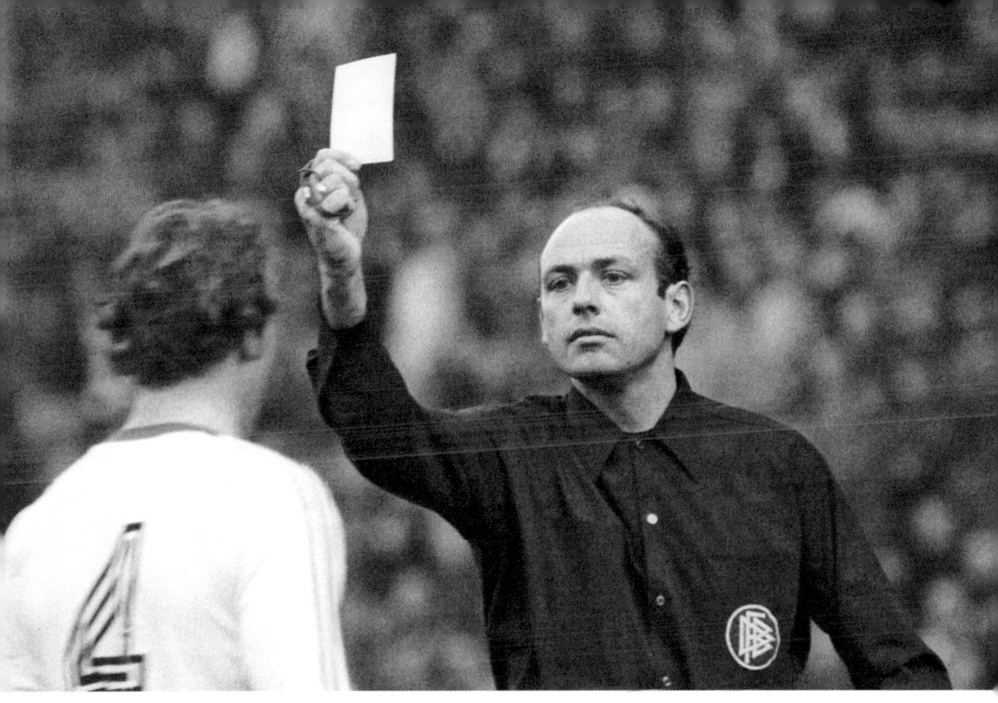

Der Paderborner Rainer Waltert war Schiedsrichter meines ersten Bundesligaspiels überhaupt. Er war Vertreter einer Schiedsrichtergeneration, die ihren Job sehr unspektakulär und von den Medien beinahe unbemerkt verrichtete. Man wusste über diese Männer sehr wenig. Eigentlich nur, wo ihr Auto steht.

Es gibt ein paar grundsätzliche Missverständnisse, wenn es um die Bewertung von Schiedsrichterleistungen geht. Manche davon wurden durch die Einführung des VAR noch verstärkt. Einer der am weitesten verbreiteten Trugschlüsse ist, dass Entscheidungen eines Unparteiischen immer glasklar korrekt oder eben falsch sind. Und dass jede Situation auf dem Spielfeld sich ganz zweifelsfrei ahnden und entscheiden lässt. Wenn man sich manche Entscheidung mit Muße und Geduld in Ruhe anschaut, erlebt man sehr häufig Szenen, in denen zwei oder noch mehr Entscheidungen möglich wären. Selbst bei so krassen Situationen wie Elfmetern kommt man mit kühlem Kopf zum Resultat, dass für den Schiedsrichter mitunter das Verhängen einen Strafstoßes richtig gewesen wäre, das Anzeigen von »Weiterspielen« aber ebenso. Es gibt nicht nur »richtig« oder »falsch«. Es gibt in jedem Spiel Szenen, in denen die Interpretation des Schiris vonnöten ist. Und je nachdem, wie er entscheidet, ist das dann keine definitiv korrekte Entscheidung und analog dazu auch keine Fehlentscheidung. Es ist einfach SEINE Entscheidung. Die zu respektieren fällt durch die Einführung des Videobeweises manchmal noch schwerer als ohnehin schon. Alleine schon wegen des Begriffs »Beweis«, der ja eher volkstümlicher Natur ist und nicht offiziell verwendet wird.

Aber wir im Stadion oder vor dem Fernseher, wir bekommen ja oft »mehr Gerechtigkeit« versprochen, wenn der VAR einschreitet, und das ist leider oft ein leeres Versprechen. Denn auch der VAR muss Situationen interpretieren und kann in sehr vielen Fällen gar nichts beweisen. Wenn man das weiß, ist es gar nicht so schlimm. Schlimm ist es zuweilen nur dann, wenn man in einer brenzligen Spielsituation einen Beweis erhofft und stattdessen eine weitere Meinung bekommt.

Didier Six (VfB Stuttgart) mit einer sehr natürlichen Handbewegung hinter dem Rücken von Schiri Peter Gabor.

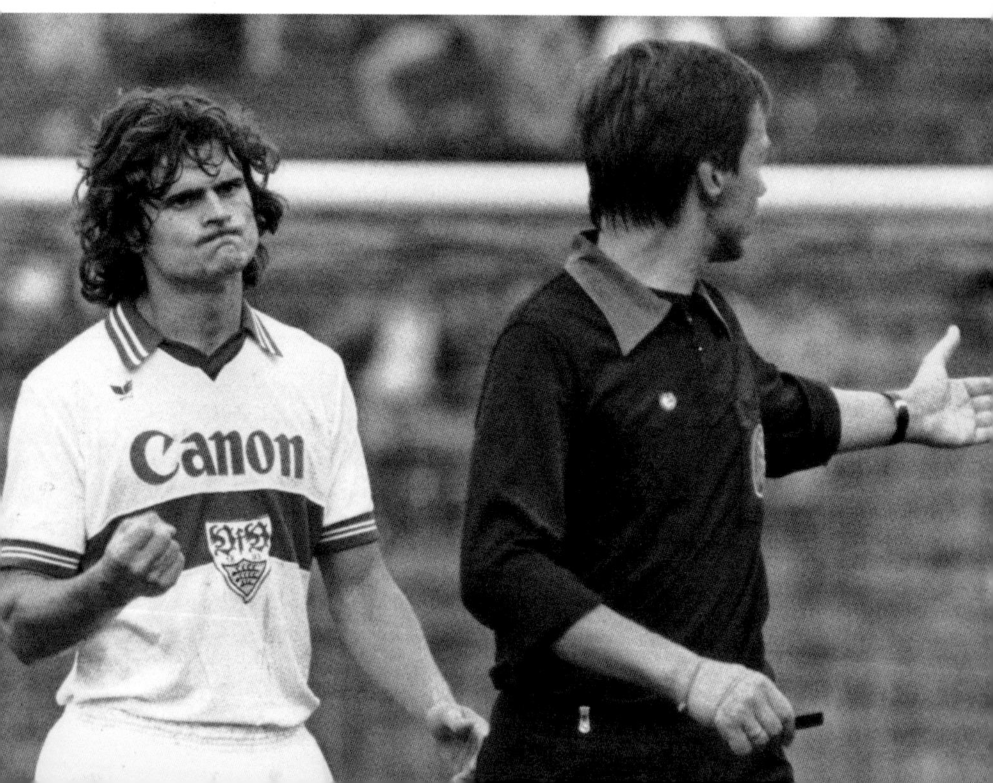

Wenn ich mich mit meinem Freund Peter über das Regelwerk unterhalte, kommen wir sehr häufig an immer derselben Stelle an. Er erklärt mir, weshalb Schiedsrichter so und nicht anders entscheiden und vorgehen müssen, und ich erkläre ihm, weshalb ich manche Regelauslegung für komplett verfehlt halte. Er sagt dann immer, dass ich vielleicht sogar recht habe, aber die Schiris natürlich dennoch nur so entscheiden können, wie es aktuell in der Auslegung der Regeln vorgesehenen ist. Das sehe ich dann sogar ein, aber immer nur ganz kurz. Vereinfacht: Peter sagt, Schiedsrichter XY habe da gerade komplett richtig entschieden. Ich erwidere, dass aber doch die Regel in dieser Form kompletter Unsinn sei. Er antwortet, dass ich zwar recht habe, aber die Regel sei nun mal so. Ich sage, dass das aber doch Unsinn sei. Und er meint, ja, aber das seien nun einmal die Regeln. Und ich so: »Aber die sind doch Quatsch!« Er so: »Ja, aber ist nun mal so!« Und ich: »Ja, aber warum?« Damit könnten wir uns notfalls stundenlang beschäftigen.

Ich bin nicht für die Fußballregeln und ihre Anwendung zuständig. Ich glaube, das machen nur Leute, die im Schnitt 60 Jahre älter sind als ich. Ich habe aber die Vision, dass diese Regeln vielleicht irgendwann einmal so formuliert werden, dass sie dem Fußball wieder helfen, statt ihn und alle Beteiligten zu verwirren. Regeln, die einfacher statt umständlicher gemacht werden. Regeln, die dann auch konsequent umgesetzt werden. Damit die Trainer und Spieler endlich damit aufhören können, sich mehr Fingerspitzengefühl zu wünschen. Das wünschen sie sich nämlich nie untereinander, sondern immer nur vom Schiedsrichter. Ich wünsche mir das von mir selbst.

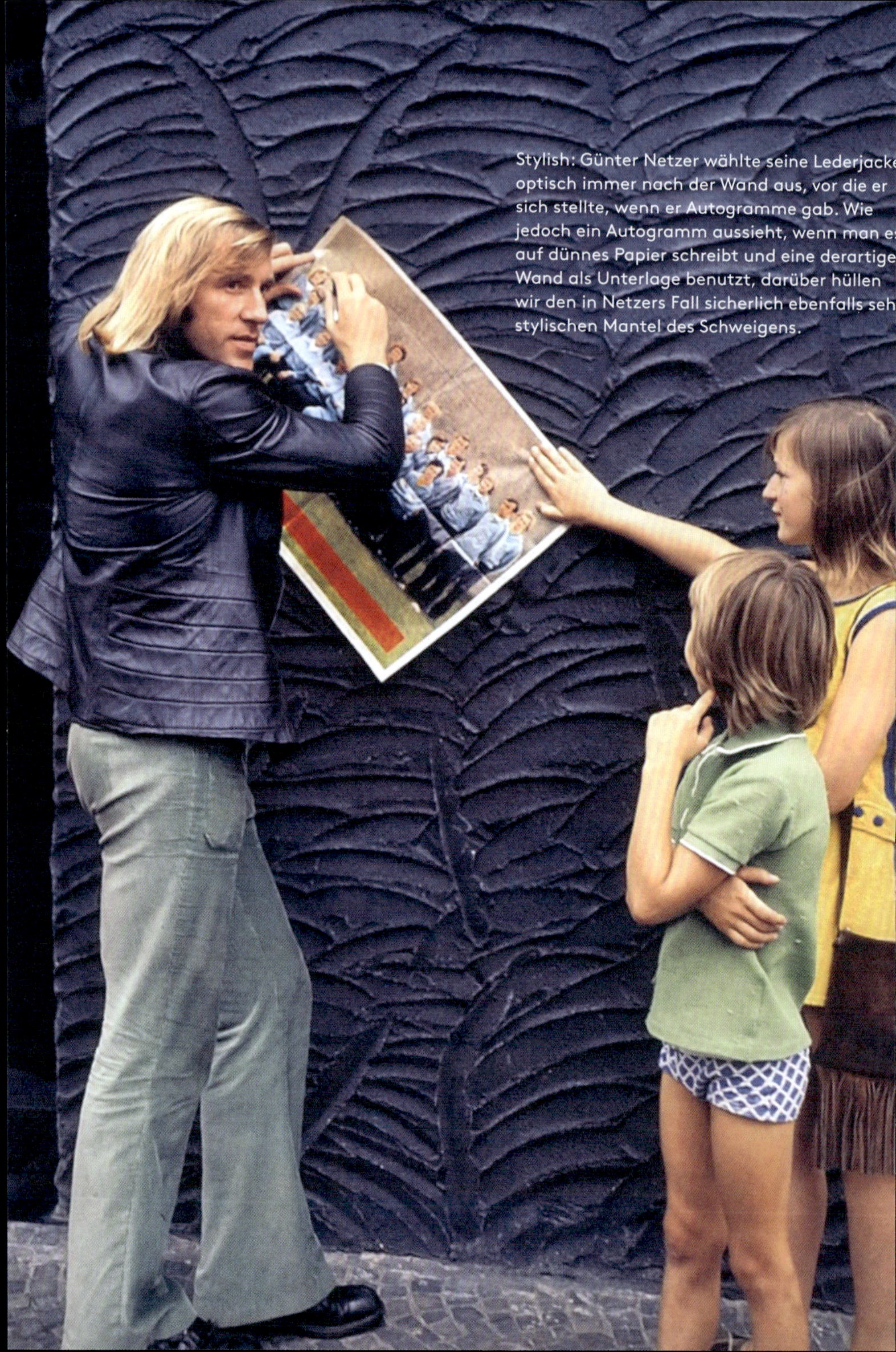

Stylish: Günter Netzer wählte seine Lederjacke optisch immer nach der Wand aus, vor die er sich stellte, wenn er Autogramme gab. Wie jedoch ein Autogramm aussieht, wenn man es auf dünnes Papier schreibt und eine derartige Wand als Unterlage benutzt, darüber hüllen wir den in Netzers Fall sicherlich ebenfalls sehr stylischen Mantel des Schweigens.

PAUL BREITNER GIBT ES WIRKLICH

oder: Ey, Pizarro!

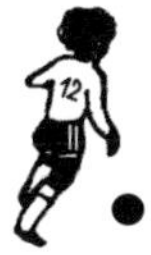

»Ey, Pizarro, Trikot!!!« Dieser sehr sparsam ausgeschmückte und lediglich mit einer Minimalkonfiguration an Höflichkeit ausgestattete Satz (wenn es denn streng genommen überhaupt einer ist) schlug mir über viele Jahre alle 14 Tage entgegen, wenn gerade ein Werder-Heimspiel abgepfiffen wurde.

Als ich klein war, hat man sich noch Autogramme geholt. Autogramme sind mittlerweile die Vinylschallplatte des Fußballfansammlerwesens. Niemand holt sich mehr Autogramme. Für die Nachgeborenen: Vor sehr langer Zeit hat man verehrte Spieler um eine Unterschrift gebeten – meist mit einer Bitte wie: »Herr Pizarro, könnte ich bitte ein Autogramm bekommen?«

Niemand hätte seinerzeit kehlig gebellt: »Ey, Pizarro, Autogramm!!!« Früher war nicht alles besser, wie aufmerksame Leser schon ein paar Seiten vorher gelernt haben, aber das schon. In deutschen

Stadien hat eine verhängnisvolle Entwicklung des mehr oder weniger organisierten Trikotschnorrens eingesetzt, auf die man nur noch sehr schwer den Deckel draufbekommt. Verschiedensprachige Schilder werden gemalt, Nachnamen werden gebrüllt, es wird gestikuliert, um auf sich aufmerksam zu machen.

Nichts ist dagegen einzuwenden, wenn ein Spieler einem kleinen Jungen die Freude seines Lebens bereitet, indem er vorbei an größeren, kräftigeren Armen dem Trikot den Weg in die schweißnassen Fingerchen eines Achtjährigen bahnt. Das sind immer wieder schöne Szenen. Es gibt aber auch eine Schattenseite: Manche der ergatterten Trikots sind schon am selben Abend bei eBay zu finden. Und wieder andere, nun ja, »Trikotsammler« wollen einfach nur irgendwas abgreifen, egal von wem. Das führt dann manchmal zu einem phonetisch garstigen Stakkato-Gebrülle von Spielernamen, völlig wahllos – je nachdem, wer halt gerade in der Nähe vorbeiläuft: »EY, PIZARRO, TRIKOT! BARGFREDE!!! BAAAARGFREEEDE, EY, MOISANDER!! MOIS … MOISANNN … RASHICA!!! TRIKOT!!! ODER DU DA, NUMMER 29!!! TRIKOT?«

Nicht schön ist sowas. Wer kein Trikot ergattert, macht frustriert ein Selfie, um der eigenen Enttäuschung Herr zu werden. Sowas kann auch optisch gelungen und erfüllend sein, wenn man den Selfiepartner wirklich mag, wenn man nett fragt, und wenn der betreffende Mensch dann auch einwilligt. Leider kommt es auch hier vor, dass unter kompletter Missachtung sämtlicher seit vielen Jahrhunderten etablierter sozialen Regeln gebrüllt und gezerrt wird, und es ist manchen auch egal, ob das daraus resultierende Bild nett wird oder nicht. Es ist wie eine Trophäe, und es ist dann auch völlig wumpe, ob der auf diese Weise vor das Smartphone gedrängte Profisportler anschließend aussieht wie ein erschossenes Reh auf einem Hobbyjäger-Protzfoto. Ich selbst schaue auf solchen Bildern häufig wie ein depressives Reh. Meistens vor allem deshalb, weil die Fanfotos mit einem Stadionsprecher aus einer mit Händen greifbaren Verzweiflung heraus gemacht werden darüber, dass kein Spieler mehr zu sehen ist. »Ey, da ist noch der aus dem Fernsehen. Arne, komm – Foto!«

Ich weiß, dass ich jetzt sehr alt klinge, aber eines meiner allerersten Autogramme schrieb mir Sepp Herberger. Freilich, als er schon lange nicht mehr im Amt war. Dem habe ich, wie es sich gehörte, einen artig in meiner schönsten Kinderschreibschrift verfassten Autogrammbrief geschrieben, mitsamt eines frankierten Rückumschlags. Sepp Herberger schickte damals ein sehr schönes Farbfoto zurück, mit einer sehr schönen Unterschrift. Nicht auf einer dieser Karten, wo hinten für Säfte, Fertighäuser oder Shampoo geworben wurde, sondern einfach nur auf einem farbigen Foto, auf der Vorderseite einer hinten neutralen Postkarte, die Herberger vermutlich privat bestellt und bezahlt hatte, für kleine Jungen wie mich.

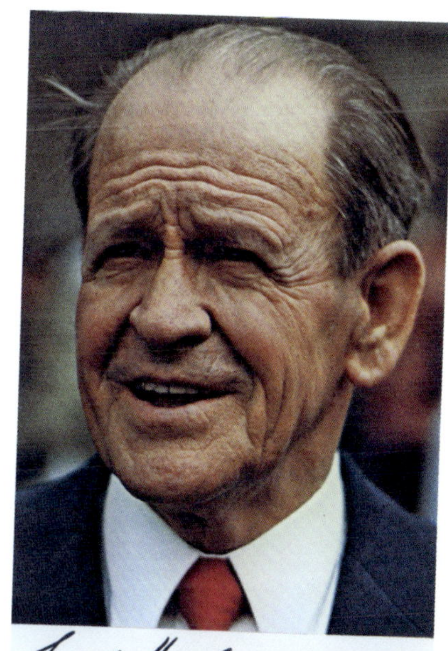

Danach habe ich viele Jahre lang meine Helden um Autogramme gebeten, per Brief oder am Stadion, oder bei Autogrammstunden. Die meisten dieser Erlebnisse waren toll. Gut, da war die schon erwähnte Enttäuschung rund um Karl-Heinz Rummenigges vorgedrucktes Fake-Autogramm, aber die meisten Versuche liefen besser. Meine erste Begegnung mit einem echten Helden erlebte ich am Tag nach meinem elften Geburtstag. Paul Breitner war für eine Autogrammstunde in Bremen zu Gast.

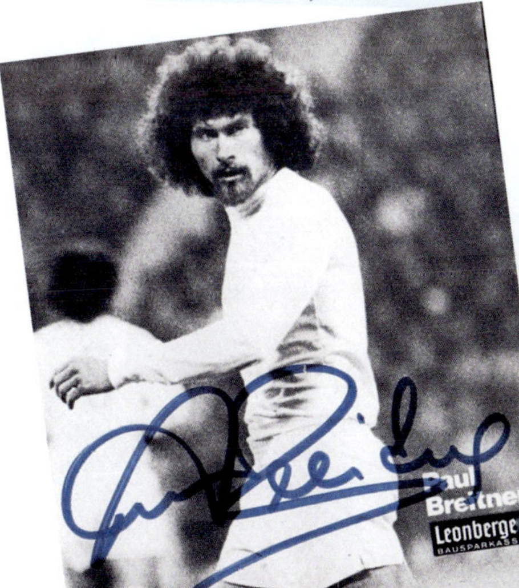

Er trug ein sehr stylisches Hemd, hatte einen riesengroßen Kopf, was an seiner damals aufsehenerregenden Frisur lag und war mit Mitte 20 einer der Stars von Real Madrid. Sah aus wie ein Popstar, war aber ein echter Fußball-Superstar und saß lustlos und einsilbig in einer kleinen Bausparkassenfiliale. Wenn mir meine Erinnerung keinen Streich spielt, gab sich Breitner sogar eher unfreundlich. Auf einem damals aufgenommenen Foto sehe ich dennoch aus wie der glücklichste Junge der Welt.

Uli Hoeneß gab 1976 Autogramme bei real-kauf in Bremen-Habenhausen, auf Poster, auf denen er für eine Margarine warb und ein T-Shirt trug, auf dem »fit und schlank« stand. Ginge heute auch nicht mehr. Es war am Vorabend eines Bundesligaspiels, ich wünsch-

Der Junge im Vordergrund bin ich. Autogrammstunden mit echten Stars sind immer unvergessliche Erlebnisse.
Paul Breitner muss heute noch sehr oft an diesen Tag denken.

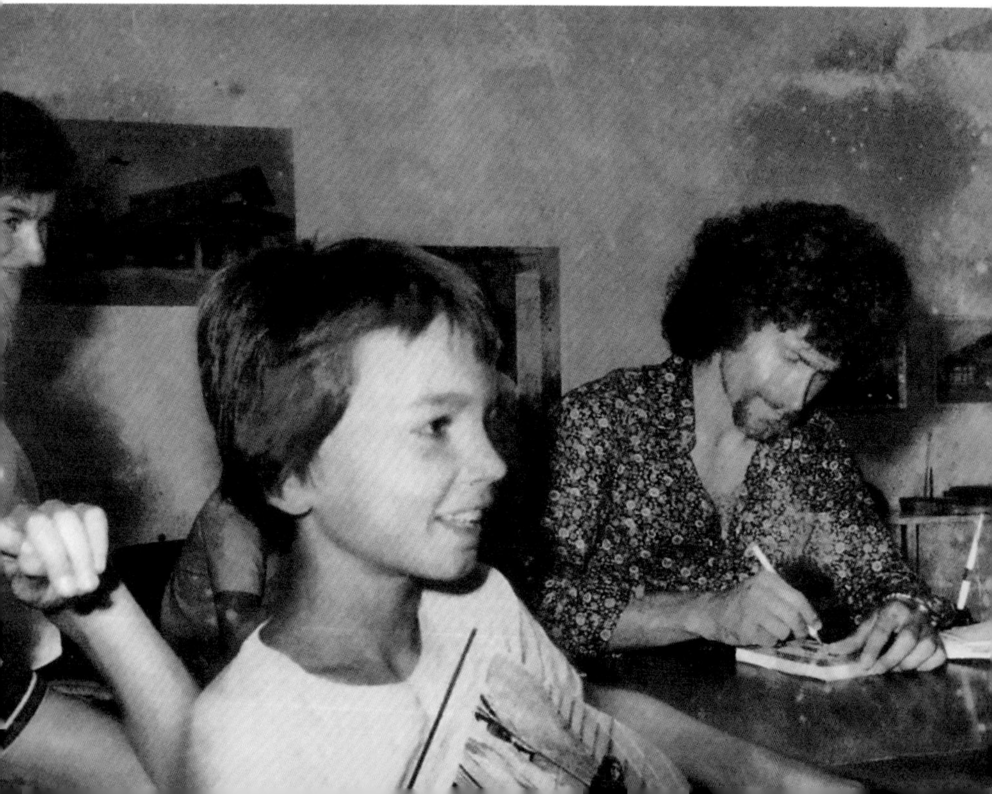

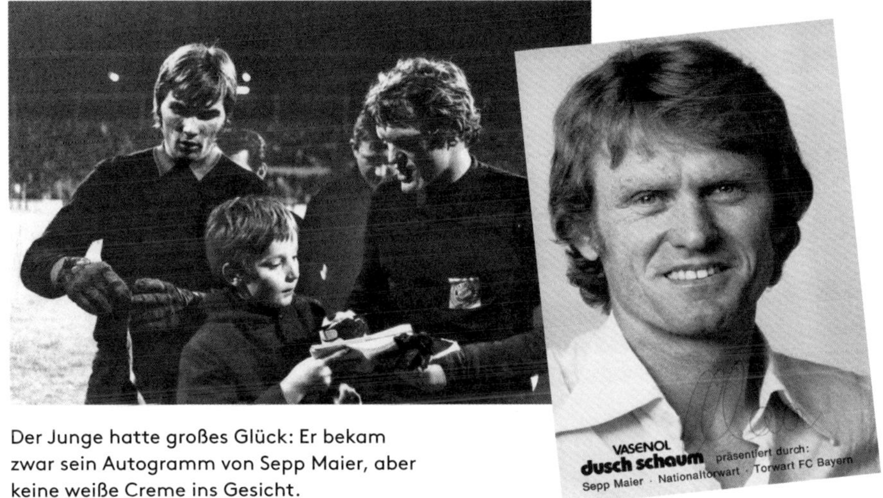

Der Junge hatte großes Glück: Er bekam zwar sein Autogramm von Sepp Maier, aber keine weiße Creme ins Gesicht.

te ihm noch »viel Glück für morgen«, und merkte erst danach, dass er natürlich mit seiner Mannschaft gegen Werder Bremen spielen würde. Die Bayern gewannen 3:2 in Bremen, und ich war wahrscheinlich ein bisschen schuld.

Sepp Maier wurde einmal für eine Autogrammstunde bei Karstadt gebucht. Er unterschrieb auf Werbekarten für »Vasenol Duschschaum«, und ich lernte schon als Kind einiges über die Arbeit einer großen deutschen Boulevardzeitung. Bei deren Bremer Redaktion arbeitete in den 70ern die legendäre Erika Berger, die später für ihren Erotik-Talk im Privatfernsehen berüchtigt war. Sie kam zu besagter Autogrammstunde mit dem Nationaltorwart, machte ein vereinbartes Foto mit dem Maier Sepp, der ihr dafür innerhalb eines Vorgangs, der ungefähr vier Sekunden dauerte, unmotiviert etwas weißliche Creme auf die Wange klatschte und danach weiter Autogramme gab. Am nächsten Tag erschien auf der Regionalseite der *BILD* Bremen der große Artikel »Erika Berger: So ließ ich mich von Sepp Maier behandeln.« Es war ein großer Erfolg. Erika Berger hatte noch viele Jahre danach im Fernsehen immer eine sehr schöne Haut.

Bei Werder Bremen spielte in den ersten Jahren meiner erwachenden Fan-Leidenschaft immer noch der unverwüstliche Horst-

spielte fast im Unterbewußtsein weiter. Hinterher erfuhr ich, daß ich das Präparat Inocin erhalten hatte!"

Kommt er nun, oder kommt er nicht. – Die Frage nach Bum Kun Tscha stand

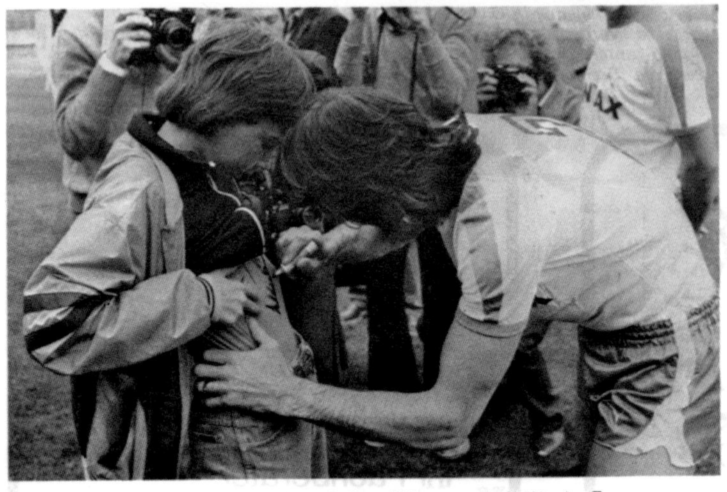

Autogramme auch auf dem Unterhemd: Dave Watson und ein Werder-Fan

Mein erster medialer Auftritt überhaupt: Werder Bremens Dave Watson unterschreibt mein T-Shirt. Ich bin der Linke.

Dieter Höttges, der mir selbst in einigen sehr entspannten Situationen am Stadion anfangs ungefähr ein Dutzend Mal ein Autogramm verweigerte. Er wollte einfach nicht und tat beschäftigt. Daran, dass ich das noch weiß, könnt ihr ablesen, wie tief dieser Stachel damals saß. Irgendwann gab er mir dann doch eins. Es fühlte sich in meiner Hand anschließend an wie pures Gold. Bemerkenswert war, dass Höttges zwei verschiedene Autogrammvarianten nutze. Eine eher faule Version, bei der er genau genommen nur einen Kringel machte, und eine, bei der das Autogramm wie eine Unterschrift aussah und Höttges sogar die Punkte des Ö setzte. Auch von Uwe Reinders bekam man als Antwort auf selbst betont unterwürfig vorgetragene Autogrammwünsche schnell mal ein »Nerv nicht!« als Antwort. Werders sehr kurzlebige Libero-Hoffnung Dave Watson, ein englischer Nationalspieler, der im gestandenen Fußballalter von Manchester City an die Weser geholt wurde, unterschrieb mir im Sommer 1979 ein T-Shirt, das ich leider nicht mehr habe. Im Vereinsmagazin des SVW erschien das Bild wenig später mit der Unterzeile »Autogramme sogar auf dem Unterhemd«.

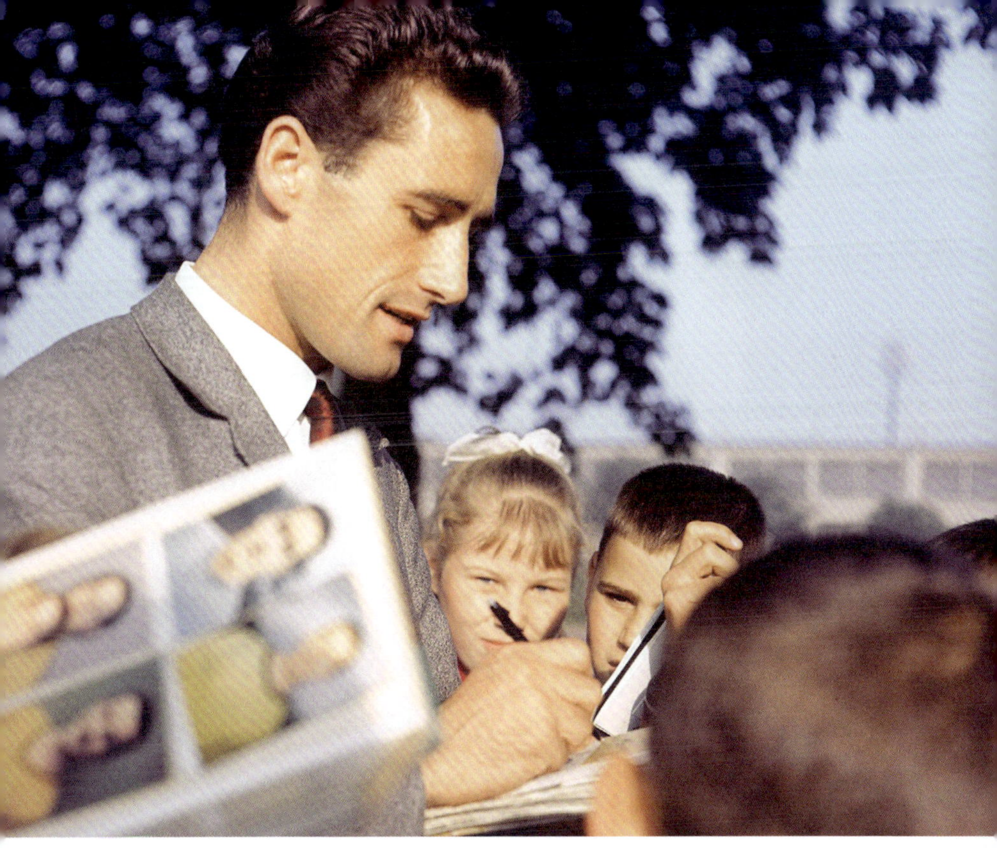

So beschaulich ging man 1964 miteinander um, als noch niemand hektisch Spielernamen brüllte und Selfies wollte: Hans Tilkowski (Borussia Dortmund) schreibt einfach nur seinen Namen auf Fotos. Kein einziges davon wurde später bei eBay verkauft.

Auch wenn Dave Watson damals nicht so viel größer und stärker gewesen wäre als ich, wäre ich höflich gewesen und hätte ihn nett gefragt. Hätte ich selbstverständlich gefunden, 1979, und das finde ich immer noch nicht altmodisch, wenn ich genau drüber nachdenke. Es gab vor 40 Jahren auch schon Rivalitäten, sogar Feindschaften zwischen Vereinen, und es gab finstere Begegnungen, wenn zum Beispiel Essen gegen Schalke oder der HSV gegen Werder spielte. Das waren auch damals keine Kuschelhappenings. Aber boshafte Pöbeleien gegen eigene Spieler, totaler Kontrollverlust im sozialen Umgang mit fußballspielenden Mitmenschen und eine exzessive verbale Hemmungslosigkeit bei der Beurteilung schlechter Spiele und der dafür Schuldigen wurden seit der Einführung des Internets immer weiter verfeinert. Als goldene Regel zur Abhilfe könnte gelten: Schreib auf Facebook oder Twitter niemandem etwas, das Du ihm nicht auch im direkten Gespräch mitteilen würdest.

Günter Netzer habe ich übrigens als etwas Zehnjähriger mal aus Versehen einen dicken blauen Strich auf die Hand gemalt, mit meinem üblichen Autogramm-Edding. Er sah mir in die Augen, sagte tonlos »Kotz!«, und gab mir dann das gewünschte Autogramm. Heute ist es sehr oft umgekehrt: Die Fans rufen »Nerv nicht!« und »Kotz!« und hoffen, dass sie trotzdem ein Trikot bekommen.

Ich will nicht zu kulturpessimistisch klingen. Es gibt sicher nette Fans und nette Spieler. Es gibt höfliche Fans, und es gibt beinahe zu liebevoll artikulierte Bitten um Trikots oder Selfies. Für Autogramme hingegen sehe ich langsam schwarz. Und, da bin ich altmodisch: Das ist schade. Es geht kaum etwas über ein schönes Foto vom Lieblingsspieler, schwungvoll und hübsch unterschrieben. Kann man rahmen und sich an die Wand hängen. Wenn ich irgendwann mal Eric Cantona begegne, habe ich hoffentlich einen guten Stift dabei. Das Resultat kann man sich anschließend einrahmen und aufhängen. Selfies taugen in ihrer linkischen Verhuschtheit nur selten zu einem wirklichen Wandschmuck. Selfies verhalten sich zu Autogrammen wie MP3s zu Vinylschallplatten mit schönem Cover, um diesen Vergleich noch einmal zu bemühen.

Einziger Vorteil: Karl-Heinz Rummenigge hat noch nie ein vorgedrucktes Selfie verschickt.

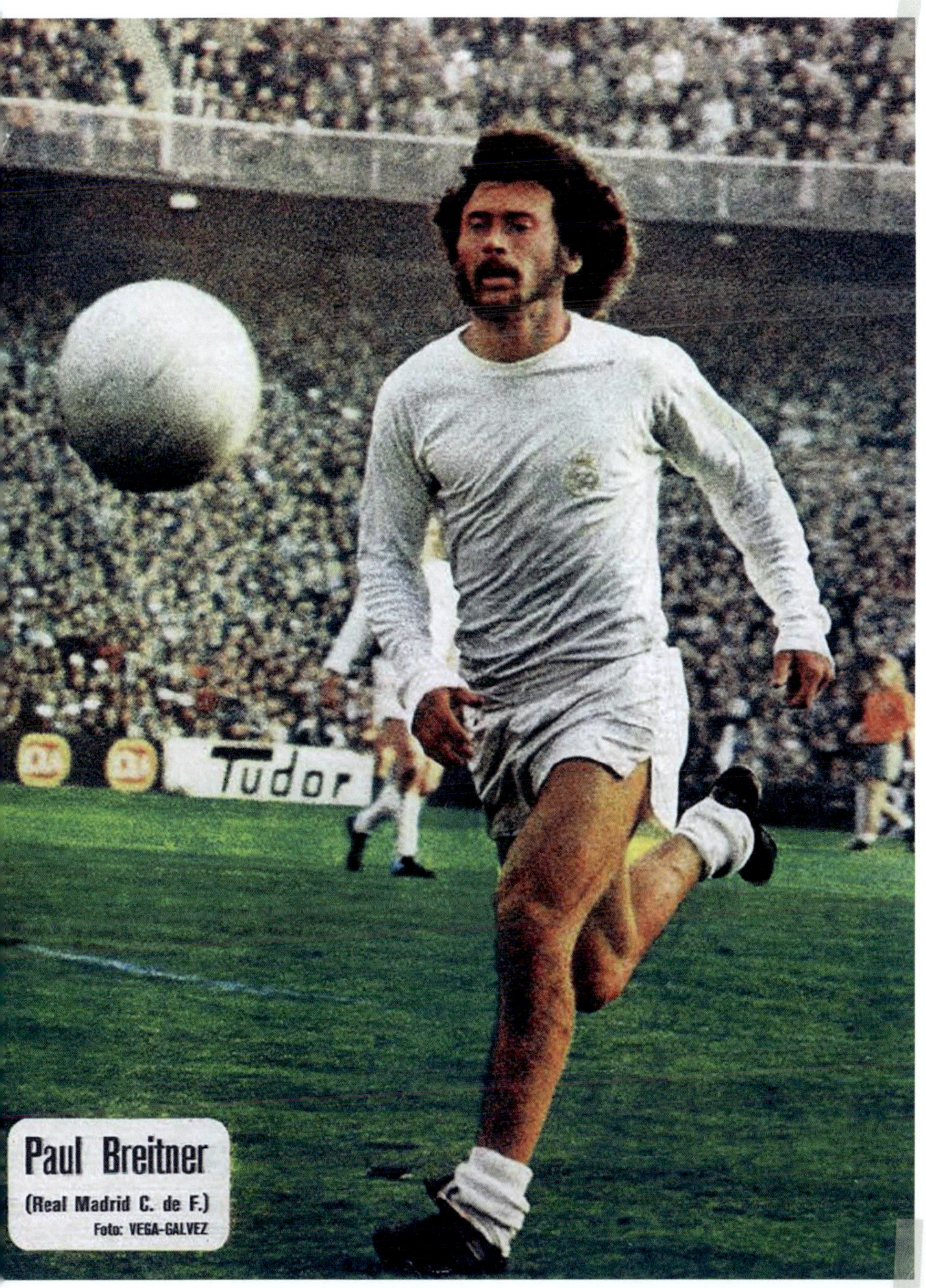

Paul Breitner
(Real Madrid C. de F.)
Foto: VEGA-GALVEZ

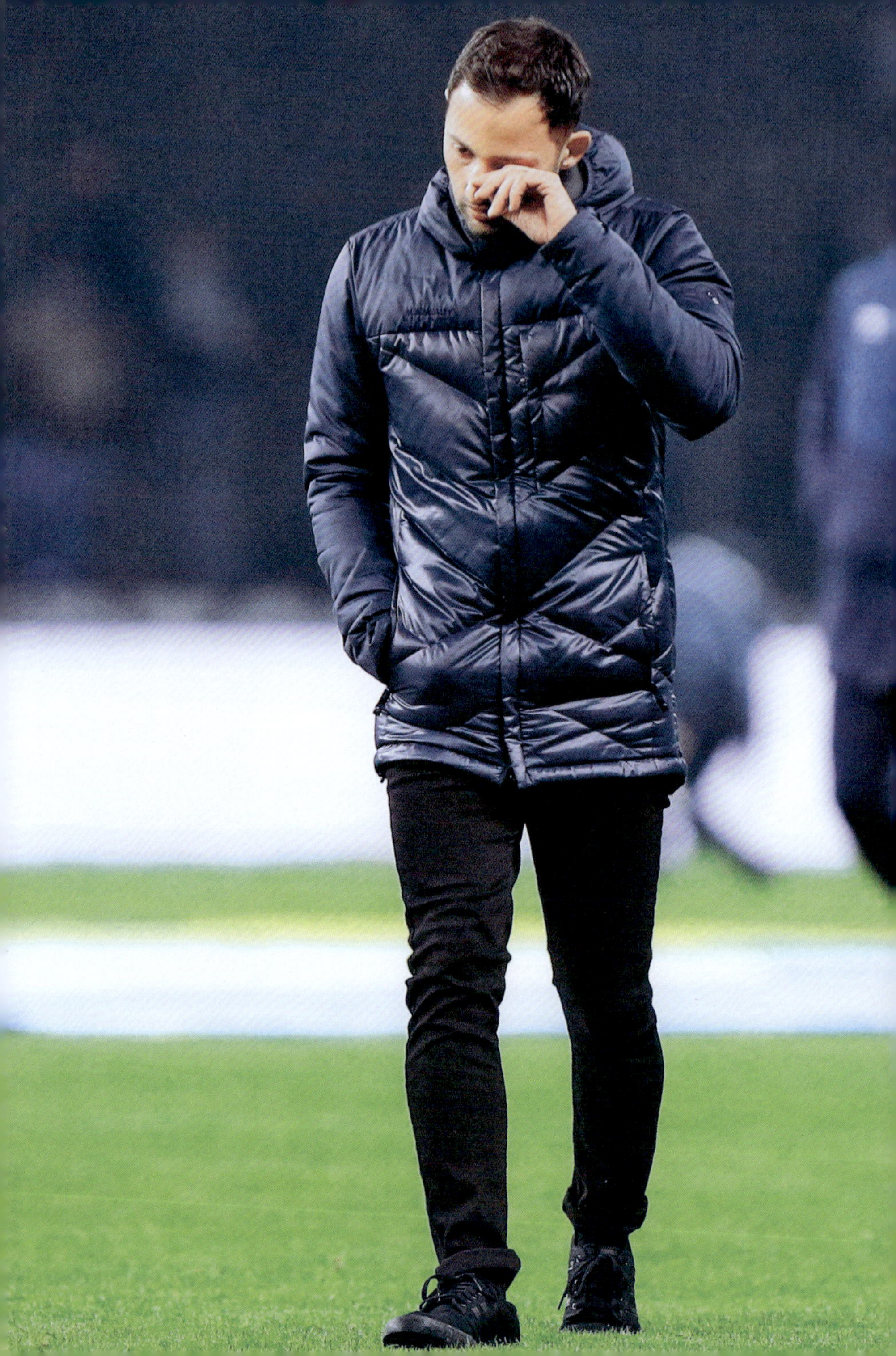

ANATOMIE EINER TRAINERDISKUSSION

oder: Irgendwas könnte man doch mal ausprobieren

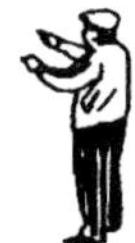

Trainerdiskussionen laufen in den allermeisten Fällen weniger sachlich ab als Kurvendiskussionen in der Mathematik. An anderer Stelle habe ich schon daran erinnert, dass der Trainerberuf zu den ganz wenigen zählt, bei denen Menschen mit weniger Sachkompetenz, weniger Nähe und weniger Erfahrung genau erklären können, weshalb der mit der Trainerausbildung, der Erfahrung und der unmittelbaren Nähe zu seinen Spielern das alles nicht so gut beurteilen kann wie sie selbst. Diese Bewertung von außen würde man sich bei einem Metzger oder einem Herzchirurgen niemals anmaßen. Nun kann es natürlich auch keine Lösung sein, dass als Konsequenz ab sofort Metzger nur noch von Metzgern und Herzchirurgen nur noch von Herzchirurgen kritisiert werden dürfen. Schließlich kann man auch als Herzchirurg den Metzger beurteilen, wenn die Wurst nicht schmeckt. Aber wir haben uns viel zu sehr an Sätze gewöhnt, die uns heute völlig normal erscheinen, obwohl sie beim mehrmaligen Lesen immer seltsamer werden. Zum Beispiel: »Lucien Favre genießt innerhalb des Vereins weitaus mehr Wertschätzung als bei den Medien und vielen Fans.« Klingt normal. Ist aber wie: »Diejenigen, die seine Arbeit beurteilen können, beurteilen sie anders als die, die seine Arbeit weniger gut beurteilen können.« Der Satz ist logisch, wird aber nicht so behandelt. Immer wieder wird abgewogen, ob die Journalisten die Arbeit des Trainers fachlich nicht möglicherweise viel besser einschätzen können als dessen Spieler oder Vorgesetzte. Oder der Trainer selbst. Natürlich sollen sie berichten und werten, aber eigentlich mehr im Sinne von beobachten und beschreiben.

Trainer werden nicht immer aufgrund schlechter Arbeit entlassen. Immer dann, wenn Funktionäre bedauernd in Mikrofone sprechen, dass man als Verein ja von ihm überzeugt, der öffentliche Druck aber zu stark geworden sei, wird ein Trainer nicht beurlaubt, sondern geopfert. Und zwar entweder, weil man diese Nase sowieso endlich loswerden wollte, oder weil wirklich der öffentliche Druck zu stark wurde.

Warum aber entsteht »öffentlicher Druck« überhaupt? Woher kommt er, wer macht ihn, wer genau drückt? Und weshalb müssen manchmal Trainer gehen, obwohl ihre sportliche Bilanz zumindest okay ist, ihre Arbeit von den Spielern geschätzt wird und manchmal sogar niemand so genau weiß, was man dem Cheftrainer überhaupt explizit vorwerfen kann? Jens Keller wurde auf Schalke seines Gesichtsausdrucks wegen entlassen, Klinsmann bei den Bayern gefühlt aufgrund der Idee, Buddha-Figuren aufs Dach des Trainingsgeländes zu stellen, obwohl längst bekannt ist, dass diese Idee nicht von ihm war. Viktor Skripnik hatte in Bremen irgendwann keinen großen Rückhalt mehr, weil er immer so traurig guckte und ihm die Sprachbarriere eine eloquentere Außendarstellung erschwerte.

Natürlich kann man das nicht offen sagen, wenn man eine Trainerentlassung verkündet: »Wir mussten uns trennen, weil er immer so geguckt hat!« In solchen Fällen wird dann stattdessen oft gesagt, dass es »für beide Seiten besser gewesen sei, sich zu trennen«. Besonders für die eine Seite.

In den letzten Jahren ist es populär geworden, sich fachlich hochkarätig klingende Expertenurteile zurechtzulegen, wenn man einen Trainer loswerden möchte. Während es früher nur wahlweise »wegen Erfolglosigkeit entlassen« oder »es hat irgendwie nicht gepasst« gab, müssen seit wenigen Jahren drei neue Gründe herhalten, wenn man eine Trainerdiskussion fundiert erscheinen lassen will.

Erstens: »Er hat keinen Spieler besser gemacht.« Das bekommt mittlerweile fast jeder Trainer beidseitig um die Ohren gehauen, wenn das Punktekonto stramm unter den Dispo rutscht. Geschickt daran: Man kann es nur so mittelgut nachprüfen. Deshalb bekommen es auch Trainer wie der bedauernswerte Bruno Labbadia aufs Brot geschmiert, der in einem Verein wie dem HSV tatsächlich kaum einen Spieler besser machen konnte, in dem aber seit etwa 30 Jahren das Bessermachen von Spielern aus Prinzip strikt vermieden wird.

Bruno Labbadia mit einem Gesicht, das in Fachkreisen als »HSV-Trainerantlitz« bezeichnet wird.

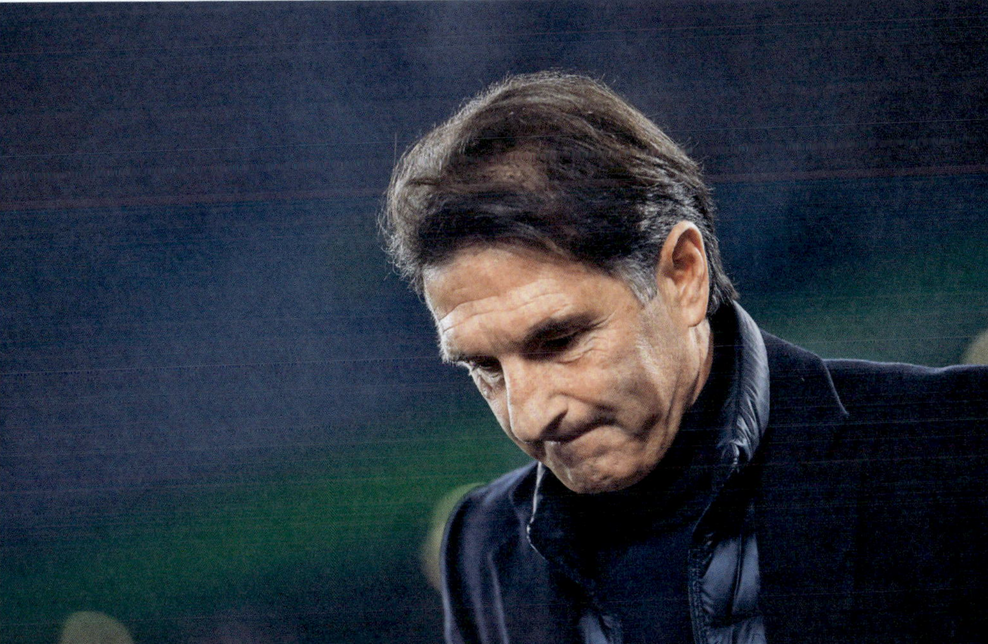

Zweitens: »Er hat den Verein nie verstanden!« Das riefen übelmeinende BVB-Fans zum Schluss Thomas Tuchel hinterher. Meistens von hinten. Tuchel ist zwar anerkannterweise ein brillanter Trainer, aber allem Anschein nach eher nicht der Typ, mit dem man sich mal nett auf ein Pils und einen Cheeseburger mit doppelt Käse zusammensetzen kann. Sein Verein hatte ein paar Punkte zu wenig, und Tuchel selbst sieht immer so mager aus. Welcher der beiden Faktoren letztlich zur Trennung zwischen ihm und dem BVB führte, ist noch nicht abschließend geklärt. Vermutlicher Hauptgrund: Mit Tuchel hat alles keinen Spaß gemacht. Niemandem. Den Fans nicht, den Spielern nicht, und Tuchel am allerwenigsten. Dann kam zum Glück irgendwann Lucien Favre. Der ist nicht so mager. Der ganze Rest aber läuft zuweilen ähnlich wie unter Tuchel.

Drittens: »Man erkennt unter ihm keine Spielphilosophie!« Das ist der neueste heiße Scheiß: Keine Spielphilosophie. Dagegen kann man als Trainer leider überhaupt nichts machen. Ohne Spielphilosophie zu spielen, bedeutet für die Arbeit eines verantwortlichen Trainers in der Regel: Manche Spiele waren schlecht und alle guten Spiele waren Zufall.

Trainerwechsel sind ein schwieriges Thema. Oft entspringen sie fragwürdigen Motivationen. Den meisten Medien machen Krisenclubs mehr Freude als Vereine wie Freiburg, wo die Trainer in Ruhe arbeiten dürfen. Total verrückt eigentlich. Machen wir die Probe aufs Exempel: Glaubwürdig wären großflächige, mediale Trainerdiskussionen ja nur, wenn es beide Seiten gäbe. Also auch intern umstrittene Trainer, die von den Medien wohlwollender als vom betroffenen Verein beurteilt und deshalb öffentlich gestützt würden. Ich will nicht sagen, dass so etwas gar nicht passiert, aber totale Sonnenfinsternisse gibt es deutlich öfter.

Fest steht in jedem Fall, dass an schlechten Resultaten der Trainer schuld ist und nach vielen schlechten Resultaten der Trainer entlassen gehört, damit ein anderer kommen kann, der es dann besser macht. In diesem vermeintlich auch wieder logischen Gedankengang stecken gleich mehrere Schwächen. Denn es gibt komplizierte Wahrheiten, die jede Trainerdiskussion immens erschweren. Erstens: Eine Mannschaft kann auch schlecht spielen, wenn der Trainer fast alles gut und richtig macht. Zweitens: Eine Mannschaft kann sogar sehr oft verlieren, obwohl der Trainer das meiste richtig macht. Drittens: Selbst die allergrößten Trainer der Welt machen Fehler. Viertens: Jeder Trainer hat vor einem Spiel Ideen, die manchmal funktionieren und manchmal nicht. Fünftens: Selbst sehr gute Ideen funktionieren manchmal nicht. Sechstens: Nach dem Spiel wissen die meisten Trainer es auch besser. Siebtens: Ob es nach einer Niederlage anders besser gelaufen wäre, wird man nie erfahren. Achtens: Ein neuer Trainer kann theoretisch Dinge tun, die noch schlechter funktionieren als das, was sein Vorgänger vorhatte. Neuntens: Weite Teile der Faktoren, die dafür verantwortlich sind, ob ein neuer Trainer auf Anhieb Erfolg bringt, liegen im Zufallsbereich. Und zehntens: Keine Krise ist wie die andere. Folglich kann es auch kein Patentrezept dafür geben, wie man mit einer Krise am besten umgehen sollte.

Natürlich kann es passieren, dass ein Trainer seinen Job einfach lausig macht. Wenn er nach Sternzeichen aufstellt, wenn sein Lieblingsspieler immer spielt und das auch dann, wenn er sichtlich das Bein nachzieht, wenn er bei einem knappen Rückstand die eigene Elf zurückpeitscht statt nach vorne, dann sind das Beobachtungen, die zur Skepsis Anlass geben. Ergebnisse alleine können es nicht sein. Denn schlechte Ergebnisse können auch durch einen unzureichenden Spielerkader, Verletzungen, Formschwächen oder schlicht und einfach Pech zustande kommen. Wenn eine Mannschaft dauerhaft schlecht spielt, kann dies am Trainer und dessen Arbeit liegen. Es kann aber auch daran liegen, dass die Mannschaft einfach schlecht ist. Und es kann sogar vorkommen, dass die Mannschaft eigentlich gut ist, der Trainer einen guten Matchplan hatte und im Normalfall alles gut hätte ausgehen können, was aber dann doch nicht geschehen ist, weil einzelne Spieler im Spielverlauf zu viele falsche Entscheidungen getroffen haben. Nicht, weil sie zu doof sind oder weil der Trainer ihnen das Spiel nicht besser vermittelt hat, sondern weil das einfach passieren kann. Die Trainerdiskussion an und für sich nimmt auf so etwas keine Rücksicht.

Wirklich ärgerlich ist das Gerede von einem »neuen Impuls«, der »bestimmt guttun würde«. Eine zentrale Personalie danach zu entscheiden, ob ein neuer Trainer vielleicht besser funktionieren könnte, und dies alleine in der vagen Hoffnung auf einen »neuen Impuls« zu tun, ist im Grunde wie Würfeln. Natürlich, es stimmt: Vielleicht läuft unter einem neuen Trainer vieles besser. Was jedoch leider auch stimmt: vielleicht aber auch nicht. Wer solch ein Vorgehen für einen verantwortungsbewussten Umgang mit einem Trainer, einem Verein, einer Mannschaft und deren Fans hält, hat eine exotische Auffassung von Gewissenhaftigkeit. Ein TV-Kollege hat einmal in einem Kommentar behauptet, eine Trainerentlassung sei ein Zeichen dafür, dass ein Verein »alles versucht«. In meinen Augen ist genau das Gegenteil richtig. Eine Trainerentlassung um der Trainerentlassung willen ist ein sicheres Zeichen dafür, dass man nicht alles versucht hat, um eine Krise gemeinsam zu bewältigen. Sie ist in den meisten Fällen eine Alibihandlung, ein Glücksspiel, eine Art russisches Roulette.

Eine funktionierende Beziehung zwischen einem Verein und einem Trainer ist etwas sehr Kostbares. Die Bundesligen sind voll von Vereinen, die Trainer beschäftigen, mit denen sie nur so semi-zufrieden sind. Trainerentlassungen, die zu einem Glücksfall für den Verein wurden, sind viel seltener als man von vielen Medien häufig vorgegaukelt bekommt. Ebenso selten sind Vereine, die sich durch häufige Trainerrausschmisse immer weiter verbessert haben. Das Gegenteil gibt es freilich häufig.

Es gibt zahllose Beispiel von Vereinen, die sich durch zu viele Trainerwechsel um Kopf und Kragen gefeuert haben. Der VfB Stuttgart, der HSV, Hannover 96, der 1. FC Köln und der VfL Wolfsburg sind gute Beispiele. Vereine mit Tradition und Ansprüchen, die auf der Suche nach ständigen neuen Impulsen immer wieder bei null be-

BAUMANN ERNEUERT TREUE-SCHWUR

Werders Kohfeldt darf auch in Augsburg verlieren

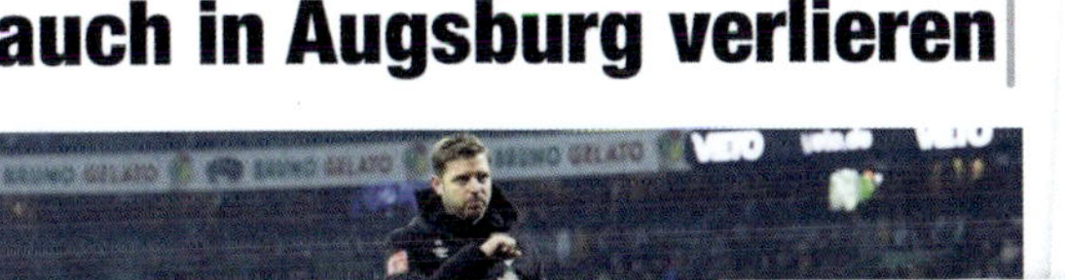

Bild

ZÜRICH – LEVERKUSEN 3:2

Wie lange darf Herrlich noch verlieren?

HSV-Trainer unter Druck Wie oft darf Fink noch verlieren?

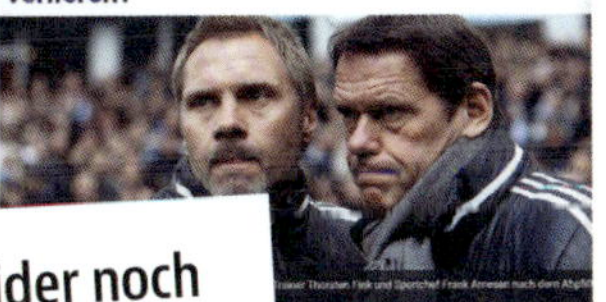

VERTRAUEN FÜR HERTHA-TRAINER

Covic darf noch weiter verlieren

Auch bei einer Pleite in Augsburg würde Preetz am Coach festhalten

Nach Absturz auf Platz neun

„Wie oft darf Union-Coach Hofschneider noch verlieren, Herr Munack?"

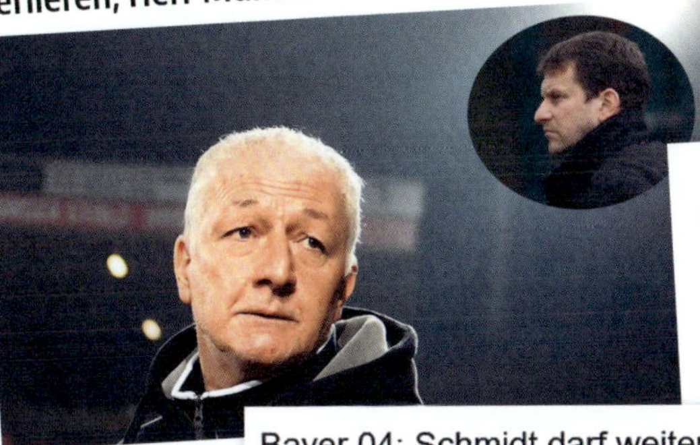

KRISE BEI DYNAMO DRESDEN

Wie lange darf Fiel noch verlieren?

Bayer 04: Schmidt darf weiter verlieren

ub Stevens – VfB-Trainer darf weiter verlieren

Wie oft darf Klinsi noch verlieren?

Langfristig arbeiten – kurzfristig Erfolg haben. Ob diese Fo Bayern-Trainer Jürgen Klinsmann aufgeht, oder ob er fliegt, entscheidet sich in den nächsten 21 Tagen.

FC ST. PAULI 03.12.19

Warum Jos Luhukay weiter verlieren darf

Carsten Harms

SCHLECHTESTER SAISONSTART

Lienen darf mit St. Pauli weiter verlieren

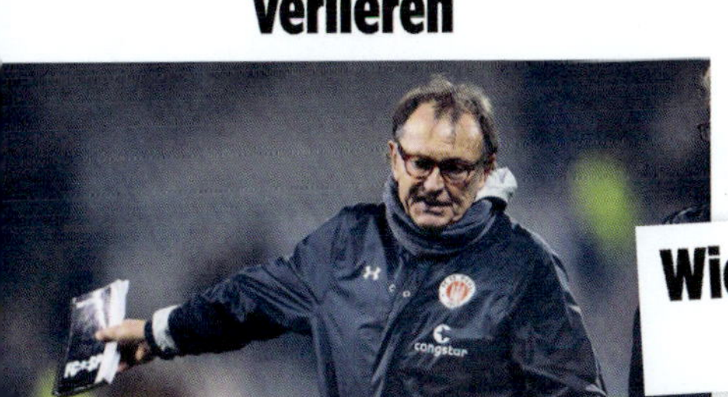

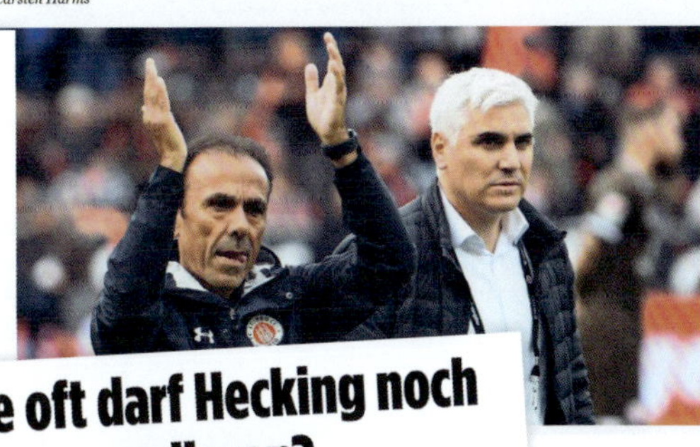

Wie oft darf Hecking noch verlieren?

ginnen mussten und müssen. Alle hatten sie in den letzten Jahren Trainer, die zur Mannschaft, zum Verein und zur Stadt zu passen schienen: Labbadia in Hamburg, Stöger in Köln, Klopp in Dortmund. Alle nicht mehr da. Und alle diese Trainer haben ihren Vereinen etwas gegeben, das diese Vereine seitdem vergeblich anderswo suchen. Gegenwert dieser Opfer: diverse »neue Impulse«, die oft nur ein paar Wochen anhielten, wenn überhaupt. Loyalität und Nachhaltigkeit sind im Fußball nicht zu unterschätzende Faktoren. Beides muss man aber wollen. Dazu gehört auch das Bewusstsein, dass es im Sinne des Vereins elementar wichtig sein kann, dem Druck von außen eben nicht nachzugeben, den »Gesetzen des Geschäfts« auch mal die Stirn zu bieten und für eine tiefe Überzeugung auch Gegenwind auszuhalten. Durch zu viele oder zu unüberlegte Wechsel auf der Trainerbank werden in sehr vielen Fällen Vereinsstrukturen zerschlagen, die man nie wieder repariert bekommt.

Viele Medien sehen genau diese Tugenden mit komplettem Unverständnis. Die Treue zu einem Trainer, dessen Bilanz schlecht ist, aber von dessen Arbeit man dennoch überzeugt ist, führt in der Boulevardpresse schnell zu den immer gleichen, recht fantasielosen Mechanismen. Es wird pseudo-erstaunt gefragt, wie lange Trainer XY denn eigentlich noch verlieren dürfe. Das ist schon mies. Noch perfider ist die Schlagzeile »... darf weiter verlieren«, wenn ein Trainer überraschend nicht gefeuert wird. Als Berichterstatter könnte man ja theoretisch auch erst einmal abwarten, OB er weiter verliert.

Die Fans spalten sich in solchen Fällen in zwei Lager. Die einen suchen nach tieferen Ursachen und bemühen sich um Verständnis und Respekt, so lange es irgend geht, die anderen werden aggressiv und möchten Köpfe rollen sehen. Weil es ja zumindest theoretisch sein kann, dass dann von ganz alleine alles besser wird. Und wenn nicht, kann man ja weiterprobieren.

Gesetzmäßigkeiten lassen sich übrigens auch nicht ableiten. Es gibt Vereine, die absteigen, weil sie ihren Trainer vielleicht einmal zu oft gefeuert haben. Und Vereine, die nur deshalb drinbleiben, weil sie es einfach mal probiert haben. Das Dumme ist, dass man eigentlich niemals wissen kann, zu welcher Gruppe man selbst gehört. 2020 schienen einen Spieltag vor Saisonende mit dem SC Paderborn und Werder Bremen die Vereine abzusteigen, die an ihren Trainern festgehalten haben, während sich alle zu retten schienen, die ihre Trainer ausgetauscht hatten: Düsseldorf, Mainz, Augsburg, Köln. Das wären kurzzeitig starke Argumente für Trainerwechsel, Reißleinen und neue Impulse gewesen. Dann zog Werder noch an der Fortuna vorbei, bei der man anschließend nicht wusste, ob sie ohne den Trainerwechsel von Funkel zu Rösler die Liga möglicherweise gehalten hätte, während Werder mit einem anderen Trainer als Kohfeldt möglicherweise abgestiegen wäre. Muss nicht, kann aber sein. Bezeichnenderweise gab es in der Saison davor das genau Gegenteil zu bestaunen. Hannover 96, der VfB Stuttgart und der 1. FC Nürnberg stiegen gemeinsam ab und hatten zusammen stolze acht Trainer verbraucht.

Der zwischenmenschliche Faktor im Dreiklang Verein – Trainer – Fans wird gerne als realitätsferner Kuschelaspekt ins Lächerliche gezogen. Es gibt jedoch genug Beispiele für Vereine, die mit einem Trainer menschlich ihr Glück gefunden, dies jedoch dann weggeworfen haben. Ich weiß nicht, ob es 2015 beim BVB möglich gewesen wäre, die Liaison zwischen Jürgen Klopp und Dortmund nochmal hinzubiegen. Eventuell nicht. Aber ich bedauere aufrichtig jeden Trainer, der in Dortmund nach ihm kam und sich vor allem vorwerfen lassen musste, nicht Jürgen Klopp zu sein. Die Dortmunder propagieren »echte Liebe« als Claim für ihren Verein. Das schafft Nähe, Verbundenheit und Treue, wenn es aktiv vorgelebt wird und nicht nur ein Werbespruch bleibt. Nicht jeder Verein kann das aufbringen.

Wenn im Verlauf einer Trainerdiskussion Unruhe entsteht, weil ein Coach trotz schlechter Resultate nicht entlassen wird, drängen sich einige Fragen auf, von denen öffentlich oft die falschen gestellt und die richtigen ignoriert werden. Die naheliegendste Frage ist nämlich nur vordergründig: »Wie doof müssen die sein, dass sie den Trainer selbst jetzt nicht entlassen?« Die Frage könnte sehr viel konstruktiver lauten: »Wie gut muss der Trainer mutmaßlich sein, dass sie auch jetzt unbedingt an ihm festhalten wollen?« Kein Verein behält einen Trainer, nur weil der ein netter Kerl ist, wenn der Verein gleichzeitig sicher wäre, dass jemand anders den Job besser erledigen könnte. Macht keiner. Und kein Spieler würde sich in einem Interview lobend über seinen Trainer äußern, von dem er eigentlich denkt: »Verdammt, ich glaube, mit dem steigen wir ab!« Daraus folgt: Wenn man als Verein bei einem Trainer keine Abnutzungserscheinungen sieht, wenn man bei den Spielern ein intaktes Verhältnis zum Trainer feststellt, und wenn man vom Trainer den Eindruck hat, dass er zum jeweiligen Job passt, gibt es praktisch keine verbliebenen Gründe für eine Diskussion oder gar Entlassung, und zwar ganz gleichgültig, wie die Resultate ausfallen. Das zynische Wort »Ergebniskrise« wurde für diesen Umstand erfunden. Es bedeutet: Der Trainer macht wenig falsch, es gibt keine konkreten Vorwürfe und Beanstandungen, außer eben den Resultaten. Wer einen Trainer als Folge einer solchen Ergebniskrise entlässt, sollte vielleicht lieber die Ergebnisse entlassen.

Das Bullshit-Bingo in Ergebniskrisewochen schafft immer dieselben Phrasen: »Der Trainer erreicht die Mannschaft nicht mehr!«,

In Krisensituationen passen manche Trainer sauber gefaltet in eine Jackentasche.

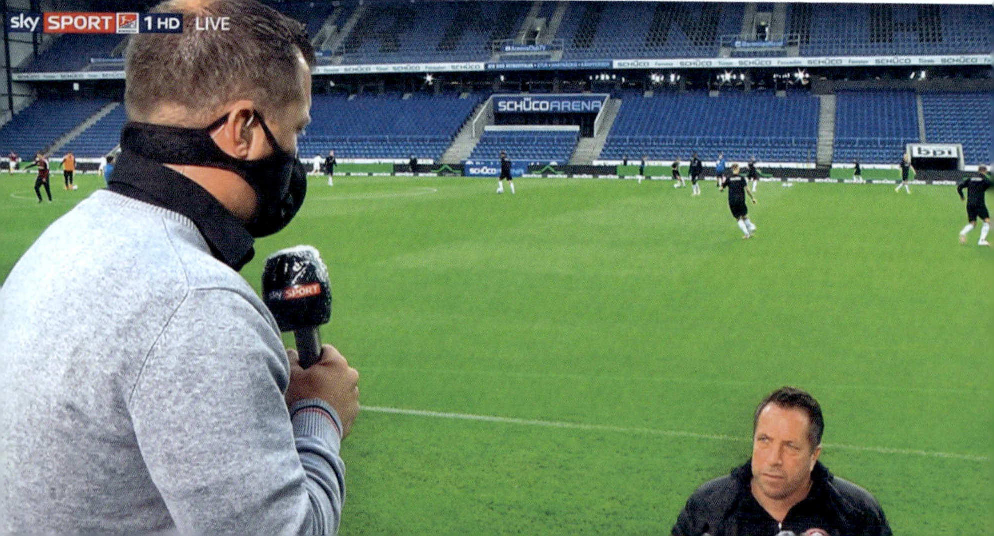

»Für das viele Geld müssen die doch wenigstens KÄMPFEN!«, »Ein Abstieg wird teurer als eine Trainerentlassung!« Auch diese Sätze lassen sich meist sehr leicht entlarven. Ob ein Trainer »die Mannschaft nicht mehr erreicht«, können die Verantwortlichen eines Vereines meist sehr gut beurteilen. Und niemand wird jemals an einem Trainer festhalten, bei dem dies tatsächlich nicht mehr der Fall zu sein scheint. Ob ein Spieler kämpft oder nicht, hat ursächlich nichts mit seinem Einkommen zu tun, und die weitaus meisten Niederlagen erleidet eine Mannschaft, die sehr wohl gekämpft hat. Ein Abstieg ist in der Tat teurer als eine Trainerentlassung, aber ein Klassenerhalt ohne Trainerentlassung ist sehr viel billiger, und das noch viel Teurere wäre ein Abstieg NACH einer Trainerentlassung. All diese Optionen sind in der Verlosung, wenn es gerade nicht läuft.

Ein Verein ist nicht alleine ein Tabellenplatz oder die Summe seiner Spielergebnisse. Einen Verein kann man viel lieber mögen, wenn er eine Haltung besitzt. Wenn er seit vielen Jahren für etwas steht, das mehr wert ist als Tabellenplätze, und weil er eine eigene DNA besitzt. Und ich bin der festen Meinung, dass eine tiefe Überzeugung und die Wertschätzung für einen Trainer immer und zu jeder Zeit erheblich mehr wert sein müssen als ein aktueller Tabellenstand. Kein Verein kann ungestraft auf gut Glück irgendwelche Dinge ausprobieren, die man dann folgenlos wieder revidieren könnte. Wenn man etwas zerschlägt, ist es danach meistens kaputt.

Es ist menschlich, dass viele Fans sich zuweilen aus einer Laune heraus einen Trainerwechsel wünschen, wobei dies oft mit dem unausgesprochenen Gedanken einhergeht: »Irgendwas kann man doch ruhig mal aufs Geratewohl ausprobieren, denn schlechter kann es ja eigentlich nicht mehr werden!« Doof ist: Doch, kann es leider immer. Und ausgesprochen schade ist, wenn manche Entscheidungsträger mancher Vereine ihre Personalentscheidungen nach demselben Muster treffen. Das gehört sich nicht. Das tut der Metzger ja auch nicht. Der steigt auch nicht um auf Süßwaren, sondern versucht alles, damit seine Wurst wieder besser schmeckt. Aber er macht immer noch Wurst.

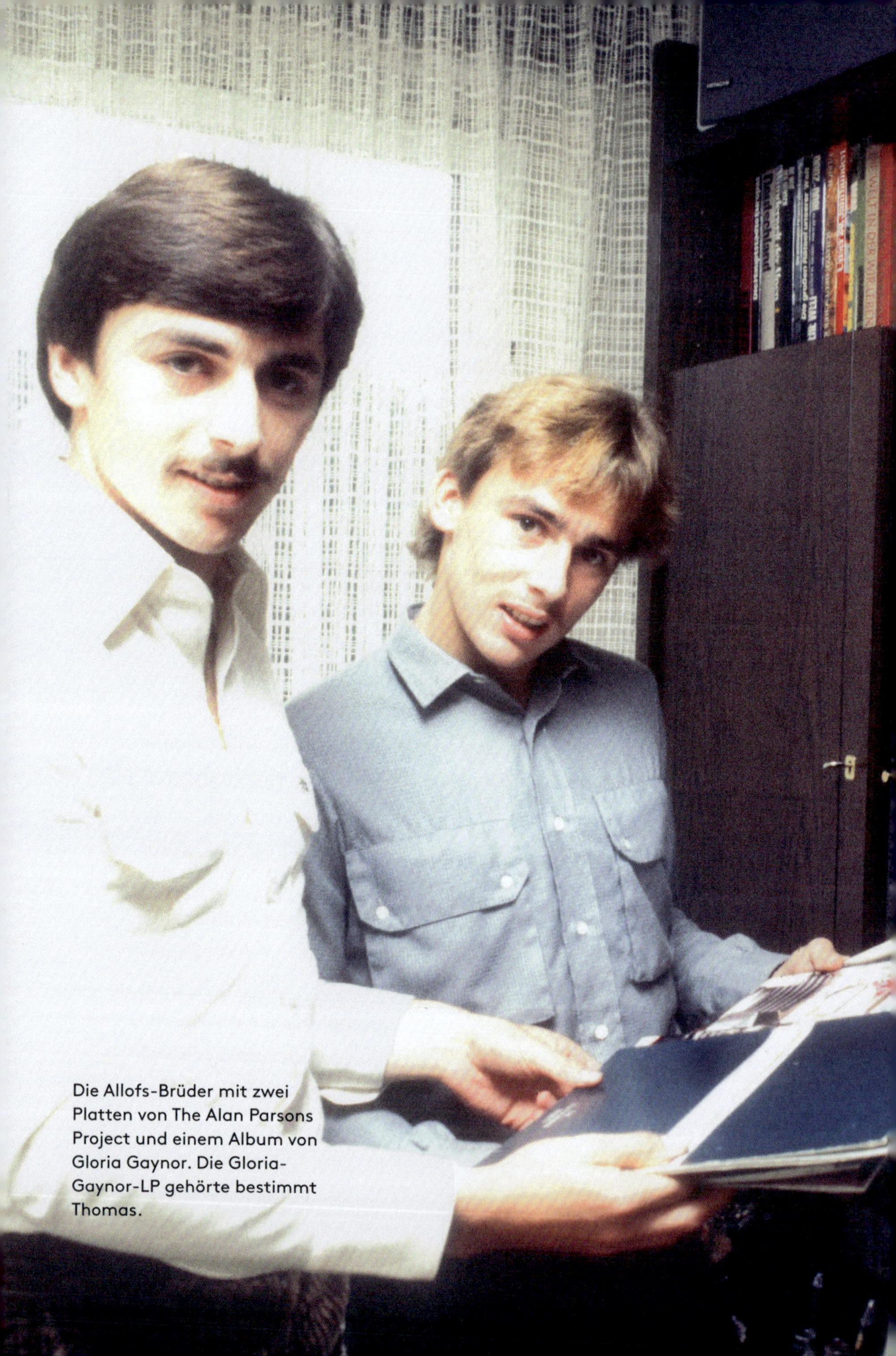

Die Allofs-Brüder mit zwei Platten von The Alan Parsons Project und einem Album von Gloria Gaynor. Die Gloria-Gaynor-LP gehörte bestimmt Thomas.

STADIONMUSIK

oder: Anton aus Tirol ist ein böser Mann!

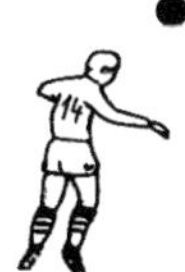

Es gibt ein paar Probleme, deren Lösung wir nie erleben werden. Beispielsweise die Frage nach dem perfekten Stadion-Musikprogramm. Die Quadratur des Kreises ist dagegen eine Tupperparty. Und glaubt mir, ich weiß, wovon ich rede. Ich hänge da mit drin, und das schon seit viel zu vielen Jahren.

Die allererste, einschneidendste und entmutigendste Erfahrung, die jemand macht, der sich plötzlich über das Musikprogramm in einem Stadion Gedanken machen muss, ist: Versuch gar nicht erst, es möglichst allen recht zu machen! Dein Leben wird grau und beschwerlich, wenn Du es dennoch tust. Denn wie sieht er denn nun eigentlich aus, »DER« Stadiongänger, dem Du es recht machen möchtest und eigentlich auch sollst? Da gibt es den Dauerkarteninhaber »seit 1975« auf der Haupttribüne (Alter: ca. 55), den Ultra in der Kurve (ca. 18), den Normalo mit Schal, Bier und Wurst auf dem etwas verbilligten

Sitzplatz (eine Aktion seiner Tageszeitung, ca. 38), die Einlaufkinder (ca. 8) und ihre Eltern (ca. 35), die Zeitzeugen der letzten Meisterschaft 1958, die in der Jugend beim Duisburger FV selbst mal mit Günther Brocker zusammengespielt haben (ca. 88). Dann die Spielerfrauen (ca. 23), bzw. Lothar Matthäus (exakt 59) mit seiner Lebensgefährtin (ca. 17). Und für all die macht der Stadion-DJ sein Musikprogramm.

Ich ergänze: Der ARME Stadion-DJ. Denn der Dauerkarteninhaber hört gerne Discofox und Hits der 70er-Jahre, der Ultra möchte überhaupt keine Musik (»Das Programm muss von den Fans kommen, und wenn Musik läuft, können wir uns nicht einsingen!«), der Normalo steht auf Bruce Springsteen, die Einlaufkinder drehen bei »Ich bin ein Einhorn« durch vor Freude, ihre Eltern hören »querbeet alles, was eben so im Radio gespielt wird«, und der Zeitzeuge von damals findet, dass das alles doch »nur noch bumm-bumm ist« und hört zu Hause am liebsten Bully Buhlan und Gerhard Wendland, den er schon einmal persönlich getroffen hat (1967). Lothar Matthäus ist das alles im Grunde egal.

Einigen wir uns umgehend darauf, dass der Plan »Das perfekte Stadion-Musikprogramm« also folglich nicht gelingen KANN. Und im Prinzip ist dieser Text dann ja auch schon fertig, der Autor gescheitert, die Aufgabe gilt als nicht gelöst. Aber ganz so einfach ist es dann eben doch nicht, denn irgendwas muss der DJ im Stadion ja auflegen. Und schon hagelt es umgehend bohrende Anschlussfragen: Wenn schon nicht etwas für jeden gespielt werden kann, gibt es vielleicht dennoch einen gemeinsamen Nenner von Musik, die vielen gefällt und niemanden nervt? Einen, der vielleicht gar nicht so klein sein muss?

Direkte Antwort: Nein. Eine allgemeingültige Lösung gibt es nicht. Und weil es die nicht gibt, bleiben dem Mann am Mischpult nur ein paar grundlegende Kniffe, um dennoch einen guten Job zu machen. Grundsätzlich sollte er geschmackssicher vorgehen, oder zumin-

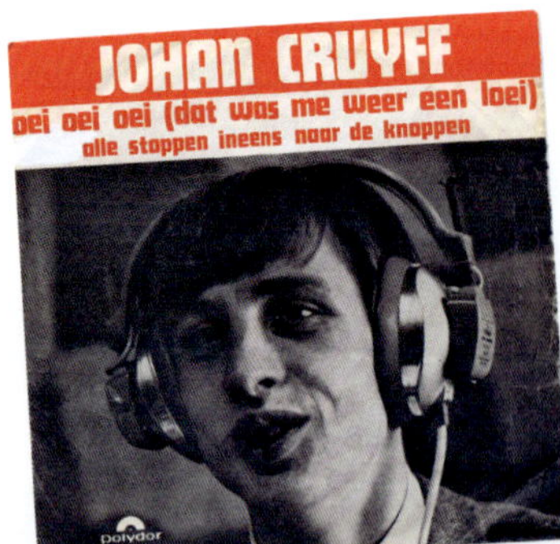

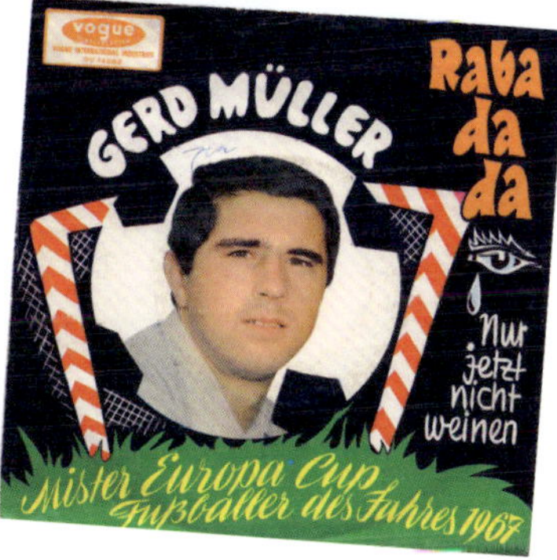

dest das spielen, was er für geschmackssicher hält. Das bedeutet nicht, dass nur höchstes Musikniveau gestattet ist und Trash komplett verboten. Denn auch diese Kriterien liegen ja komplett im Auge des Betrachters, oder besser: im Ohr des Hörers. Und Trash kann auch mal ganz schön sein, wenn er funktioniert und im Stadion einer Menge Leute Freude macht. Wäre das anders, dann hätte es das Blödelbardenduo Klaus und Klaus nie gegeben.

Weiter kommt man zunächst am besten nach dem Ausschlussverfahren. Wenn man sich als ersten Schritt ganz grundsätzlich gegen die Hermes House Band und DJ Ötzi entscheidet, hat man schon eine Menge gewonnen. Lieder von Helene Fischer müssen auch nicht zwingend gespielt werden. Es reicht vollkommen, wenn man ihr Gesicht einblendet. Wer als Musikschaffender auf niederste Instinkte zielt, um in Fußballstadien gespielt zu werden, den sollte man einfach nicht in einem Fußballstadion spielen. Ausgenommen sind hierbei die Vereinssongs. Die geschehen oft einfach so und sind dann nur sehr schwer wieder wegzukriegen. Deshalb nehmen sie eine Sonderstellung ein, laufen außer Konkurrenz und sollten sich besser keiner qualitativen Diskussion stellen müssen.

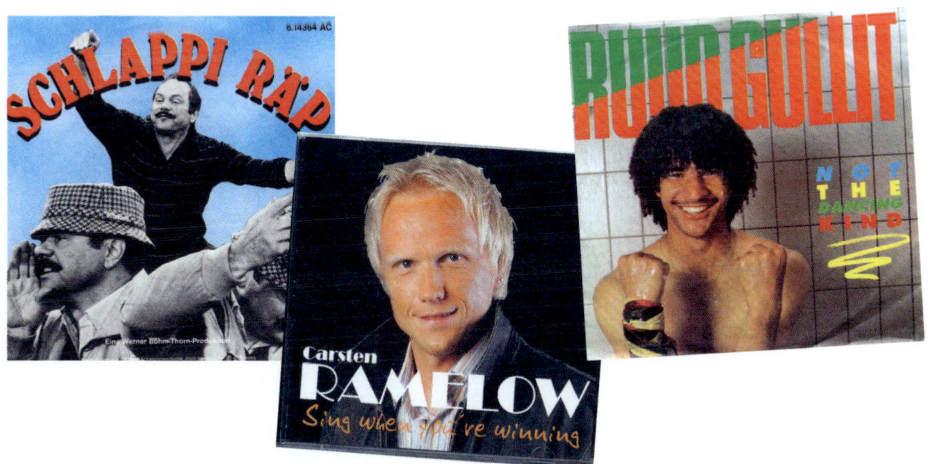

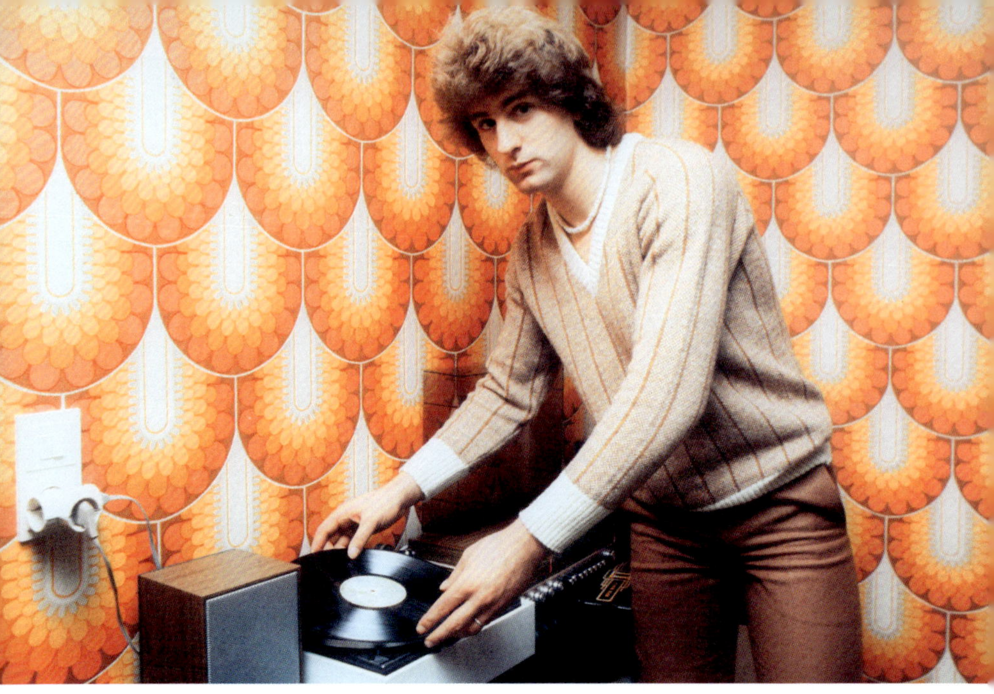

Eike Immel mit seinem ersten eigenen Plattenspieler. In dieser unscheinbar scheinenden Ecke seiner Wohnung wurden die wildesten Partys gefeiert.

Problematisch kann es werden, wenn man die Wunschmusik der Spieler auflegt. Im Idealfall hören sie genau das, was Jungs um die 25 nun mal hören: »Hauptsächlich HipHop und R'n'B, aber eigentlich auch sonst alles, was so aktuell ist.« Das geht in gewissen Dosen ganz passabel, aber soundtechnisch sind Stadien für Werke von Bonez MC oder Mauro Picotto ziemlich ungeeignet. Ich bin kein Tontechniker und kann nicht fundiert erklären, woran das liegen könnte. Ich sage es mal mit meinen Worten: Es klingt einfach richtig scheiße.

Richtig gut funktionieren hingegen Songs aus einer Zeit, als hochentwickelte Lautsprecher noch von untergeordneter Bedeutung waren: Marvin Gaye, Northern Soul, Slade und die unvermeidlichen Status Quo. Ich will nicht sagen, dass derartiges im Stadion der Erfindung des Rades gleichkommt, aber ich kann damit gut leben und im Idealfall ist »Move On Up« von Curtis Mayfield ein Song, bei dem man als 8-jähriges Einlaufkind ebenso gut mitwippen kann wie mit Mitte 50.

Meine ganz persönlichen Gebote für gute Stadionmusik lauten daher:

1. Soul-Klassiker (späte 60er bis mittlere 70er) gehen immer.
2. Aktuelle Hits taugen in kontrollierten Dosen durchaus als *Crowd Pleaser*.
3. Vereinslieder sollten ritualisiert an bestimmten Punkten des Programms gespielt werden. Gewinnbringend ist jedoch die Beschränkung auf drei oder vier Klubsongs und möglichst das Vermeiden jedes halbgar hingepfuschten neuen Vereinshits des kooperierenden örtlichen Privatradiosenders.
4. Ballermann-Hits und Après-Ski-Gestampfe können zwischendurch tatsächlich funktionieren – aber will man das?
5. Zwischenzeitliche Pausen (und somit ein paar Minütchen Stille) wirken auf manche Stadionbesucher leicht irritierend, aber im Gesamteindruck auch erholsam und können zum Sammeln und Spannungaufbauen manchmal ziemlich gut kommen.
6. Gut gemeinte, öffentliche Diskussionen über Tor- oder Einlaufmusik führen in Minutenschnelle ins Chaos, weil als Folge im Handumdrehen 600 verschiedene Meinungen und Vorschläge herumflattern, die oftmals ultimativ und dogmatisch vertreten werden. Besser vermeiden.

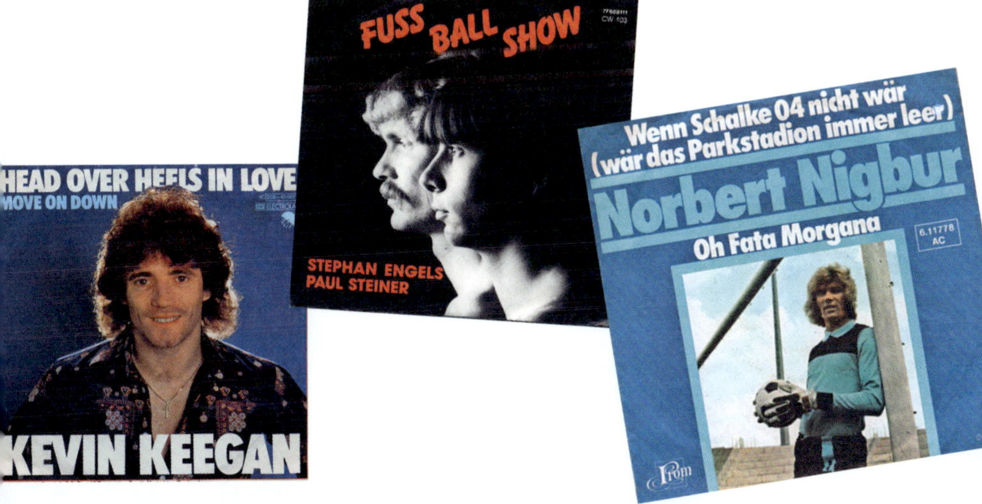

7. Die Hermes House Band ist BÖSE.
8. Nicht zielführend ist die oftmals sehr kindlich anmutende Diskussion darüber, welcher Song welchem Verein gehört, weil wer welchen Song als Erster für sich entdeckt hat. Wenn ein Song cool ist und in Deinem Stadion funktioniert, spiel' ihn. Gewisse leichte Bauchschmerzen bei »You'll Never Walk Alone« sind normal und gehören sich auch so, zumindest wenn Du nicht der Stadion-DJ des FC Liverpool bist.
9. Madness sind cool.
10. Wir reden von Stadionmusik und nicht von Herzverpflanzungen. Diskussionen und unterschiedliche Meinungen sind normal, sollten aber nicht zu Schlägereien führen.

Kommen wir noch mal zurück zu Musikwünschen der Spieler. Einer solchen Idee verdanke ich die musikalisch surrealsten Minuten, die ich jemals in einem Stadion erleben durfte/musste. Es ist lange her. Der Irland-affine Marco Bode spielte noch für Werder Bremen, und sein Wunsch war »In The Garden« von Van Morrison. Ätherische 6 Minuten, in denen es textlich um transzendentale Meditation geht und vom großen Meister Van musikalisch alles dafür getan wird, dass der Zuhörer wohlig wegdämmern kann. Und das haben wir dann auch getan, alle miteinander. Dass das Spiel anschließend noch angepfiffen werden konnte, grenzt an ein Wunder.

Neben dem Fußball ist meine Liebe zur Popmusik eine weitere, große Leidenschaft. Ich habe das große, große Glück, genau mit der Beschäftigung mit diesen beiden Passionen meinen Lebensunterhalt verdienen zu dürfen. Den größeren Teil mit Fußball, aber seit vielen Jahren auch einen anderen Teil mit einer eigenen, kleinen Musiksendung namens *Zeiglers wunderbare Welt des Pop* auf Radio Bremen Zwei. Später ist

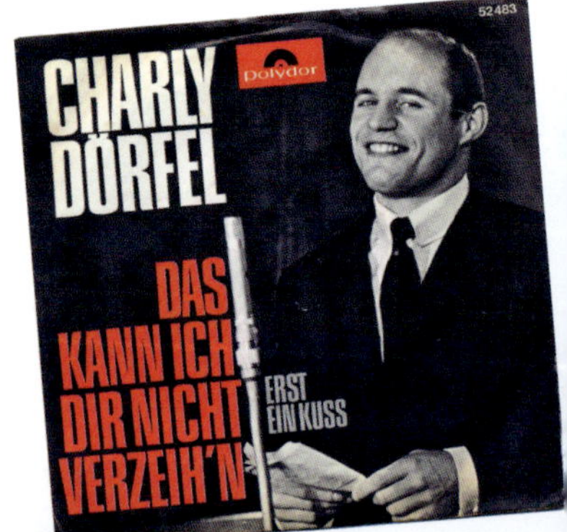

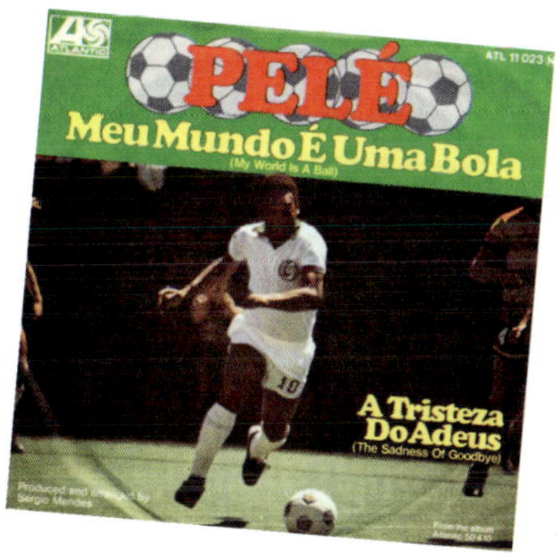

dann noch der Podcast *Ball You Need Is Love* hinzugekommen, in dem es ebenfalls um Fußball und Musik geht. Beide Hobbys sind erstaunlich gut miteinander kompatibel. Früher war es für mich obligatorisch, dass ich bei jedem Aufenthalt in einem fremden Land oder einer fremden Stadt immer zuerst recherchiert habe: Wo ist das Stadion, wo sind gute Plattenläden?

Vielen Menschen geht es so, dass sie eine tiefe Liebe zu einem Fußballverein ausleben und mit einer nicht minder tiefen Liebe zur Popmusik teilen. Beide Hobbys nehmen sich gegenseitig nichts weg, was schon einmal toll ist. Aber sie sind auch enger miteinander verwandt, als es auf Anhieb scheinen mag. Ich habe lange darüber nachgedacht, was genau diese beiden Leidenschaften miteinander verbindet. Und ich glaube, es liegt an unserer Kindheit und am Heranwachsen. Fußball und Popmusik sind die einzigen beiden Hobbys, die man sehr bequem mit durchs Leben nehmen kann. Man kann in der Grundschule schon für beides entflammt sein und wird diese Faszination nie wieder verlieren. Das führt wunderbarerweise dazu, dass selbst Männer mit grauen Haaren und knapp überstandener Midlife-Crisis sich das Kind innendrin bewahrt haben, wenn es um Fußball und um Popmusik geht. Andere Hobbys können auch großartig und fesselnd sein, kommen meist aber erst später dazu und funktionieren deshalb viel erwachsener und rationaler.

Wer Fußball vergöttert und gleichzeitig Popmusik über alles liebt, der hat vor langer Zeit die besondere Geheimfähigkeit erworben, in weiten Teilen seines Gemüts für immer ein 15-Jähriger bleiben zu können.

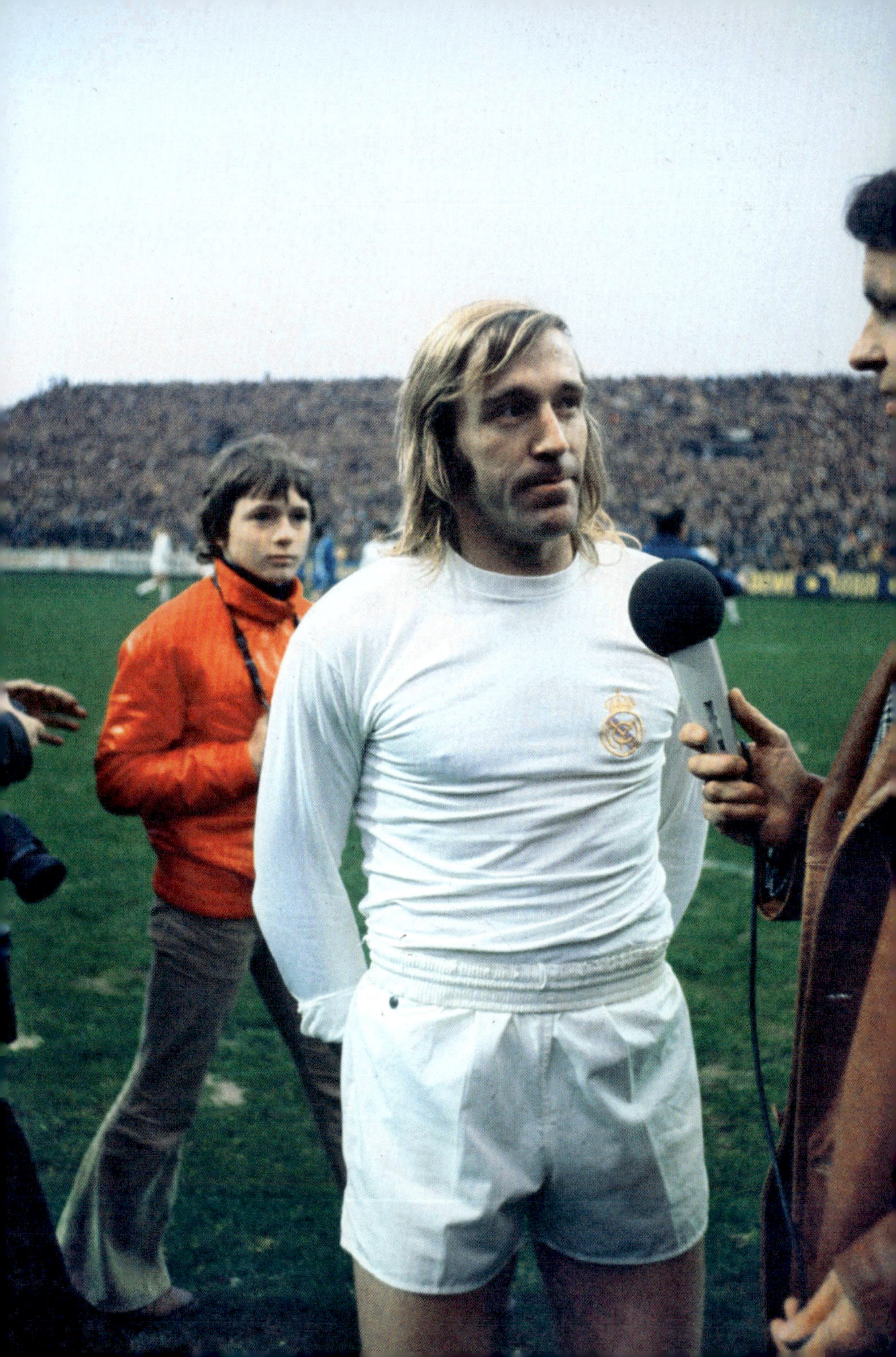

INTERVIEWS DES GRAUENS

oder: Wie Fußballjournalismus viel schöner funktionieren könnte

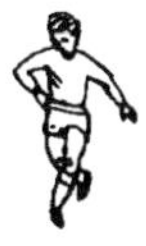

Einige Seiten zuvor schrieb ich über die Anatomie einer Trainerdiskussion. Sprich: Was genau passiert vom Aufkommen schlechter Stimmung bis zur Entlassung eines Trainers. Es ist ja so: Die Zeiten, in denen die Medien die sportliche Situation eines Fußballvereins einfach nur beschrieben und wiedergegeben haben, sind seit Jahrzehnten vorbei. Kaum merklich wurden sie abgelöst von einer Medienlandschaft, in der Szenarien geschaffen werden, die dann irgendwann die Verantwortlichen eines Vereins dazu bringen, mit dem Satz »Der öffentliche Druck wurde einfach zu groß« tätig zu werden, was dann oft dazu führt, dass der Trainer untätig wird.

Und wie schon an anderer Stelle erwähnt: Würden die Medien eine Situation nur beschreiben oder sie mit Mühe und Geduld differenziert und ausgewogen betrachten, dann müsste es ebenso häufig wie den klassischen Artikel über einen vermeintlich wackelnden Trainer ja das genaue Gegenteil geben: Der Trainer wird vom Verein infrage gestellt, und die Medien melden sich engagiert zu Wort und veröffentlichen an die Adresse des nervös werdenden Vereins Kommentare wie »Nun lasst ihn doch erst mal in Ruhe arbeiten!«, unter einer genauen Analyse der positiven Aspekte seines Schaffens. So etwas passiert jedoch nie. Oder jedenfalls so gut wie nie. Wir schließen daraus: Die Deeskalation einer prekär wirkenden sportlichen Lage ist eher unattraktiv. Eine Krise hingegen garantiert große Aufmerksamkeit. Die Qualität der Medien lässt sich daran ablesen, ob in den Artikeln tendenziell lieber differenziert oder lieber zugespitzt wird.

In der Gegenwart führt das extrem häufig zu großen Anstrengungen, um diese Krise und die vermeintliche Unfähigkeit eines Trainers zu belegen. Es werden Statistiken herangezogen, um eine gewisse Objektivität vorzugaukeln. Oft dann mit skurrilen, aber düster klingenden Aussagen wie: »Seit 1987 hat kein Gegner mehr so viele Auswärtstore zwischen dem 7. und 13. Spieltag zugelassen wie dieser Verein unter Trainer XYZ!« Oder: »Es ist der schwächste Saisonstart einer Mannschaft überhaupt seit 2002, wenn man die ersten neun Halbzeiten der Saison als Grundlage nimmt!«

Ich gestehe: Mir gefallen sehr die sogenannten *Fieldinterviews*. Genau genommen lebe ich davon. Meine TV-Sendungen und meine wöchentlichen Radiobeiträge wären ein hartes Brot für den Autoren (also mich), würden alle Fußballhelden erst nach reiflicher Überlegung, druckreif und möglichst besonnen reden. Das ist zwischendurch mal schön, aber auf Dauer etwas öde. Nein, wir wollen es genau so: Spieler XY ist fürchterlich sauer auf den Schiri, hat außerdem gerade selbst hundsmiserabel gespielt, ist überdies ganz schmutzig, nass und außer Atem und muss dennoch genau JETZT nach einem 0:4 vor einem Millionenpublikum schlaue Dinge vor einer Kamera sagen, obwohl er doch eigentlich viel lieber in den Arm genommen werden möchte.

Nicht falsch verstehen: Niemand wünscht sich, dass man bei solchen Interviews immer nur spontanen, erregten, überdrehten Unsinn geliefert bekommt. Essenziell wichtig aber ist, dass derartige

Interviews authentisch sind, ungefiltert, offen, vielleicht auch mal aufbrausend und politisch ganz schlimm inkorrekt, aber eben nicht langweilig, vorhersehbar, schematisch und öde.

Ich nenne keine Namen, aber bei manchem Fußballergesicht weiß man vorher, dass man nicht so genau zuhören muss, weil ohnehin bestimmt wieder gesagt wird, dass (im Falle einer Niederlage) »wir zu weit von unseren Gegenspielern weg waren, einfach nicht kompakt genug standen, und so kann man natürlich nicht gewinnen!«. Ergänzend wird, weil das total schlau klingt, meistens auch noch etwas irre Fachliches eingestreut, etwa: »Wir haben einfach auch nicht gut gegen den zweiten Ball gearbeitet.« In keinem einzigen mir bekannten Fall wurde allerdings je beantwortet, weshalb das nicht einfach gemacht wurde, statt nach dem Schlusspfiff zu erklären, dass man es wieder nicht gemacht hat.

Das wiederum könnte ja auch an den gestellten Fragen liegen. Denn obwohl im Vergleich zum interviewten Spieler der diensthabende Reporter oft weitaus mehr Zeit hat, sich seine Worte reiflich zurechtzulegen, ist der Gehalt der Fragestellung oft schon das Todesurteil für die Hoffnung auf eine wirklich gute Antwort. Da gibt es wirklich manchmal Fragen wie: »Ihr Trainer soll in der Halbzeitpause das Götz-Zitat bemüht haben. Eigentlich wollten Sie heute die Serie ihres Gegners knacken, aber da war scheinbar der Wunsch der Vater des Gedankens, was?« Derartige Fragen sind im Normalfall schon Quark, aber wenn sie wörtlich und genau in dieser Form einem jungen Mann aus Kamerun gestellt werden, der erst seit fünf Wochen Deutsch lernt, dann haben wir ein echtes Problem. Hoffen wir, dass der Spieler den Reporter rettet und wenigstens »ja« sagt, auch wenn er vermutlich nicht im Entferntesten verstanden haben dürfte, was der Fernsehmann nun eigentlich von ihm wollte.

Aber man muss nicht einmal Schwierigkeiten mit der Sprache haben, um als Fußballer Interviewfragen eher ratlos gegenüberzustehen. Ein langjähriger, sehr erfahrener TV-Mann mit blonden Locken hat es über Jahrzehnte geschafft, in jedem verdammten *Fieldinterview* kugelsicher-geschlossene Fragen zu stellen, auf die man selbst mit ganz viel gutem Willen nichts Gehaltvolles antworten konnte. »Na, nun haben Sie sicher einen mächtig dicken Hals, was?« Antwort: »Ja.« »Sie haben in der 40. Minuten unbedrängt den Ball verstolpert und so dem Gegner das Siegtor ermöglicht. Das fühlt sich nicht gut an, oder?« – »Nein.« Oder: »Das war ein sehr hart umkämpftes Unentschieden und Sie haben ein sehr starkes Spiel gemacht, aber ich glaube, Sie hätten heute lieber gewonnen – oder?« – »Ja.«

Wie ich eingangs sagte: Ich mag sie, diese *Fieldinterviews.* Und ich beneide niemanden um seinen Job, der nach einem 0:3 in Lyon oder Turin den Auftrag hat, einen knackigen O-Ton von Huub Stevens oder Matthias Sammer zu besorgen. Es gibt Situationen im Leben eines Fußballreporters, wo es nicht auf Geistvolles, Inhalt oder Grimme-Preis ankommt. Manchmal muss man einfach nur froh sein, dass man vom Gegenüber nicht gebissen wird. Zum Beispiel, wenn man sein Gegenüber nach dem Saisonziel fragt. Redaktionsintern ist dies eine Frage aus der Kategorie »Ich weiß ja, dass darauf nichts Gehaltvolles geantwortet wird, aber ich muss das fragen!«. Deshalb wird sie wieder und wieder gestellt. »Müssen Sie Ihr Saisonziel jetzt nicht langsam mal korrigieren?«, wird der gestresste Trainer (in diesem Moment nämlich entweder gerade freudetrunken oder am Boden zerstört) von einem Reporter angemacht, der eigentümlicherweise der festen Auffassung ist, ein Trainer stelle seine Mannschaft nicht nach taktischen Gesichtspunkten, sondern vor allem nach den mathematischen Vorgaben der Bundesligatabelle auf. Dabei wird angenommen, ein Trainer müsse seiner Mannschaft in der Kabine erklären, dass sie noch dies oder vielleicht sogar das erreichen könne. Da wird überdies ernsthaft vermutet, ein Trainer könne möglicherweise ein Versager sein, weil er es nicht schafft, seinen Profis zu erklären, dass sie theoretisch noch Meister werden können. Anzunehmen ist, dass ein Trainer seiner Mannschaft in erster Linie Dinge erzählt, die notwendig sind, um den nächsten Gegner besiegen zu können – und nicht ausgebuffte Tricks, die dafür sorgen, dass man in vier Monaten eventuell auf Platz drei steht.

Kaum ein Trainer der Welt denkt beim Austüfteln einer Aufstellung oder taktischen Marschroute vor einem Spiel an Saisonziele. Und kein Spieler denkt beim Flanken daran, ob er tatsächlich noch Meister werden kann, oder vielleicht nur Vierter – um dann in letzterem Fall deutlich weniger motiviert ins Nirvana zu flanken. Beider Ziel ist nämlich, besonders gut zu kicken, wenn möglich gar erfolgreich. Und zwar *jetzt, hier* und *auf dem Platz …* und nicht *im Mai* in der *Abschlusstabelle*. Im Grunde müsste man als Spieler mal testweise einen gestressten Reporter *live on air* zurückfragen, ob ihm eigentlich klar ist, dass er bestimmt irgendwann mal einen todschicken Journalistenpreis bekommen kann, wenn er ab sofort über einen längeren Zeitraum brillante Interviews abliefert. Was? Der Reporter möchte eigentlich nur jetzt gerade sein Interview gut machen? Aha. Siehste.

Irre ist auch, dass die Saisonziele während einer einzigen Saison ca. 15-mal korrigiert werden müssen, wenn es nach den fragenden Reportern ginge. Wenn ein UEFA-Cup-Anwärter die ersten drei Spiele gewinnt, wird dessen Trainer hektisch in die Enge getrieben, um endlich zuzugeben, dass seine Jungs natürlich in Wirklichkeit Meister werden wollen. Wenn die vereinigte Reporterschar sich wenig später juchzend in den Armen liegt, weil sie gemeinsam eine brave Mittelklassemannschaft zum Geheimfavoriten hochgejazzt hat, verliert die tapfere Mannschaft in der Regel plötzlich zweimal. Der Trainer wird selbstredend umgehend medial zum ratlosen Übungsleiter einer völlig überschätzten Krisenelf degradiert, muss als Angeklagter Rede und Antwort stehen und erklären, warum seine ehemaligen Titelanwärter denn jetzt sogar den UEFA-Cup zu verspielen drohen. »Ist Ihrer Mannschaft nicht bewusst, welche Riesenchance sie da gerade verspielt hat?« Und zwei weitere Niederlagen später heißt es: »Müssen Sie jetzt nicht langsam mal nach unten schauen?«

Das ist auch so ein Phänomen: Nach unten schauen müssen! Dahinter steckt die merkwürdige Vorstellung, ein Spieler ginge gegen, sa-

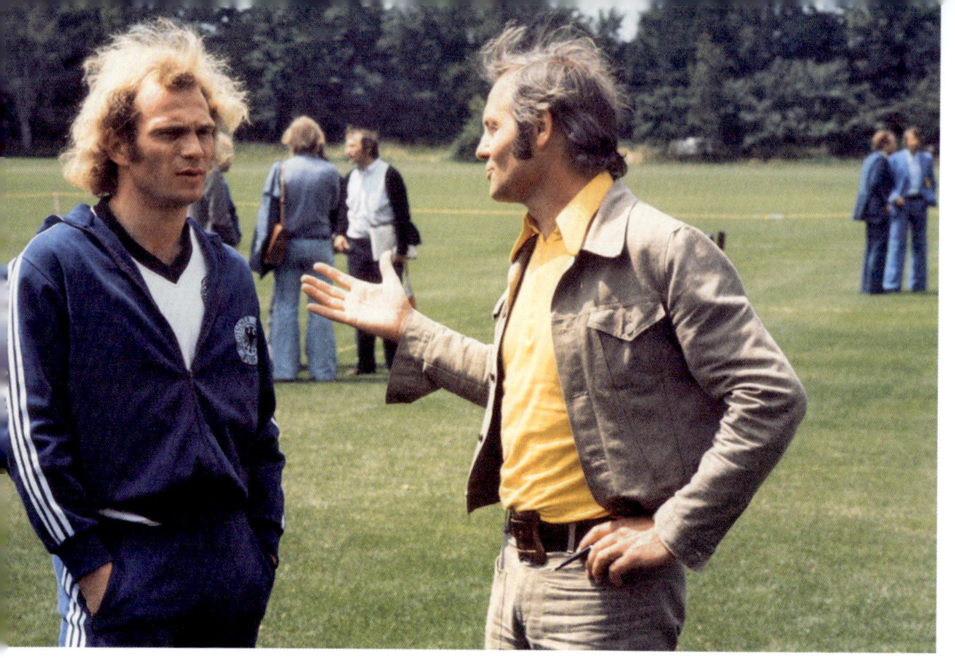

Harry Valérien erklärt Uli Hoeneß, weshalb das kommende Spiel sehr wichtig ist.

gen wir mal, den VfB Stuttgart ganz anders ins Spiel, wenn er während der Begegnung »nach unten schaut«. Ferner steht dahinter wohl auch die romantische Überzeugung, Reporter könnten eine Tabelle besser lesen als die Spieler, denen man deshalb gönnerhaft erklärt, dass sie besser endlich mal »nach unten schauen« sollten. Ganz und gar ulkig ist, dass Reporter manchmal wollen, dass der befragte Akteur möglichst weitsichtig und permanent ständig Saisonziele umschmeißt und neu definiert, während es andersherum unter Mikrofonisten aber auch sehr angesagt ist, beispielsweise Spieler des Tabellenletzten darauf festzunageln, dass es nun aber langsam gar keinen Sinn mehr macht, überhaupt ein Saisonziel zu haben. Verlangt wird zwischen den Zeilen die totale Kapitulation. Die dazugehörige Frage lautet meistens: »Matthias Scherz, war‘s das jetzt endgültig?« Es ist auch in der Tat eigentlich immer Matthias Scherz, den man so was fragt. Manchmal aber auch der Matthias Scherz eines anderen Vereins.

Interviews mit Fußballern und Trainern sind eine eigene Kulturform. Sie dienen längst nicht mehr nur der Verifizierung von Informationen oder der schnellen Einordnung eines Spiels. Pressekonferenzen sind längst keine wirklichen Pressekonferenzen mehr, sondern zumeist öffentliche Veranstaltungen für jedermann, live übertragen im Internet. Das können Spektakel sein. Weitaus häufiger sind es jedoch relativ langweilige Pflichtübungen. Dass Trainer andere Dinge lieber tun als den Medien Rede und Antwort zu stehen, kann jeder von uns gut nachvollziehen. Das Idealbild eines Trainers beinhaltet einen »professionellen« Umgang mit den Medien. In manchen Fällen meint man damit wirklich »professionell«, sehr oft aber auch nur »distanziert-routiniert und eher langweilig«.

Als interviewter Spieler kann man nur sehr wenig richtig machen. Gibt man sich keine Blöße und flüchtet sich in Allgemeinplätze, wird man als trocken und öde empfunden. Redet man viel und ausführlich, ist man ein Plappermaul, das sich »um Kopf und Kragen redet«. Bei vielen Medien sehr populär sind Interviews mit sichtlich erregten Menschen. Die gelten dann als »Klartext«, werden als »Wutrede« zur Schlagzeile und führen unter Fans entweder umgehend zu Spott oder zu Kommentaren wie: »Endlich sagt es mal einer!«

Auch Trainer können auf Pressekonferenzen nur in einem sehr begrenzten Bereich punkten. Erklären sie viel und geben sich Mühe damit, dann reagiert ein Teil der leicht zu überfordernden Öffentlichkeit mit Kommentaren wie: »Ich kann es nicht mehr hören!« Die meisten Zuhörer einer Pressekonferenz wollen keine komplexen Zusammenhänge erklärt bekommen, sondern möglichst simple Banalitäten, die sich leicht einordnen und abspeichern lassen. Die Medien brauchen keine kleinteiligen Informationen über ganz viele, sehr winzige Stellschrauben, an denen ein Trainer drehen möchte, um eine Situation zu verbessern. Gefragt sind knallharte Einfachheiten: Die Spieler sind zu satt, der Manager hat die Falschen eingekauft, der Trainer erreicht seine Mannschaft nicht mehr, der Star will ohnehin weg. Was Trainer oder Spieler auf Fragen antworten, die in diese Richtung zielen, ist komplett egal. Solche Theorien kommen an, werden gedruckt und gelesen und kommentiert. Lieber einfach und oberflächlich als komplex und sinnvoll.

Ist eine sportliche Krise mithilfe derart vereinfachter Parameter erst einmal gefühlt fertiganalysiert, leben Medien und manche Fans über Monate recht gut davon. Der bedauernswerte Trainer aber hat meistens nur seine winzigen Stellschrauben, und es sind viel mehr, als sich das Leute von außen vorstellen können. Und sie können sogar verdammt winzig sein. Erklärt er sie öffentlich, riskiert er einen Chor von »Der soll weniger reden und lieber seine Spiele gewinnen!«-Stimmen. Der wird dann in der Regel über Wochen zum Kanon. Lässt er es bleiben, wird ihm seine Verweigerungshaltung zum Vorwurf gemacht.

Sportjournalisten haben ihrerseits auch einen oft kniffligen Job. Er wäre aber noch viel schwieriger, wenn man mit ihnen so umginge, wie sie selbst andersherum regelmäßig mit Trainern umgehen. Dann hätten wir nämlich folgendes Szenario, ungefähr:

Nach einem schlechteren Artikel (darüber entscheiden Trainer, Spieler und Verantwortliche der Bundesligavereine) muss sich der Autor in einem Hörsaal inhaltlich vor 25 Vertretern des betroffenen Vereins rechtfertigen. Er muss dann Fragen beantworten wie: »Ihr letzter Artikel war ja auch schon nicht so dolle. Was werden Sie denn ändern, wenn Sie sich das nächste Mal an den Schreibtisch setzen?« Oder: »Spüren Sie denn eigentlich noch die Rückendeckung Ihres Ressortleiters?«

Der Ressortleiter sitzt daneben. Mit einem Gesicht wie vom Gesichtsverleih. Und wird natürlich auch gefragt: »Sagen Sie – Ihr Autor scheint momentan wirklich in einem Tief zu stecken. Haben Sie schon einmal daran gedacht, ihn zu ersetzen? Es wären ja viele namhafte Autoren frei!« Der Ressortleiter windet sich, fühlt sich zusehends unwohl und sagt dann: »Die Frage stellt sich nicht. Stand jetzt ist XY unser Reporter, und wir sind sehr zuversichtlich, dass er schon sehr bald wieder einen besseren Artikel schreiben wird!«

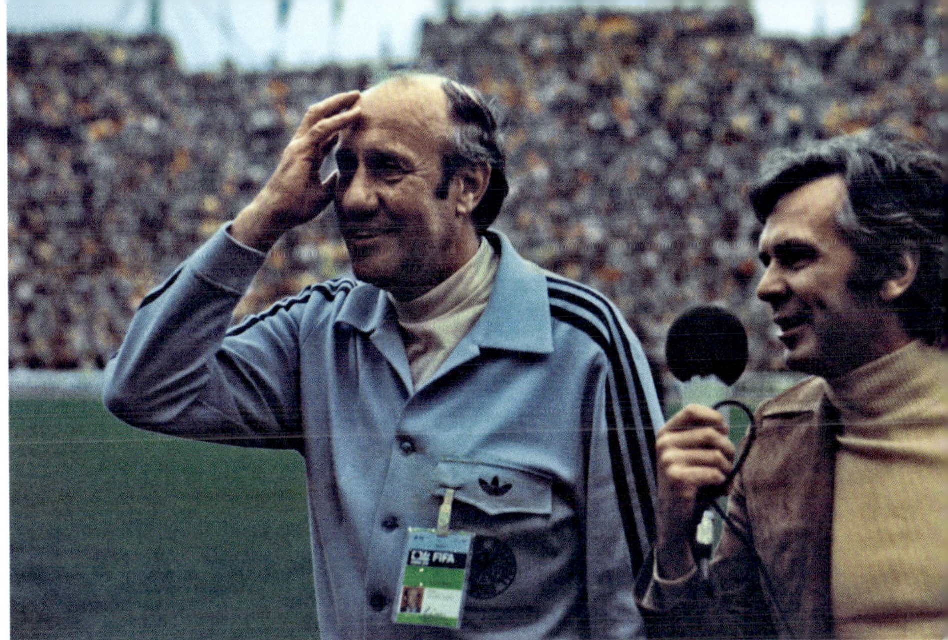

Dieter Kürten möchte den Bundestrainer etwas fragen. Der hat aber innerlich längst entschieden, dass er Kürten in den nächsten Wochen zum Abschuss freigeben wird. Die anderen Trainer wissen Bescheid.

Möglich ist auch, dass die Artikel des in der Diskussion stehenden Journalisten gar nicht so übel sind, die veröffentlichende Zeitung aber insgesamt mit schwindenden Auflagen zu kämpfen hat. Dann könnte es sein, dass der Ressortleiter ihn von einem Tag auf den anderen achtkantig feuert. Die Erklärung hinterher, vor den versammelten Trainern der Liga: »Wir waren von seiner Arbeit bis zuletzt überzeugt, aber die schwindenden Auflagenzahlen haben uns keine andere Wahl gelassen, als hier einen neuen Reizpunkt zu setzen. Wir haben ihm fachlich und menschlich nichts vorzuwerfen. Es hat zum jetzigen Zeitpunkt einfach nicht mehr gepasst. Wir bemühen uns, ihn an anderer Stelle in unserem Verlag einzubinden. Möglicherweise als Druckvorlagenhersteller für unsere Werbebeilagen.«

Ob Sportjournalisten ihren Job gut machen oder nicht, könnten die Profis der Bundesliga etwas nachvollziehbarer machen, indem sie die Arbeit der Sportreporter immer montags in den Publikationen der Vereine benoten. Die Noten dürfen dabei auch von Spielern kommen,

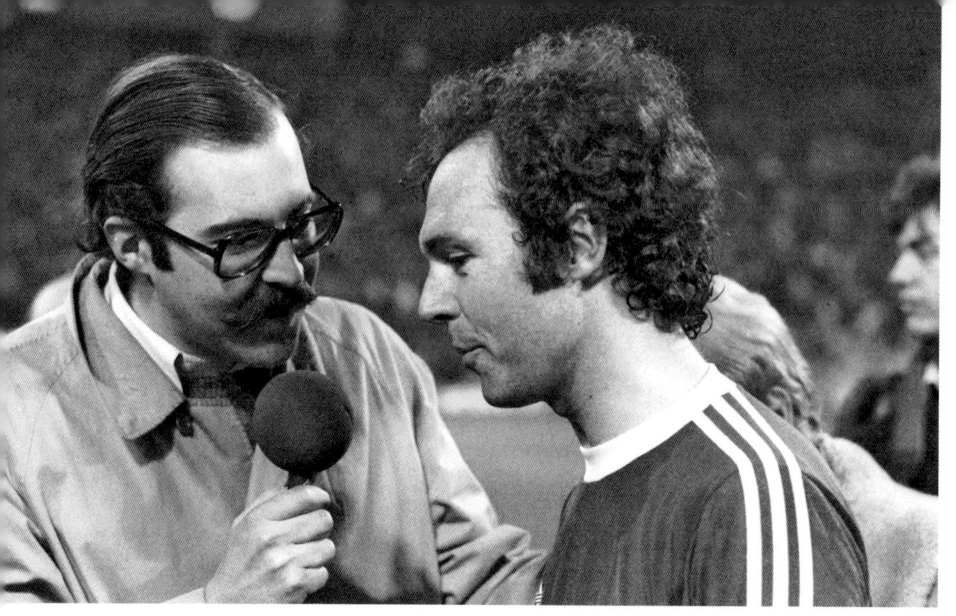

Franz Beckenbauer fragt Fritz von Thurn und Taxis, wie er sich fühlt. Thurn und Taxis weiß zu diesem Zeitpunkt noch nicht, dass er am Tag darauf von Beckenbauer nur eine 4,5 bekommen wird.

die unsere Sprache nur rudimentär beherrschen. So wie ja auch umgekehrt Spieler von Reportern benotet werden, die bei genauerer Betrachtung von Fußball nicht viel mehr zu verstehen scheinen als von Quantenphysik. Die Noten enthalten dann eine kurze Kritik am Auftritt des Reporters:

»Dünzelmann: Note 5. Begann stark, hatte gleich mehrere gute Halbsätze in den ersten zwei Absätzen, verlor aber mit zunehmender Zeilenanzahl immer mehr die Kontrolle über Inhalt und Satzbau. In dieser Form keine Verstärkung für seine Zeitung.«

Oder: »Rullhusen: Note 5,5. Hatte mehr zu schreiben als ihm lieb sein konnte. Wirkte dabei zuweilen überfordert. Es gelang ihm zu keiner Zeit, Ordnung in seinen Artikel zu bringen.«

Oder: »Siedenhans: Note 4. Solide, mehr nicht. Ackerte sich durch seine Formulierungen, gab auch immer wieder laute Kommandos an die umsitzenden Kollegen auf der Pressetribüne, blieb aber insgesamt glücklos. Trotz einiger guter Ansätze fehlte es an Wortgewandtheit und Kreativität.«

Am unangenehmsten wird es für die Betroffenen, wenn vom Trainer öffentlich über ihre Ablösung spekuliert wird. Wenn also z. B. Dieter Hecking vor laufender Fernsehkamera sagt, er habe aus verlässlicher Quelle erfahren, dass der Ressortleiter bereits mit mehreren Kandidaten telefoniert habe, um Dünzelmann endlich abzulösen. Das wird dann schmallippig aus der Chefredaktion dementiert, aber es ist natürlich klar, dass der erfahrene Journalist nach einem weiteren Tippfehler nicht mehr zu halten sein wird.

Falls doch, gehen die Spieler und Trainer zu härteren Maßnahmen über. Konkrete Namen arbeitsloser Sportreporter werden offen ins Spiel gebracht, dem angezählten Sportreporter, dessen Stuhl in der Redaktion längst bedenklich wackelt, werden Ultimaten gestellt, die sich nicht der zuständige Ressortleiter, sondern die Spieler ausdenken. Vor ihrem nächsten Ligaspiel geben sie bekannt, dass der Reporter möglicherweise vor seinem letzten Einsatz steht, wenn sein nächster Artikel die zuletzt schwachen Leistungen bestätigen sollte. Die Trainer

Sportreporter unter Druck: Der nächste Artikel muss diesmal sitzen.

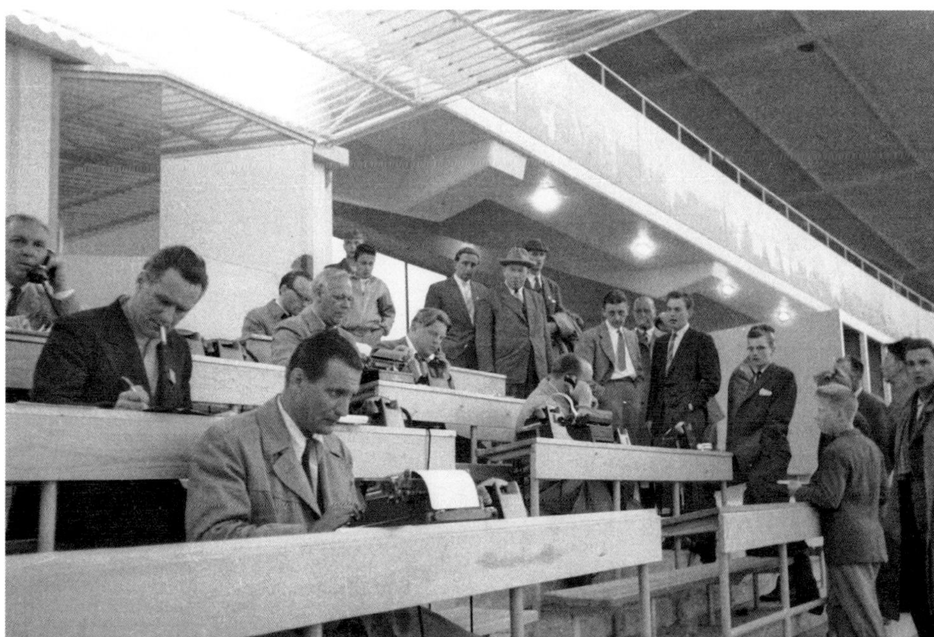

der beiden Teams befragen den Reporter beim Gang auf ihre Bank: »Na, wie fühlen Sie sich? Glauben Sie, dass Sie am Dienstag noch in der Redaktion sitzen werden?«

Der Journalist müsste dann antworten: »Es ist normal, dass Sie mir nach mehreren schlechten Interviews hintereinander diese Frage stellen müssen. Ich habe Vertrag und denke nur von Artikel zu Artikel. Heute stoße ich den Bock um!«

Vielleicht könnte man dieses Modell ja wenigstens mal für ein, zwei Wochen ausprobieren.

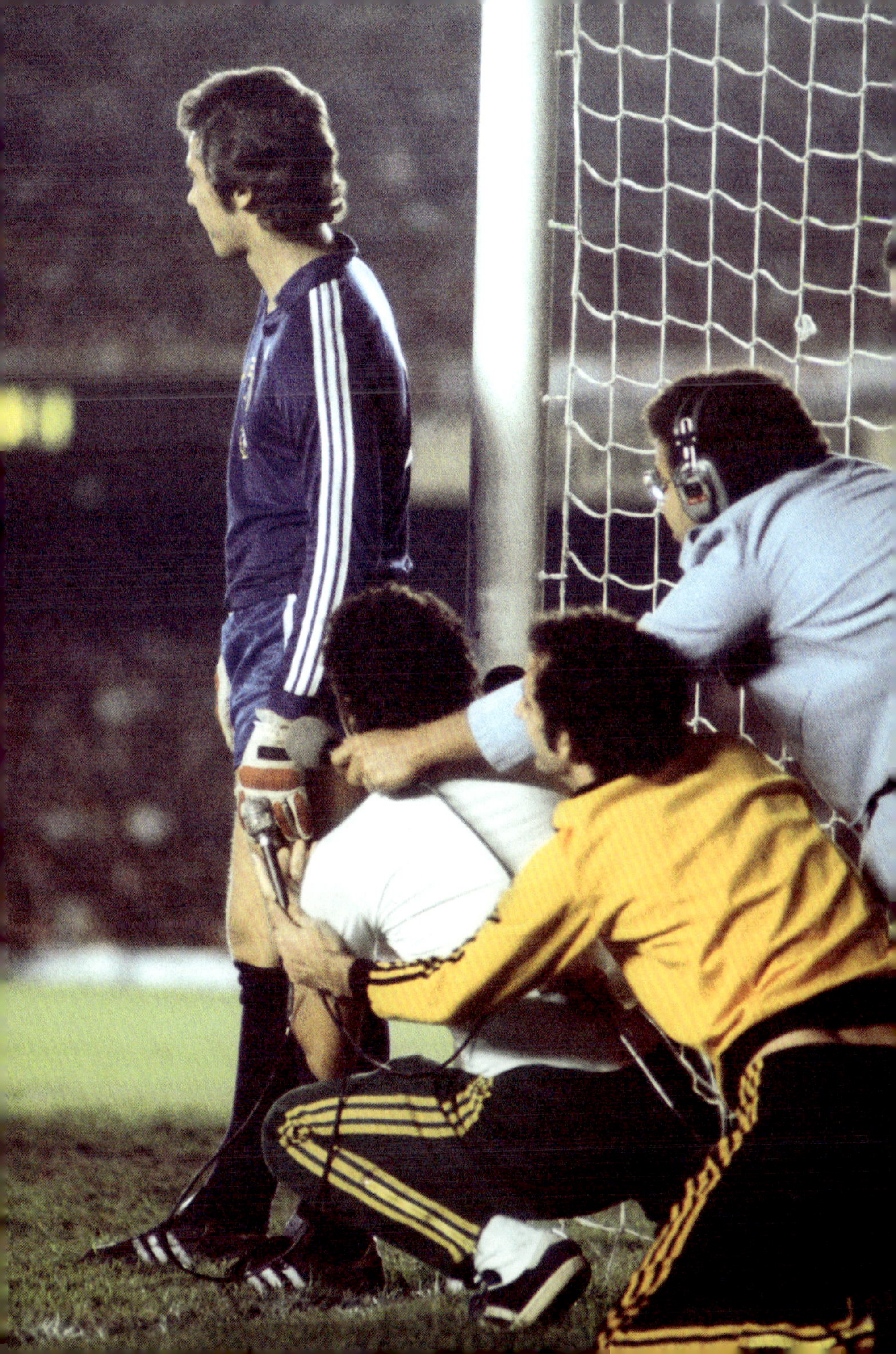

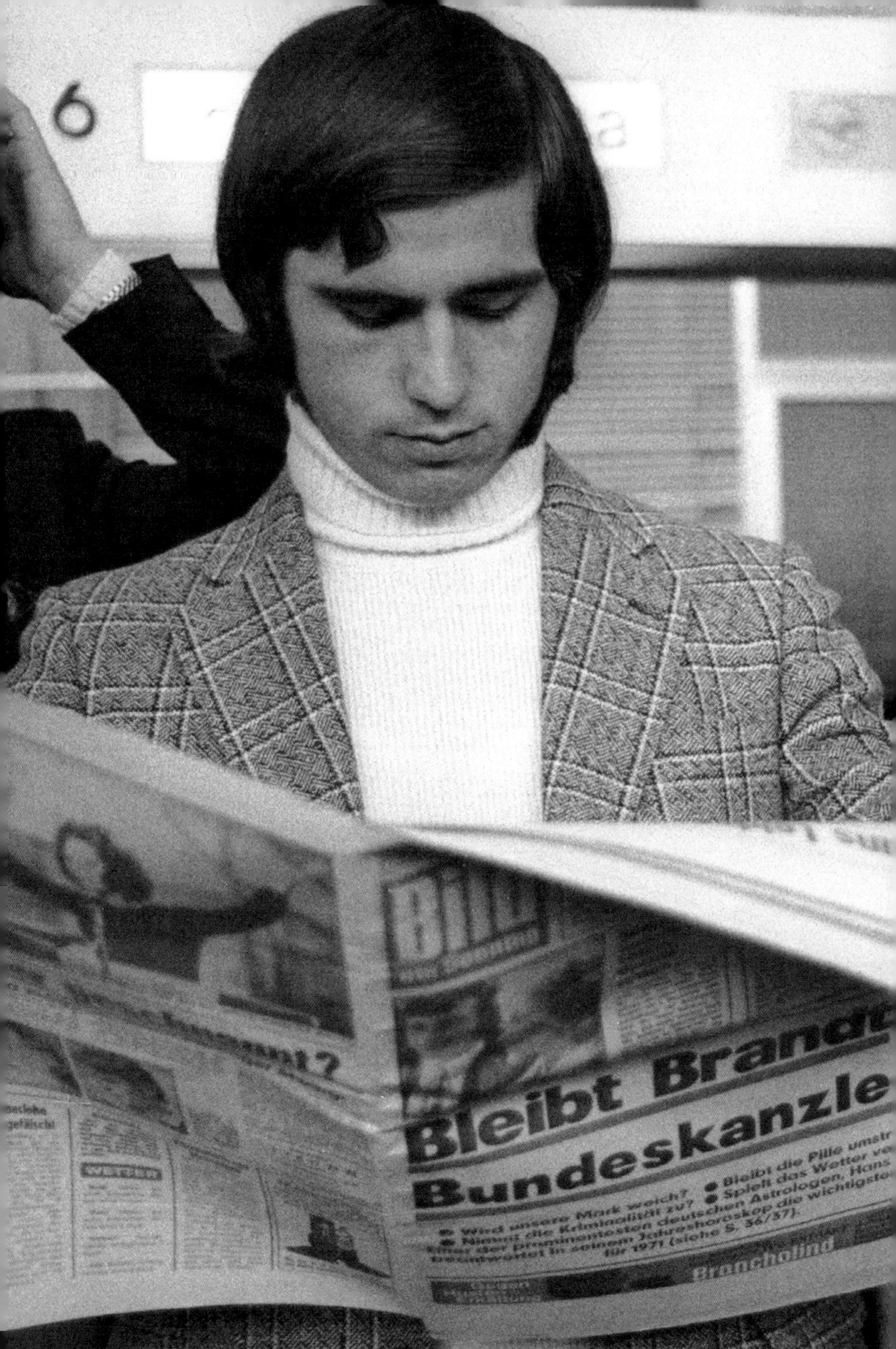
Bleibt Brand
Bundeskanzle

HERBERT

oder: Fußball ohne Internet ist wie Kochen ohne Hochdruckreiniger

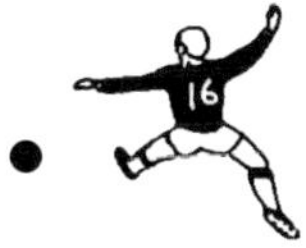

Herbert ist seit vielen Jahren mein Physiotherapeut. Jeden Donnerstag kümmert er sich um meinen schlimmen Nacken. Herbert ist beinharter Fußballfan, und das schon länger als ich. Er ist allem aufgeschlossen, was unsere Zeit an technischen Herausforderungen mit sich bringt, aber er liest alles, was er über Fußball wissen möchte, in der Zeitung. In der aus Papier. Das Internet interessiert ihn nicht. Herbert nutzt also viel weniger Informationsquellen als ich, um sich über seinen Lieblingsverein zu informieren, der derselbe ist wie meiner. Rein quantitativ müsste er schlechter informiert sein als ich, wenn es um aktuelle Entwicklungen rund um den Verein geht. Ist er aber nicht. Er ist lediglich *anders* informiert. Wahrscheinlich so, wie wir alle es vor der Erfindung des Internet waren. Er weiß sehr schnell, wenn etwas passiert, passiert ist oder konkret sehr bald passieren könnte. Ihm fehlen keine Informationen, wenn man mal davon absieht, dass er manche davon erst am nächsten Morgen erfährt und nicht schon am Nachmittag davor. Was ich ihm voraus habe sind Gerüchte und Spekulationen, von denen bei Licht betrachtet die überwältigende Mehrheit keinerlei inhaltlichen Nährwert besitzt. Ich kann ihm immer mal von Spielern berichten, die angeblich im Gespräch sein sollen. Er liest dann den brandheißen Namen entweder nie, oder ein paar Wochen später, wenn klar ist, dass der Spieler nicht kommt.

Das Leben ist nicht zwangsläufig schöner oder wahrhaftiger ohne Informationen aus dem Internet. Aber die aktive Entscheidung gegen die Informations- und Desinformationsflut aus dem Internet muss sich für Fußballfans wie Herbert in etwa anfühlen wie die Entscheidung für ganz normalen Kaffee oder Tee, obwohl es doch auch Bubble Tea, Matcha, Barranquito, Deconstructed Coffee, Basic Lumber Latte oder Kopi gäbe. (Eines dieser Getränke habe ich mir ausgedacht, alle anderen gibt es wirklich.) Die einschlägigen Fußballportale im WorldWideWeb bieten mehrmals am Tag Futter für all diejenigen, denen eine Zeitung am Morgen und die Konzentration auf verifizierte Informationen nicht ausreicht. Wir haben gelernt, nicht unbedingt bessere Informationen haben zu wollen, aber mehr Informationen. Und viele Medien haben sich mit ihren Online-Seiten und Social-Media-Redaktionen an diese schöne neue Informationswelt gewöhnt, indem sie um des schnellen Klicks willen mehrmals täglich Meldungen raushauen, von denen manche am Tag darauf in der Zeitung stehen, wenn sie dann nicht längst überholt oder widerlegt wurden.

Die aufregendsten Internetrecherchen betreffen Kracher, die heute noch niemand kennt. Schnäppchen. Rohe Diamanten, denn für gekochte haben deutsche Klubs nicht genügend Geld, oder nicht ausreichend durchgebrizzelte Milliardärspräsidenten. Die einen finden immer nur verbogene Talente, während der Rest der Liga nach verborgenen Talenten sucht.

Die Fans nehmen an dieser Suche regen Anteil. Früher an Stammtischen, heute in Internetforen. Da gibt es Vorschusslorbeeren und vernichtende Urteile vorab, meistens basierend auf dünnem

Basiswissen über den Spieler, der gerade im Gespräch ist. Euphorisch reagieren die Fußballfreunde in aller Regel auf Namen aus Südamerika. Dabei ist es ganz egal, ob der jeweilige Spieler jemals auch nur eine Sekunde lang begutachtet werden konnte. Sobald ein Spieler, sagen wir mal, »Leandro Guerrero Batista« heißt und nicht zu billig ist, drehen alle Fans in den Foren kollektiv durch und fordern euphorisiert die sofortige Verpflichtung. Gerüchte dieser Art werden oft garniert mit rudimentären Informationen wie »soll einen ganz guten linken Fuss haben, hat U21 gespielt und hat eine Ausstiegsklausel«. Das Höchste der Gefühle ist das mittlerweile unvermeidliche YouTube-Video des Spielers, in dem geschickt aneinandergeschnittene Szenen aus den letzten Jahren den Eindruck erzeugen, Leandro Guerrero Batista sei einer der besten Stürmer des Erdballs, das wisse nur noch keiner. Ekstase allerorten, ungeachtet der Tatsache, dass man mit etwas Fingerfertigkeit ein solches Video auch von Markus Söder zusammenbasteln könnte. Egal – so einen Mann muss man holen, wenn man ihn kriegen kann. Okay – hat zuletzt in Belgien gespielt, Royal Antwerpen oder so, und dort bei genauerem Hinsehen auch nur acht Tore in vier Jahren erzielt, aber das überliest man dann zunächst. Dann blüht die Zeit von Expertisen wie: »Also, ich kenne den ja nicht, aber wenn wir so einen Mann für sechs Millionen kriegen können, wäre das ein genialer Transfer!«

Denn der Traum will leben: Der Traum vom günstig erstandenen Supermann, den man mit erigierter langer Nase der gesamten Weltelite wegschnappte, weil die alle zu blöd waren, dieses Juwel zu entdecken. Und deshalb spielt Batista, der meistens auch »Dudu«, »Pipo«, »Lulu« oder »Sasa« genannt wird, nun eben nicht in Barcelona oder bei ManU, sondern in Paderborn oder Aalen. Oft kommt dann irgendwann in der Saison die Erkenntnis, dass selbst Brasilianer nicht automatisch Weltstars werden. Viele entpuppen sich rasch nicht als kommender Neymar, sondern erinnern spielerisch an Oliver Kalkofe.

Sogar noch viel schneller breitet sich die Enttäuschung in den Internetforen aus, wenn kein Batista geholt wird, sondern wieder mal irgendeiner aus dem Ostblock. Ein Billig-Bulgare, ein Sonderangebots-Slowake oder ein Umsonst-Usbeke. Nennen wir ihn stellvertretend Hristo Gospodinov. Auf Leihbasis von Lokomotive Plovdiv gekommen, und es gibt nicht mal ein YouTube-Video! Hei, wie schreit die Fangemeinde nun enttäuscht auf: »Wie soll so einer uns weiterhelfen???« Entscheidend ist aber aufm Platz. Vielleicht schlägt der Bulgare ein, vielleicht wird der Brasilianer zum Millionengrab. Im Internet ist es aus Prinzip grundsätzlich umgekehrt, schon vor dem ersten Anpfiff.

Essenziell sind in solch einem Fall neben den schlecht zusammengeschnittenen YouTube-Videos mit unerträglicher Musik auch sogenannte Leistungsdaten. Hat der potenzielle Neuzugang in den letzten drei Jahren 78 Tore geschossen, ist das ganz gut. Hat er diese 78 Tore für einen Zweitligisten aus Äquatorialguinea geschossen, ist das nur noch ein bisschen gut. Kann natürlich trotzdem eine Granate sein, der Mann. Man weiß es nicht. Andererseits neigt man zuweilen auch zu sehr großer Skepsis. Ich erinnere mich sehr gut, dass es unter den Fans meines Vereins in den Foren mal eine breite Welle der Ablehnung gegen einen angeblich bevorstehenden Stürmertransfer gab. Zu teuer, der Mann (2 Millionen Euro), soll sich erst mal in einer starken Liga beweisen, reine Wundertüte, lieber einen bewährten Spieler holen. Der Stürmer kam nicht. Es war der junge Mario Mandzukic.

Auch YouTube-Videos haben Tücken. Vor Jahren hat mein Verein einen Schweden verpflichtet (Name der Red. bekannt). Galt als kommender Ibrahimovic. Nationalspieler (ein Länderspiel), bester Torschütze der schwedischen Liga. Auf YouTube konnte man sich anschauen, dass seine große Spezialität offenbar darin bestand, den Ball aus drei Metern ins leere Tor zu schieben. Dauernd tat er das, zumindest damals: Immer wieder ins leere Tor, bäm. Wenn gerade niemand geguckt hat. Im Gegensatz zu diesem Mandzukic klappte der Transfer. Der Neue wirkte dann auf dem Rasen ungefähr wie ich. In der Bundesliga lief er sieben Mal auf und war auch etwa sieben Mal am Ball, wenn man alle Spiele zusammenzählt. Geschätzt kostete er etwas über

2 Millionen Euro. Nach diesem missglückten Intermezzo spielte er noch in Zwolle, Utrecht, Solna und Alkmaar. Und bei »vereinslos«. Wo er jetzt spielt, weiß nur noch sein engerer Verwandtenkreis.

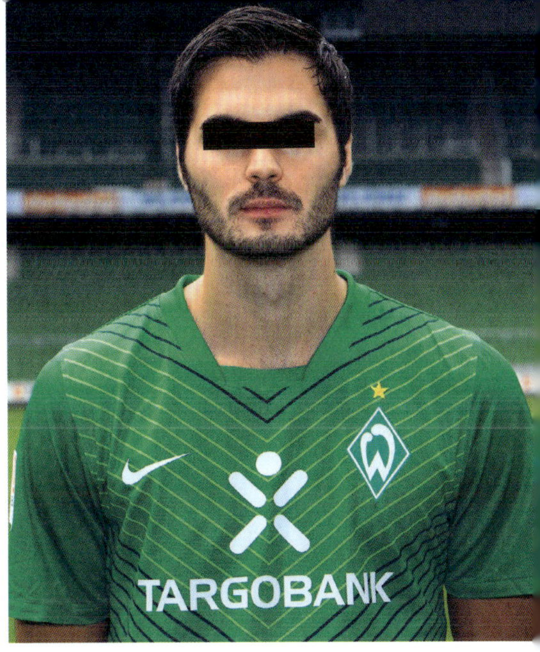

Skandinavischer Ex-Bundesligaspieler. Seine Leistungen sind inzwischen verjährt.

Die entwaffnendste Prognose über die Qualität eines neuen Spielers habe ich in Bezug auf Dortmunds Dembélé erlebt. Gut, inzwischen kennen wir ihn alle. Damals nicht so. Aber ein eifriger BVB-Fan machte allen Kollegen große Hoffnung auf einen wahren Transfer-Volltreffer. Er schrieb in ein Forum: »Habe ich noch nie gesehen. Aber auf der Playstation spielt er sich prima!«

Was Herbert übrigens auch nicht liest sind Fußball-Online-Umfragen von Online-Sportredaktionen. Sie sind nicht grundsätzlich wertlos, aber in zehn von zehn Fällen erfüllen sie keinen tieferen Sinn. Sie bilden kein wirkliches Meinungsbild ab, sie bringen keine neuen Erkenntnisse, sie liefern keinen Mehrwert. Jedenfalls nicht für den Leser. Online-Umfragen sind quasi eine Beschäftigungstherapie. Online-Redaktionen denken sie sich aus, gelangweilte User klicken irgendwo drauf, und am Ende gibt es eines jener Umfrageresultate, von denen wir früher mal kurz dachten, sie seien irgendwie repräsentativ, ehe wir das Internet zu begreifen lernten. Inzwischen wird bei der Veröffentlichung des Ergebnisses gar nicht mehr behauptet, es sei ein Meinungsbild »der Fans«. Es wird behauptet, es sei das Meinungsbild »unserer User«, und selbst das ist falsch. Es ist lediglich das Meinungsbild der User, die Lust hatten, an der Umfrage teilzunehmen. Das sind meinen Erfahrungen nach meistens eher nicht die Leute, die sich eine gemäßigte oder unaufgeregte Meinung gebildet haben. Es sind die, die sich gerade über irgendwas aufregen, die andere ärgern wollen, die gerne an Umfragen teilnehmen oder sich gerade fürchterlich langweilen. Derartige Umfragen genügen keinerlei journalistischen Ansprüchen, sondern dienen einzig dem Füllen der eigenen Social-Media-Seite. Sie sind so wertvoll wie eine Umfrage in einer Fußgängerzone, in der man laut eine Frage in die Menge ruft und nur die Antworten derer zählt, die am lautesten zurückschreien. Manche User fühlen sich kurz befreit und dankbar, wenn sie per Mausklick für sich entschieden haben, dass ein Trainer gehen soll, ein Neuzugang nicht kommen darf oder das neue Trikot so mittel aussieht. Manche Fans nehmen in der Tat mehrere Mausklicks oder einen Registrierungsvorgang auf sich, um dann bei der Umfrage auf »Weiß nicht« zu klicken.

Das Internet hat aber auch sehr nützliche Seiten. Lange vor Philipp Lahms Geburt schon gab es den Begriff »Fußballzwerge«. Früher meinte man damit Länder wie Zypern oder Malta. Und in diesen beiden Fällen erkannte man den Fußballzwerg daran, dass er in WM-Qualifikationen schon mal mit 0:12 gegen Deutschland verlor (Zypern) oder selbst bei seinen wichtigsten Länderspielen nur einen Sandplatz anzubieten hatte (Malta). Bei Weltmeisterschaften kamen Fußballzwerge in der Regel aus Afrika. Oft waren die Spieler aus Zaire, Senegal oder Angola katzengewandt und athletisch. Sie empfanden allerdings lange alles, was mit Taktik zu tun hat, als Teufelszeug. Und das ist leicht erklärbar: Sie hatten in ihrer Heimat bis vor etwa 25 Jahren oft keine Möglichkeit, den Fußball anderer Kontinente zu schauen und sich z. B. an der Spielordnung europäischer Teams zu orientieren. Im Fernsehen nicht, und im Internet schon mal gar nicht. Weil es das nämlich noch nicht gab, das Internet. Ergänzender Hinweis an die jüngeren Leser: Das gab es nämlich noch gar nicht immer.

Und weil das so war und man nicht wie heute jeden Spieler, jedes Ergebnis, jede Statistik, jeden Verein und jeden Trainer schnell mal googeln konnte, gab es im Fußball vergangener Jahrzehnte Mysterien, die seinerzeit einfach nicht aufzulösen waren. Es wurden Spie-

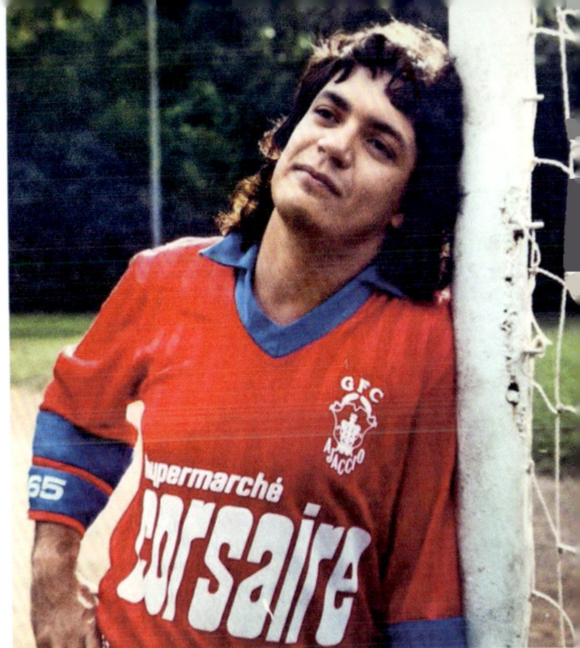

Carlos Kaiser sah aus wie ein richtiger Fußballer. Aber das war es dann auch schon.

ler angeboten, die angeblich Superstars in ihrer Heimat waren, obwohl sie dort nur in der dritten Liga kickten. Es wurden Rekorde rund um sagenhafte Spiele erfunden, die nie wirklich stattgefunden hatten. Der Brasilianer Carlos Kaiser wechselte als vermeintlicher Superstar die gesamten 1980er-Jahre hindurch ständig für viel Geld den Verein, ohne jemals irgendwo nennenswert zum Einsatz gekommen zu sein. In 26 Jahren bestritt er 32 Spiele. Es reichte, dass man bei jedem Transfer behauptete, der Kerl sei in Brasilien eine Vollgranate. Man konnte ihn ja nicht bei Google suchen. Manche behaupten, er hätte mal für Wacker Innsbruck gekickt, aber alle Recherchen führen nur zu einem Bild, das ihn als offensichtlich vollschlanken Hobbysportler in einem Fantasietrikot zeigte, auf dem zwar »FC Wacker Innsbruck« stand, in dem der Verein aber niemals spielte. Offenbar mit viel Liebe selbst hergestellt, nur für das Foto.

Diego Maradonas Bruder Hugo versuchte auf ähnliche Weise in Europa Fuß zu fassen, erhielt sogar einen Vertrag bei Rapid Wien. Dort spielte er drei Spiele, verschwand wieder und eröffnete irgendwann in der USA mit seiner Frau eine Bäckerei.

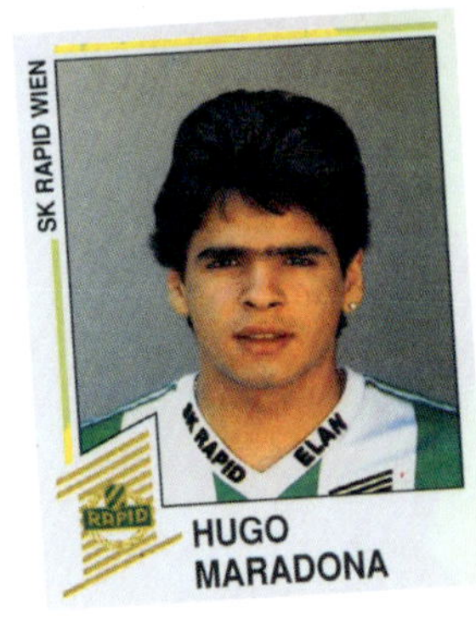

In Deutschland gab es eine wenig bekannte ähnliche Geschichte um den wenig bekannten Manfred Tank. Manfred Tank war früher kaum bekannt, und er ist heute noch weniger bekannt. Ein Foto von ihm haben nur seine Verwandten, und möglicherweise nicht einmal die. Er hätte ein großer Trainer werden können, denn der Bremer SV holte ihn im Januar 1992 als Nachfolger für den als Trainer geschassten Erwin Kostedde, der nach dieser Entlassung wieder in seinen vorherigen Beruf als Legende zurückkehrte. Manfred Tank sollte den in der damals drittklassigen Oberliga Nord hoffnungslos abgestürzten Traditionsverein aus dem Bremer Westen mit geballter Fußballkompetenz noch vor dem Abstieg retten.

Dass der Bremer SV einen so klangvollen Namen wie Manfred Tank überhaupt verpflichten konnte, wurde damals als wahres Wunder empfunden. Denn Tank hatte zuvor den MTK Budapest, Aston Villa und den AS Monaco trainiert, und zwar ganz schön erfolgreich.

Hugo Maradona in seiner New Yorker Bäckerei, in der er genauso viele Tore erzielte wie im Trikot von Rapid Wien.

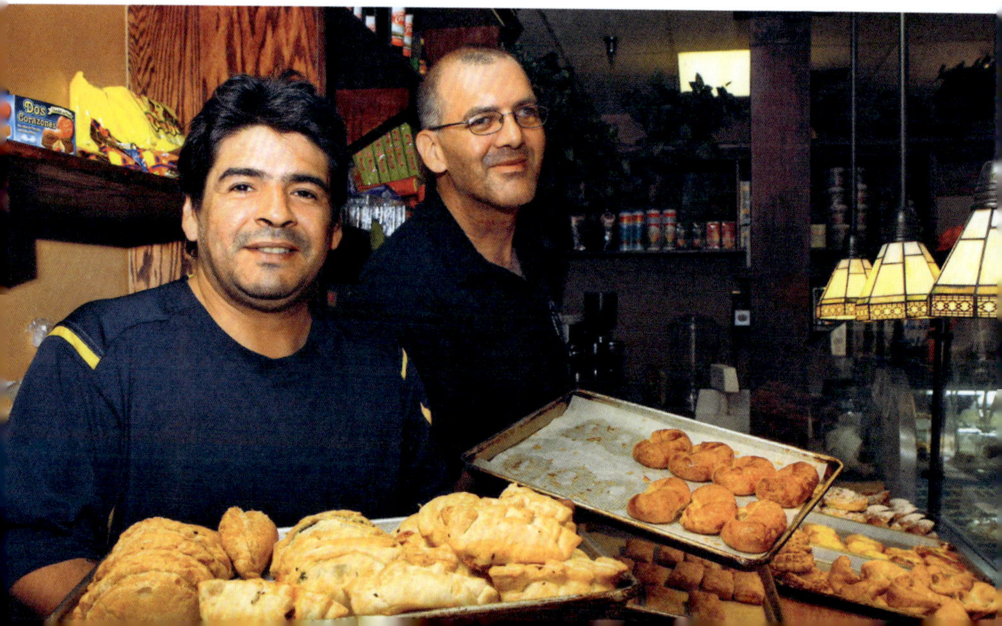

Er war Inhaber der A-Lizenz und hatte seine Trainerlaufbahn als Jugendtrainer beim HSV und dem FC St. Pauli begonnen. Behauptete er jedenfalls. Gut – manche Banausen hatten seinen Namen noch nie gehört, und die Fachzeitschrift *Sport-Mikrophon* titelte zu der Personalie: »Manfred Tank – Wer ist denn das?« Der Bremer *Weser-Kurier* war da nicht ganz so skeptisch und würdigte Tank als »alten Haudegen mit internationaler Abstiegskampferfahrung«. Manfred Tank hatte ihnen das selbst so diktiert.

Am 5. Januar 1992 wurde der Coup verkündet. Einen Tag später, an Tanks offiziell erstem Arbeitstag als Retter des Vereins, waren die Lokalsportjournalisten des altehrwürdigen *Weser-Kurier* schon etwas vorsichtiger und titelten über Tank: »Ein Mann mit viel Erfahrung?« Fragezeichen! Mittlerweile hatte es die Berichterstatter zunehmend verwirrt, dass ausgerechnet jemand mit so vortrefflichen Referenzen wie Manfred Tank in der kompletten Fußballszene nahezu unbekannt war.

Manfred Tank scheiterte am Ende an einem winzigen Detail. Er behauptete, als Trainer in Budapest im Europacup einmal nur ganz knapp am FC Barcelona gescheitert zu sein (0:0 und 1:3, behauptete Tank). Der Kollege vom *Weser-Kurier* versuchte, das genauer zu recherchieren, und textete anschließend vollends verunsichert: »Verwunderlich, dass im Sonderheft des *Kicker*-Sportmagazins von einem Aufeinandertreffen dieser beiden Klubs nichts erwähnt wird. Tank dazu auf Nachfrage unserer Zeitung: ›Es stimmt aber.‹« Sie kamen ihm also letztlich auf die Schliche, weil er ein Europacupspiel erfunden hatte, das nicht im *Kicker*-Sonderheft zu finden war.

Bis zum Erscheinen dieses Artikels war das den Funktionären des Bremer SV alles nicht so wichtig. »Tank sorgt für die nötige Disziplin!«, wurde vorab aus den Reihen des Vereins angekündigt. Und Manfred Tank selbst wurde zu seinem Einstieg mit Sätzen von seltener Fußballpoesie zitiert: »Ich brauche keine Leute mit Weiberallüren. Wenn von einem Spieler die Freundin jammert, dass ihr Freund nicht genug Zeit habe, weil er zu viel Fußball spiele, dann tschüss! Ich verstehe viel vom Fach. Jetzt muss ich sehen, was die Spieler umsetzen können. Ich bin ein knallharter Trainer. Bei mir fliegen die Fetzen. Ich liebe den englischen Fußball. Ich brauche keine Jammerlappen!«

Nach dem Fragezeichen-Artikel der Zeitung und wenige Stunden vor Tanks erstem Mannschaftstraining griffen die Verantwortlichen des Vereins zum letzten Strohhalm. Sie riefen bei den vermeintlich ehemaligen Vereinen des Haudegens an, der Reihe nach. Keiner hatte den Namen Tank jemals gehört. Nicht in Monaco, nicht in Birmingham, nicht in Budapest und Hamburg – nirgendwo. Am selben Tag gab Manfred Tank zu, lediglich eine schon seit 1982 abgelaufene Trainerlizenz zu besitzen: »Ich habe schon so viele Trainerstationen hinter mir, was soll ich da mit einem Lehrgang für eine Lizenzverlängerung? Entweder die akzeptieren das so oder nicht. Den BSV kriege ich auch so wieder nach vorne!« Auch räumte er etwas zerknirscht ein, doch nicht in Budapest Trainer gewesen zu sein, dafür aber in Südamerika: »Ich habe sogar in Buenos Aires und Montevideo Jugendliche im Alter zwischen 14 und 16 Jahren trainiert. Die waren völlig verfeindet, aber das Erlernen von richtiger Taktik durch mich hat sie auf den richtigen Pfad gebracht!«

Seinen Posten konnte er auch mit diesen Heldentaten nicht mehr retten. Der Bremer SV entließ ihn direkt vor dem ersten Training. Überliefert sind die Worte von Schatzmeister Karl-Heinz Trummer: »Es ist einfach schrecklich. Wir sind hintergangen worden. Der Mann hat uns von vorne bis hinten belogen!«

Der Bremer SV stieg damals ab, mit Pauken und Trompeten. Dass Manfred Tank in seinen wenigen Tagen als Beinahetrainer unfassbar viel Quatsch geredet hat, ist heute ziemlich klar. Was aus ihm wurde ist unbekannt. Damals war er einfach nur jemand, den man nicht googeln konnte.

in Korb für den „Weltenbummler"

anzenberg-Posse fand ein schnelles Ende / BSV wieder auf Trainersuche

Von unserem Redaktionsmitglied Ruth Gerbracht

en. Das neue Jahr hat gerade frisch begonnen und ist schon wieder fällig für einen neuen Rekord. Wer kann mit einem Trainer aufwarten, der, bevor er das erste g leitet, wieder in die Wüste geschickt wird? Der Bre- / kann. Am vergangenen Sonntag nannte der Vorstand den Hamburger Nobody Manfred Tank als neuen Trainer des Fußball-Oberligisten und verblüffte mit dieser Entscheidung alle Fußballkenner und Ex... ern nachmittag zog Schatzmeister K... Notbremse, und der ... der packen.

ei war die Herrlichkeit, am Panzen- sind hi...
it einem Trainer aufwarten zu kö...
on die Kicker bei Ast...
m, beim MTK Budap...
AS Monaco zu Höhenf...
soll. Welch wunderbare...
r hätte den Bremer SV ...
och dann der Fall ins Bo...
sere Sportredaktion, ni...
von der Ansammlung kla...
in der Karriere des neu...
bei den betreffenden Clubs...
zeige. Einen gewissen Ma...
keiner. „Es ist einfach schr...

Posse beim Bremer SV

Bremen (eb). Immer noch ohne Trainer steht Fußball-Oberligist Bremer SV da. Gestern sollte sich ein Mann namens Manfred Tank vorstellen, doch bei dem neuen „Wunschtrainer" handelte es sich offenbar um einen Hochstapler. Sporte Seite 20

...einen international re-
... Bremer Abstiegskan-
...lich alles so schlüssig
...daß er sich nach den
... beruflich und sport-
... etablieren wollte",
...er gestern die Ent-
...lären.
...entsprechenden Li-
...rstandsherren des
... mit dem Wunsch-
... es gab ohnehin
... zu sehen: eine alte abgelaufene A-Lizenz aus dem Jahr 1982. „Ich habe schon soviele Trainerstationen hinter mir, was soll ich da bei einem Lehrgang für eine Lizenzverlängerung. Entweder die akzeptieren das so oder nicht. Den BSV krieg ich auch so wieder nach vorne", gab sich Manfred Tank gestern in einem Gespräch mit unserer Redaktion noch völlig cool.

Der Hamburger setzte im Gegenteil noch einen drauf. Während er Karl-Heinz Trummer gegenüber zugab, daß er bei der Aufzählung seiner Stationen etwas durcheinander gekommen sei und MTK Budapest kein Meilenstein in seiner Karriere gewesen sei, reiste Manfred Tank bei unserer Anfrage gedanklich noch weiter über den Globus: „Ich habe sogar in Buenos Aires und Montevideo Jugendliche zwischen 14 und 16 Jahren trainiert". Völlig verfeindet seien diese gewesen. Erst das „Erlernen von richtiger Taktik durch mich" habe die Nachwuchskicker wieder auf den richtigen Pfad gebracht.

Auf den richtigen Weg gebracht fühlt sich der BSV-Vorstand erst jetzt wieder, nachdem der Verein die für gestern abend vorgesehene Vertragsunterzeichnung abgeblasen hat und somit an einer Blamage vorbeigeschrammt ist. ...eim Thema „neuer Trainer" winkt Ka...

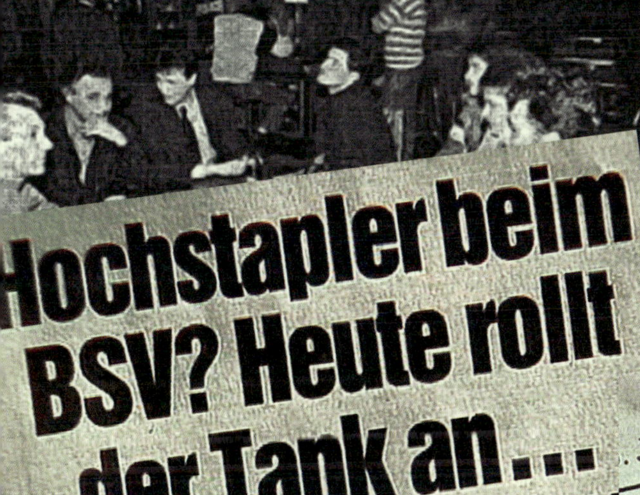

Hochstapler beim BSV? Heute rollt der Tank an...

Bremen – Manfred ... heißt der Mann, ... vor dem ...

MTK gab's seit 40 J... ren keinen auslä... schen Trainer mehr. Tank, nach eige... gaben A-Lizen... sich s...

. Januar 1992

Manfred Tank neuer Trainer bei Bremer SV

...). Alle Beteili... zwar ... Doc...

Ein Mann mit viel Erfahrung?

anfred Tank will den BSV vor Oberliga-Abstieg retten

Von unserem Redaktionsmitglied Jan Christian Müller

en. „Manfred Tank, wer ist denn das?" te das Fußball-Fachblatt „Sport-Mikro- einer neuesten Ausgabe. Die An... n ist ab heute T...

Leute mit Weiberallüren. Wenn ... die Freundin ...

2. NOVEMBER 2019

oder: Mal verliert man, und mal gewinnen die anderen

Womit alles begann:

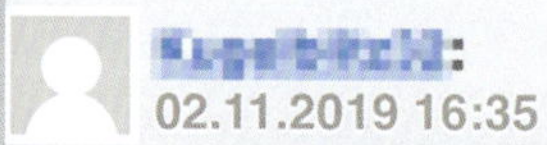

Solange Marco Friedl auf dem Platz steht, werde ich mir nie wieder ein Spiel von Werder ansehen. Ich ertrage das einfach nicht mehr. Schlechter kann man gar nicht mehr spielen.
Alleine wie unnötig er auch am Ende diesen Freistoß verursacht der zum 2:2 führt. Das ist nicht mehr tragbar.
Tut mir leid, für mich ist hier Feierabend. Ich habe echt lange gesagt, Gebt dem
Jungen Zeit und der muss sich noch entwickeln, aber das Maß ist einfach voll. Voll bis obenhin. Ich will so jemanden nicht mehr für Bremen spielen sehen. Da ich das leider nicht zu entscheiden habe, werde ich solange wie er dieses Trikot trägt und auf dem Platz stehen sollte, keine einzige Minute mehr Werder anschauen, da geht man einfach kaputt dran, wenn man sich sowas ansehen muss. Das ist Kreisklasse und nicht Bundesliga.

Als ich einmal bei Google etwas über Werder Bremens Verteidiger Marco Friedl recherchieren wollte, stieß ich auf diesen Kommentar eines Werder-Fans in einem Fanforum und war etwas erschrocken.

Er wurde verfasst kurz nach der Halbzeit des Spiels Werder Bremen gegen SC Freiburg. Es stand 1:1, das Spiel war so lala, und besagter Marco Friedl hatte wirklich keinen guten Tag als linker Außenverteidiger bei den Bremern. Dennoch war ich etwas erstaunt, dass dieser Fan, nennen wir ihn »Norbert«, sich während des Spiels so sehr erregte und seinem eigenen Verein nie wieder zuschauen wollte, wenn Friedl auf dem Platz stünde.

Ich war dann so neugierig, wie es weiterging, dass ich mir alle weiteren Kommentare dieses Users im Fanforum durchlas. Ich stieß auf ein Fanschicksal, mit dem ich nicht unbedingt tauschen möchte. Noch am selben Tag, in den Minuten nach dem Anti-Friedl-Posting schrieb Norbert Folgendes:

02.11.2019, 17:38

Registriert seit: 23.05.2018
Beiträge: 340

Entlassen.

Antworten Zitieren

Ein Ratschlag an Milot Rashica:

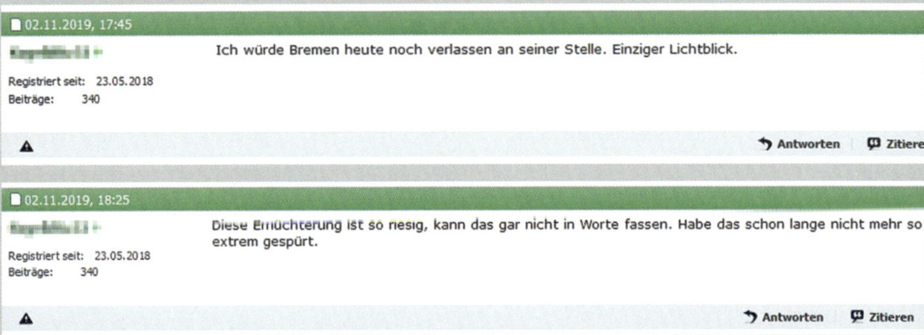
02.11.2019, 17:45

Registriert seit: 23.05.2018
Beiträge: 340

Ich würde Bremen heute noch verlassen an seiner Stelle. Einziger Lichtblick.

Antworten Zitiere

02.11.2019, 18:25

Registriert seit: 23.05.2018
Beiträge: 340

Diese Ernüchterung ist so riesig, kann das gar nicht in Worte fassen. Habe das schon lange nicht mehr so extrem gespürt.

Antworten Zitieren

Das nächste Auswärtsspiel verlor Werder Bremen mit 1:3 in Mönchengladbach, und der Fan blieb tatsächlich stumm. Beim darauffolgenden Heimspiel jedoch war er wieder da. Marco Friedl saß 90 Minuten auf der Bank. Werder verlor 1:2 zu Hause gegen Schalke, und Norbert setzte während des Nachmittags die folgenden Wortmeldung ab.

Es war nur diese eine:

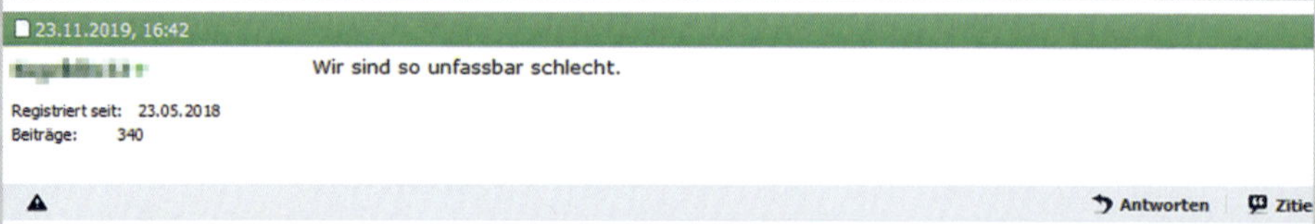

23.11.2019, 16:42

Wir sind so unfassbar schlecht.

Registriert seit: 23.05.2018
Beiträge: 340

Antworten Zitie

Das kommende Spiel gewann Werder in Wolfsburg mit 3:2. Norbert meldete sich erst wieder am Sonntag darauf gegen Paderborn. Friedl spielte nicht, unser Mann durfte also das Spiel schauen. Diese beiden Postings sind alles, was von ihm an diesem Tag zu lesen war:

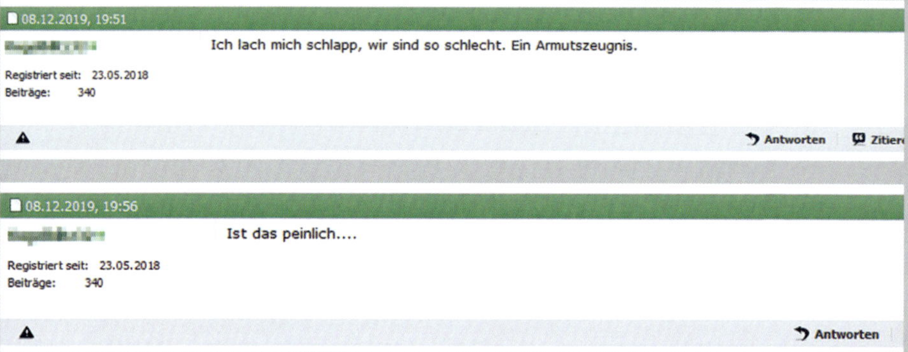

08.12.2019, 19:51

Ich lach mich schlapp, wir sind so schlecht. Ein Armutszeugnis.

Registriert seit: 23.05.2018
Beiträge: 340

Antworten Zitier

08.12.2019, 19:56

Ist das peinlich....

Registriert seit: 23.05.2018
Beiträge: 340

Antworten

In den restlichen Spielen des Kalenderjahres blieb er wiederum stumm, obwohl ein 1:6 in München und ein 0:5 zu Hause gegen Mainz jede Menge Gesprächsstoff geboten hätten. Den 1:0-Sieg in Düsseldorf ließ er auch unkommentiert, war dann aber rechtzeitig zum Pokal-Achtelfinale wieder da. Werder gewann begeisternd und sehr überraschend mit 3:2 gegen den BVB. Marco Friedl spielte von Beginn an, und das sogar sehr stark. Norbert sah entgegen seines geleisteten Schwurs dennoch zu und schrieb während dieses Spiels nur einen kurzen Kommentar. Er betraf diesmal Werders Kapitän Niklas Moisander:

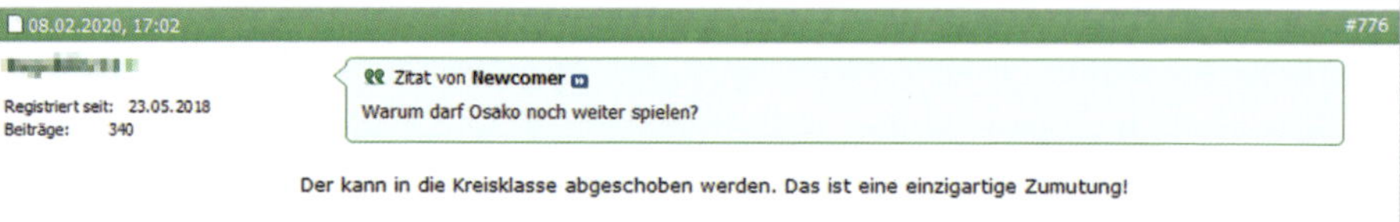

08.02.2020, 17:02 #776

Registriert seit: 23.05.2018
Beiträge: 340

Zitat von Newcomer
Warum darf Osako noch weiter spielen?

Der kann in die Kreisklasse abgeschoben werden. Das ist eine einzigartige Zumutung!

In der Liga vier Tage später spielte Marco Friedl wieder. Norbert schaute dennoch wieder zu. Werder spielte nicht gut, aber Kapitän Moisander war diesmal Bremens bester Feldspieler. Norbert kommentierte:

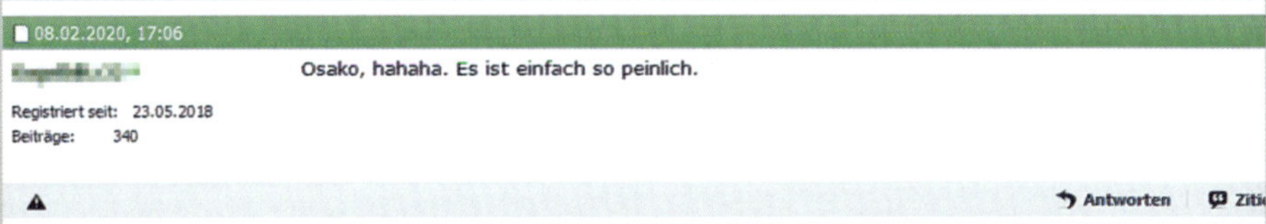
08.02.2020, 17:06

Registriert seit: 23.05.2018
Beiträge: 340

Osako, hahaha. Es ist einfach so peinlich.

Antworten Ziti

Es folgten Wochen, in denen Norbert sich rarmachte. Fast hätte man sich Sorgen machen müssen, aber gerade rechtzeitig vor der sich damals noch nicht anbahnenden Corona-Unterbrechung war er zurück und sendete während des Pokalspiels in Frankfurt ein knappes Lebenszeichen:

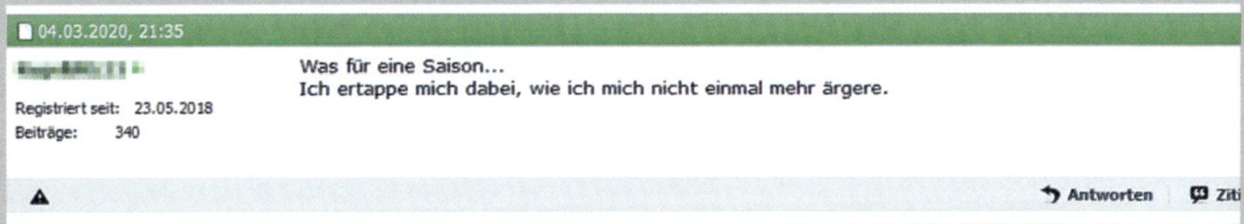
04.03.2020, 21:35

Registriert seit: 23.05.2018
Beiträge: 340

Was für eine Saison...
Ich ertappe mich dabei, wie ich mich nicht einmal mehr ärgere.

Antworten Ziti

Drei Tage später lief Norbert ein letztes Mal zu großer Form auf. Werder spielte in Berlin und führte nach wenigen Minuten überraschend mit 2:0. Norbert blieb still. Mit dem mittlerweile regelmäßig und immer stärker spielenden Friedl hatte er sich offenbar abgefunden. Mit der Führung konnte er gar nicht gut umgehen, aber 8 Minuten nach dem 2:2 der Hertha durch Cunha lief er sich warm und legte los. Er hatte nichts verlernt:

07.03.2020, 16:53 #737

Registriert seit: 23.05.2018
Beiträge: 340

Der Abstieg ist echt nur noch Formsache. Die stecken so tief in der scheisse, das werden die nicht mehr abwenden können. Die Nerven spielen nicht mehr mit.

Antworten Zitieren

07.03.2020, 16:55

Registriert seit: 23.05.2018
Beiträge: 340

Das verlieren wir noch, jede Wette.

Antworten | Zitieren

07.03.2020, 17:11 #938

Registriert seit: 23.05.2018
Beiträge: 340

Das ist so ideenlos, ich bin fassungslos. So lange ich Bremen Fan bin, hab ich schon manch schlechte Phasen miterlebt, aber so schwach hab ich Werder noch nie gesehen.
Ich kann gar keine Spielidee erkennen, dass ist einfach ein völlig verunsicherter Hühnerhaufen.

Antworten | Zitieren

07.03.2020, 17:19 #1036

Registriert seit: 23.05.2018
Beiträge: 340

Moisander ist inzwischen unerträglich, nehmt dem Mann endlich die Binde weg und ab auf die Tribüne, dass ist ja nicht mehr tragbar...

Antworten | Zitieren

07.03.2020, 17:25 #1100

Registriert seit: 23.05.2018
Beiträge: 340

Wir steigen ab. Das ist Fakt.

Antworten | Zitieren

Es folgte die Corona-Pause und danach die berüchtigten Geisterspiele. Werder spielte stabiler und kämpfte sich trotz mancher Rückschläge mit viel Herz an das Ziel Klassenerhalt heran. Norbert ignorierte das stoisch. Erst am vorletzten Spieltag, als Werder mit einem 1:3 in Mainz doch noch alles zu verspielen drohte, war er zurück.

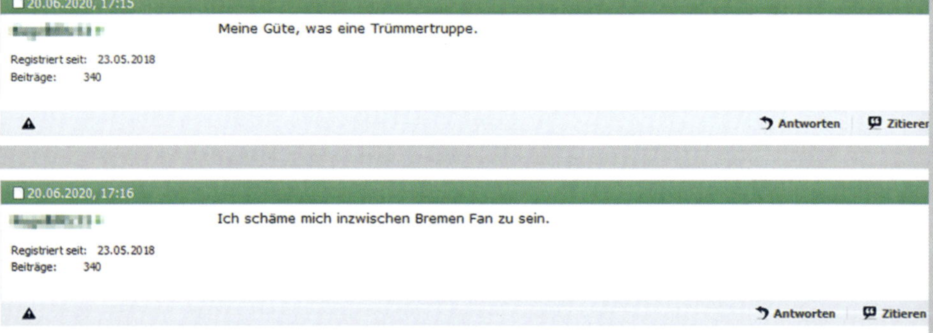

20.06.2020, 17:15

Registriert seit: 23.05.2018
Beiträge: 340

Meine Güte, was eine Trümmertruppe.

Antworten | Zitieren

20.06.2020, 17:16

Registriert seit: 23.05.2018
Beiträge: 340

Ich schäme mich inzwischen Bremen Fan zu sein.

Antworten | Zitieren

Das 6:1 gegen Köln am letzten Spieltag ließ er gänzlich unkommentiert. Erst mitten im entscheidenden zweiten Relegationsspiel war er noch einmal da.

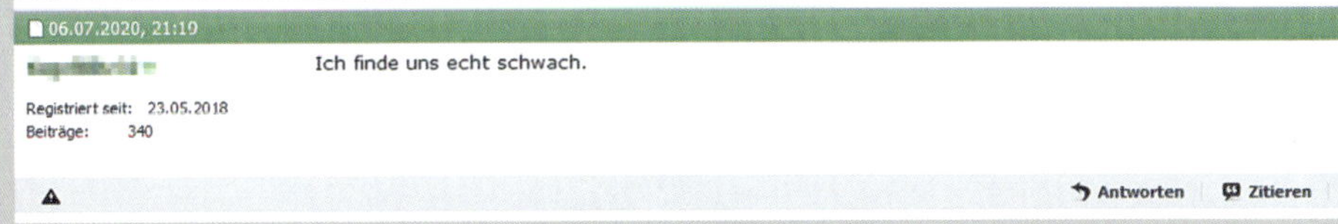

06.07.2020, 21:19

Ich finde uns echt schwach.

Registriert seit: 23.05.2018
Beiträge: 340

Antworten Zitieren

Bis heute sein letztes Lebenszeichen. Der Klassenerhalt – egal. Die Vorbereitung auf die neue Saison – uninteressant. Norbert hat sich offenbar dafür entschieden, seinen Verein zu begleiten, wie ein Sterbebegleiter das tut, nur eben ohne all das Tröstliche. Er postet während der Spiele, bei denen man eigentlich auch mitfiebern könnte. Ich komme nicht umhin zu denken, dass das Internet den Fußball manchmal ganz schön versaut, wenn wir nicht achtgeben.

(Abschlussbemerkung: Marco Friedl wurde in den letzten Wochen der Saison 2019/20 stärker und stärker und lieferte einen großen Beitrag zum Klassenerhalt seiner Mannschaft.)

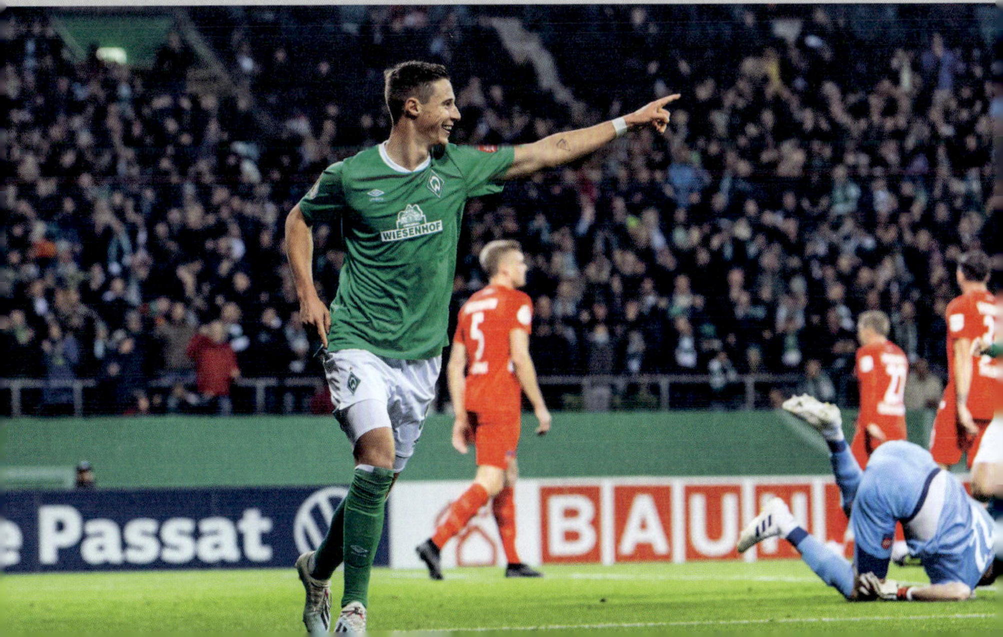

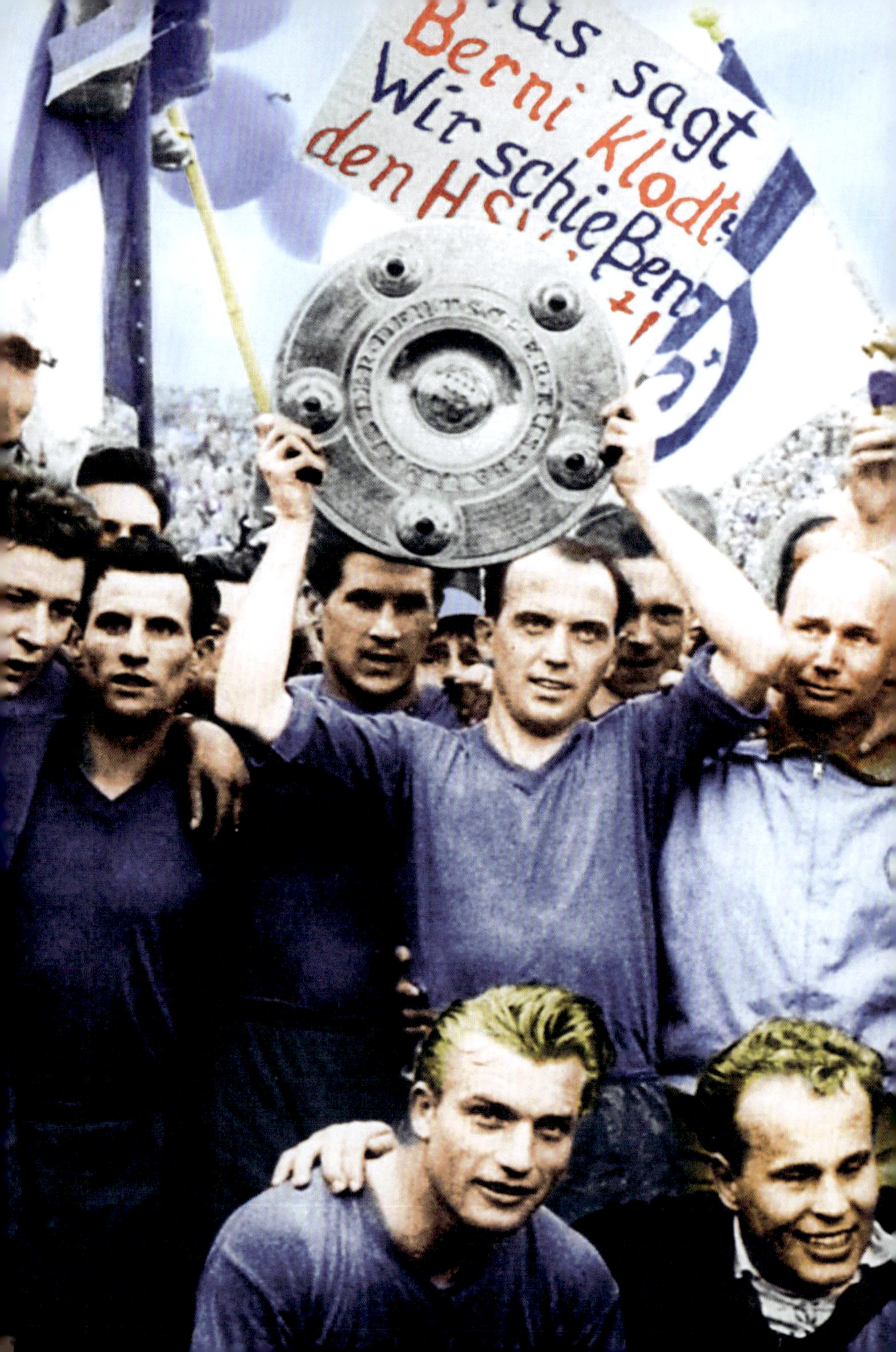
as sagt
Berni Klodt:
Wir schießen
den

EIN MEISTERSCHALES GEFÜHL

oder: So seh'n Sieger jetzt immer aus

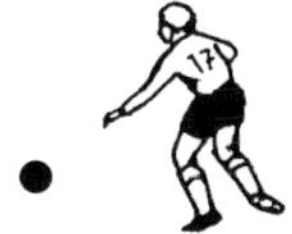

Jede Bundesligasaison in normalen, coronafreien Jahren endet gefühlt mit Bildern der Ehrung des Deutschen Meisters Bayern München auf einem Podest in der Allianz Arena und den anschließenden spontan-enthemmten Szenen von Spielern, die laut »Aaaaaaaaaaah!« schreien und mit Weißbiergläsern von der Größe einer Mülltonne Menschen in Anzügen hinterherrennen, um sie mit Bier zu übergießen. Die Männer in den Anzügen haben aufgrund ihres Trainingsrückstands nie eine faire Chance, weshalb das dargebotene Schauspiel dieses ungleichen Wettlaufs meistens genauso spannend ist wie zuvor die Entscheidung im Meisterschaftsrennen.

DASS sich bei Bayern über eine immer gleich ablaufende Meisterfeier niemand mehr so recht freuen kann ist etwas, worum ich keinen Fan dieses Vereins je beneiden werde. Gleichzeitig ist es menschlich verständlich und von mir nicht als Kritik gemeint. Würde ich

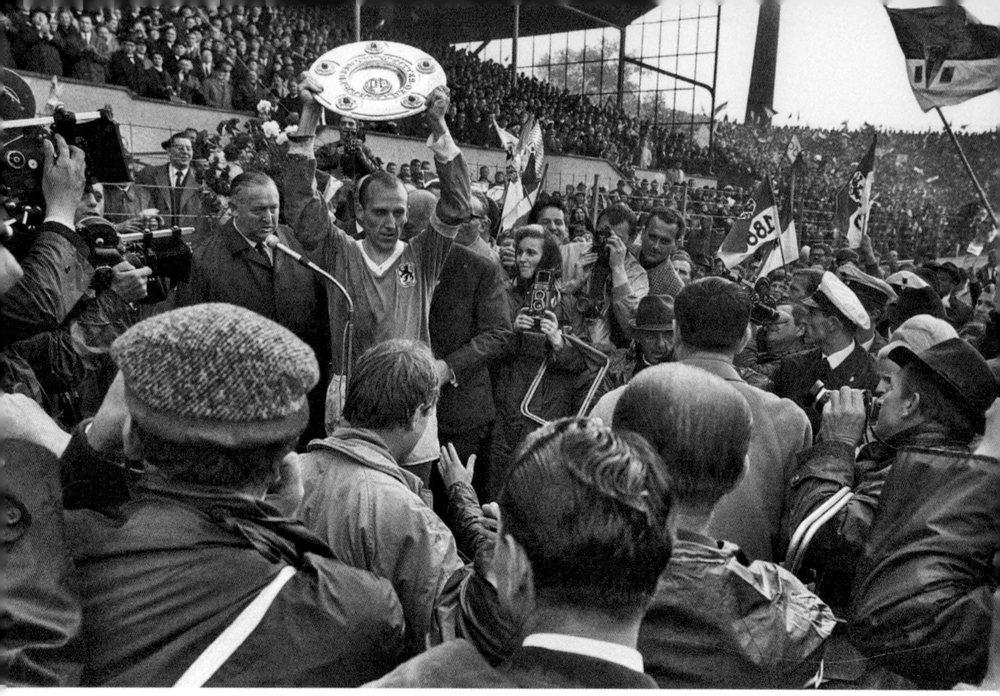

Deutscher Meister 1966 wurde 1860 München.
Gefeiert wurde mit einem Bad in der Menge.

40-mal in Folge meinen Lieblingsfilm anschauen müssen, wäre es auch ab der etwa 36. Wiederholung nicht mehr so erhebend. Bei den Bayern müssen es deshalb die ganz großen Reize sein, die zu einer rauschenden Feier führen, also Dinge, die wesentlich seltener sind als pure Meisterfeiern: Triple-Feiern zum Beispiel. Die Live-Übertragungen reiner Bayern-Meisterfeiern im Bayerischen Fernsehen sind in etwa so vergnüglich anzuschauen wie Filme über Darmoperationen (dienstags spätabends im NDR).

Als die Bayern das Pokalfinale 2018 gegen Eintracht Frankfurt sensationell verloren und nicht einmal das fest eingeplante Double schafften, kam es aus psychologisch sicherlich nachvollziehbaren Gründen zu dennoch sehr eigenartigen Szenen: Die Verlierer aus München rissen sich – wie leider längst weltweit üblich – die Silbermedaillen vom Hals, ungefähr 0,6 Sekunden nach dem Erhalt durch den DFB-Boss. Manche warfen sie ins Publikum, weil sie angeblich dort Bekannte entdeckt hatten, die ihrerseits abends dann ein Bild der Medaille twitterten und neugierig fragten, was so ein Ding wohl bei eBay bringen würde.

Noch mehr Schlagzeilen und Verwunderung rief das hervor, was danach kam: Die Bayern trotteten in die Kabine, noch ehe ihr siegreicher Gegner den Pokal anfassen durfte. Niemand da, der ihnen sagte: »Hört mal, das sieht aber jetzt nicht gut aus. Ist doof, aber wir müssen da nochmal raus. Ist schließlich eine Siegerehrung, und da gehört sich das so!« Kein Mitarbeiter der Medienabteilung kam auf diese Idee und auch kein erfahrener Spieler schreckte unten in den Katakomben auf und fragte in die Runde: »Hört mal … müssten wir jetzt eigentlich nicht gerade noch draußen sein, bis die Siegerehrung vorbei ist?«

Man mag das für egal halten und Siegerehrungen für sinnlosen Kinderkram. Mats Hummels z. B. scheint das so zu sehen. Er sagte nach dem Finale dazu: »Das hat wenig mit fehlendem Respekt zu tun. Ich kenne gar nicht den Knigge, wie man sich da verhält.« Das Problem an dieser Aussage: Sie ist nicht ganz richtig, dafür aber ziemlich falsch. Einem Gegner nicht dabei zuschauen zu wollen, wie er geehrt wird, ist möglicherweise menschlich nachvollziehbar, aber das gilt in manchen Fällen auch für Missgunst, Schadenfreude, Häme, Neid und Wut. Soll heißen: Menschliche Regungen, die man nachvollziehen kann, werden dadurch nicht automatisch besser.

Ich habe dieses immer noch recht bizarre Verhalten der Bayern damals zum Anlass genommen, über noch mehr Dinge nachzudenken, die man regelmäßig auf Fußballplätzen sieht, weil beteiligte Menschen »den Knigge nicht kennen«. In den meisten Fällen bin ich auf Dinge gestoßen, die von der »Nun stell' Dich mal nicht so an!«-Fraktion als »Sowas ist doch inzwischen ganz normal!« hingestellt werden. Aber auch hier: Dadurch werden sie ja nicht automatisch prima.

Über Siegerehrungen möchte ich gar nicht weiter diskutieren müssen. Da ist man dabei, ehrt den Gegner durch seine Anwesenheit und gut. Wer so etwas nicht erträgt, beweist dadurch keine Professionalität, sondern vielmehr schwache Nerven und in manchen Fällen sogar eine unzureichende Erziehung. Was ich persönlich auch albern finde (weil von außen diktiert und dadurch nicht aufrichtig), ist das organisierte Spalierstehen von Siegern und Verlierern nach einem Finale. Das ist Quatsch, das mag niemand, das fühlt sich künstlich und für die Hälfte der Beteiligten möglicherweise sogar erniedrigend an. Weg damit.

Weg allerdings auch mit dem schon erwähnten hektischen Herunterreißen der Silbermedaillen. Klar, man ist enttäuscht und hätte gerne die andersfarbigen Medaillen um den Hals baumeln. Aber wer einen zweiten Platz nicht wenigstens minimal respektiert, wenn man sich selbst schon nicht drüber freuen kann, der verhöhnt dadurch indirekt alle, für die so ein zweiter Platz ein Riesenerfolg wäre, den gesamten Wettbewerb und beispielsweise auch alle Gegner, die man zuvor aus dem Weg geräumt hat. Im Falle der Bayern in der Pokalsaison 2017/18 waren es der BSV Rehden, Hannover 96, der FC Augsburg, der HSV und der 1. FC Kaiserslautern, denen man durch eine solche Geste überdeutlich zeigt: »Die Siege gegen euch bedeuten uns NICHTS, der ganze Wettbewerb war komplett sinnlos, wenn wir am Ende nicht gewinnen!« Von den Signalen an Nachwuchsfußballer, die sich ihr Leben lang abzappeln, um irgendwann mal ein Finale spielen zu dürfen und die möglicherweise alles versucht haben, aber dennoch am Ende immer nur Zweiter wurden, will ich mal gar nicht anfangen.

Blicken wir zurück auf den ersten Absatz dieses Kapitels. Und auf eine x-beliebige Saison. Zum Zurückblicken braucht man die Bilder der Saison. Das sind nach Ansicht der Medien neben bunt angemalten Fans, im Netz zappelnden Bällen und enttäuschten Spielern mit vor Gram zerfurchten Gesichtszügen (meistens sind dies Hamburger) oft auch die erwähnten jubelnden Profis in roten Trikots mit der frisch verliehenen Meisterschale, die sie schon so oft verliehen bekamen. »Mannschaft mit Trophäe hüpft auf Podest auf und ab, dahinter ist Konfettiregen zu sehen und davor stehen steif Funktionäre

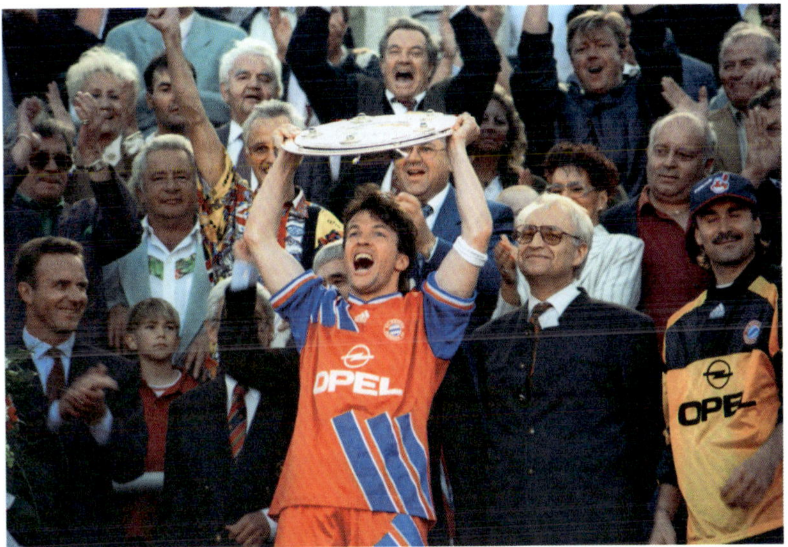

Lothar Matthäus im Kreise seiner Lieben.

und lächeln ein festgetackertes Lächeln« ist ein Standardmotiv in den Fußballstadien des Landes, immer so gegen Ende Mai. Das Problem ist nämlich: Irgendwann ist man bei der DFL mal auf die dufte Idee gekommen, dieses Szenario immer völlig gleich aussehen zu lassen. Also nicht mehr wie früher, als sich eine triumphierende Mannschaft oft durch ein brodelndes Stadion den Weg zur Ehrung bahnen musste und am Ende des Weges mit etwas Glück bei Queen Elisabeth ankam, mit Pech bei Helmut Kohl, und schließlich eine silbern funkelnde Schale oder Schüssel überreicht bekam, die der von Helmut Kohl ganz zerdrückte Spielführer dann erschöpft in den Himmel heben durfte.

Jeder Fan der das Glück hat, einer Mannschaft verbunden zu sein, die ab und zu mal einen Titel gewinnt, kann bis an sein Lebensende anhand dieser Jubelbilder genauestens sagen, in welchem Jahr sich dieser Fan-Glücksfall zugetragen hat, wer damals spielte, was so besonders an jener Saison war und wie es sich anfühlte, als die Helden die Schale stemmen durften. Zumindest gilt das für Titelgewinne, die vor 2001 stattfanden.

Denn anschließend nahm die DFL die lästigen Meisterehrungen in der Hand, die davor offenbar entschieden zu stimmungsvoll abliefen. Und so wurde vom DFL-Podestentwerfer ein DFL-Podest entworfen, vom DFL-Tischler nach DFL-Richtlinien gebaut, vom DFL-Grafiker keck ein DFL-Logo draufgemalt und vom DFL-Jahreszahlenbeauftragten schließlich die jeweils optimal passende Jahreszahl draufgeklebt. Also zum Beispiel »2002«.

Seitdem hat alles seine DFL-Ordnung. Soll heißen: Jede Meisterehrung besteht aus diesem Podest, aus ein paar hübschen Hostessen, dekorativen Spielerkindern und als Highlight einer vollen Ladung Konfetti in den Vereinsfarben des jeweiligen Meisters, also immer rot-weiß. 2002: Podest, Hostessen, Konfetti. 2003: Podest, Hostessen, Konfetti. 2004: Pofetti, Hosdest, Kontessen. Entschuldigung, man kommt irgendwann wirklich durcheinander. Es ist so entsetzlich durchformatiert, was früher mal immer ein Stückchen improvisiert und daher unverwechselbar war. Eine Ehrung in München sieht genauso aus wie eine Ehrung in Wolfsburg, Dortmund oder Mainz. Und bis auf unterschiedliche Nuancen in der Farbgebung der Spielkleidung sieht der Meister 2002 auf diesem Podest genauso aus wie der von 2003, 2005 oder 2007.

Die DFL hat das sicher gut gemeint, anfangs. Die völlig durchformatierte Siegerehrung beraubt uns aber jener Bilder, die wir als Fans nach einem Jubeljahr in unseren Herzen tragen wollen. Spontanes und Unverwechselbares werden ersetzt durch eine Konfettikanone. Und Meisterfeiern sind seither so, als würde man immer dieselbe Hochzeit feiern oder an seinem Geburtstag bis ins hohe Alter immer den gleichen Kindergeburtstag veranstalten.

Man ist ja schon dankbar, wenn der Kapitän der Meistermannschaft während der Ehrung zur allgemeinen Auflockerung die Meisterschale falsch herum hält.

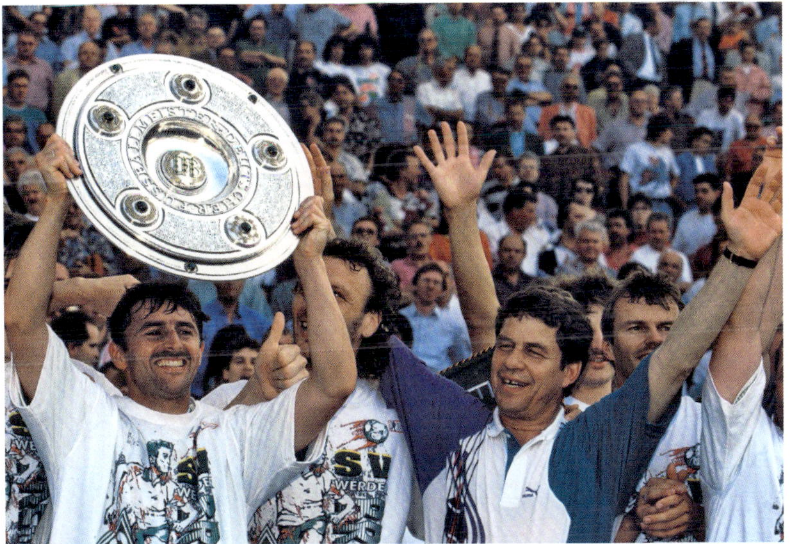

Werder Bremen wurde 1993 in Stuttgart Meister. Ohne Konfetti.

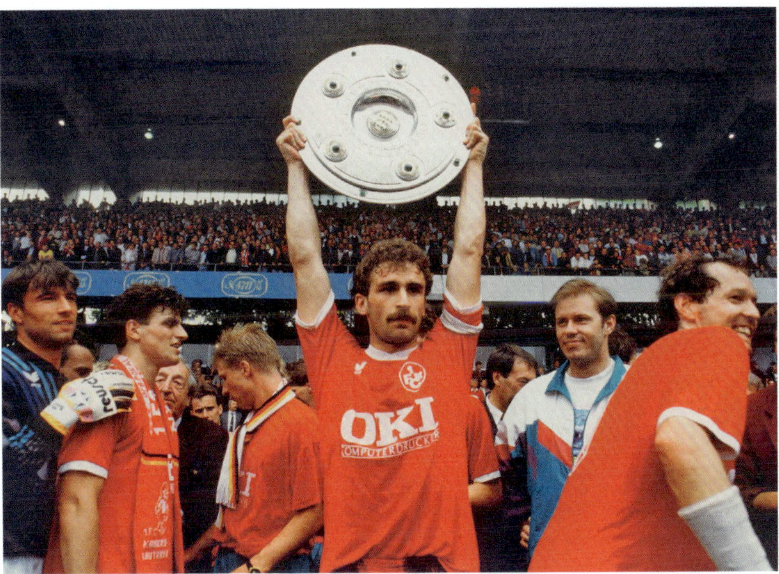

Auch beim FCK darf man sich in der Nachbetrachtung darüber freuen, dass die Meisterschaften einzigartig bleiben durften.

Etwa seit der letzten Jahrtausendwende wird großen Wert darauf gelegt, dass Meisterfeiern in Deutschland sich nur noch durch die jeweilige Konfettifarbe unterscheiden dürfen.

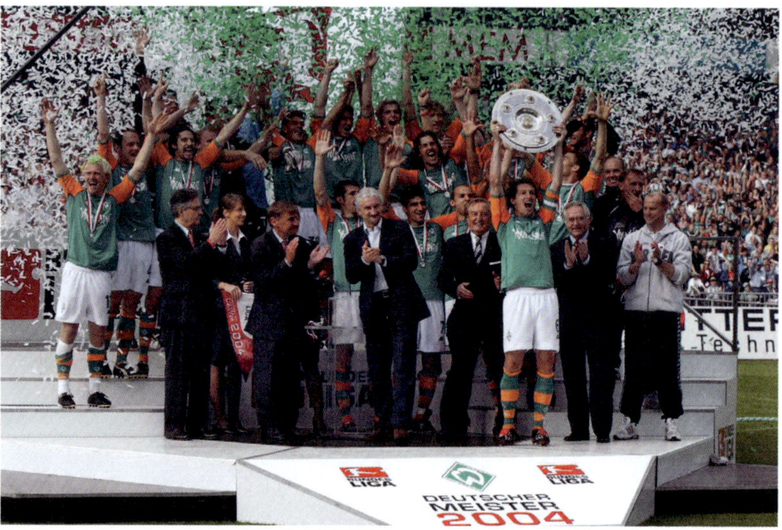

Deutscher Meister 2004: Werder Bremen

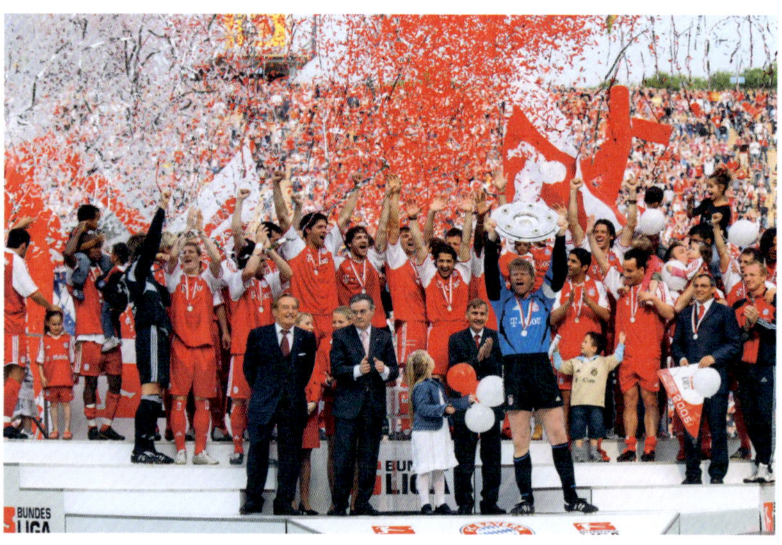

Deutscher Meister 2005: Bayern München

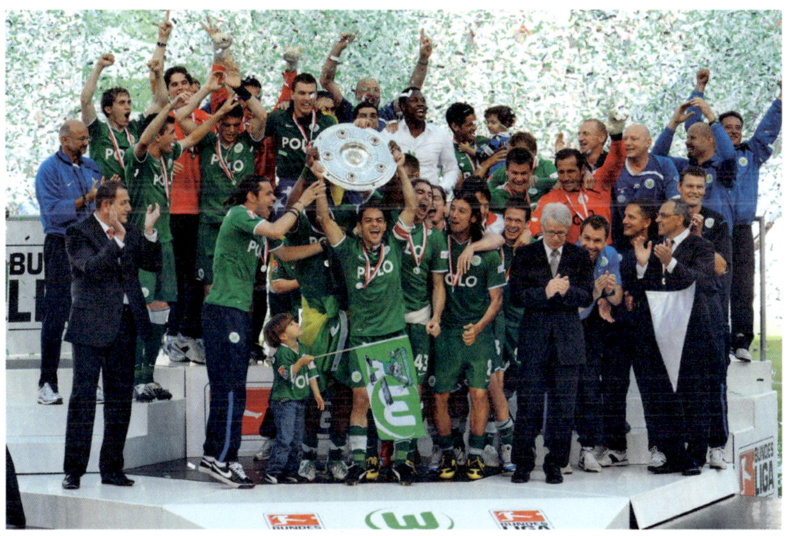

Deutscher Meister 2009: VfL Wolfsburg

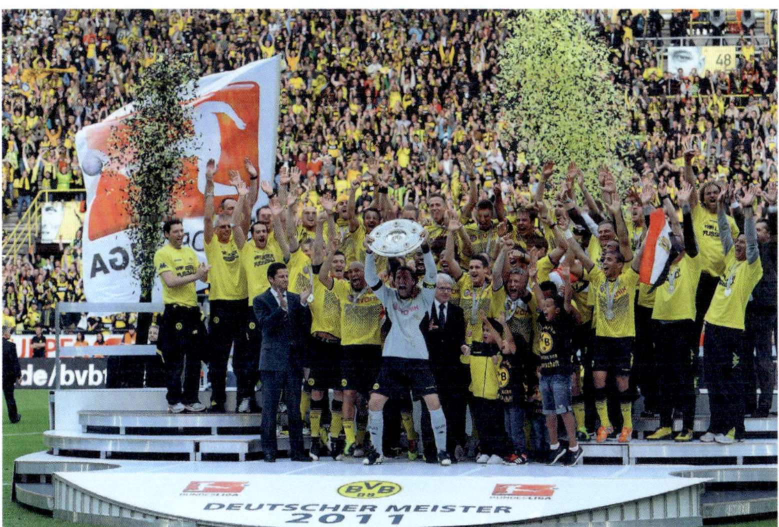

Deutscher Meister 2011: Borussia Dortmund

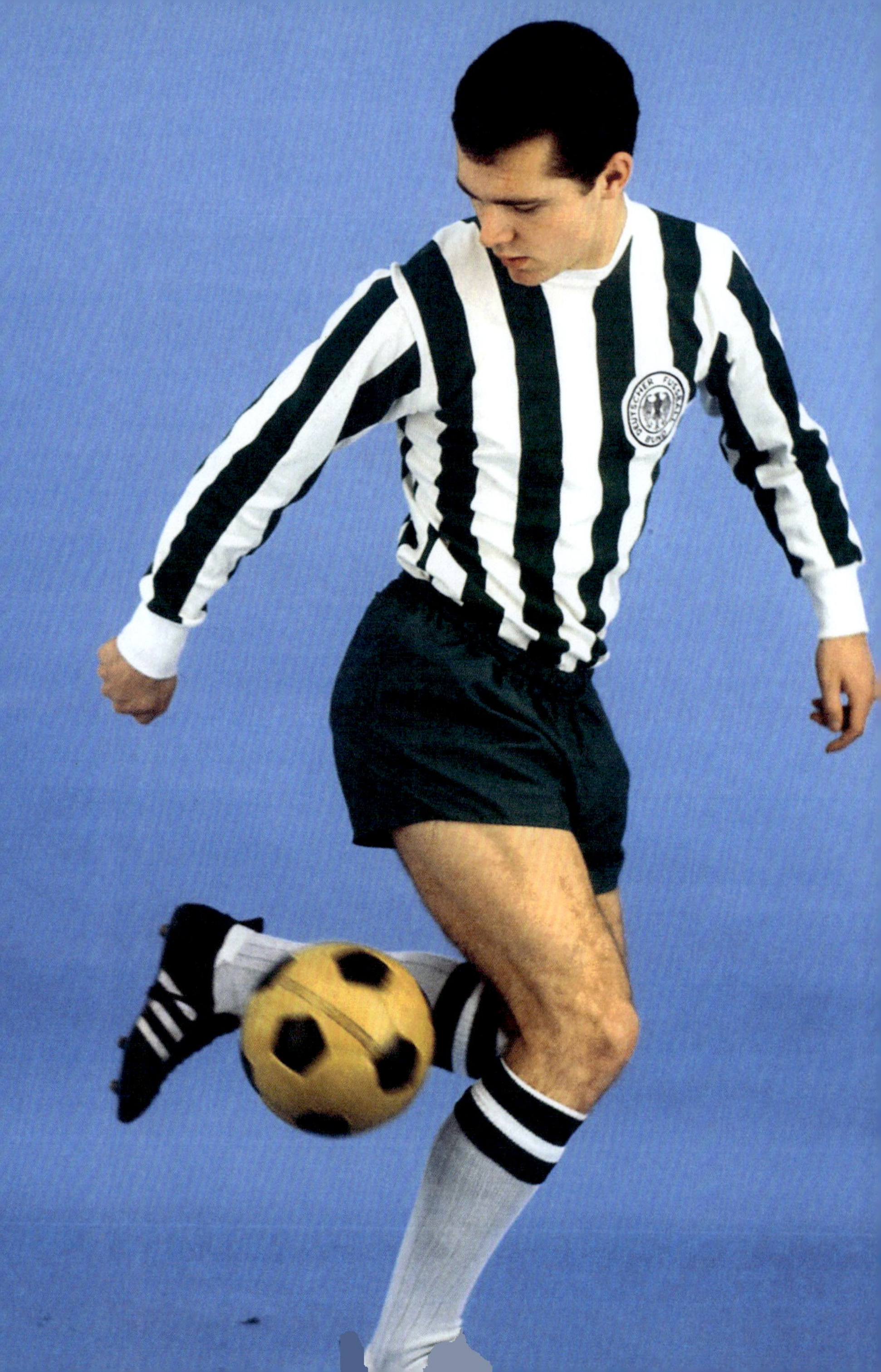

FARBENLEHRE

oder: Die Stadt ist schwarz vor Menschen in orange

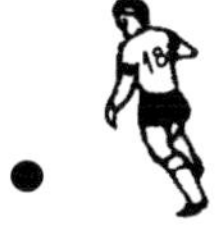

»Mein Herz hat nur eine Farbe: Blau und Weiß.«
(João Domingos Pinto, Kapitän des FC Porto, Ende der 80er-Jahre)

Die Farbe des Trikots der liebsten Fußballmannschaft ist im Gehirn eines Fans oft tiefer verankert als der Vorname der Ehefrau, der Geburtsort oder das Lieblingsessen. Kaum etwas ist so unverrückbar in das Leben eines Fußballfans hineinbetoniert wie die Farben, in denen Mama liebevoll den ersten Fanschal des ca. Zehnjährigen strickt, heimlich, in den Wochen vor Weihnachten. Wenn dieser Schal blau und weiß war, dann ist der Nachfolgeschal 30 Jahre später immer noch blau und weiß, wenn nichts Ungewöhnliches dazwischenkommt.

Eigenartig ist, dass Vereins- oder Trikotfarben für einen Fußballfan in der Regel eine höhere Wertigkeit besitzen als der geniale

Mittelfeldregisseur oder der nimmermüde Abwehrorganisator der Lieblingsmannschaft. Die sind nämlich irgendwann wieder weg, die Farben dagegen bleiben. Immer. »Blau und weiß bis in den Tod«, wie es martialisch anmutende Fanklubaufnäher deutlich machen sollen. Verblüffend ist: Meistens entspricht dieses markige Versprechen tatsächlich der Realität. Wer für eine Fußballmannschaft irreparabel entflammt ist, der bewahrt sich diese Leidenschaft ein Leben lang. Und für den werden die Farben seines Vereins niemals nur »irgendwelche Farben« sein.

Die Signalwirkung von Vereinsfarben ist vor allem für Fußballlaien immer wieder irritierend. Wer zum Beispiel im Urlaub mit dem Trikot seines Lieblingsvereins eine Strandpromenade entlangflaniert, der hat schlagartig Freunde, manchmal auch Feinde, vor allem aber unerschöpflichen Gesprächsstoff für eine schier endlose Konversation mit völlig Fremden, und sei der Urlaubsort auch noch so fern. Als Außenstehender beobachtet man diesen unkomplizierten, in Sekunden vollzogenen Spontanschulterschluss nicht selten mit offenem Mund und völlig verständnislos. Kein religiöses Symbol, keine Lieblingsmusik, keine zur Schau getragene kulturelle Affinität könnte dies je in dieser Form erreichen.

Das Phänomen der auch außerhalb eines Stadions gehuldigten Vereinsfarbe ist nicht ganz neu, aber auch noch nicht sehr alt. Die Neigung, seine Identifikation mit einer Fußballmannschaft durch das Zurschaustellen von Trikot oder Emblem nicht nur im Stadion, sondern möglicherweise sogar im Alltag auszuleben, entwickelte sich erst so richtig in den 1990ern zeitgleich mit dem Merchandising-Boom der Bundesliga. Noch ein Jahrzehnt zuvor waren Trikots Luxusgüter für wohlhabende Nachbarskinder, zwei Jahrzehnte zuvor gab es sie praktisch nicht zu kaufen. Wer in den 70ern die Liebe zum Verein dokumentieren wollte, musste dies mit Schal oder Pudelmütze tun.

In diesem Jahrtausend zeigt der Fußballfan Flagge. Fanschals oder gar Trikots sieht man auf der Straße, im Schulunterricht, beim Einkaufen. Man sieht sie bei Kindern, Erwachsenen und Rentnern.

Man sieht sie bei Schülern, Lehrern, Verkäufern, Akademikern und Bettlern. Anders als noch in den frühen 80ern des letzten Jahrtausends ist der Fußball nun ein Spiel für alle, nicht mehr nur für einen in sich geschlossenen Zirkel beinharter Fans. Der Fußball, und mit ihm seine Farben.

Denen, die hauptberuflich dafür verantwortlich sind, dass ein Fußballverein nicht nur gut spielt, sondern auch als Produkt gewinnbringend vermarktet wird, ist dies bewusst. Inzwischen. Ein Bewusstsein, das sich freilich erst entwickeln musste. Denn ungeachtet der Tradition und Identifikation mit Vereinsfarben, dem Kostbarsten, was ein Fußballfan hat, ist die Bundesligahistorie reich an Irrungen und Wirrungen. An Experimenten, Marketingstrategien, Innovationen und Denkfehlern, die nicht selten anmuten wie Versuche am lebenden Fan.

Nehmen wir nur einmal Dr. Peter Krohn. Der ernannte sich vor 35 Jahren zum »Generalmanager« des Hamburger SV. Krohn war eigentlich Verlagsmanager in Hannover, dazu Chefredakteur und Diplomkaufmann, und er mischte in seiner Glanzzeit die verstaubte, noch von provinzieller Vereinsmeierei geprägte Bundesliga auf wie kein Zweiter. Den HSV führte er letztlich an die Bundesligaspitze und zu europäischen Ehren. Krohns überaus selbstsicheres und eloquentes, zuweilen aber auch eitles und gockelhaftes Auftreten brachte ihm kurzzeitig sogar die Moderation einer großen ARD-Fernsehshow ein, mit der er jedoch grandios scheiterte. Beim Hamburger SV führte Krohns Regentschaft zu einer im atemlosen Eiltempo erzwungenen Professionalisierung, die viel Gutes mit sich brachte, aber nicht nur.

Bei den HSV-Fans wurde er rasch zur Reizfigur. Man sah Erfolge und Fortschritte beim zuvor dahindarbenden Traditionsverein, man schluckte jedoch auch ansehnliche Kröten. Zum Saisonauftakt 1976 präsentierte sich der HSV Fans und Medien im Stile eines etwas aus den Fugen geratenen Zirkus. Spieler ritten auf Elefanten, knödelnde Schlagersänger säumten das Spielfeld, und als Höhepunkt zwängte

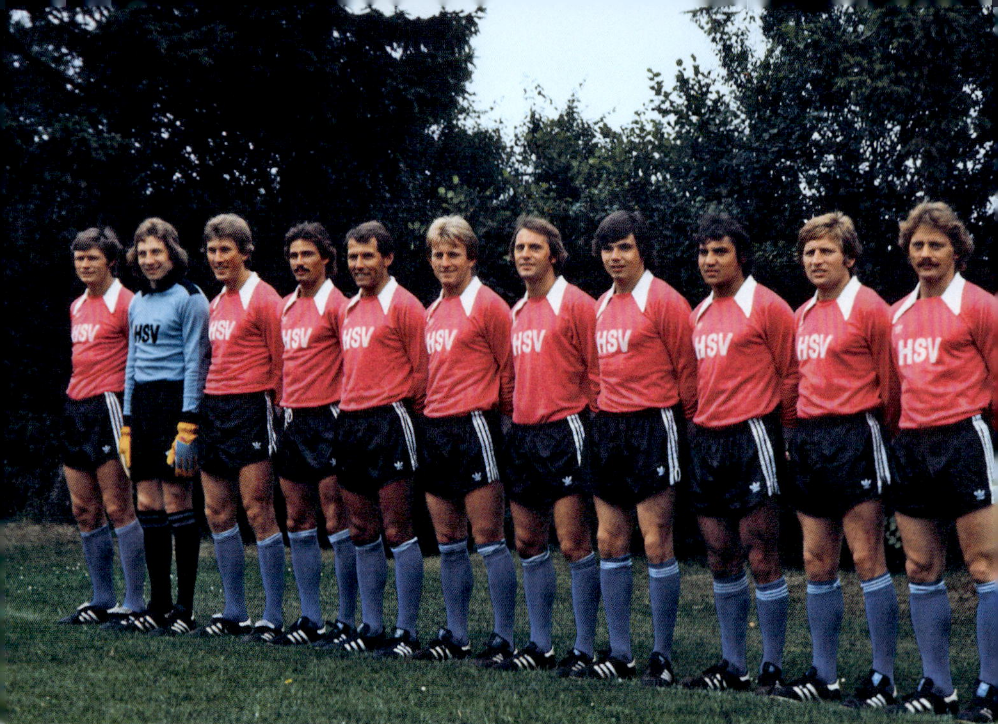

Mit diesen Trikotfarben wollte HSV-Manager Dr. Peter Krohn die Frauen ins Volksparkstadion locken. Weil Frauen aber zu Krohns Überraschung ganz anders funktionieren als z. B. Motten, scheiterte dieser Versuch.

der damals schon schlafende Riese seine kickenden Stars in hautenge Trikots, Farbe: Rosa. Krohns Idee: Er wollte unter völligem Verzicht auf Tradition und Vereinsfarben »die Frauen ins Stadion locken«. Ein Vorhaben, dass ihm deutlich weniger gut gelang als viele andere seiner Vorhaben.

Aus heutiger Sicht gibt vor allem die beginnende Kommerzialisierung der Bundesliga in den 70ern ein farblich trostloses Bild ab. Neben den rosaroten Hamburgern verzichteten Vereine leichten Herzens auf das Tragen ihrer Embleme, und schlimmer noch: auf ihre nicht selten seit der Jahrhundertwende etablierten Farben. Eintracht Frankfurt posierte in gelben Hemdchen fürs Mannschaftsfoto, Werder Bremen spielte in Königsblau. Ein Fischkonservenhersteller hatte erstmals in der Werder-Geschichte Geld für Trikotsponsoring bezahlt und um den Farbwechsel gebeten. Die Wappen, Ursprung aller Vereinsfarben, waren fast zeitgleich vollständig von den Trikots der Bundesligisten verschwunden. Auf den Bildern der 18 Bundesligisten, die vor der Saison 1976/77 aufgenommen wurden, trugen 11 der Teams kein Wappen mehr auf dem Trikot, darunter auch die Traditionsvereine Borussia Dortmund, Schalke 04 und Bayern München.

Zufall oder Nebenwirkung? In den folgenden Jahren schwand die Identifikation der Fans mit den Stars spürbar. Die immer schon gut verdienenden Spitzenkicker wurden nun Millionäre, die Zäune in den Stadien wurden höher, die Nationalelf zu einer selbst im eigenen Land nicht besonders umjubelten Interessengemeinschaft.

»Fast alle brasilianischen Fans auf den Rängen tragen gelbe Shirts – eine wundervolle Farbenvielfalt!«
(John Motson, BBC-Kommentator)

Die Nationalelf ist ein sehr spezielles Thema, wenn es um ihre Farben geht. Seltsamerweise spielen nur manche Nationalmannschaften dieser Welt tatsächlich auch in den Nationalfarben ihres Landes. Argentinien gehört dazu, auch Spanien oder Österreich. Doch weshalb tritt Italien seit eh und je in azurblau an, warum spielen die Niederlande in Orange und wie kam es zu den schwarz-weißen Trikots der deutschen Elf? Anders als bei unseren Vereinen bedarf es für die Klärung derartig kniffliger Fragen eines Blicks in die Fußballgeschichtsbücher.

Die Brasilianer beispielsweise können wir uns heutzutage nicht mehr in anderen Trikots vorstellen als jenen, die wie keine andere Farbkombination im Weltfußball für Spektakel, Niveau und Spielkultur zu stehen scheint: Gelb und Grün. Diese Farbkombination ist bescheidene 60 Jahre alt. Bei vier Weltmeisterschaften (1930 bis 1950) spielten die Ballzauberer vom Zuckerhut in weißen Leibchen. Dies taten sie verhängnisvollerweise auch im entscheidenden Spiel um den Coupe Jules Rimet, den ehemaligen Weltpokal, als man im eigenen Land gegen Uruguay am 16. Juli 1950 den vorprogrammiert scheinenden ersten Weltmeistertitel nach Brasilien holen wollte. Das Maracana-

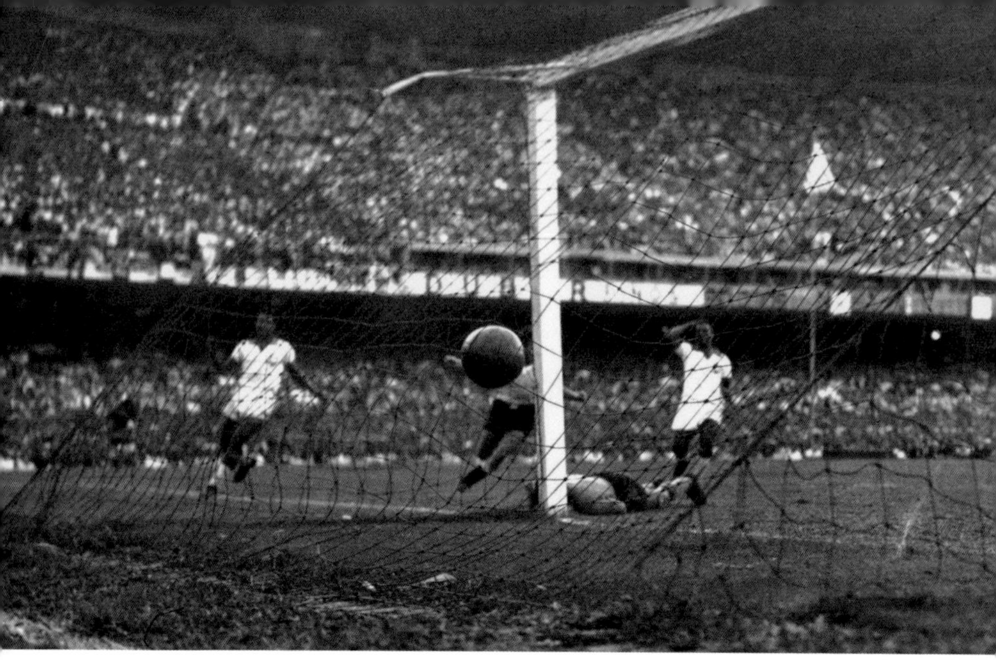

Der Augenblick, der die Fußballwelt auf links zog und Brasiliens Trikotfarben für immer änderte: In der 79. Minute des entscheidenden WM-Spiels zwischen Brasilien und Uruguay im Maracana-Stadion von Rio de Janeiro markiert Uruguays Alcides Ghiggia (vom Pfosten verdeckt) das entscheidende 2:1 für den hohen Außenseiter Uruguay. Brasilien verpasst den WM-Titel im eigenen Land, im Stadion sterben während dieses Spiels vier Menschen vor Aufregung und Gram, und Brasilien spielt anschließend nie wieder in weißen Trikots.

Stadion war mit 173 000 Zuschauern vollgestopft, und den weißen Brasilianern hätte durch den damals sehr ungewöhnlichen Austragungsmodus gar ein Remis gegen den kleinen südlichen Nachbarn gereicht. Brasilien verlor trotz Führung mit 1:2. Das entscheidende Tor machte Alcides Ghiggia elf Minuten vor dem vermeintlichen Glückstaumel, auf den das ganze Land hingearbeitet hatte. Uruguay triumphierte, Brasilien war traumatisiert, und die weißen Trikots des Nur-Vizeweltmeisters standen fortan für Trauer und Versagen und kamen in die Mottenkiste.

Bei der Auswahl der neuen Spielkleidung orientierte sich der spätere Rekordweltmeister an den reichen Bodenschätzen des Landes und den Urwäldern am Amazonas. Brasilien spielte fortan in goldenem Gelb und sattem Grün.

Die schon erwähnten Uruguayer trugen der Legende nach bis zum Beginn des 20. Jahrhunderts exakt jene Trikots, die wir seit eh und je mit den Argentiniern verbinden: Weiß mit hellblauen Längsstreifen. Man überließ sie generös dem Nachbarn aus Argentinien, nachdem Uruguays bester Club Atlético River Plate Montevideo zuvor die als weltbeste Mannschaft eingeschätzten Argentinier vom Alumni Athletic Club bezwungen hatte. Vor lauter Stolz sollte fortan auch die Nationalelf die siegreichen Trikots von River Plate ehrenvoll tragen. Die Argentinier also tragen seither das Trikot ihres Nachbarn auf. Zumindest erzählen es die Uruguayer heute so. Was für eine Demütigung!

Die Italiener verdanken ihre azurblauen Trikots einem Farbproblem, das im Jahr 1911 auftrat. Bis dahin spielten sie in ihren Nationalfarben Rot, Weiß und Grün. Der damalige Länderspielgegner Ungarn tat dies jedoch auch. Ein Ausweichtrikot musste her, und das bekam wie selbstverständlich die Farbe des Herrscherhauses von Savoyen-Piemont, aus dem die italienische Königsfamilie stammte: Blau. Analog dazu entstanden übrigens auch die Oranje-Trikots der Niederlande: Ihre Königsfamilie hat ihre Wurzeln in der Dynastie Oranien-Nassau.

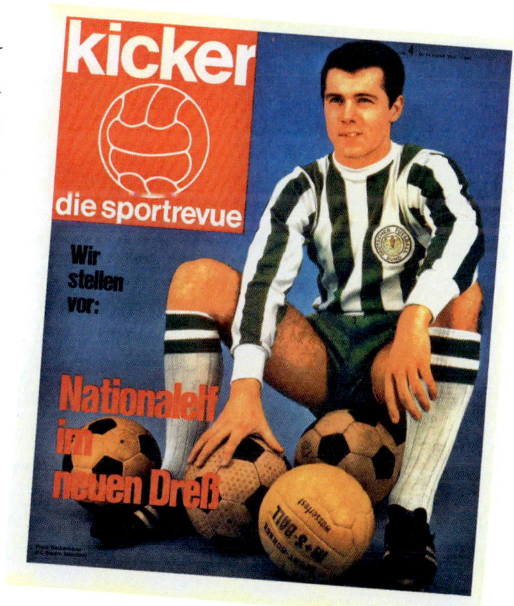

Im Falle unserer Nationalmannschaft mussten die Farben Preußens herhalten. Allerdings scheint man beim DFB schon immer nicht allzu erpicht darauf gewesen zu sein, mit dem Nationaltrikot eine ehrwürdige Tradition konsequent zu verfolgen. So wurde seit der Ära Jürgen Klinsmann auch in Heimspielen zuweilen ein rotes Trikot gewählt, und schon seit Jahrzehnten wechseln die Farben der Trikots mitunter sehr überraschend. Bei großen Turnieren spielte unsere Elf schon in Weiß, Grün, Grau, Schwarz oder Rot. Die überwältigende Mehrheit der großen Fußballnationen verzichtet auf derartige Farbexperimente.

»Solange die Schuhe Tore machen, ist die Farbe okay.«
(Bayern-Profi Franck Ribéry zu neuen rosafarbenen Schuhen seines Ausrüsters, mit denen er beim 4:1 gegen Cottbus ein herrliches Freistoßtor erzielte.)

Eine Zeiterscheinung der vergangenen 15 Jahre ist das vermehrte Auftauchen farbiger Fußballschuhe. Zunächst wurde das Tragen weißer Schuhe als Alternative zum über Generationen gepflegten Schwarz von seriösen Fußballfans als »affig« empfunden. Mehr noch: In Freizeitkickerkreisen wurde es regelrecht geächtet. Ich erinnere mich gut dran, dass in Bremens sogenannter Wilden Liga (eine organisierte Liga aus Freizeit- und Thekenmannschaften) vor nicht allzu langer Zeit im Regelwerk verankert stand, dass technisch limitierte Spieler mit extravaganter Schuhfarbwahl ausdrücklich beleidigt werden dürfen. Auch heute noch hört man bei konservativer gestrickten Fußballfans auf den Rängen immer mal wieder wütende Tiraden wie »Der soll sich anständige Schuhe anziehen, dann kommen seine Pässe auch wieder an!«, wenn etwa ein hoch bezahlter Jungstar mit goldenen Schuhchen den Ball fernab des gewünschten Zielortes in Richtung Würstchenbude platziert.

Kurios wird es, wenn die Psychologie zu Hilfe geholt wird, um vermeintlich besonders effektive Trikotfarbdesigns zu begründen. Alle paar Jahre kommt es vor, dass Koryphäen auf diesem Gebiet zu erklären versuchen, dass insbesondere rote Trikots für Aggressivität und Selbstbewusstsein stehen, den Gegner ängstigen und so zu mehr spielerischer Dominanz führen können. Ein Umstand, den alleine schon der 1. FC Nürnberg seit Jahrzehnten stichhaltig widerlegt.

Auch kann ich mich erinnern, dass in einer großen Illustrierten vor vielen Jahren einmal geschrieben stand, Torhüter seien am effektivsten gekleidet, wenn sie quasi Tarnfarben tragen: Grün, Gelb und Braun, und das möglichst wild gemixt. Ein Ratschlag, der damals völlig unbeachtet blieb.

Andere Farbvorhaben wurden umgesetzt, ohne dass sich heute ein tieferer Sinn darin erkennen lässt. Etwa um das Jahr 1990 herum war es aus unerfindlichen Gründen angesagt, schlichte Trikots durch modischen Schnickschnack kaputt zu designen, der nicht einmal damals gut aussah. Die Hosen der »Roten Teufel« aus Kaiserslautern beispielsweise bekamen eine blaue Schattierung, die anmutete, als hätten sie sich bei der Mannschaftsbesprechung kollektiv in umgekippte Tintenfässer gesetzt. Werder Bremens Trikot bekam undefinierbare, hässlich gezackte, grüne Diagonallinien. Das Trikot des 1. FC Köln sah 1991 aus, als trüge jeder Spieler vier überlange rote Krawatten, die vom Wind quer über das ansonsten weiße Shirt geweht wurden.

»Wie Marlboro-Medium-Zigarettenschachteln.«
(Bastian Schweinsteiger auf die Frage, wie die Bayern-Spieler in den neuen, rot-weiß-gestreiften Heimspiel-Trikots aussehen.)

Seither werden immer wieder einmal waghalsige Versuche unternommen, die etablierten Vereinsfarben zu untergraben, oder wie es dann von Vereinsseite heißt: »Wir wollten unser Erscheinungsbild etwas auffrischen!« Und so spielte der BVB aus Dortmund ausgerechnet in der erfolgreichsten Phase seiner Geschichte in einem bemerkenswert hässlichen Textmarker-Neongelb, während der VfL Bochum, seinem Sponsor sei Dank, gleich alle Regenbogenfarben bemühte, um das ansonsten blaue Trikot zu einem psychedelischen Horrortrip mutieren zu lassen. Mutig auch der Versuch Werder Bremens, das zuvor etwas zu sehr ins Beschauliche abgerutschte Vereinsimage durch die Kreation grün-orangener Trikots aufzupeppen. Die traditionsbewussten Fans liefen Sturm, die Trikots beherrschten die Boulevardgazetten, die Traditionalisten erlitten Schwächeanfälle.

Das Trikot avancierte zum Bestseller, und die Mannschaft holte in einem nie da gewesenen Siegeszug das sogenannte Double im berüchtigten Papageiendress, wie er schnell genannt wurde. Ob sie es auch im schlichten Grün geholt hätte, bleibt dahingestellt.

Beim gerne mal traditionstümelnden FC Schalke 04 wäre der Siegeszug einer orange-königsblauen Spielbekleidung mittlerweile nicht mehr denkbar. Zu viel wird aller Neuerungen zum Trotz mit der Tradition des Vereins verbunden, und zu legendär ist die Entstehungsgeschichte des untrennbar mit dem Verein verwobenen Farbtons »Königsblau«. Genau verifizieren lässt sich der Grund für die Wahl dieses speziellen Blaus nicht mehr, liegt diese Entscheidung doch schon knapp 100 Jahre zurück. Die schönste und romantischste Erklärung hat, natürlich, mit den Bergbau-Malochern im Revier zu tun. Der Überlieferung nach sehnten sie sich unter Tage so sehr nach dem blauen Himmel, dass ihr Verein nahezu zwangsläufig das satteste Blau bekam, das der liebe Gott je erfunden hat – und der ist ja bekanntlich auch Schalker, wenn man den Fans der Knappen glauben darf. Anderen Legenden zufolge ist Blau die Farbe der Götter und soll eine beruhigende Wirkung haben. Was das freilich mit Schalke zu tun haben soll, bleibt nebulös. Seriöser klingt da schon der Verweis auf masurische Einwanderer, die ihrerseits die Farbe der masurischen Studentenverbindungen der Königsberger Universität nach Gelsenkirchen importiert haben sollen. Das könnte durchaus so gewesen sein, ist aber als historischer Hintergrund weit weniger schön als die schon erwähnte Bergarbeiterschnurre.

Die Schönste von vielen Anekdoten, die über die Tradition berühmter Fußballtrikots existieren, kommt aus Italien. Dort spielte die »große alte Dame« Juventus Turin bis ins Jahr 1903 grundsätzlich in rosafarbenen Trikots, obwohl Dr. Peter Krohn damals noch gar nicht geboren war. Diese Trikots würde Juve vermutlich heute noch tragen, wäre nicht in eben jenem Jahr 1903 die Trikotlieferung eines britischen Fabrikanten falsch zugestellt worden. Die Trikots waren für Notts County bestimmt gewesen, einen Verein aus Nottingham, der immer schon (und heute noch) in Schwarz und Weiß kickt. Die Rücksendung der Fehllieferung hätte lange gedauert und ein Vermögen gekostet. Der Einfachheit halber behielt man die Trikots in Turin, schlüpfte hinein und ist seither als *Bianconeri*, als die »Schwarz-Weißen« weltweit ein Begriff. Unverwechselbar. Und das ist ja auch so ein Thema. Würde ich hauptberuflich Trikots für einen Verein entwerfen, dann würde ich mich an den Klubs orientieren, die etwas ganz Eigenes haben, das man immer und überall wiedererkennt: den Brustring des VfB Stuttgart, das hälftig geteilte Trikot von Feyenoord Rotterdam, oder einen Farbton, den sonst niemand hat. Eine Farbe ist eine Farbe ist eine Farbe, aber eine Vereinsfarbe ist weit mehr als das.

Dass Vereine nicht jede Saison in denselben Trikots auflaufen können, leuchtet ein. Das wäre eine Form von Kommerzverweigerung, die sicherlich nicht einmal die eigenen Fans wollen würden. Manche neue Trikotkreation sorgt hernach für Verkaufsrekorde, manche für wochenlange Shitstorms. Je nachdem, wie mutig die Ausrüster beim Design waren. Was ich nicht verstehe (neben Finnisch): Weshalb können Vereine zur neuen Saison nicht das Naheliegendste tun und mit ihren mindestens zwei Trikotsätzen für jeden etwas anbieten? Weshalb nicht jedes Jahr ein traditionell-klassisches Design beim Heimtrikot und ein mutig-ungewöhnliches Auswärtsdress? Und danach dann umgekehrt?

Oder wir fragen noch mal Dr. Peter Krohn.

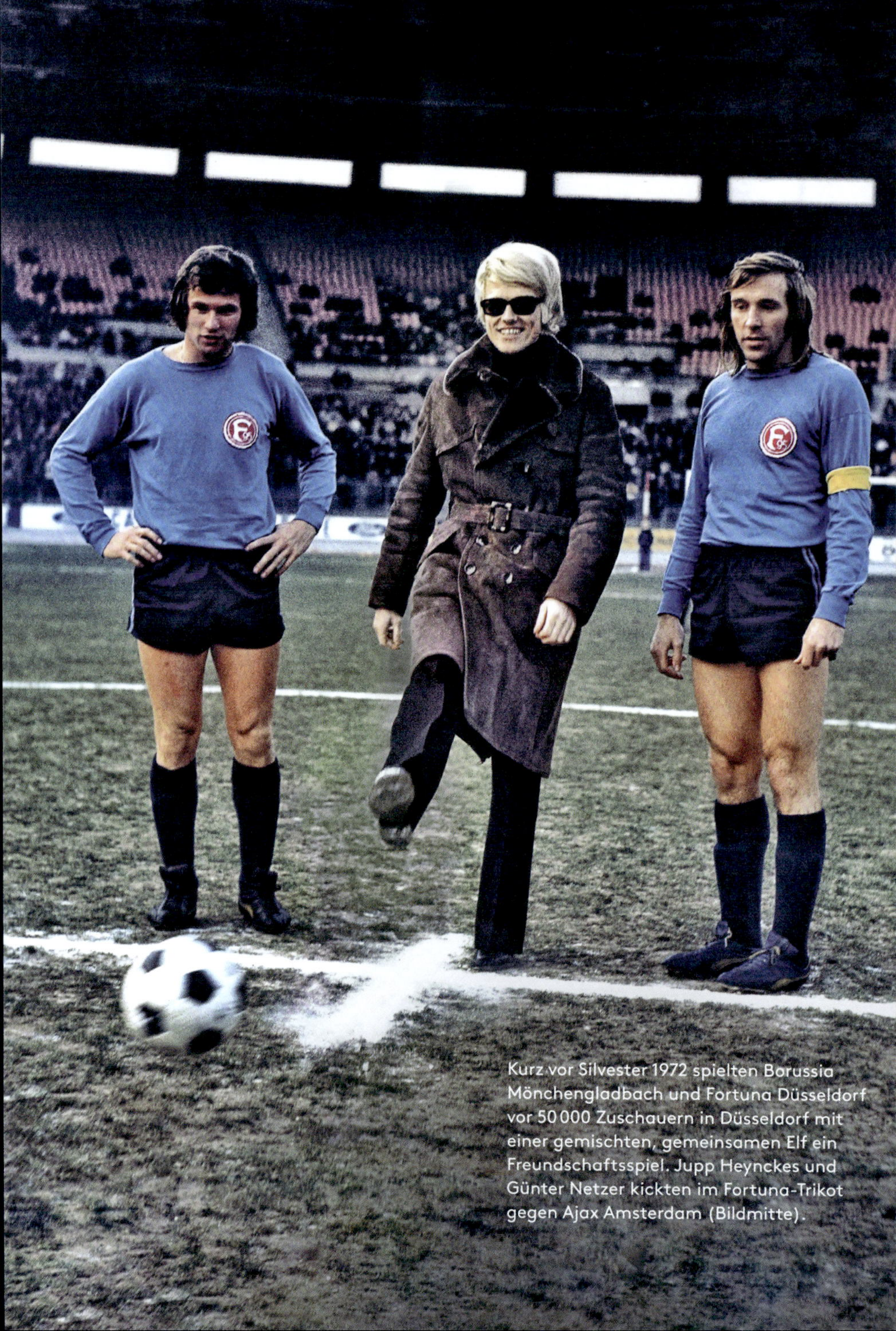

Kurz vor Silvester 1972 spielten Borussia Mönchengladbach und Fortuna Düsseldorf vor 50 000 Zuschauern in Düsseldorf mit einer gemischten, gemeinsamen Elf ein Freundschaftsspiel. Jupp Heynckes und Günter Netzer kickten im Fortuna-Trikot gegen Ajax Amsterdam (Bildmitte).

EVENTISIERUNG

oder: Das hässliche Gesicht eines schönen Spiels

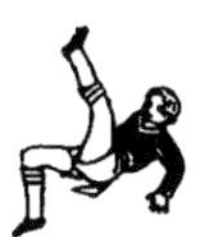

Der Ausbruch der Corona-Pandemie im Frühjahr 2020 hat ein sehr, sehr altes Fußballmantra aus den Angeln gehoben. Nachdem es früher bei Traditionalisten immer hieß, beim Fußball käme es nicht auf die Zuschauer oder das Drumherum eines Spiels an, sondern nur auf das Spiel selbst, auf möglichst puren Fußball, hat uns Covid-19 eines Besseren belehrt. Denn Corona brachte uns genau das: puren Fußball, ohne störende Zuschauer. Und siehe: Es war furchtbar.

Wir haben unsere Lektion gelernt: Fußball ohne Fans fühlt sich grundverkehrt an. Das, was wir hingegen manchmal als Event, als Premiumprodukt und Hochglanzfußball verkauft bekommen sollen, ist offenbar etwas anderes. Etwas Irritierendes, das sich oft leer anfühlt, sobald sie uns erklären, wie groß, mächtig und irre das ist, was wir da gerade konsumieren sollen. Am deutlichsten wird uns das bei einem Großereignis wie einer WM, wo wir inzwischen auf den Punkt so konditioniert werden sollen, dass das Fieber spätestens mit dem Anstoß des Eröffnungsspiels einsetzt. Unausgesprochen wird seit dem sagenumwobenen »Sommermärchen« der WM 2006 mit jedem großen Turnier verheißungsvoll in die Hände geklatscht und animiert: »So, nun wieder Sommermärchen. Wie 2006.« Es klingt wie ein Befehl.

Das ist eines der ganz großen atmosphärischen Probleme der Weltmeisterschaften dieses Jahrtausends: Es entsteht keine organisch gewachsene, authentische Stimmung mehr. Wir sehen keine Stadien voller Fans, sondern Stadien voller Touristen. Bei den Bildern von den Tribünen sehne ich mich manchmal nach einem normalen Menschen, der normal aussieht, vielleicht eine schlichte Jacke trägt und den Anschein macht, er wolle dort unten einfach nur ein Fußballspiel anschauen, aus Leidenschaft für das Spiel oder eine der Mannschaften. Ich bekomme stattdessen: Menschen mit angemalten Gesichtern, Plastiktröten und ebensolchen bunten Perücken, deren Lebenshöhepunkt nach dem Eingeblendetwerden auf der Stadionvideowand erkennbar hinter ihnen liegt.

Und das ist eines der ganz großen Ärgernisse einer neuzeitlichen WM: Mittlerweile wird Stimmung nur noch reproduziert und dann punktgenau abgerufen, wenn beispielsweise ein großer Fernsehsender live zu einer »Public-Viewing-Party« hinüberschaltet. Wir sehen auf dem Monitor im Hintergrund stumpf vor sich hin stierende Menschen, solange der Moderator im Studio noch redet. Gibt er aber rüber zum Reporter vor Ort, dann geht – SCHNIPP! – das Gegröle los und die Menschen mit den Gesichts-Tattoos, die sie möglicherweise aus den Sechserpackungen eines probiotischen Joghurtgetränks haben, drehen völlig enthemmt durch. Bis der Reporter (»Man kann hier wirklich sein eigenes Wort nicht mehr verstehen, es ist un-glaublich!«) ins Studio zurückgibt. Danach wird wieder vor sich hingeglotzt, vermutlich.

Während der vergangenen großen Turniere ist uns jegliche Verhältnismäßigkeit abhandengekommen. Und zwar deshalb, weil sich ein Großteil der in Medien und auf Großveranstaltungen sichtbaren WM-Fans aus Menschen rekrutiert, die genau genommen Fußballfan spielen. Sie kleiden sich so, wie man es aus dem Fernsehen kennt. Sie eignen sich fanspezifische Verhaltensweisen an. Sie lassen die Sau raus. Das ginge auch auf dem Oktoberfest, auf dem Ballermann oder beim Jahreswechsel, aber nun ist halt mal gerade WM, und da ergreift man nur zu gerne die günstige Gelegenheit. Einmal, es war 2010, gab es in meiner Straße gar den schüchternen Versuch eines Autokorsos. Ein AUTOKORSO! Nach einem glücklichen 1:0 gegen Ghana im dritten Gruppenspiel! Hallo?! Was machen solche Menschen im richtigen Leben, wenn, sagen wir, die Fußgängerampel endlich grün wird? Einen Klinsmann-Diver?

Eine Weltmeisterschaft, oder sagen wir: das Produkt Weltmeisterschaft, hat in den vergangenen Jahren hart und erfolgreich an ihrer eigenen Austauschbarkeit gearbeitet. Seit der WM 2006 kennen wir den Begriff »Ticketing« und wissen, dass der Besitz eines WM-Tickets unbedingt erstrebenswert ist und glücklich macht – und wahrscheinlich auch glattere Haut.

Manche Leute haben aber auch wirklich Pech. Zum Beispiel dieser hippe Taschenhersteller, der seinen schicken Produkten einen besonders pfiffigen Namen verpassen wollte und sie deshalb nicht schnöde »Tasche«, sondern »Body Bag« nannte. Das klingt auch wirklich viel besser. Problem dabei nur: »Body Bag« heißt übersetzt nicht das, was sich der Taschenhersteller vorgestellt hat. Genau genommen ist es im Englischen das Wort für einen Leichensack. Auch irgendwie pfiffig als Name für eine Tasche, »Leichensack«, richtet sich aber an eine ganz andere Zielgruppe als ursprünglich geplant.

Was das mit Fußball und einer Welt- oder Europameisterschaft zu tun hat? Gar nicht mal so unviel. Denn auch unsere Fußballgewohnheiten, vor allem während großer Turniere, wurden unlängst durch einen Anglizismus angereichert, der ungefähr so weit an der gewünschten Bedeutung vorbeiballert wie Kevin Kuranyi am Tor in seiner schlechtesten Phase: Public Viewing. Das ist inzwischen ein ganz normaler Begriff geworden. Jeder von uns hat das inzwischen ja schon einmal gehört, und die meisten haben es längst mal mitgemacht: Diese wundervollen Fußballpartys, bei denen man in einem Pulk aus 160 000 Menschen steht, multiple Quetschungen davonträgt, nichts sehen kann, nicht pinkeln gehen kann, sich die Haut verbrennt, aber dafür anschließend von Extremtrinkern blöde angemacht wird. Herrlich. Das ist das, was wir Deutschen unter Public Viewing verstehen. Problem aber auch hier: Wer immer sich dieses Wörtchen mal als schniekes Label für die oben beschriebenen Events erdacht hat, hätte vorher mal im englischsprachigen Sprachraum nachfragen sollen, ob Public Viewing nicht schon irgendwas anderes bedeutet. Tut es nämlich.

»Public Viewing« steht im Englischen meistens für das Zurschaustellen eines Leichnams. Es bedeutet also etwa so viel wie »öffentliche Aufbahrung«. Nicht schön. Die Konsequenz daraus ist: Wenn ihr jemals mit US-amerikanischen Freunden darüber redet, gerade bei einem Public-Viewing-Event einen Höllenspaß gehabt, laut gesungen und immer mal wieder gejubelt zu haben, richtet euch besser auf Irritationen oder eine merkliche Abkühlung dieser Freundschaft ein. Mittelfristig bedeutet das soeben Erlernte, dass man vielleicht ja auch ganz altmodisch sagen kann, dass man mit vielen Menschen auf einer Großbildleinwand ein Fußballspiel guckt.

Oder man wartet, bis der deutsche Fußball wieder da ist, wo er so etwa in der Ära Erich Ribbeck war. Da hatten die Darbietungen unserer Elf wirklich etwas vom Zurschaustellen von Toten.

Vor sehr langer Zeit, noch vor Einführung der Rückpassregel, wollte ich einmal Psychologie studieren. Ich habe das dann verworfen und bin lieber Fußballfan geworden. Heute denke ich manchmal, dass man beides gut hätte verbinden können: Psychologie und Fußball. Ich wäre in diesem Fall gerne heute etwas, das es noch gar nicht gibt: nicht Sportpsychologe, sondern Stadionpsychologe. Es gibt da schon interessante Phänomene zu bestaunen. Kürzlich verstrickte ich mich in ein Gespräch mit einem Tribünennachbarn, der gefühlt 86 Minuten lang »SCHEISS DFB!« skandierte, bis er blau anlief, das Spielgeschehen nur schemenhaft wahrnahm und mitunter wirkte, als verleihe ihm das eine beachtliche Ausschüttung von Glückshormonen. Ich habe ihn dann mal gefragt, wogegen genau sich sein Engagement richtet. Er musste recht lange überlegen, bevor er mir in aller Kürze antwortete: »Trikots sind zu teuer, kann sich keiner leisten!« – und brüllte weiter.

Bei allem Bewusstsein um sehr viele berechtigte Kritikansätze im deutschen Fußball wurde ich also vermutlich zum ersten Mal Zeuge einer lustvollen Eventisierung der Protestkultur. Vor 40 Jahren hätte er »Woooo bleibt denn das Eins-zu-null!?« gesungen, heute halt »Scheiß DFB!«. Das fand ich interessant, jedenfalls für kurze Zeit.

Ein noch viel interessanteres Feld aber erleben wir, seit jedes größere Stadion über eine Videowand verfügt. Ich nenne es für mich intern »ZUDIBIKO«, oder vollständig »Zuschauer, die ins Bild kommen«. Fängt eine Videowand nämlich eine Handvoll Zuschauer ein, passiert fast immer genau dasselbe: Zunächst sieht man Fans mit leerem Blick irgendwo hinstarren. Mit einem Gesichtsausdruck, den man bei uns in Norddeutschland als »bräsig« bezeichnen würde. Von einem weiteren Fan, der meistens nur mit Backe und Ohr am Bildrand zu sehen ist, wird der leer blickende Fan dann nach ungefähr vier Sekunden hektisch angestoßen, es wird mit dem gleichnamigen Finger gezeigt, und das zuvor wächsern wirkende Antlitz des zu sehenden Fans wechselt über einen kurzen Ausdruck grenzenloser Verwirrung hin zu einer enthemmten Form von Euphorie und Glückseligkeit, der man im realen Leben, also z. B. im Supermarkt oder in der Straßenbahn, praktisch nie begegnet. Es wird exaltiert gewunken, es wird geschrien und gejauchzt. Im Stadion. Nicht im Supermarkt. Vermutlich, weil es dort keine Videowände gibt. Um die geht es nämlich. Nicht um Fußball.

Dem typischen ZUDIBIKO ist es in solchen raren Momenten des Glücks freilich von einem Moment auf den anderen total gleichgültig, ob seine Lieblingsmannschaft da gerade auseinandergenommen wird, sich blamiert, 0:5 zurückliegt oder soeben den Rasen verlassen hat. Alles egal, wenn man auf der Wand erscheint: »MUSS ... WINKEN!« Da kommen wir dann jedoch gleich zum nächsten Phänomen: Der betreffende Fan winkt ausladend und übertrieben. Er tut dies jedoch nie in Richtung der Kamera, sondern glaubt für mehrere, deprimierende Sekunden, es sei die Videowand, die ihn filmt. Das hat zur Folge, dass die restlichen Zuschauer im Stadion oder TV einen Menschen zu sehen bekommen, der in rasender Schnelligkeit von einem Zustand völliger Apathie in eine manisch anmutende Begeisterung wechselt und dabei in eine komplett falsche Richtung schaut, während er gleichzeitig aus dem Bild heraus irgendwohin winkt. Es sind erschütternde Bilder, die man in solchen Sekunden geliefert bekommt. Aber auch irgendwie rührend.

Wichtig, bei aller Irritation durch solche Szenen: Solange die Spieler auf dem Rasen nicht winken, wenn sie mal ins Bild kommen, ist alles in Ordnung.

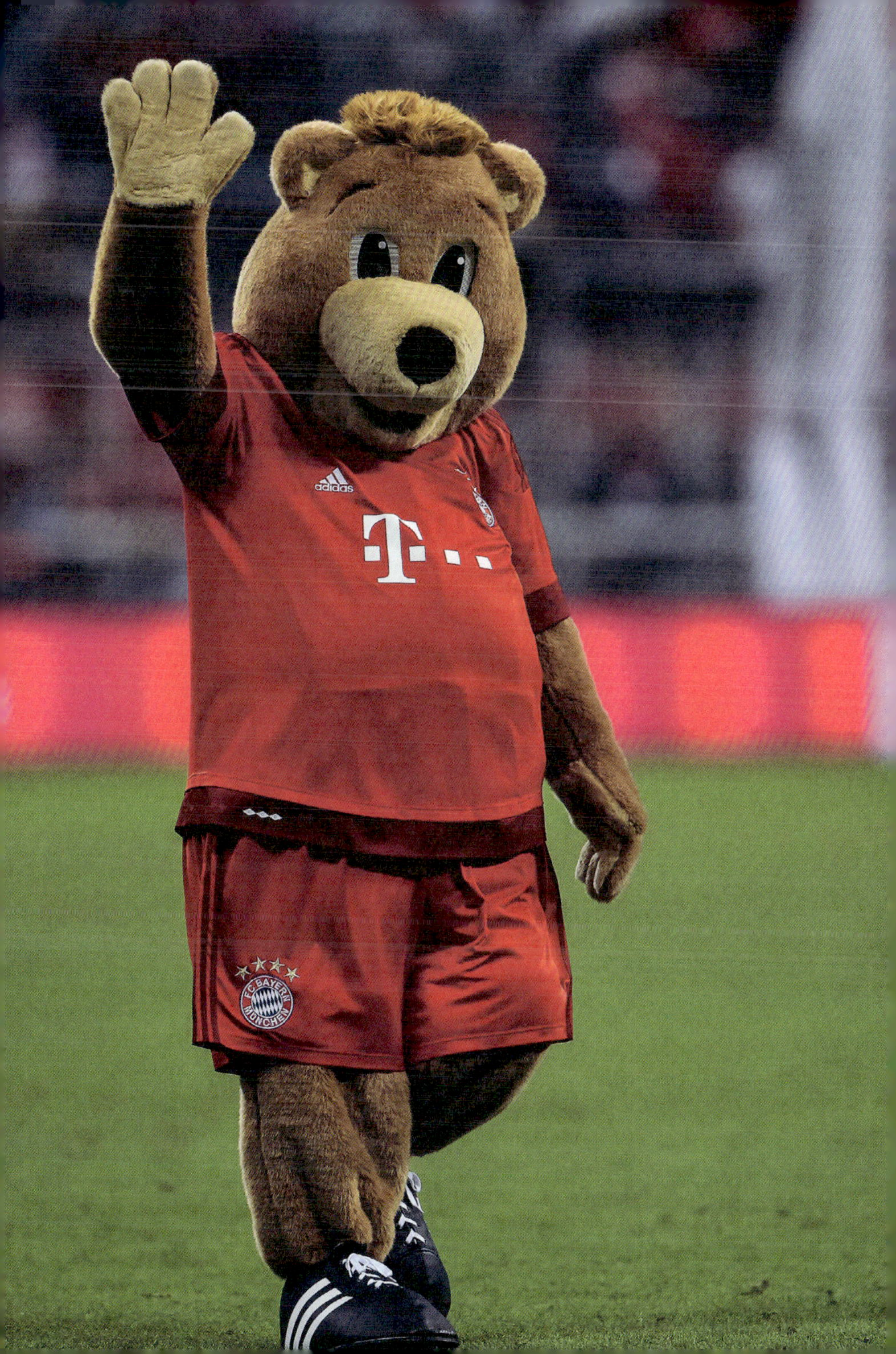
adidas
FC BAYERN MÜNCHEN

DIE SCHÖNSTEN MÄNNER DER BUNDESLIGA

Machen wir uns nichts vor: Das Auge kickt mit. In Zeiten von immer stärkerer Selbstzurschaustellung in sozialen Netzwerken ist das kein großes Geheimnis. Fußballer achten auf ihr Äußeres, bewegen sich in einer viel größeren Öffentlichkeit als früher und wissen sich zu präsentieren. Vor 50 Jahren war unseren Fußballhelden gutes Aussehen auch schon wichtig. Es wurde allerdings noch kein allzu großer Aufwand betrieben, um sich cool und sinnlich in Szene zu setzen.

Noch 1971 war Franz Beckenbauers kurzzeitiger Schnäuzer ein Riesenskandal. Die *Sport-Illustrierte* mutmaßte sogar, der Schnauzbart schocke seine Fans und halte sie vom Stadionbesuch ab. In Leserbriefen wurde gewettert: »Schnauzbärtige und langhaarige Gammlertypen gehören nicht auf ein Spielfeld!« (Hans Fesel aus Lochhofen bei München in der *tz* beantwortete damit in seinem Leserbrief die Frage nach der Hauptursache des Zuschauerschwundes in der Bundesliga.) Die

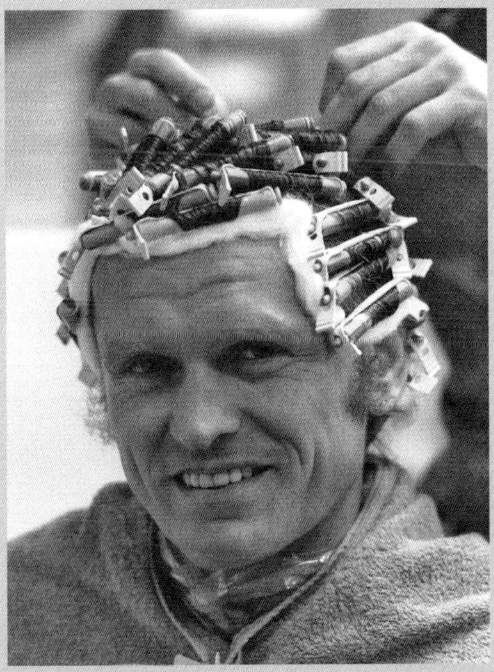

Fun Fact: Von 1977 bis 1979 trug Sepp Maier Dauerwelle.

ersten langhaarigen Bundesligastars waren Gilbert Gress (VfB Stuttgart, der allererste »Beatle« im Fußball), Wolfgang Overath und Günter Netzer. Konservativere Fans reagierten angewidert. Andere sehnten sich die schmucken Kurzhaarfrisuren der Nachkriegszeit zurück.

Wenn man sich heute anschaut, wie Stuttgarts Gilbert Gress 1966 bei seiner Ankunft in der Bundesliga aussah, fällt es nicht ganz einfach, sich das Aufsehen auszumalen, dass er mit seiner Haarlänge damals erregte. Und in den zehn Jahren danach bröckelte der öffentliche Widerstand gegen langmähnige Kicker mit Bärten vollends. Sepp Maier ließ sich wie viele andere eine Dauerwelle machen, Paul Breitners Afro bekam immer mehr Gesellschaft und Bärte waren keine Sensation mehr, sondern wurden nach und nach zur Pflicht. Unterdessen widmeten sich auch die Medien immer stärker dem Äußeren der Fußballstars.

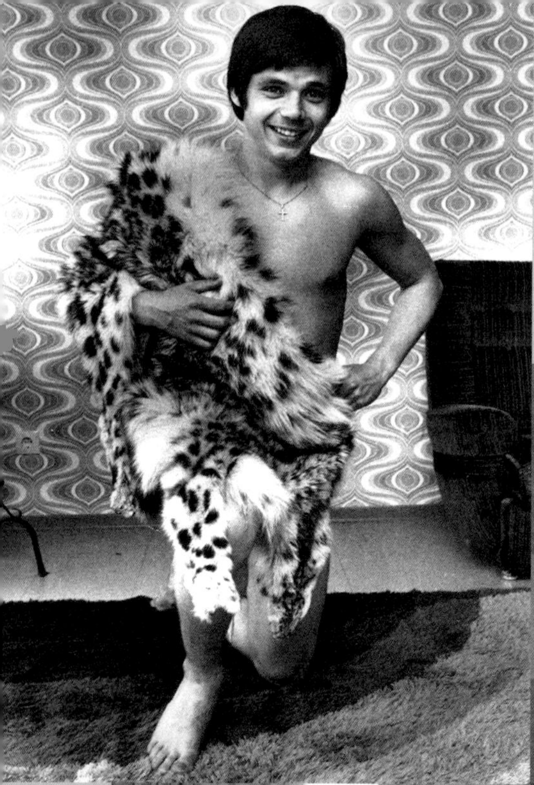

Peter Hidien vom HSV
in einem Hauch von Fell.

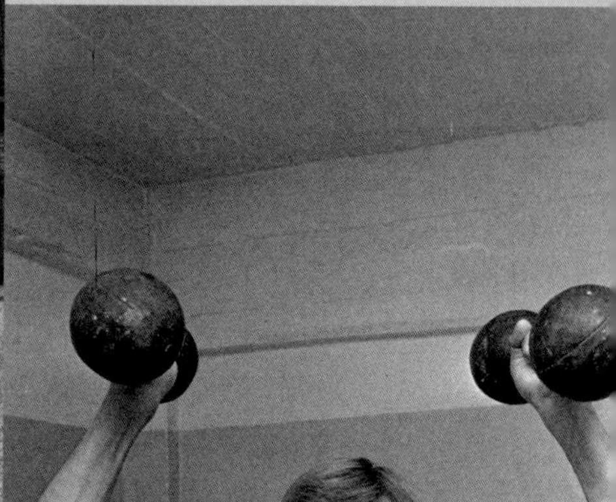

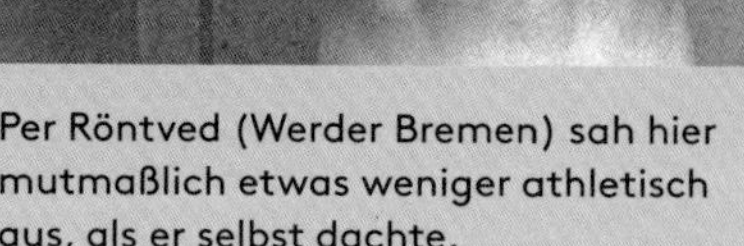

Per Röntved (Werder Bremen) sah hier mutmaßlich etwas weniger athletisch aus, als er selbst dachte.

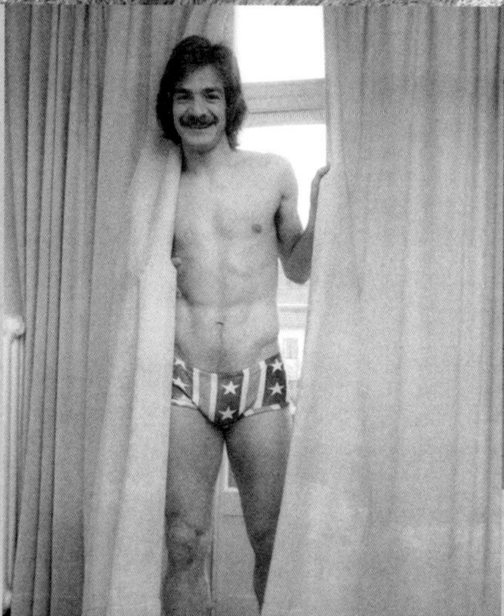

Dieter Zembski (Werder Bremen) in einer atemberaubenden Badehose.

WIlli Reimann (HSV) bei der Körperhygiene.

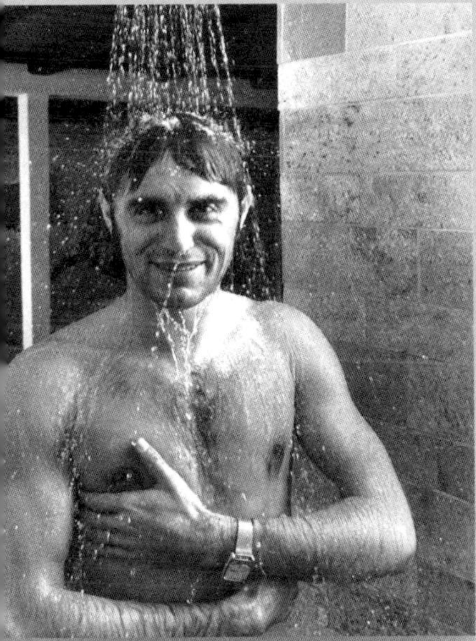

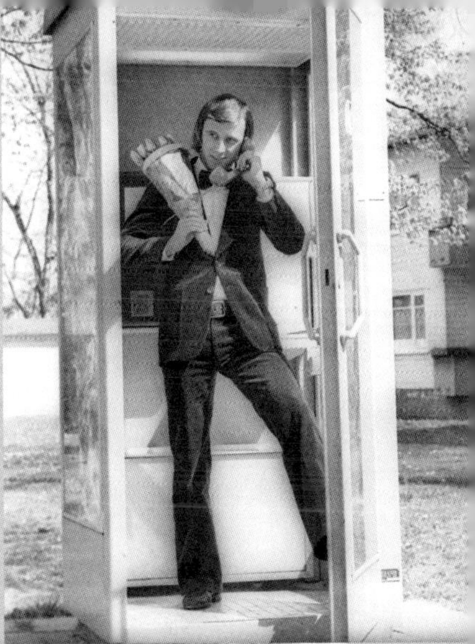

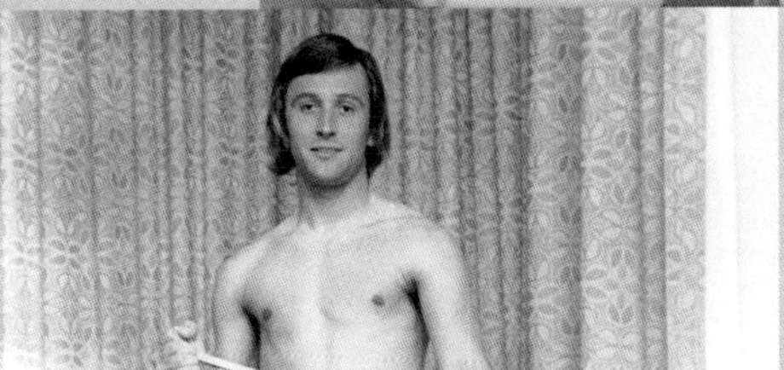

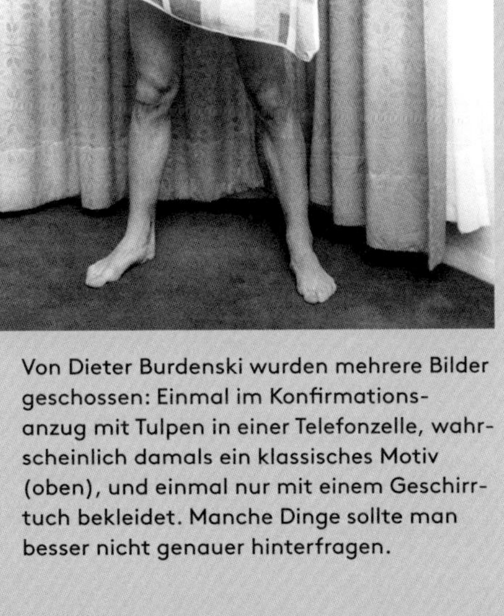

Von Dieter Burdenski wurden mehrere Bilder geschossen: Einmal im Konfirmationsanzug mit Tulpen in einer Telefonzelle, wahrscheinlich damals ein klassisches Motiv (oben), und einmal nur mit einem Geschirrtuch bekleidet. Manche Dinge sollte man besser nicht genauer hinterfragen.

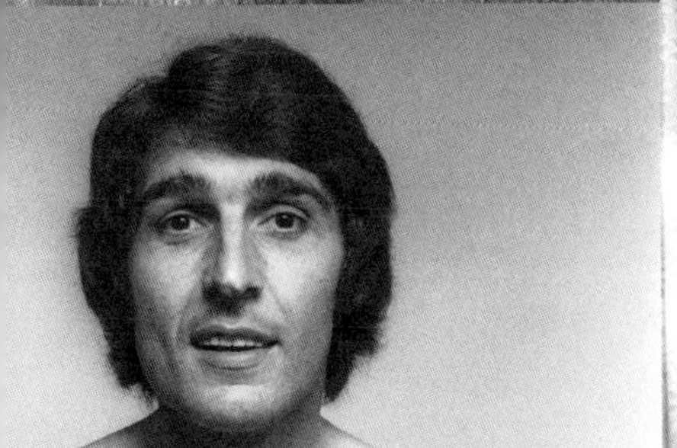

Rudi Assauer (Werder Bremen) als romantischer Rosenkavalier.

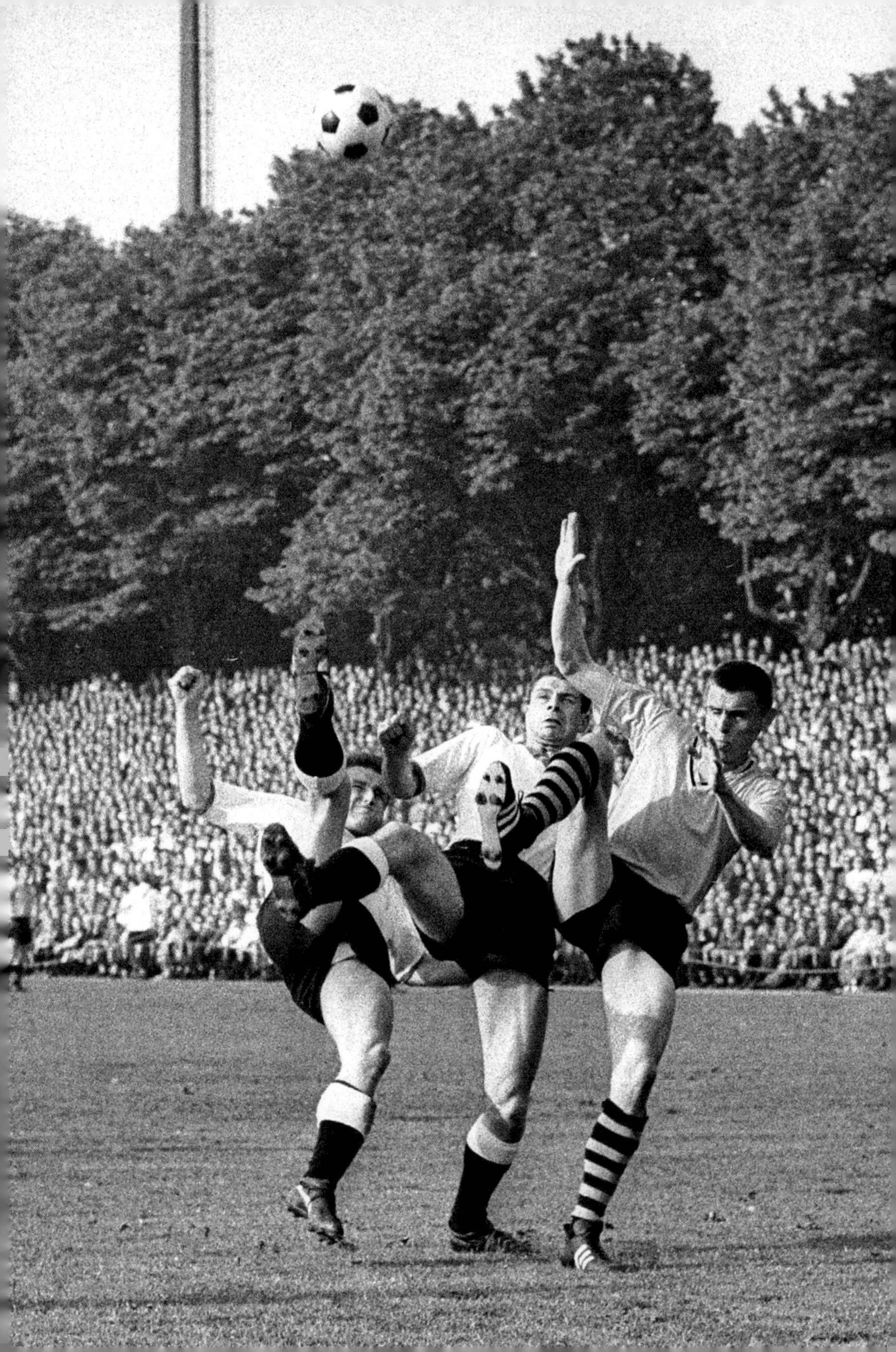

FÜNFUNDZWANZIG SEHR UNPOPULÄRE FUSSBALLWAHRHEITEN

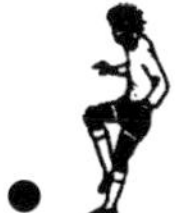

An anderer Stelle habe ich darauf hingewiesen, dass eines der ganz großen Missverständnisse des Fußballs in seiner Komplexität besteht. Wir sehnen uns nach einfachen Wahrheiten, nach einer simplen Ordnung und nach Grundsätzen, die uns erlauben, auch mit Rudimentärfachwissen das Gefühl haben zu dürfen, auf allerhöchster Ebene Diskussionsbeiträge von gehobenem Standard beitragen zu können. Leider müssen all diese Sehnsüchte unerfüllt bleiben. Fußball ist kompliziert, Erkenntnisse sind oft schwer zu deuten und Grundsätze nicht immer für jeden nachvollziehbar, und selbst sehr viele Fachkenntnisse schützen nicht vor groben Fehleinschätzungen. Sehr wenig Fachkenntnisse übrigens auch nicht. Es folgen 25 knüppelharte Fakten, die mit teils jahrzehntealten Fehleinschätzungen ein für alle Mal aufräumen.

01. Neueinkäufe aus Brasilien spielen nicht automatisch besser als Neueinkäufe aus Lettland.

02. Das Streichen trainingsfreier Tage sorgt nicht zwingend für eine verbesserte körperliche Verfassung im kommenden Spiel.

03. Nach jedem gescheiterten Trainer und dem damit verbundenen Trainerwechsel holt Dein Verein in nahezu allen Fällen einen Trainer, der anderswo bereits ebenfalls gescheitert ist. Oft sogar mehrmals.

04. Das gnadenlose Auspfeifen eigener Spieler wirkt ausschließlich beim Pfeifenden selbst leistungsfördernd.

05. Wenn man als Fan einen talentierten, potenziellen Neueinkauf aus einer kleineren europäischen Liga ablehnt, weil er »sich erst mal auf hohem Niveau beweisen soll«, benötigt man anschließend ein sehr gut gefülltes Bankkonto, um denselben Spieler zwei Jahre später nach dessen ersten Gehversuchen bei Chelsea, Sevilla oder Neapel zu verpflichten.

06. Aufgrund der Entlassung eines unbeliebten Sportdirektors oder Präsidenten spielt kein Verein umgehend besser.

07. Die Quote der Spieler, deren Leistungsvermögen ein Fan zu Hause am PC besser beurteilen kann als ein hauptberuflicher Fußballtrainer, der den Spieler täglich im Training sieht, liegt exakt bei null Prozent. Eine Dunkelziffer gibt es nicht.

08. Teurere Spieler sind oft, aber längst nicht in allen Fällen besser als preisgünstige Spieler. Sie sind jedoch in 100 Prozent aller Fälle teurer.

09. Eine gute Chancenverwertung liegt häufig an einer jämmerlich geringen Anzahl herausgespielter Torchancen und umgekehrt.

10. Es gibt keinen Bundesligatrainer ohne Matchplan. Manche Trainer nennen das nur anders. Vorsichtig geschätzt 100 Prozent aller Trainer stellen ihre Mannschaft mit oder ohne Matchplan so ein, dass sie anschließend möglichst gut spielt.

11. Konzepttrainer unterscheiden sich vom Rest der Trainerzunft nicht durch das Vorhandensein guter Konzepte oder teurer Notebooks, sondern maßgeblich dadurch, dass sie bei der Ausübung ihres Jobs modischere Begriffe verwenden.

12. Spieler, die man »Mentalitätsspieler« nennt, können oft nicht so gut Fußball spielen.

13. Transfereinnahmen müssen versteuert werden.

14. Experten, die hinterher behaupten, alles schon vorher gewusst zu haben, wissen es oft nicht einmal hinterher so richtig.

15. Obwohl stark spielende Spieler sich zwangsläufig für andere Vereine interessant machen, ist es keine zielführende Alternative, sich für sein Team weniger stark spielende Spieler zu wünschen, die kein anderer Verein haben möchte.

16. Investoren verschenken kein Geld. Das Einzige, das sie wirklich garantieren können, ist eine umgehende Erhöhung der Verbindlichkeiten eines Vereins.

17. Es gibt keine alten und jungen Spieler, sondern nur gute und schlechte. Es gibt aber auch schlechte alte Spieler.

18. Der Torhüter mit den meisten abgewehrten Schüssen ist nicht automatisch der beste der Liga, sofern er womöglich an jeder Flanke vorbeifliegt.

19. Je nach Spielplan kommt es vor, dass die Tabelle doch lügt.

20. Wenn es nach Sportjournalisten geht, sind Spieler in Spielen gegen ihren Ex-Verein grundsätzlich »besonders motiviert«. Es geht aber nicht nach Sportjournalisten.

21. Die Frage »Wo ist das ganze Geld hin?« lässt sich in beinahe keinem Fall einfach beantworten.

22. In 18 von 18 Fankurven der Bundesliga halten sich die Fans für »die besten Fans der Liga«. In 17 Fällen (= 94,4 %) haben sie unrecht.

23. Der abwanderungswillige Spieler ist zu exakt demselben Prozentsatz ein gewissenloser Söldner wie der, den man anderswo aus einem Vertrag kauft, um Ersteren zu ersetzen.

24. Spieler, die sehr schnell sprinten, sind in vielen Fällen einfach nur zu spät losgelaufen.

25. Trotz anderslautender Gesänge weiß so gut wie kein Zuschauer, wo das Auto des Schiedsrichters steht.

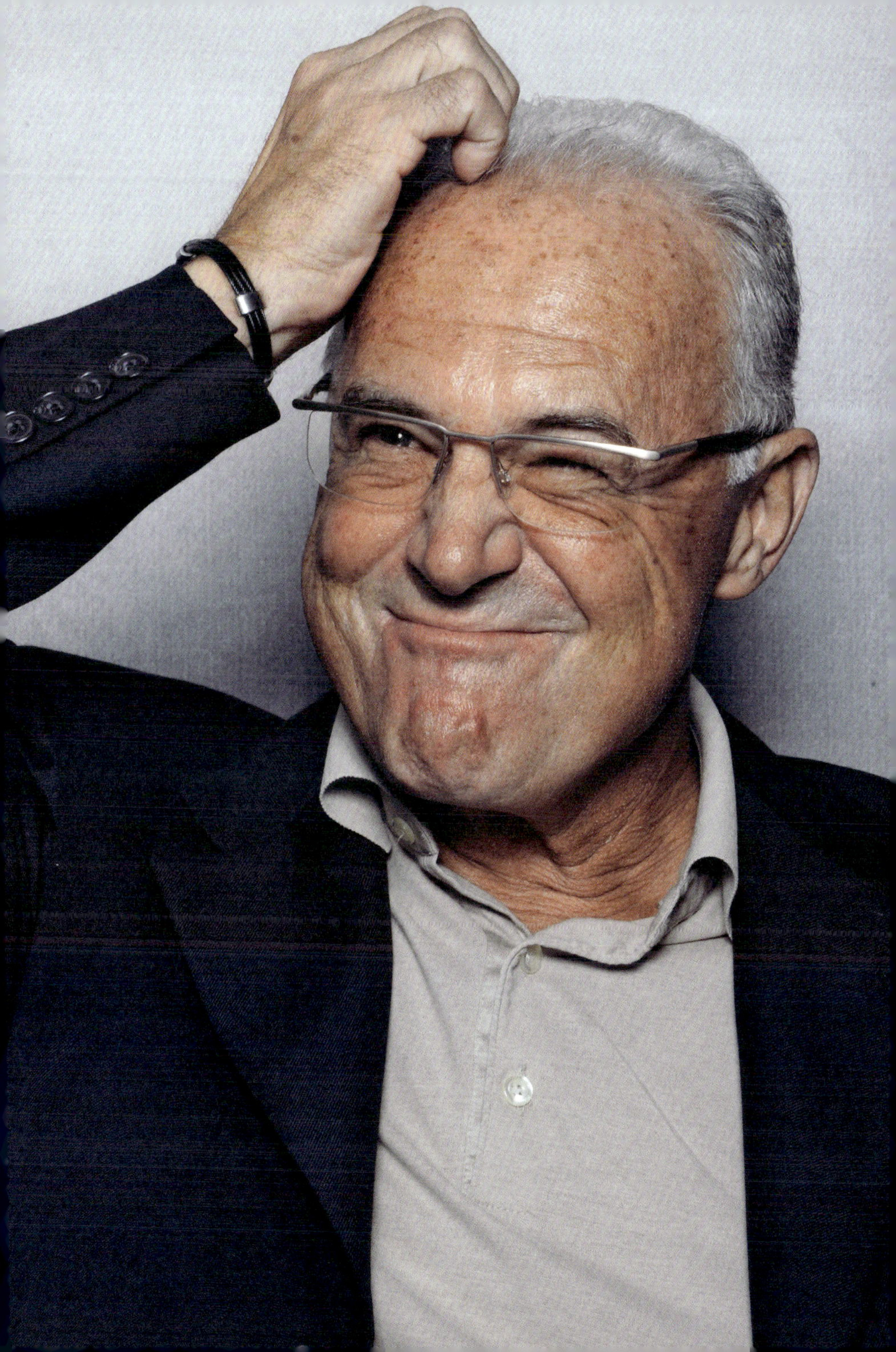

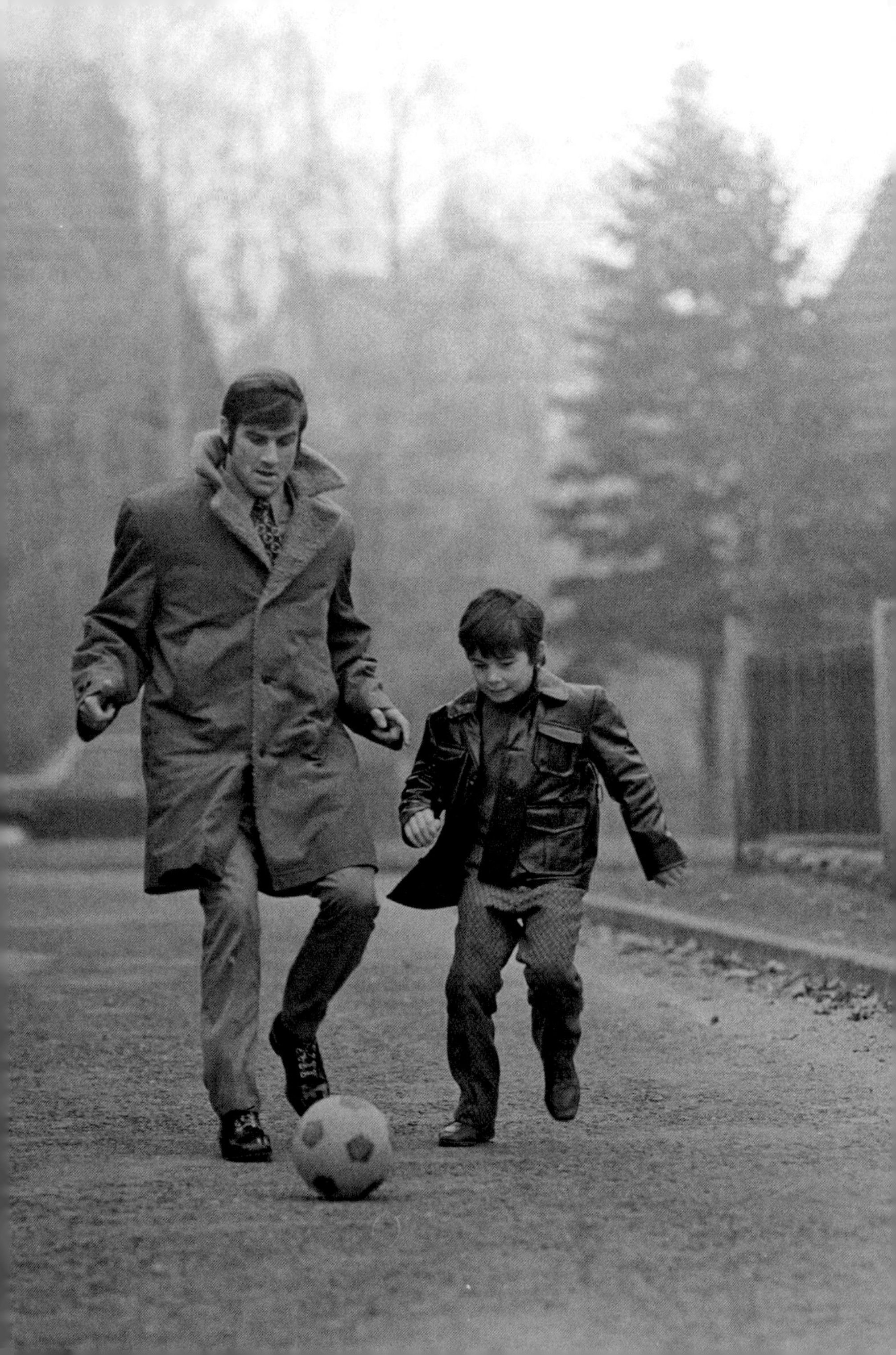

YOU'LL NEVER WALK ALONE

oder: Nudelsalat verbindet

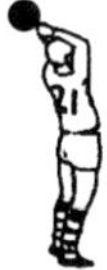

Ich habe vor anderthalb Jahrzehnten damit begonnen, meinen Sohn zum Fußball zu begleiten. Er war damals fünf Jahre alt und spielte ab dem Sommer 2006 in der Jugend von Werder Bremen. Er war ein Scheidungskind, und Fußball war unser beschlossenes gemeinsames Ding.

Ich habe ihn zum Training gefahren, ihm die Schuhe zugebunden, ihn angefeuert, mich mit ihm gefreut, ihn getröstet. Er wäre auch ganz ohne Fußball mein Junge gewesen, und ich hätte ihn auch geliebt, wenn er Fußball öde gefunden und ignoriert hätte. Seine eigene Vereinslaufbahn aber und die Tatsache, dass wir seine ersten fußballerischen Gehversuche miteinander geteilt und durchlebt haben, hat ein Band zwischen uns entstehen lassen, das man ohne Fußball kaum jemals anderswo so findet. Ich habe mit ihm gelitten, wenn er vor Enttäuschung oder Schmerzen geweint hat, ich habe mich über alle

Maßen mit ihm gefreut, wenn er Teil einer Mannschaft war, die ein wichtiges Spiel unerwartet gewonnen hat. Dann wieder habe ich ihn getröstet, wenn er mal draußen sitzen musste und später auch an dem Tag, als er es knapp nicht in Werder Bremens Jugendleistungszentrum geschafft hatte.

Ich war dabei, als er seinen ersten Pokal gewann, seine erste Meisterschaft, als er plötzlich beidfüßig flanken konnte und als er einen wichtigen Elfmeter an die Latte schoss. Und ich war todmüde, aber trotzdem mit Begeisterung an seiner Seite, wenn wir im Morgengrauen an Sonntagen zu Turnieren aufbrechen mussten und dabei Orte kennenlernten, die nicht an großen Fußball erinnerten, aber wo die Eltern des gastgebenden Vereins einen fantastischen Nudelsalat vorbereitet hatten: Riede, Drebber, Jeddeloh, Abbehausen, Nortmoor, Neurönnebeck, Zetel – wir waren quasi überall. Ich habe ihm die Sporttasche gepackt, solange er es nicht alleine konnte – also etwa bis zu seinem 15. Lebensjahr. Wir waren ein Team: Vater und Sohn United.

Mein Sohn wird bald 20. Ich muss ihn nur noch selten trösten. Er weint nicht mehr, wenn er gefoult wird, und seine Schuhe kriegt er

Direkt nach dem Trösten gab es meistens Nudelsalat.

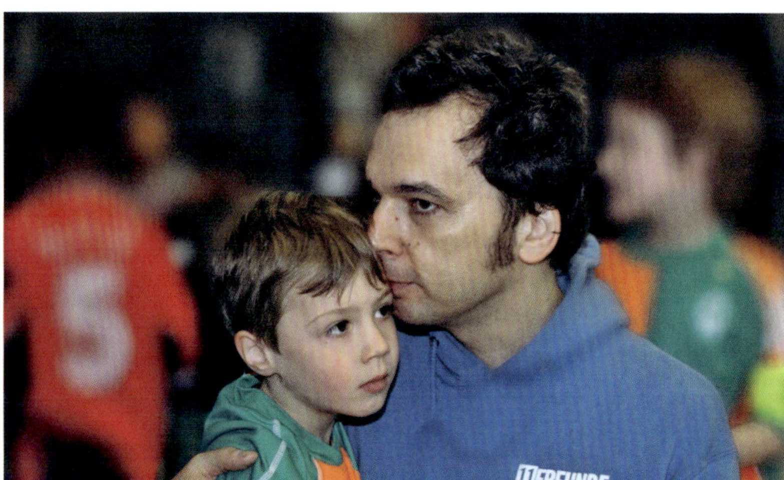

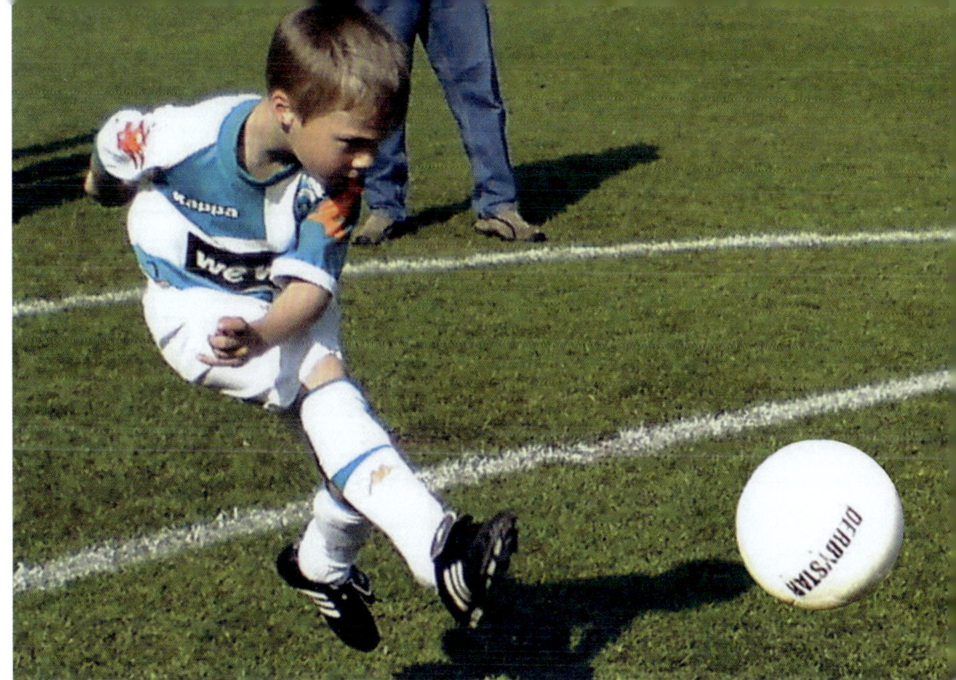

Sie werden so schnell groß!

ganz gut ohne mich gebunden. Ich bin nicht mehr so wichtig, aber das ist auch nicht so wichtig. Das, was wir zusammen erlebt haben, geht nie wieder weg. Wir verdanken dem Fußball eine ganz besondere Form von Innigkeit in unserem Verhältnis zueinander. Und auch er verdankt vieles von dem, was ihn als Mensch ausmacht, dem Fußball. Wir alle tun dies. Kaum ein berühmtes Fußballzitat bedeutet mir mehr als das des französischen Philosophen und Schriftstellers Albert Camus: »Alles, was ich über Moral und Verpflichtungen weiß, verdanke ich dem Fußball.«

Fußball gibt uns immer wieder neu die Gelegenheit, zu einem etwas besseren Menschen zu werden. Und er tut das Gegenteil. Je nachdem, was man sich von wem abschaut, kann er auch sehr vieles kaputt machen. In den vielen Jahren als Fußballpapa am Spielfeldrand habe ich Eltern erlebt, die ihren Kindern von klein auf einbimsen, dass im Zweifel immer der Schiedsrichter an allem schuld ist, wenn etwas nicht wie erhofft läuft. Ich habe Väter erlebt, die Sechsjährige dazu aufforderten, sich ruhig mal im Strafraum fallenzulassen. Und ganze Gruppen von Eltern, die Siebenjährigen vermitteln wollten, wie man auf Zeit spielt oder wie man die Siebenjährigen in den andersfarbigen Trikots am besten provoziert. Ich habe erwachsene Menschen erlebt, die nach einem verlorenen E-Jugendspiel mit erhobenem Regenschirm einen etwa 16-jährigen Schiedsrichter quer über den Platz jagten. Und ich habe Mütter erlebt, die Bilder ihres fraglos talentierten Achtjährigen im Trikot bei Facebook posteten, mit der Bildunterschrift: »Meine Altersvorsorge!« Ironiefrei.

Derartige Erlebnisse sorgen für eine Haltung bei Kindern, die mit ganz viel Pech nie wieder geradezubiegen ist. Sie wird auch nicht besser dadurch, dass es auch im ganz großen Fußball suboptimale Vorbilder gibt und nicht nur da, wo der Nudelsalat gut ist. Als ich selbst noch keine Kinder hatte, fand ich es immer furchtbar spießig und übertrieben, wenn irgendein Leserbriefschreiber darauf hinwies, dass irgendein Star sich wieder mies benommen hatte und damit ein ganz schlechtes Vorbild für kickende Kinder gewesen sei. »Jaja«, dachte ich damals. Heute denke ich nur noch: Ja! Was immer wir am Samstag in der *Sportschau* an albernen Verhaltensweisen präsentiert bekommen, sehen wir tags darauf auf den Fußballplätzen der Welt bei den Spielen unserer Kinder. Egal ob es affiger Torjubel ist, Rudelbildung, groteske Schwalben, Diskussionen mit dem Schiri oder das Küssen von Vereinswappen auf dem Trikot, was ja so ziemlich das Übelste überhaupt ist. Das Fordern von Gelben Karten zu Lasten fremder Kinder wiederum übernehmen die Väter am Spielfeldrand. Manche von ihnen scheinen zuweilen ganz kurz davor zu sein, auch einen Videobeweis zu fordern.

Dies sind die Schattenseiten. Ihnen gegenüber steht ein Riesenpaket von Tugenden, die Kinder und Heranwachsende durch den Fußball vermittelt bekommen, wenn sie wollen. Wenn es losgeht mit dem Kicken, dann reicht ein Ball, um Kinder zusammenzubringen. Die müssen auch nicht dieselbe Sprache sprechen, sie dürfen sich im sonstigen Leben sogar richtig doof finden. Wenn die Spielerwahl vor dem Bolzplatzkick es so will, werden sie in ein Team gewählt und fallen sich spätestens beim dritten gemeinsam erspielten Tor um den Hals.

Der Fußball lehrt uns, dass wir einander brauchen, wenn wir etwas erreichen wollen. Selbst der tollste Fußballer der gesamten Nachbarschaft hat auf Dauer nicht viel Freude beim Kicken, wenn er so egozentrisch ist, dass niemand mit ihm spielen möchte. Je nach Elternhaus und äußeren Einflüssen schaffen es manchmal selbst die Kleinsten schon, unausstehlich zu sein. Und in der langen Vereinskarriere meines Sohnes habe ich an seiner Seite und bei Gegnern so manchen Kicker gesehen, der körperlich alles hatte, um mit seinem Talent ganz weit kommen zu können. Das Problem: Die hatten dann oft auch einen Pfeil im Kopf. Und wenn Gehirn und Charakter in der Kreisklasse auf der Ersatzbank sitzen, schafft der restliche Mensch es auch nicht in die Bundesliga.

Mein Sohn hat mit fünf Jahren in einer Mannschaft gespielt, in der es einen Portugiesen, einen Libanesen, einen Russen, einen Türken und einen Polen gab. Die Kinder haben zusammen das Zuckerfest gefeiert und gemeinsam Ostereier gesucht. Und das ging. Es wäre sicherlich auch möglich gewesen, sich nicht zu verstehen, aber das wollten diese Kinder schlicht und einfach nicht. Keiner von denen würde heute auf die Idee kommen, andere auszugrenzen oder ihrer Herkunft wegen zu diffamieren. Es gibt selbstverständlich auch genügend Beispiele für Fußballteams, mit denen es später Jahr für Jahr Stress gibt, weil keiner von ihnen Respekt vor dem anderen gelernt hat. Die haben sich dann leider andere Ideale auserkoren und sind irgendwann falsch abgebogen, meist so ungefähr in der B-Jugend. Aber sie hatten eine Chance.

Fußball nimmt jeden mit, der sich mitnehmen lässt. Wer sich vom Fußball mitnehmen lässt, der ist niemals alleine. Und wer im Fußball Respekt, Anstand und Haltung lernt, der vergisst diese Tugenden auch im restlichen Leben nicht.

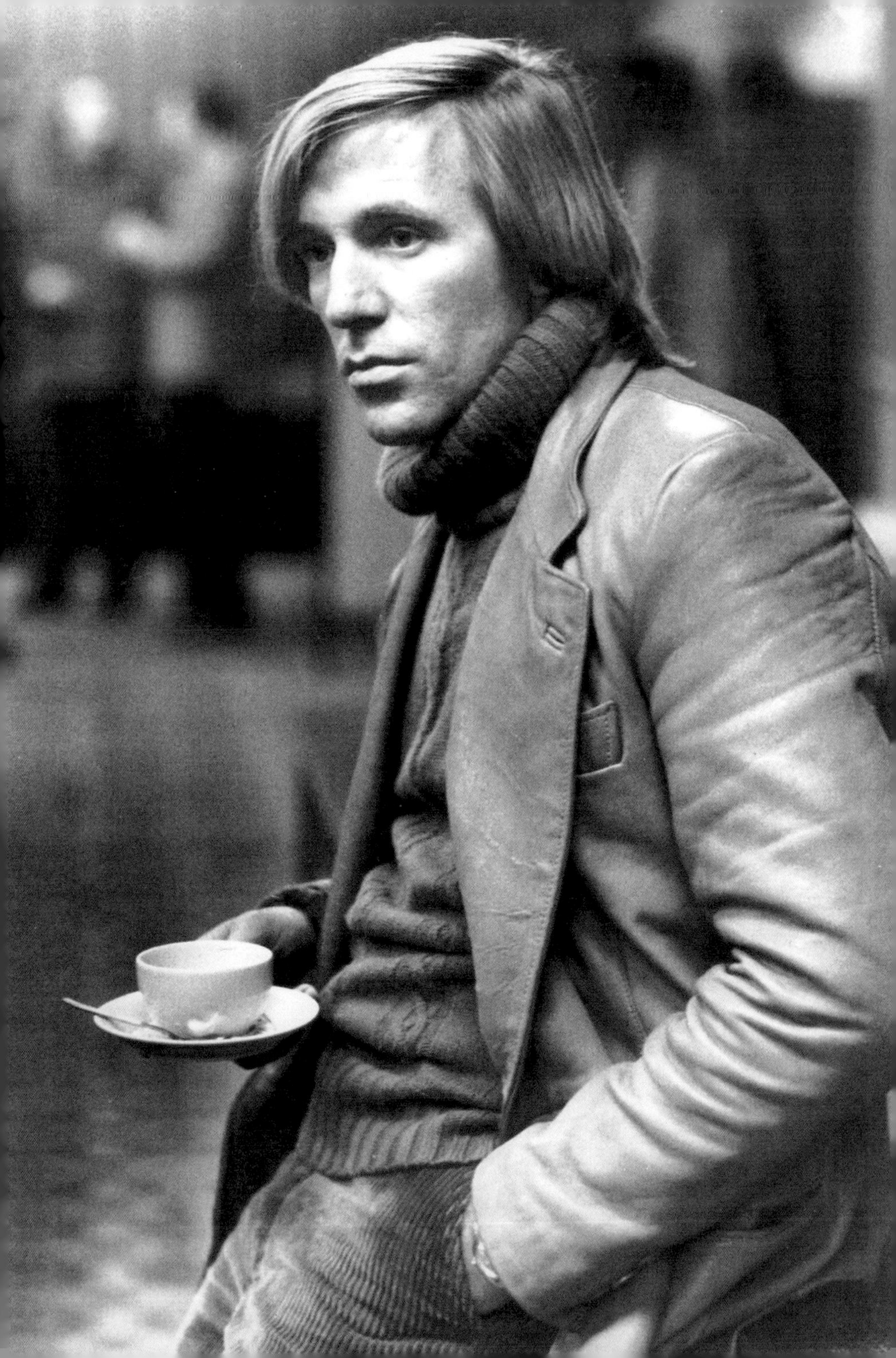

NACHSPIELZEIT

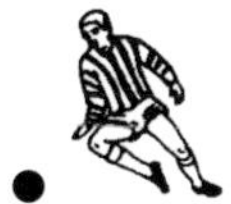

Der Schiedsrichter schaut bereits auf seine Uhr. Dieses Buch ist gleich zu Ende.

Vielleicht noch soviel:

Bei uns allen wurde die Fußballleidenschaft in der Kindheit entflammt. Und dieses Knistern einer neuen Leidenschaft erlebte jeder von uns als eine Offenbarung. Beim einen war sie größer, beim anderen etwas kleiner. Wäre Fußball aber in unserem Leben immer schon so gewesen, wie wir ihn sehr viel später als Erwachsene wahrnehmen, hätten wir womöglich niemals unser Herz an dieses wunderbare Spiel verlieren können.

Es hätte einfach nicht geklappt, eine tiefe Bindung zu einem Hobby aufzubauen, das wir im reiferen Alter nicht selten distanziert, abgeklärt, oft zynisch, manchmal höhnisch und ab und zu sogar angewidert verfolgen. Wir sind Fans geworden, weil wir Fußball irgendwann einmal als etwas Sinnliches, Emotionales, Menschliches lieben gelernt haben. Und wenn wir ganz tief in uns hineinhorchen, dann lebt unsere Fußballbegeisterung auch im Erwachsenenalter von der Erinnerung an diese Faszination unserer Kindheit. Wir wissen, wie toll es sich früher mal anfühlte und wie sehr uns diese magische Anziehung gefangen nahm. Leider bleibt uns oft nichts anderes übrig, als uns unbewusst an diese kindliche Faszination zu erinnern, wenn wir heute beim Fußball noch etwas spüren wollen – und wer will das nicht?

Wir opfern unsere Freizeit heute für eine Leidenschaft, die wir gestern, früher einmal gespürt haben. Wir wissen, wie sich Fußball anfühlen kann, wenn man all das ausblendet, was uns den Fußball heute oft so kühl und fremd erscheinen lässt. Manchmal machen wir uns vor, dass wir diese Faszination als Erwachsene nicht mehr brauchen, weil sich der Fußball mit den Jahren oft in einen rationalen Ergebnissport verwandelt hat, den wir pragmatisch sehen und dessen Wahrnehmung im reiferen Alter immer mehr mit Vernunft zu tun hat, was im Grunde eine schreckliche Erkenntnis sein müsste. Die Spieler unseres Vereines, früher nicht mehr und nicht weniger als Kindheitshelden, die wir vergöttert haben, schrumpfen mit den Jahren zu Spielermaterial. Ein Wort, das wir als Kinder nicht verstanden hätten.

Weshalb lieben wir Jürgen Klopp? Weshalb lieben ihn alle, die ihn erleben durften und dürfen? Weil er all das weiß, weil er es lebt, es versteht und verkörpert. In Mainz und Dortmund haben sie auch nach Klopp gute Trainer gehabt, und auch in Liverpool wird weiter Fußball gespielt werden, wenn Jürgen Klopp eines fernen Tages einmal nicht mehr dort ist. Es ist theoretisch sicherlich möglich, einen Trainer zu finden, der ähnlich viel über Fußball weiß. Es scheint aber nahezu unmöglich, einen Trainer zu finden, der überdies die Empathie und die Leidenschaft besitzt, seinen Spielern und jedem einzelnen Fan die Freude, das Glück, den Spaß am Fußball zu vermitteln. Er begeistert andere, weil er selbst Begeisterung ausstrahlt. Das macht ihn so besonders.

Der Fußball funktioniert nicht ohne den innigen Glauben, dass alles theoretisch jederzeit wieder so toll werden kann wie damals, als wir uns noch Poster ins Kinderzimmer gehängt haben. Fußball ohne Begeisterung und Enthusiasmus ist wie ein Radiosender, dessen Musik uns längst nicht mehr gefällt, aber den wir aus alter Gewohnheit weiterhören.

Es liegt weitestgehend an uns selbst, wie wir Fußball empfinden. Fußball erlaubt uns, tief drinnen immer ein bisschen Kind zu bleiben. Wir müssen das aber wollen und zulassen. Wir können die Begleitumstände nicht ändern und viele Entwicklungen nicht mehr umkehren, aber wir können uns einen Blick auf die Sinnlichkeit und auf jene Momente bewahren, die uns früher viel häufiger Gänsehaut bereitet haben als es heute der Fall ist.

Die erbitterten Feinde jeder Leidenschaft sind immer dieselben: Gewöhnung, Abkühlung, Distanzierung, Zynismus, übertriebene Rationalität. Jeder von uns hat die Wahl, sich auf den Fußball weiterhin von ganzem Herzen einzulassen, allen unbestreitbaren Ärgernissen zum Trotz. Seien wir nicht unkritisch, seien wir auch wachsam, aber seien wir uns mehr als das jederzeit bewusst, dass Fußball nur dann toll sein kann, wenn er uns wenigstens gelegentlich eine Form von Freude und Glückseligkeit schenkt, die wir nirgendwo anders jemals finden werden.

Irgendein Journalist hat mich vor Jahren einmal »Fußballversteher« genannt. Auch nach langer Zeit weiß ich nicht, ob das ein Lob war oder ob das eher ein ganz niederschmetterndes Wort ist.

Ich glaube nicht, dass ich überdurchschnittlich viel vom Fußball weiß oder verstehe. Ich bin aber sehr sicher, dass ich Fußball fühlen kann. Nicht immer, aber sehr oft. Es ist mir elementar wichtig, das zu tun und es immer wieder zu versuchen. Meine Vision ist, dass wir alle das etwas öfter hinbekommen, als es manchmal den Anschein hat. Und dass wir dabei niemals vergessen, dass es nicht zuerst Zahlen sind, die uns Fußballfans glücklich machen sollten, sondern Menschen. Nur so kann Fußball wirklich Spaß machen. Wenn wir in jeder Sekunde wissen, dass es Menschen sind, die wir für dieses wunderschöne Hobby brauchen. Und dass diese Menschen auch uns brauchen.

Lasst uns diese Gewissheit in unseren Herzen tragen. Lasst uns dafür kämpfen. Nur dann kann Fußball jetzt und auf alle Zeit eine großartige, einzigartige Sache sein und bleiben.

Wir sehen uns am zweiten Pfosten.

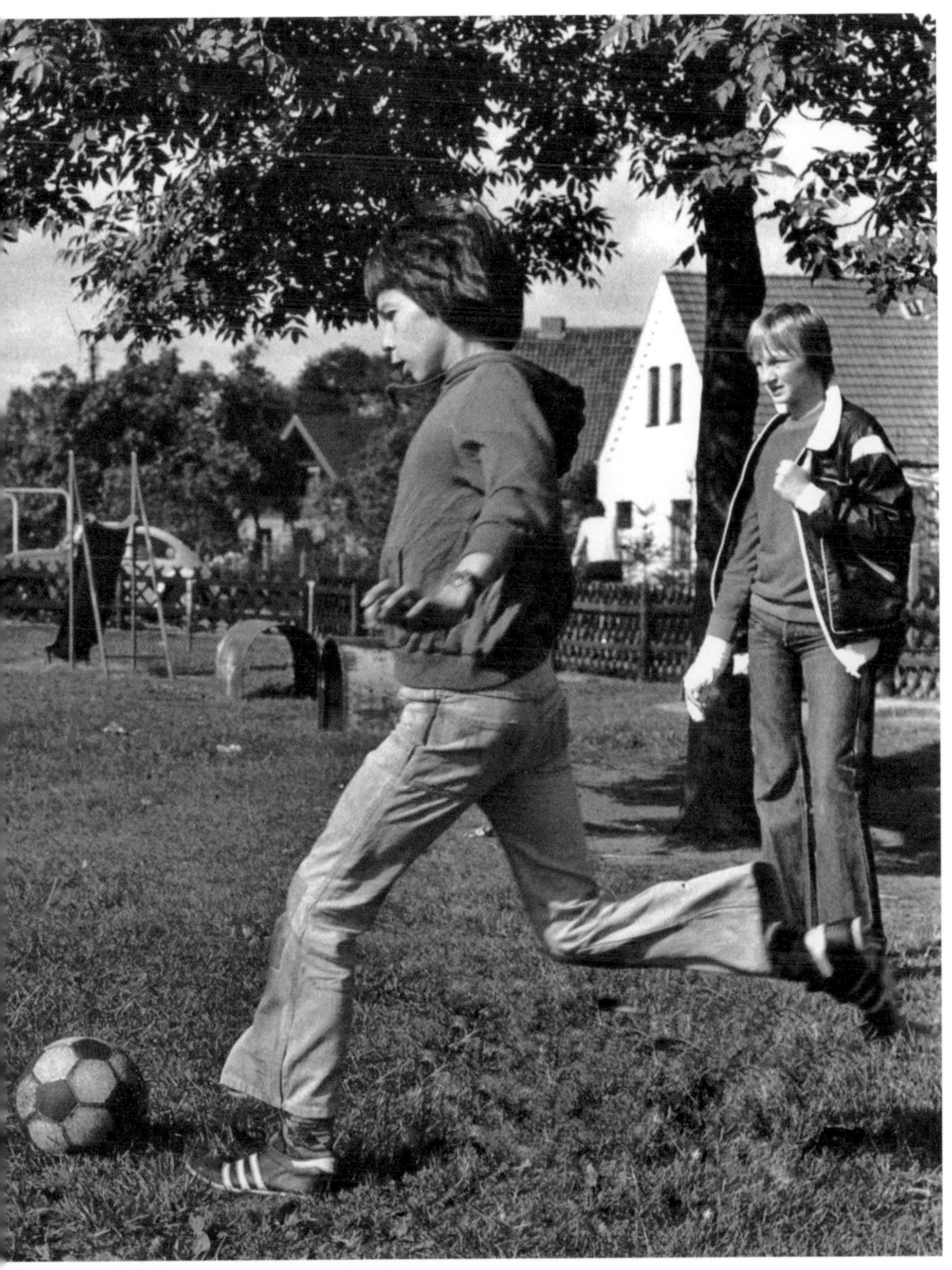

Beim Bolzen ca. 1980 auf dem Schulhof in Kirchweyhe. Damals hätte alles aus mir werden können. Nur eben kein Fußballer. Rechts Horst Hrubesch.

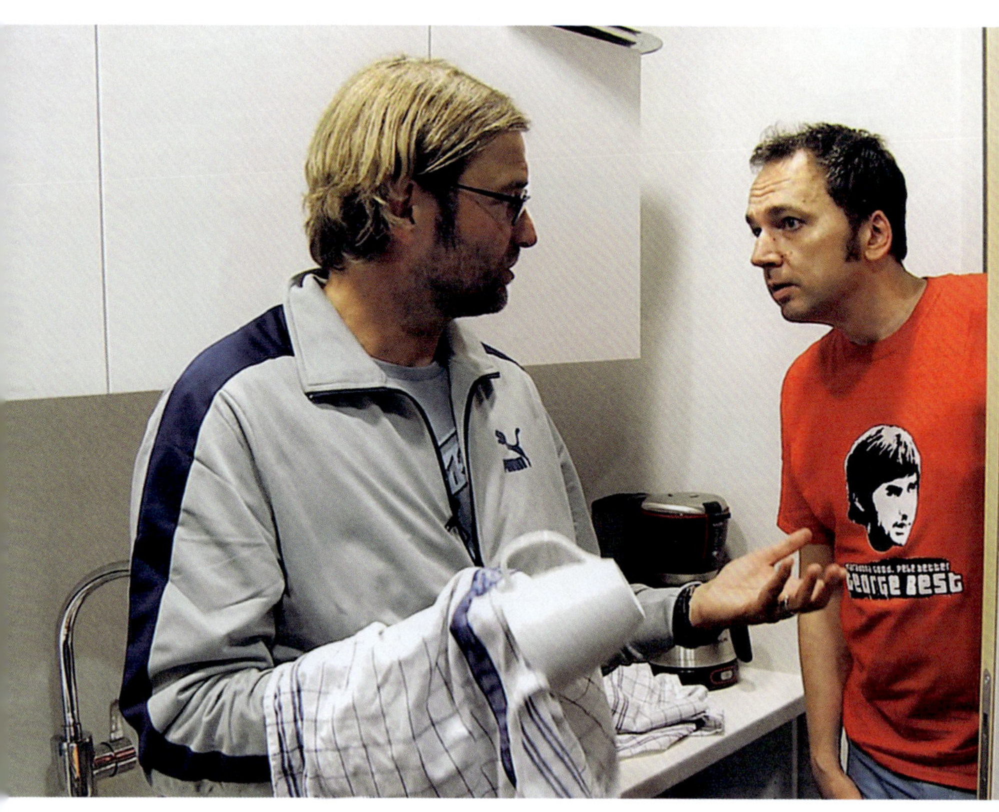

Dank an alle Spieler, Trainer, sonstige Fußballschaffende und Kollegen, die meine Liebe zum Fußball teilen und die dazu beitragen, dass wir dieses Spiel und uns nicht verlieren. Dank an meine guten Freunde, die mich bei Spielen nicht alleine lassen, wenn ich nicht alleine gucken will. Und den größten Dank an meine wunderbare Familie, die mich ein Leben lang mit dem Fußball teilen muss.

Bildnachweis:

Es war leider nicht in allen Fällen möglich, die Inhaber des Copyrights an einzelnen Bildern zu ermitteln. Der Verlag bittet Rechteinhaber darum, berechtigte Forderungen zu melden.

Umschlagvorderseite und -klappe:
Michael Philipp Bader;
Umschlagrückseite: imago images / Colorsport

Innenteil:
Alle Abbildungen Archiv Arnd Zeigler, außer:

Imago images: Everett Collection 64; Ferdi Hartung 2, 27, 136, 148, 193, 248; Fred Joch 85, 219, 245; HJS 73, 74, 75, 76, 221 o., 253; Horst Galuschka 152; Horstmüller 107, 125, 174, 182, 214, 228; Jan Huebner 66, 162; Kicker / Metelmann 132, 159, 224; MIS 222 u.; Nordphoto 213; PR 89 o.l. u. o.M.; Pressefoto Baumann 116, 191; Rust 57, 118, 147; Schiffmann 243; Schreyer 58; Schumann 24; Sportfoto Rudel 130, 165; Sven Simon 221 u.; Team 2 223 o.; teutopress 44, 86; Ulmer 201; Ulmer / Cremer 223 u.; United Archives 146; WEREK 32, 115 o., 149, 188, 196, 222 o.; Werner Otto 236; Werner Schulze 254; Zuma Press 204

Oliver Soller: 78

Picture Alliance: Sport Moments / Deutzmann 72

Witters Sportfotografie: 98, 195, 246–247, 260

● „Süßes Leben" nennt sich ein neugegründeter Sportclub in Rom, dessen Mitglieder sich verpflichten, niemals vor Mitternacht schlafen zu gehen. Einmal wöchentlich ist der Besuch eines Nachtlokals vorgeschrieben. Die drei ersten Spiele wurden glatt gewonnen.

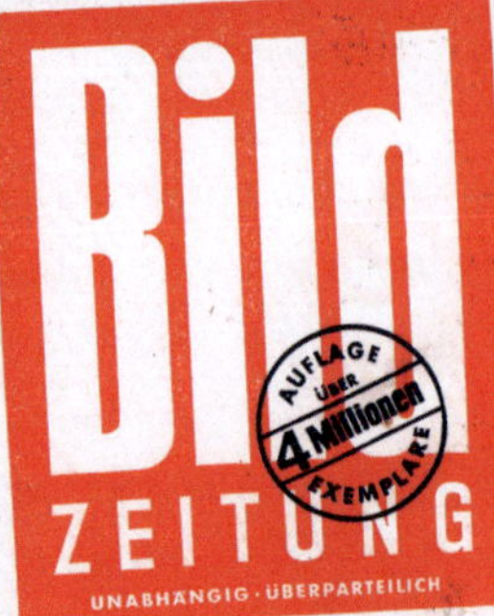
Mittwoch, den 13. Juli 1966 • 15 Pf

15. JAHR • Nr. 160 • DRUCK IN MÜNCHEN • C 1785 A ★ ★ ★

Bild ZEITUNG

AUFLAGE ÜBER 4 Millionen EXEMPLARE

UNABHÄNGIG · ÜBERPARTEILICH

Fernseher ging kaputt: Fußball-Fan erhängte sich

Während der Übertragung des Spiels England–Uruguay

◇ „Süße Küßchen" versprach die hübsche Ludwigsburger Hausfrau Gerda Kujacinski (24) den Spielern der SpVgg 07 im Falle eines Sieges im Aufstiegsspiel zur Regionalliga Süd, in Emmendingen. Das „wirkte": die 07er schossen aus allen Rohren und siegten 3:1. Torjäger Holoch, zweimal erfolgreich und also mit dem Anspruch auf die „dickste Belohnung", bekam allerdings prompt Schwierigkeiten mit seiner Verlobten, „die so schrecklich eifersüchtig ist".

Einen Manschettenknopf verlor Frankfurts Trainer Elek Schwartz (unten) kürzlich bei einem Bundesligaspiel seiner Eintracht-Mannschaft. In der Halbzeitpause suchte Schwartz den Torraum genau ab. Er fand den Knopf wieder!

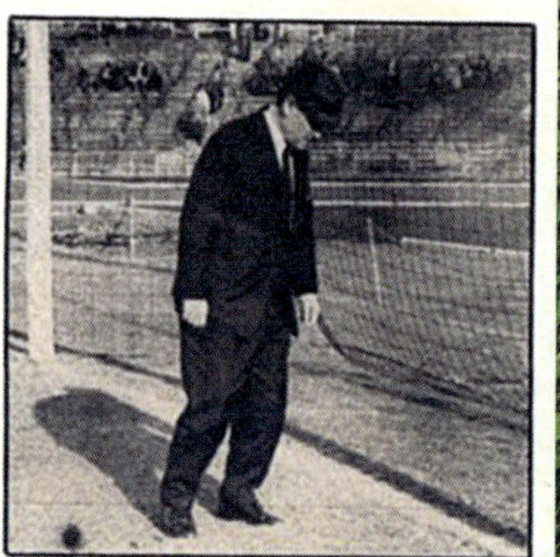

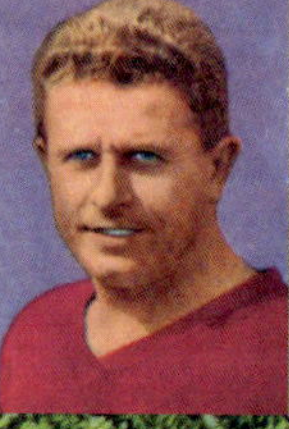

Georg („Schorsch") Gawliczek, 45, Bundesliga-Trainer des Hamburger SV, gab im Wiesbadener Weinlokal „Bacchus" Proben seiner in Fachkreisen gerühmten Sangeskunst. Der HSV-Stratege erfreute mit Operetten-Melodien rund 20 Fernseh-Leute, die ihn nach einer Sportstudio-Sendung des Zweiten Deutschen Fernsehens zu einem gemeinsamen Umtrunk begleitet hatten.

Linienrichter in Zukunft wieder ohne Freudensprung

Die Wiedereinführung neutraler Schiedsrichter-Teams bei den Punktspielen beschloß auf Antrag von Bremerhaven 93 die Arbeitsgemeinschaft der norddeutschen Regionalliga-Vereine am Samstag in Bremen einstimmig. Über dieses Votum der 17, es fehlte nur der Vertreter von Sperber Hamburg, wird der Verbandstag des Norddeutschen Fußball-Verbandes am 15. Mai in Celle entsprechend dem Auftrag der Vereinssprecher zu beschließen haben.

Anlaß zu diesem Antrag waren für Bremerhaven 93 die Vorkommnisse beim Spiel in Kiel gegen Holstein, wo ein einheimischer Linienrichter beim Kieler Siegtor einen Freudensprung vollführt hatte. Dragomir